Markus Stiglbauer

Corporate Governance Berichterstattung und Unternehmenserfolg

GABLER RESEARCH

Markus Stiglbauer

Corporate Governance Berichterstattung und Unternehmenserfolg

Eine empirische Untersuchung für den deutschen Aktienmarkt

Mit einem Geleitwort von Prof. Dr. Andrea Graf

GABLER

RESEARCH

Bibliografische Information der Deutschen Nationalbibliothek
Die Deutsche Nationalbibliothek verzeichnet diese Publikation in der Deutschen Nationalbibliografie; detaillierte bibliografische Daten sind im Internet über <http://dnb.d-nb.de> abrufbar.

Dissertation Universität Regensburg, 2009

1. Auflage 2010

Lektorat: Ute Wrasmann | Viktoria Steiner

Gabler ist Teil der Fachverlagsgruppe Springer Science+Business Media.
www.gabler.de

Umschlaggestaltung: KünkelLopka Medienentwicklung, Heidelberg
Gedruckt auf säurefreiem und chlorfrei gebleichtem Papier

ISBN 978-3-8349-2126-0

Geleitwort

Nicht zuletzt im Lichte der gegenwärtigen Subprime-Krise wird der Ruf nach gesteigerter Transparenz von Management-Aktivitäten und deren Kontrolle sowie Bewertung in der Unternehmensinwelt und -umwelt lauter. Unter dem Begriff „Corporate Governance“ sind seither zahlreiche internationale - konzeptionelle wie empirische - Forschungsergebnisse erzielt worden. Bislang herrscht allerdings selbst in den fortschrittlichen Corporate Governance Systemen Uneinigkeit darüber, was gute Corporate Governance auszeichnet.

Herr Stiglbauer nimmt sich dieser Aufgabe an und betrachtet grundlegend die theoretischen Erfolgsfaktoren für eine gute Corporate Governance. Dabei stellt er die Corporate Governance Berichterstattung in den Mittelpunkt seiner Untersuchung und präsentiert ein theoretisches Konzept zur Wirkung der Corporate Governance Berichterstattung auf die Kapitalmarktperformance und die operative Performance börsennotierter Gesellschaften, das er methodologisch pluralistisch überprüft. Durch die Spezifikation eines simultanen Mehrgleichungssystems leistet der Autor einen wesentlichen Beitrag sowohl für die Corporate Governance Forschung als auch für die Unternehmenspraxis. Der hohe Modellfit zeugt von einer ausgesprochen hochwertigen Problemdurchdringung, die es Herrn Stiglbauer ermöglicht, wichtige und für die Praxis Nutzen stiftende Implikationen abzuleiten. Diese geben wertvolle Antwort auf die Frage, welchen Stellenwert eine transparente Corporate Governance auf internationalen Kapitalmärkten als Investitionskriterium besitzt und welche Corporate Governance Informationserwartungen Unternehmen künftig in erhöhtem Maße erfüllen müssen, um internationale Investoren von der eigenen Qualität der unternehmerischen Führung und Kontrolle zu überzeugen. Durch die Betrachtung des komplexen Zusammenspiels einzelner Governance Mechanismen liefert Herr Stiglbauer im internationalen Kontext einen wichtigen und bemerkenswerten Beitrag zum besseren Verständnis des deutschen Corporate Governance Systems.

Zusammenfassend bin ich überzeugt, dass die Arbeit sowohl aus wissenschaftlicher als auch öffentlicher Sicht auf großes Interesse stoßen wird und wünsche ihr eine hohe Resonanz und weite Verbreitung.

Prof. Dr. Andrea Graf

Vorwort

Die vorliegende Dissertation entstand während meiner Zeit als Wissenschaftlicher Mitarbeiter bei Prof. Dr. Andrea Graf am Lehrstuhl für Betriebswirtschaftslehre, insbesondere Führung und Organisation der Universität Regensburg. Ihr möchte ich an dieser Stelle ganz besonders danken. Dass sie mir zum einen die Möglichkeit zur Erstellung dieser Arbeit gegeben und durch ihre wertvollen Anregungen und Impulse deren stetige Verbesserung maßgeblich vorangetrieben hat. Zum anderen aber auch für ihr Vertrauen und den mir zugestandenen wissenschaftlichen und persönlichen Freiraum. Dadurch hatte ich von Anfang an die Möglichkeit meine Interessen zu entfalten.

Mein ausdrücklicher Dank gilt Prof. Dr. Axel Haller, Lehrstuhl für Financial Accounting and Auditing der Universität Regensburg. Für seine konstruktiven und hilfreichen Denkanstöße und für seine Offenheit in persönlichen Gesprächen, die ich stets sehr geschätzt habe. Dies hat ganz wesentlich zum Gelingen dieser Arbeit beigetragen.

Bedanken möchte ich mich auch bei Prof. Dr. Torsten Arnsfeld, Lehrstuhl für Finanzwirtschaft und Rechnungswesen der Fachhochschule Osnabrück und der equinet AG in Frankfurt a. M. für die Bereitstellung der equi-card zur Messung der Corporate Governance Güte. Zudem bei meinen ehemaligen Kollegen Prof. Dr. Jürgen Ernstberger, Lehrstuhl für Accounting, insbesondere Auditing der Ruhr-Universität Bochum und Dr. Nicolas Kohl sowie sechs anonymen Gutachtern mehrerer Veröffentlichungen für ihre hilfreichen Anmerkungen. Dadurch hat meine Dissertationsschrift essentiell an Qualität gewonnen. Sehr zu schätzen weiß ich auch die geleistete Unterstützung der Studentischen Hilfskräfte des Lehrstuhls bei der Erstellung dieser Arbeit, insbesondere von Katja Kola, Tobias Groß und Simone Schachtner.

Mein herzlicher Dank gilt Dir, Katrin. Für Deine Zuversicht, Deine Lebensfreude und für Deinen fachlichen Rat, auch in schwierigen Zeiten. Und natürlich meinen Eltern und meiner Schwester Diana. Dass sie immer an mich geglaubt haben und mir in meinem Leben bei jeder Entscheidung zur Seite stehen. Ihnen widme ich diese Arbeit.

Dr. Markus Stiglbauer

Inhaltsverzeichnis

Abbildungsverzeichnis

Tabellenverzeichnis

Anhangsverzeichnis

Abkürzungsverzeichnis

2SLS........................... Two Stage Least Squares
3SLS........................... Three Stage Least Squares
AIC............................. Akaike Informationskriterium
AktG........................... Aktiengesetz
ANOVA..................... Einfaktorielle Varianzanalyse
APC............................ Amemiya's Prediction Criterion
BaFin.......................... Bundesanstalt für Finanzdienstleistungsaufsicht
BCCG......................... Berlin Center of Corporate Governance
BDSIZE...................... Boardsize
BETA......................... Beta
BIC............................. Bayes Informationskriterium
BilMoG...................... Bilanzrechtsmodernisierungsgesetz
BLOCK...................... Largest Voting Rights Block
C................................. Compliance
CAPM........................ Capital-Asset-Pricing-Modell
CEO........................... Chief Executive Officer
CEPS.......................... Center of European Policy Studies
CICA.......................... Canadian Institute of Chartered Accountants
CLOSEHELD........... Closely-Held Shares
DCGK........................ Deutscher Corporate Governance Kodex
DrittelbG.................... Drittelbeteiligungsgesetz
DVFA........................ Deutsche Vereinigung für Finanzanalyse und Asset Management
EBRD......................... European Bank for Reconstruction and Development
EGHGB...................... Einführungsgesetz zum Handelsgesetzbuch
FREEFLOAT............ Freefloat Aktienanteil
GLS............................ Generalized Least Squares
HGB........................... Handelsgesetzbuch
HS.............................. Halbsatz
IA............................... Informationsasymmetrie
ID............................... Informationsbedarfsdeckung
IFRS........................... International Financial Reporting Standards
INDUSTRY.............. Branche
KGaA......................... Kommanditgesellschaft auf Aktien
KonTraG.................... Gesetz zur Kontrolle und Transparenz im Unternehmensbereich
M&A.......................... Mergers & Acquisitions
MitBestG................... Mitbestimmungsgesetz

MontanMitbestG........Montan-Mitbestimmungsgesetz
MTB...........................Market-to-Book Value of Equity
NBER.........................National Bureau of Economic Research
NYSE.........................New York Stock Exchange
OECD.........................Organisation for Economic Co-operation and Development
ÖCGK........................Österreichischer Corporate Governance Kodex
Q.................................Tobin's Q
R.................................Holsti's R
RMSEA......................Root-Mean-Square-Error of Approximation
ROA...........................Return on Assets
ROE...........................Return on Equity
ROI.............................Return on Investment
SEC............................US Securities and Exchange Commission
SGX...........................Singapur Stock Exchange
SIC.............................Schwarz Informationskriterium
SIZE...........................Unternehmensgröße
SLS.............................Schätzverfahren der kleinsten Quadrate
SOA...........................Sarbanes-Oxley Act
Sp...............................Spalte
SUR............................Supereingleichungssystem
TD..............................Transparency & Disclosure
TransPuG...................Transparenz- und Publizitätsgesetz
TSR............................Total Shareholder Return
US-GAAP.................United States Generally Accepted Accounting Principles
VOLA........................Volatilität
VorstAG....................Gesetz zur Angemessenheit der Vorstandsvergütung
VorstOG....................Vorstandsvergütungs-Offenlegungsgesetz

1 Gegenstand und Zielsetzung der Untersuchung

1.1 Bedeutungsgewinn von Corporate Governance in Wissenschaft und Praxis

> „*... it was presumed that managers are led to act in [companies'] best interest by signals received from the capital market ..., by forces operating in the managerial labor market*" (McConnell/Servaes 1990, S. 595).

Die Gestaltung guter Corporate Governance Systeme mit dem Ziel einer effizienten Leitung und Überwachung von (börsennotierten) Gesellschaften ist seit Mitte der 1990er Jahre durch teils spektakuläre Unternehmensschieflagen zunehmend in die internationale Diskussion von Wirtschaft, Wissenschaft und Öffentlichkeit geraten. Auch in Deutschland hat sich die Corporate Governance Diskussion durch schlechte Jahresabschlüsse vieler Unternehmen, massive Werteinbußen börsengehandelter Gesellschaften durch Missmanagement (vgl. Werder 2008, S. 3), eine fragwürdige Berufungspolitik für Aufsichtsräte und Fehlleistungen bei der Rechnungsprüfung verschärft.

Eine gesteigerte Nachfrage nach guter Corporate Governance resultiert zudem aus erhöhtem und konzentrierterem Besitz von Aktien durch institutionelle Investoren (vgl. Tricker 2009, S. 17). Dadurch sieht sich das Management börsennotierter Gesellschaften vermehrtem Druck ausgesetzt, international anerkannte Grundsätze für gute Corporate Governance zu adaptieren (vgl. Beiner et al. 2005, S. 27). Zusammen mit Reformen und Nivellierungen auf gesetzlicher Ebene sollen diese Grundsätze die im Rahmen der Corporate Governance Diskussion identifizierten Lücken schließen.[1] Diese internationalen Grundsätze (vgl. Gregory/Simmelkjaer 2002, S. 14ff.) führen zwar unterschiedliche Termini wie Principles, Guidelines, Best Practices oder Kodizes, sie sind aber im Allgemeinen gleichbedeutend (vgl. Valcárcel 2002, S. 357; Werder 2008, S. 14). In Deutschland wurde im Jahre 2002 der Deutsche Corporate Governance Kodex (DCGK)[2] eingeführt, der seither mindestens einmal jährlich von einer Kommission überprüft und gegebenenfalls an (internationale) Entwicklungen der Corporate Governance in Gesetzgebung und Praxis angepasst wird.

Da Investmententscheidungen internationaler Investoren vielfach von der Erfüllung gewisser Corporate Governance Mindeststandards abhängig gemacht werden (vgl. Smith/Walter 2006, S. 23ff.), sind Unternehmen, so die theoretische Annahme, gezwungen, diese Standards zu erfüllen, um neben dem globalen Gütermarkt auch auf dem globalen Kapitalmarkt erfolgreich

---

[1] Bis Mitte 2008 haben Aguilera und Cuervo-Cazurra weltweit in 64 Industrie-, Schwellen- und Entwicklungsländern Corporate Governance Kodizes identifiziert (vgl. Aguilera/Cuervo-Cazurra 2009, S. 377ff.).

[2] Im Internet abrufbar unter: http://www.corporate-governance-code.de/ger/kodex/index.html.

zu sein (vgl. Iskander/Chamlou 2000, S. 15; Chang et al. 2006, S. 654). In diesem Zusammenhang erfuhr vor allem eine vom Beratungsunternehmen McKinsey & Company durchgeführte und mittlerweile vielfach zitierte Studie große Aufmerksamkeit. Für Deutschland befand diese zum Beispiel, dass Investoren bereit wären, ein relatives Premium von 20% zu bezahlen, wenn ein Unternehmen über eine gute Corporate Governance verfügt (vgl. Coombes/Watson 2000, S. 75f.).[3] Gute Corporate Governance könnte sich also unter der Annahme, dass Unternehmen ein Interesse an einer möglichst hohen Börsenbewertung haben, über geringere (Eigen-)Kapitalkosten (vgl. Beiner et al. 2005, S. 29) auch auf den operativen Unternehmenserfolg eines Unternehmens auswirken. Die Eigenschaft des Kapitalmarktes „Informationen zu verarbeiten und die Art, wie die Informationen in die Marktpreise der Finanztitel einfließen" (Wagenhofer/Ewert 2003, S. 104), auch bekannt als Informationseffizienz (vgl. Brealey/Myers 2003, S. 67f.), setzt allerdings voraus, dass gute Corporate Governance zunächst auch erkennbar ist (vgl. Schredelseker 2008, S. 181).

Mangelnde Informationsversorgung bezüglich der Führung und Kontrolle in börsennotierten Gesellschaften (vgl. Dörner/Orth 2005, S. 11) erschwert es potenziellen Anlegern nämlich, ihre Risiko-/Rendite-Abschätzung vorzunehmen (vgl. Nöth 2009, S. 46f.). Selbst institutionellen Aktionären, die in der Regel einen eigenen Analystenstab besitzen, dürfte es bei schlechter Informationsversorgung schwer fallen, die Corporate Governance von Unternehmen zu bewerten und ins Verhältnis zu anderen Unternehmen zu setzen (vgl. Amstutz 2007, S. 266). Die Corporate Governance Berichterstattung kann in diesem Zusammenhang ein wichtiges Instrument darstellen, um die Lücke zwischen intern verfügbaren und extern benötigten Informationen zu schließen. Aufgrund der weiterhin steigenden externen Informationserwartungen (vgl. Amstutz 2007, S. 273) rückt somit die Corporate Governance Berichterstattung immer stärker in den Fokus der Aufmerksamkeit. So sollte es auch im Interesse von Unternehmen liegen, diesen Anforderungen gerecht zu werden: „nämlich Informationen zur Verfügung zu stellen, [welche] die Unternehmenssituation möglichst realistisch, d.h. „true and fair" oder als sogenannte „fair presentation", widerspiegeln" (Haller 1998, S. 564).

1.2 Steigende Relevanz der Corporate Governance Berichterstattung

Trotz der in der Theorie betonten Erfolgsrelevanz der Corporate Governance Berichterstattung (vgl. Healy/Palepu 2001), die gerade in letzter Zeit auch in mehreren internationalen Studien bestätigt werden konnte (vgl. Salo 2008; Haat et al. 2008; Eng/Mak 2003), ist bislang kaum ein Versuch unternommen worden, eine Erfolgswirkung der Corporate Governance Berichterstattung auch für Deutschland empirisch zu beleuchten (vgl. Toksal 2004). Dies ist in-

[3] Leider werden auch bei dieser Studie, wie im Übrigen bei den meisten kommerziellen und auch wissenschaftlichen Corporate Governance Ratings, die Ratingkriterien nicht en détail veröffentlicht (vgl. Sonnenfeld 2004, S. 111 und *Kapitel 4.2.1.1* und *4.2.1.2*), was die Bewertung der Ergebnisse erschwert.

sofern zu kritisieren, da gerade Deutschland im internationalen Vergleich häufig als Musterbeispiel für das, neben dem anglo-amerikanischen Corporate Governance System, zentrale kontinental-europäische Corporate Governance System gilt (vgl. Mallin 2007, S. 160). Somit wäre es von großem Interesse, ob der Corporate Governance Berichterstattung auf dem deutschen Aktienmarkt derselbe Bedeutungsaufschwung als Werttreiber bescheinigt werden kann (vgl. La Porta et al. 2002), wie auf Kapitalmärkten des anglo-amerikanischen Corporate Governance Systems (vgl. Ambachtsheer 2006, S. 63f.; Netter et al. 2009). Eine zunehmende Komplexität und Verknüpfung internationaler, wirtschaftlicher Rahmenbedingungen würde den Schluss einer positiven Erfolgsrelevanz der Corporate Governance Berichterstattung auch auf dem deutschen Aktienmarkt zulassen und demnach einen Paradigmenwechsel traditioneller Corporate Governance Systeme erfordern, in deren Mittelpunkt die verstärkte Offenlegung von Unternehmensinformationen rückt. Die Corporate Governance Berichterstattung, die im Spannungsfeld ihrer Relevanz, Verlässlichkeit, Verständlichkeit, Nachvollziehbarkeit, Ausgewogenheit und Vergleichbarkeit agiert (vgl. Amstutz 2007, S. 267), müsste sich somit verstärkt an den externen Informationserwartungen ausrichten (vgl. Wallmeier 2009, S. 214).

Dabei wäre als wichtigstes Ziel der Corporate Governance Berichterstattung aus Unternehmenssicht der Abbau von Informationsasymmetrie zu nennen, der mit langfristig geringeren Kapitalkosten und der Sicherung des Zugangs zu Finanzmitteln verbunden wird (vgl. Hellwig 1997, S. 217f.; Serfling et al. 1998, S. 273).[4] Durch die Corporate Governance Berichterstattung könnten Unternehmen folglich bewusste und gezielte Signale zu ihrer Corporate Governance Qualität aussenden, die Potenzial besitzen, Agency-Kosten zu senken (vgl. Achleitner et al. 2005, S. 261). Dadurch könnte sie ein wichtiges Instrument wertorientierter Unternehmenssteuerung repräsentieren, mit ihrer primären Zielsetzung der Steigerung des *Shareholder Value*[5] (vgl. Laux 2006, S. 1ff.; Ballwieser 2009, S. 93).[6] Unterstützend für diese Annahme zeigt die internationale Forschung, dass nicht veröffentlichte, relevante Corporate Governance Informationen vom Kapitalmarkt mit schlechten Informationen gleichgesetzt werden (vgl. Milgrom 1981) und unterstreicht dadurch die Bedeutung der Corporate Governance Berichterstattung, denn Investoren können aufgrund mangelnder Information zur unternehmensspezifischen Corporate Governance ihr Kapital nicht optimal auf Unternehmen verteilen. Dadurch müssten einige Unternehmen zu hohe und andere Unternehmen zu niedrige Kapitalkosten bezahlen (vgl. Eccles/Weibel 2002, S. 698).

---

4 Neben Informationsaspekten gelten aus Unternehmenssicht als wichtige Ziele der externen Corporate Governance Berichterstattung aber auch der Vertrauensaufbau zum Kapitalmarkt (vgl. DiPiazza/Eccles 2003, S. 124), eine Erhöhung des Bekanntheitsgrades des Unternehmens (vgl. Hartmann 1968, S. 70) und Imagepflege (vgl. Täubert 1998, S. 223).

5 Als Proxy für den Shareholder Value werden in der empirischen Corporate Governance Forschung z.B. der Market to Book Value, Tobin's Q oder der Total Shareholder Return eingesetzt (vgl. Toksal 2004, S. 118f.), die u.a. später als Erfolgsvariablen in das simultane Mehrgleichungsmodell in *Kapitel 6.4* eingehen.

6 Dabei müssen in einer Marktwirtschaft allerdings auch Interessen anderer Stakeholdergruppen in das Entscheidungskalkül von Unternehmen fließen (vgl. Franke/Hax 2004, S. 1ff.).

1.3 Zielsetzung und intendierter wissenschaftlicher Erkenntnisbeitrag der Untersuchung

Die vorliegende Arbeit setzt an der Forschungslücke zur Erfolgsrelevanz der Corporate Governance Berichterstattung auf dem deutschen Aktienmarkt an und analysiert diese bei 113 der den höchsten Reporting- und Transparenzstandards unterliegenden Gesellschaften der Auswahlindizes DAX, TecDAX, MDAX und SDAX der Gruppe Deutsche Börse (vgl. Deutsche Börse 2009, S. 9) für eine Auswahl der bedeutendsten operativen und kapitalmarktorientierten Erfolgsvariablen. Die Unternehmen der genannten Auswahlindizes repräsentieren die vier wichtigen, öffentlich am stärksten wahrgenommenen Segmente des Prime Standard (vgl. Deutsche Börse 2009, S. 7) der Deutschen Börse (vgl. Drobetz et al. 2004, S. 7).

Aus diesem Grunde können über ihre Evaluation Implikationen für den deutschen Aktienmarkt abgeleitet werden (vgl. Graf/Stiglbauer 2008b, S. 268). Für Unternehmen in Kontinental-Europa, die verstärkt am internationalen Kapitalmarkt agieren, könnte die vorliegende Arbeit zudem Aufschluss darüber geben, welche Corporate Governance Informationserwartungen sie künftig verstärkt erfüllen müssen. Dabei reiht sich die vorliegende Arbeit inhaltlich und teils auch methodisch in die bisherige deutsche Corporate Governance-Performance Forschung ein, um Vergleichbarkeit mit existierenden Studien zu erreichen. Deutsche Corporate Governance-Performance Studien beleuchten bislang allerdings fast ausschließlich die verpflichtende Berichterstattung von Unternehmen zur Umsetzung (*Compliance*) der sogenannten *Empfehlungen* des DCGK.[7] Dieses als *box-ticking* bezeichnete Vorgehen wird hingegen nicht den Erwartungen der Adressaten der Corporate Governance Berichterstattung gerecht (vgl. Berghe/Levrau 2003, S. 72) und ist insofern erstaunlich, da gerade transparenter Corporate Governance Berichterstattung gesteigerte Erfolgsrelevanz als wichtige Komponente guter Corporate Governance zugeschrieben wird (vgl. Cheng et al. 2008): *Transparenz* stellt sowohl den Leitgedanken als auch den Schlüsselfaktor für eine gute Corporate Governance dar (vgl. Dörner/Orth 2005, S. 20f.). Mit der Erhebung auch der freiwillig zu deklarierenden Umsetzung der Anregungen des DCGK werden daher zusätzliche Corporate Governance Elemente in die Betrachtung einbezogen, die es erlauben, ein möglichst vollständiges Bild über den Erfolg des DCGK als Regulierungsinstrument zu zeichnen.

Zur Erfassung der zu deklarierenden Compliance zu den Empfehlungen und Anregungen des DCGK wird eine *Compliance Scorecard* entwickelt. Zusätzlich wird erstmalig systematisch mittels einer *Transparency & Disclosure Scorecard* die Transparenz der Berichterstattung zu

7 Die Erhebung der Empfehlungen des DCGK wird zwar vielfach als „Indikator für die Qualität der Corporate Governance deutscher Unternehmen" (Bassen et al. 2004, S. 527) betrachtet. De facto wird allerdings nicht die tatsächliche und „gelebte" Umsetzung der Empfehlungen des DCGK evaluiert, sondern die deklarierte Umsetzung im Rahmen der Corporate Governance Berichterstattung (vgl. Drobetz et al. 2004, S. 10; Graf/Stiglbauer 2007, S. 296 und *Kapitel 8.3.4*), was durch eine empirische Untersuchung von Theisen und Raßhofer bereits bestätigt werden konnte (vgl. Theisen/Raßhofer 2007).

Corporate Governance erfasst.[8] Die Auswahl der mit ihr zu untersuchenden Kriterien erfolgt anhand von Elementen, die sich in der Literatur als erfolgsrelevant erwiesen haben. Sie beleuchtet explizit aber auch die Transparenz der Entsprechenserkärung zum DCGK, die gem. § 161 AktG jährlich abzugeben ist und in deren Rahmen die Umsetzung der Empfehlungen des DCGK zu deklarieren ist.

Dadurch umfasst die hier vorgestellte Untersuchung *erstens* entgegen zahlreicher existierender Corporate Governance Studien, die einzelne Corporate Governance Mechanismen isolieren und fokussieren (vgl. z.B. McConnell/Servaes 1990; Loderer/Martin 1997; Burkart et al. 1997), ein breiteres Set an Corporate Governance Mechanismen. Dieses integriert zusätzlich wichtige Komponenten guter Corporate Governance und liefert dadurch eine umfassendere Erklärung der Komplexität und der Erfolgswirkung von Corporate Governance. Zudem ermöglicht sie eine bessere Einordnung von bereits bestehenden empirischen Partialuntersuchungen.

Zweitens kommt die Verwendung eines detaillierten, nach *wissenschaftlich anerkannten Gütekriterien* entwickelten Instrumentariums zur Bewertung der Corporate Governance Berichterstattung der internationalen Forderung nach reliablen und validen Ergebnissen nach. Anderson und Lee zeigen, dass eine Vielzahl von Corporate Governance Studien unreliable Daten von kommerziellen Quellen/Anbietern verwenden (vgl. Anderson/Lee 1997). Eine Korrektur bzw. Anpassung dieser Daten könnte folglich auch zu einer Anpassung zahlreicher bisheriger Studien und deren Erkenntnissen führen.

Variablen in ökonomischen Systemen sind *drittens* vielfach so stark miteinander verwoben, dass zu deren wissenschaftlicher Erfassung aufwändigere Untersuchungsanordnungen benötigt werden. Dies gilt insbesondere für die Erfolgsrelevanz der Corporate Governance Berichterstattung als zentralem Untersuchungsgegenstand (*Kapitel 4.1.4* und *6.4.1*). Eine Möglichkeit, die Komplexität erfolgsrelevanter Variablen und deren Zusammenhänge abzubilden, bietet die Aufstellung eines *simultanen Mehrgleichungsmodells*, bestehend aus mehreren miteinander verbundenen Einzelgleichungen (vgl. Heck 1977, S. 28). Des Weiteren kann erst durch diese Form der Modellierung das Problem möglicher *Endogenität* und *reversibler Kausalität* berücksichtigt werden. Schätzungen von Eingleichungsmodellen mittels OLS (Ordinary Least Squares) Regressionen ignorieren diese Probleme (*Simultaneous Equations Bias*) (vgl. Beaver et al. 1997, S. 79; Beiner et al. 2005, S. 33)[9]. Endogenität besteht, wenn einzelne Corporate Governance Mechanismen untereinander korrelieren, während reversible Kausalität zu berücksichtigen ist, wenn die berechtigte Vermutung besteht, dass der Unternehmenserfolg auch die Corporate Governance beeinflussen kann (vgl. Bhagat/Bolton 2008) und nicht wie

[8] Die Begriffe „Compliance" und „Transparency & Disclosure" wurden entsprechend dem internationalen Adressatenkreis der Untersuchung aus dem Englischen entlehnt.

[9] Dies führt zu inkonstistenten Schätzergebnissen (vgl. Goncharov et al. 2006, S. 438f.).

üblich modelliert, Corporate Governance den Unternehmenserfolg. Dies ist eine hochaktuelle internationale Diskussion (vgl. Lehn et al. 2007; Mura 2007), der sich die Corporate Governance Forschung empirisch bislang kaum gewidmet hat (vgl. Agrawal/Knoeber 1996; Cho 1998; Demsetz/Villalonga 2001; Bhagat/Black 2002), deren Berücksichtigung allerdings die Ökonometrie erheblich verbessert (vgl. Börsch-Supan/Köke 2002, S. 296). Studien, die ein derartiges Vorgehen wählen, werden aufgrund ihres Innovationsgrades auch Studien der *dritten Generation* (Becht et al. 2003, S. 63) genannt und sind *State of the Art* in der Corporate Governance Forschung. Die internationale Tragweite dieses Forschungsdefizits ist zudem beträchtlich, da zahlreiche bisherige Corporate Governance-Performance Studien möglicherweise neu betrachtet werden müssen.

1.4 Aufbau der Arbeit

Der folgende Abschnitt soll einen Überblick über den Aufbau der Arbeit geben und dem Leser die Suche nach einzelnen Kapiteln erleichtern, um eine permanente Bezugnahme auf den Gesamtkontext der Dissertation sicherzustellen (*Abbildung 1*).

Corporate Governance stellt zwar ein Forschungsgebiet dar, dem wie in *Kapitel 1* aufgezeigt wachsendes Interesse entgegengebracht wird, dennoch können deren begriffliche und konzeptionelle Grundlagen nicht vorausgesetzt werden. Daher ist in *Kapitel 2* zunächst unter anderem der Corporate Governance Begriff zu definieren, um eine verständliche, gemeinsame Basis für die weiteren Ausführungen zu legen. In einem weiteren Schritt werden aufgrund der Komplexität von Corporate Governance detailliert theoretische Erklärungsansätze für Corporate Governance dargestellt, um ein Grundverständnis für die mögliche Problematik der Trennung von Eigentum und Kontrolle in deutschen Aktiengesellschaften und daraus möglicherweise entstehende Interessendivergenzen zu vermitteln (*Kapitel 3*). In *Kapitel 4* wird ein eigenentwickeltes theoretisches Wirkungskonzept der Corporate Governance Berichterstattung auf dem Kapitalmarkt präsentiert, das die Basis der empirischen Untersuchung darstellt. Dabei werden ausführlich bestehende theoretische und empirische Erkenntnisse reflektiert, die das theoretische Wirkungskonzept anschaulich untermauern. Anschließend zeigt der Forscher den aktuellen internationalen Forschungsstand im Bereich der Corporate Governance-Performance Forschung auf, wobei im Speziellen die Forschungslücken in der Erforschung der Erfolgsrelevanz der Corporate Governance Berichterstattung in Deutschland erarbeitet werden.

Auf dieser Grundlage werden in *Kapitel 5* eingehend die forschungsleitenden Hypothesen für diese Arbeit entwickelt. Daran anknüpfend wird das Forschungsdesign der empirischen Untersuchung erläutert, das einen Mix aus quantitativen und qualitativen Methoden umfasst. Mittels einer umfangreichen und sehr intensiven Inhaltsanalyse wird unter Mitarbeit von Forscherkollegen und unterschiedlichen Inhaltsanalytikern ein Instrumentarium zum Rating der

Corporate Governance Berichterstattung deutscher börsennotierter Gesellschaften unter Berücksichtigung wissenschaftlich anerkannter Gütekriterien entwickelt und eingesetzt (vgl. *Kapitel 6*).

Abbildung 1: Aufbau der Arbeit

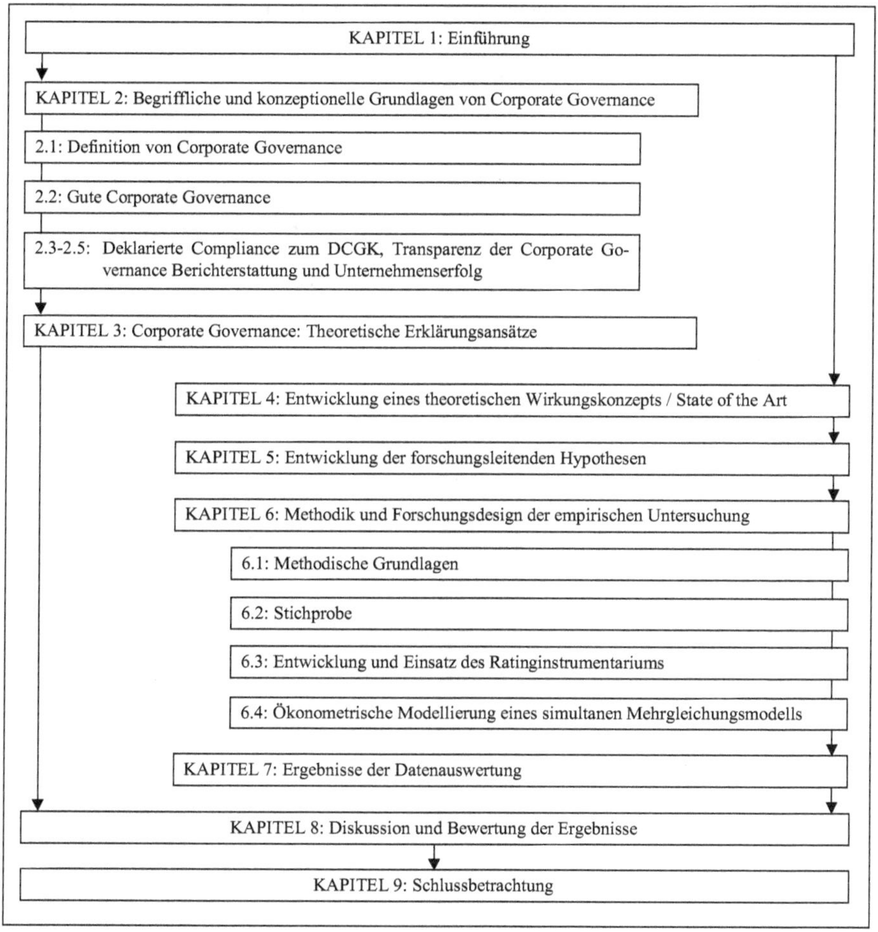

Zur Gewährleistung der Untersuchungsgüte wurden erhebliche Anstrengungen unternommen, auf welche en détail eingegangen wird. Anschließend werden die aus der Inhaltsanalyse gewonnenen Daten zur Corporate Governance Berichterstattung in quantitatives Datenmaterial transformiert und mit weiteren quantitativ zu erhebenden Corporate Governance Mechanismen und Kontrollvariablen integriert. Aus diesen Variablen wird anschließend ökonometrisch ein simultanes Mehrgleichungsmodell spezifiziert, das Endogenität und reversible Kausalität berücksichtigt und auf dessen Grundlage sich die Erfolgsrelevanz der Corporate Governance Berichterstattung in *Kapitel 7* statistisch überprüfen lässt. Die einzelnen Testergebnisse werden in *Kapitel 8* interpretiert. Dabei wird abschließend auch auf Grenzen der vorliegenden Untersuchung spezifisch abgestellt, um wichtige Hinweise für die Konzeption künftiger (Folge-)Untersuchungen zu geben und Fehlinterpretationen zu vermeiden. Im abschließenden *Kapitel 9* werden die wichtigsten Erkenntnisse der vorliegenden Untersuchung nochmals zusammengefasst, die spezifischen Stärken der vorliegenden Untersuchung herausgestellt und wichtige Implikationen zur Corporate Governance Berichterstattung für die Wissenschaft und die Praxis abgeleitet.

2 Begriffliche und konzeptionelle Grundlagen von Corporate Governance

„Wenngleich bzgl. des fortwährenden Erfordernisses einer Verbesserung der deutschen Corporate Governance Einigkeit herrscht, so sind die Wege der Zielerreichung im Detail nach wie vor umstritten. Unseres Erachtens dürfte dies auch darin begründet liegen, dass bereits die Definition des Begriffs „Corporate Governance" uneinheitlich bzw. nicht eindeutig ist" (Dörner/Orth 2005, S. 6).

2.1 Definition von Corporate Governance

Der Begriff *Governance* entspringt dem Wortschatz von Ökonomen, die sich mittels ökonomischer Theorien der Erforschung rechtlicher Institutionen zugewandt haben (vgl. Behrens 1998, S. 491). Allgemein steht Governance für alle „Formen und Mechanismen der Koordinierung zwischen mehr oder weniger autonomen Akteuren, deren Handlungen interdependent sind, sich also wechselseitig beeinträchtigen oder unterstützen [können]" (Benz et al. 2007, S. 9).

Die Wortschöpfung *Corporate Governance* entstand Ende der 1980er Jahre durch die amerikanische Pensionskasse CalPers. Diese stellte für Unternehmen, bei denen sie sich finanziell beteiligte, konkrete Richtlinien unter der Bezeichnung Corporate Governance auf (vgl. Zingales 1997, S. 1). Gerade in den letzten Jahren wurde Corporate Governance auch in Kontinental-Europa zu einem Schlagwort in der politischen und der öffentlichen Debatte (vgl. Frentrop 2003, S. 7ff.). Spektakuläre Unternehmenskrisen in (deutschen) Großunternehmen (z.B. Mannesmann AG, Bremer Vulkan, Balsam AG; vgl. Lohse 2005, S. 10ff.) begründeten das Interesse an der Auseinandersetzung mit Governance-Problemen auf Unternehmensebene. In diesem Zusammenhang adressiert Corporate Governance das „Steuern und Koordinieren ... mit dem Ziel des Managements von Interdependenzen" (Benz 2004, S. 25) zwischen den zahlreichen Unternehmensakteuren und Anspruchsgruppen. Für Corporate Governance existiert seitdem eine Vielzahl unterschiedlicher internationaler Definitionen. Dies ist auf verschiedene Betrachtungsweisen und Schwerpunktsetzungen der Thematik, einem grundsätzlich divergierenden Verständnis der Aufgabe und Verantwortung von Unternehmen, aber auch auf unterschiedliche länderspezifische Forschungs-, Politik- und Rechtstraditionen zurückzuführen (vgl. Mintz 2005, S. 582; Roe 1991, S. 10ff.; Roe 2000, S. 539ff.), die Corporate Governance Systeme zu „more-or-less country-specific framework[s] of legal, institutional and cultural factors" (Weimer/Pape 1999, S. 152) machen. Vor diesem Hintergrund sollen bei der Definitionsbestimmung von Corporate Governance im Folgenden die beiden weltweit zentralen Corporate Governance Systeme, das kontinental-europäische und das anglo-amerikanische, beschrieben werden, die konträre Definitionen von Corporate Governance hervorbringen.

2.1.1 Komplexität als Ausgangspunkt unterschiedlicher Definitionen

Die zuvor beschriebenen Gründe, die zu unterschiedlichen Definitionen von Corporate Governance geführt haben, spiegeln auch die Komplexität von Corporate Governance wider (vgl. Tricker 2009, S. 18f.; Kohl 2009, S. 91; *Abbildung 2*, ohne Anspruch auf Vollständigkeit).

Abbildung 2: Komplexität von Corporate Governance

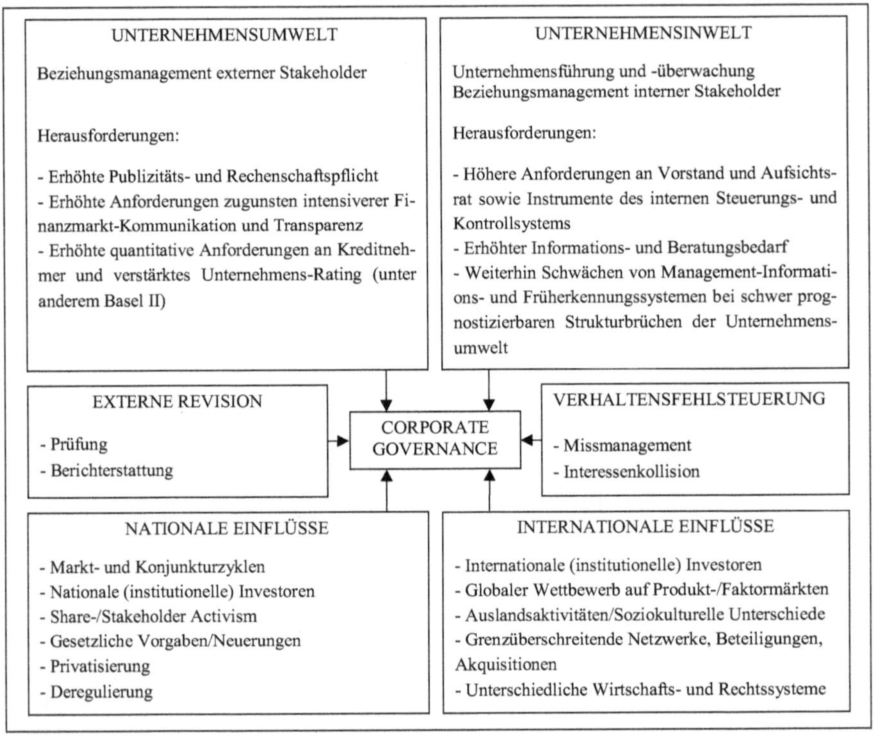

Diese erstreckt sich über zahlreiche Pflichten und Funktionen, wie beispielsweise gesetzliche Sorgfalts- und Treuepflichten, Publizitätserfordernisse zur Funktionsfähigkeit von Kapitalmärkten bis hin zu unternehmensinternen Kontrollmechanismen (vgl. Behrens 1998, S. 496). Theoretische und empirische Analysen stehen daher mitunter vor der Herausforderung, Corporate Governance einerseits zu messen und andererseits unterschiedlichste Erkenntnisse, basierend auf einem uneinheitlichen Verständnis von Corporate Governance (vgl. Hellwig 1997, S. 235f.), innerhalb eines Landes wie auch länderübergreifend zu vergleichen.

2.1.2 Kontinental-europäisches versus anglo-amerikanisches System

In der einschlägigen Fachliteratur werden national divergierende Corporate Governance Systeme beschrieben (vgl. Aguilera/Jackson 2003). Deren unterschiedliche Entwicklung ergibt sich aus dem länderspezifischen Zusammenspiel von (quasi-)gesetzlichen Bestimmungen, die insbesondere aus dem Gesellschafts-, Kapitalmarkt- und Arbeitsrecht entstammen, aber auch aus einem unterschiedlichen Regulativ wirtschaftlicher Kräfte (z.B. der Anteilseignerstruktur) (vgl. Eberle 2007, S. 379). Dabei können grundlegend das sogenannte *kontinental-europäische* und das *anglo-amerikanische* Corporate Governance System unterschieden werden (vgl. Shleifer/Vishny 1997, S. 737f.). Die Abgrenzung zwischen diesen beiden Systemen geht auf die unterschiedliche Berücksichtigung der Anspruchsgruppen (Stakeholder), sowie deren Einfluss auf die Unternehmenspolitik zurück (vgl. Eberle 2007, S. 379). Während im kontinental-europäischen System - auch pluralistisch, Stakeholder-orientiert, Dual Board-, Two-tier- oder Insider-System (vgl. Zöllner 2007, S. 15; Tricker 2009, S. 186; Werder 2008, S. 55) genannt - neben den Interessen der Anteilseigner auch die Interessen weiterer Gruppen oder Individuen berücksichtigt werden (vgl. Donaldson/Preston 1995, S. 65), gilt es im anglo-amerikanischen System - auch interessenmonistisch, Shareholder-orientiert, Single Board-, One-tier oder Outsider-System genannt (vgl. Luo 2007, S. 40f.) - bei Entscheidungen ausschließlich die Interessen der Anteilseigner (Shareholder) (vgl. Shleifer/Vishny 1997, S. 737) zu berücksichtigen (vgl. Schmidt/Weiß 2003, S. 108; Hilb 2005a, S. 22). Diese unterschiedliche Systemausprägung drückt sich auch in unterschiedlichen Corporate Governance Definitionen aus, deren normative Prägung unverkennbar ist (vgl. Wieland 2005, S. 12ff.). Eine Stakeholder-orientierte Definition von Corporate Governance stellt die des Center of European Policy Studies (CEPS) dar, als „the whole system of rights, processes and controls established internally and externally over the management of a business entity with the objective of protecting the interests of all stakeholders" (CEPS 1995, S. 5).

Dem anglo-amerikanischen System wäre hingegen folgende Definiton von Corporate Governance zuzuordnen: „Corporate Governance deals with the ways in which suppliers of finance to corporations assure themselves of getting a return on their investment" (Shleifer/Vishny 1997, S. 737). Als Ansatz, wie Interessen von Management und Eigentümern möglichst effizient und effektiv in Einklang gebracht werden können, wird im Rahmen des Shareholder-orientierten Systems mitunter auch von einem *Narrow View*, mit einer Eingrenzung des Bezugsgruppenbereichs auf die Anteilseigner, gesprochen (vgl. Allen 2005, S. 164). Eine Ausweitung der Anspruchsgruppen und eine gesamthafte Betrachtung des Unternehmens unter Einbezug aller Anspruchsgruppen wird hingegen als *Broad View* bezeichnet, wobei in beiden Sichtweisen die Wichtigkeit des Aufsichtsgremiums im Besonderen hervorgehoben wird (vgl. Kreitmeier 2001, S. 19f.; Werder 2008, S. 2). Interessant erscheint in diesem Zusammenhang die Feststellung des DCGK, die sowohl die Möglichkeit einer Annäherung von Corporate Governance Systemen (vgl. Yoshikawa/Rasheed 2009), als auch die Möglichkeit von multiplen Optima, im Sinne gleichsam (weiterhin) erfolgreicher Koexistenz unterschiedlicher Corporate Governance Systeme, betont (vgl. Schilling 2001, S. 150): „Das auch in anderen kontinentaleuropäischen Ländern etablierte duale Führungssystem und das international verbreitete System der Führung durch ein einheitliches Leitungsorgan (Verwaltungsrat) bewegen sich wegen des intensiven Zusammenwirkens von Vorstand und Aufsichtsrat in der Praxis aufeinander zu und sind gleichermaßen erfolgreich“ (DCGK 2006, S. 1).

2.1.3 Führungs- und Kontrollsystem versus Führungs- und Kontrollstil

Während Corporate Governance in Ermangelung einer konkreten Übersetzbarkeit als Führung und Kontrolle von Unternehmen bezeichnet wird, stellt sich die Frage was damit konkret gemeint ist. In der wissenschaftlichen Literatur lassen sich hierzu zwei Spezifizierungen erkennen: die Perspektive des Führungsystems und die des Führungsstils. So definiert der sogenannte Cadbury Report[10] Corporate Governance als „system by which companies are directed and controlled“ (Cadbury Committee Report 1992, S. 3). Conyon und Schwalbach hingegen stellen den Führungs- und Kontrollstil ähnlich Shleifer und Vishny (*Kapitel 2.1.2*) in den Mittelpunkt ihrer Corporate Governance Definition, als „way in which firms are directed and controlled” (Conyon/Schwalbach 2000, S. 99). Im Gegensatz zum Cadbury Report zielt diese Definition inhaltlich auf die Art und Weise der Leitung und Überwachung ab. Der Cadbury Report hingegen stellt die Integration von Einzelsystemen zu einem Gesamtsystem der Leitung und Überwachung in den Vordergrund. Gemein ist beiden Spezifikationen hingegen die inhaltliche Differenzierung von Aspekten der Leitung und Aspekten der Überwachung.

2.1.4 Corporate Governance Verständnis im Rahmen der vorliegenden Untersuchung

Entsprechend des Forschungsgegenstandes wird in dieser Arbeit eine Definition von Corporate Governance bevorzugt, die grundsätzlich konform mit dem zuvor beschriebenen kontinental-europäischen System geht. Hierzu ist es lohnend, die Präambel des DCGK zu betrachten. Diese beinhaltet zwar keine explizite Definition von Corporate Governance, umfasst allerdings Einzelkomponenten, die auf die Intentionen und das Verständnis von Corporate Governance seitens der Kodex-Entwickler schließen lassen, dass der DCGK nämlich „wesentliche gesetzliche Vorschriften zur Leitung und Überwachung deutscher börsennotierter Gesellschaften (Unternehmensführung) dar[stellt] und ... international und national anerkannte Standards guter und verantwortungsvoller Unternehmensführung [enthält]“ (DCGK 2006, S.

---

10 Report of the Committee on the Financial Aspects of Corporate Governance. Dieses Papier stellt auch den ersten Corporate Governance Standard dar, der im europäischen Raum entwickelt wurde (vgl. Aguilera/Cuervo-Cazurra 2009, S. 376).

1). Dabei wird sowohl die deutsche Rechtstradition betont, während gleichsam international anerkannte Standards integriert werden. So ist ein weiterer, bereits thematisierter Aspekt, in der Trennung von Leitung und Überwachung zu sehen, der sowohl das kontinentaleuropäische als auch das anglo-amerikanische Corporate Governance System auszeichnet. Weiter heißt es hinsichtlich seiner Zielsetzung, der DCGK „will das Vertrauen der internationalen und nationalen Anleger, der Kunden, der Mitarbeiter und der Öffentlichkeit in die Leitung und Überwachung deutscher börsennotierter Aktiengesellschaften fördern" (DCGK 2006, S. 1). Hierin ist deutlich die Stakeholder-orientierte Zielsetzung des kontinentaleuropäischen Systems zu erkennen. Nicht zu übersehen ist jedoch auch, dass innerhalb der Stakeholdergruppen die internationalen und nationalen Anleger als erste Gruppe genannt werden. Dies zeugt von zunehmendem Druck, dem deutsche börsennotierte Unternehmen seitens internationaler Kapitalmärkte ausgesetzt sind (vgl. Jackson 2005, S. 420; Schilling 2001, S. 150).[11] Die Nennung der internationalen vor den nationalen Anleger kann zwar Zufall sein, allerdings geht sie auch deutlich konform mit der von überwiegend durch angloamerikanische Investoren getriebenen Entwicklung von Corporate Governance Grundsätzen. Diesen Grundsätzen musste auch der DCGK im Sinne einer Informationsbringschuld (d.h. das deutsche System transparent und verständlich darzustellen) gerecht werden (vgl. Dörner/Orth 2005, S. 16). Dies wird auch inhaltlich im DCGK klargestellt, wo es heißt, der Kodex verdeutliche „die Rechte der Aktionäre, die der Gesellschaft das erforderliche Eigenkapital zur Verfügung stellen und das unternehmerische Risiko tragen" (DCGK 2006, S. 1). In den darauf folgenden Ausführungen werden wiederum wichtige Grundsätze des dualen deutschen Führungssystems kurz konkretisiert, indem auf die Aufgaben von Vorstand und Aufsichtsrat und die Besonderheiten des mitbestimmten Aufsichtsrates[12] eingegangen wird. Hier wird also wiederum der Pfadabhängigkeitsansatz zur Erklärung von Corporate Governance deutlich. In der Zusammenschau der bisherigen Ergebnisse soll im Rahmen der vorliegenden Untersuchung Corporate Governance folgendermaßen definiert sein:

Corporate Governance umfasst alle Mechanismen, Regeln und Handlungsweisen zur Leitung und Überwachung börsennotierter Gesellschaften im Sinne aller Stakeholder, insbesondere der Anteilseigner.

11 Diese sind gemäß seiner Präambel die Hauptzielgruppe des DCGK: „Der Kodex richtet sich in erster Linie an börsennotierte Gesellschaften" (DCGK 2006, S. 2).

12 „Die Mitglieder des Aufsichtsrats werden von den Aktionären in der Hauptversammlung gewählt. Bei Unternehmen mit mehr als 500 bzw. 2000 Arbeitnehmern im Inland sind auch die Arbeitnehmer im Aufsichtsrat vertreten, der sich dann zu einem Drittel bzw. zur Hälfte aus von den Arbeitnehmern gewählten Vertretern zusammensetzt. Bei Unternehmen mit mehr als 2000 Arbeitnehmern hat der Aufsichtsratsvorsitzende, der praktisch immer ein Vertreter der Anteilseigner ist, ein die Beschlussfassung entscheidendes Zweitstimmrecht. Die von den Aktionären gewählten Anteilseignervertreter und die Arbeitnehmervertreter sind gleichermaßen dem Unternehmensinteresse verpflichtet" (DCGK 2006, S. 1).

2.2 Gute Corporate Governance und die Entwicklung von Corporate Governance Kodizes

Im Rahmen der Corporate Governance Diskussion ist vielfach der Zusatz des Terminus *gut* auffällig. Dieser wird meist hinzugefügt, wenn es um konkrete Regeln und Leitlinien geht, deren Umsetzung Unternehmen als Best Practices und Investoren als Orientierungs- und Bewertungsmuster empfohlen werden (vgl. hierzu auch die Präambel des DCGK; DCGK 2006, S. 1). Um es vorwegzunehmen, existiert bislang, wenig verwunderlich angesichts der teils stark konträren Auffassungen zu Corporate Governance, auch keine einheitliche Bestimmung, was *gute Corporate Governance* ausmacht, weder im normativen noch im positivistischen Sinne (vgl. Bøhren/Ødegaard 2006, S. 27). In *Kapitel 2.2.3* wird daher gute Corporate Governance im Bezug auf Corporate Governance Kodizes ausführlich diskutiert. Dies wurde auch bereits bei der Vorstellung der OECD-Principles of Corporate Governance ausdrücklich betont, welche ebenfalls kein Universalmodell für gute Corporate Governance proklamieren. Sie identifizieren und integrieren jedoch bestimmte gemeinsame Elemente guter Corporate Governance Praktiken, die zwar allgemein gehalten sind, aber dennoch verschiedenen existierenden Corporate Governance Systemen Rechnung tragen (vgl. OECD 1999, S. 15).

Dies eröffnet die Diskussion darüber, was allgemeingültig gute Führung und Kontrolle von Unternehmen eigentlich ausmacht. Der DCGK nimmt für sich in Anspruch, Leitlinien guter Corporate Governance für deutsche börsennotierte Unternehmen zu repräsentieren und dadurch eine gemeinsame Basis zu schaffen, an der sich Unternehmen und Investoren ausrichten können, wobei sich der DCGK unter anderem an den international anerkannten OECD-Principles orientiert. Durch die Berichterstattung zur Einhaltung der Leitlinien des DCGK wird eine Trennung zwischen Unternehmen mit guter und mit schlechter Corporate Governance möglich, was sich nach Ansicht der Kodexentwickler als erfolgsrelevantes Kriterium erweisen soll (vgl. Cromme 2001, S. 13).

2.2.1 Klassifizierung von Corporate Governance Kodizes

Die im Mai 1999 vom OECD-Ministerrat einstimmig verabschiedeten OECD Principles of Corporate Governance (vgl. OECD 1999) dokumentieren die Erfahrungen der Industrieländer, die für sie selbst, aber auch für andere Staaten eine wesentliche Rolle spielen (vgl. Berrar 2001, S. 79f.).[13] Die hauptsächlich an börsennotierte Unternehmen gerichteten Principles sol-

[13] Die OECD Principles stellen sicherlich den bedeutendsten Corporate Governance Kodex dar, der von transnationalen Institutionen entwickelt wurde und an dem sich der Großteil der länderspezifischen Corporate Governance Kodizes orientiert. Eine Übersicht über Kodizes weiterer transnationaler Institutionen geben Aguilera und Cuervo-Cazurra (vgl. Aguilera/Cuervo-Cazurra 2009, S. 381).

len als *Richtschnur*[14] sowohl für die Marktteilnehmer als auch für die nationalen Gesetzgeber zur Fortentwicklung des eigenen Corporate Governance Systems im Rahmen ihrer länderspezifischen Gegebenheiten dienen (vgl. OECD 1999, S. 15; Luo 2007, S. 35ff.; *Abbildung 3*).

Abbildung 3: Klassifizierung von Corporate Governance Standards

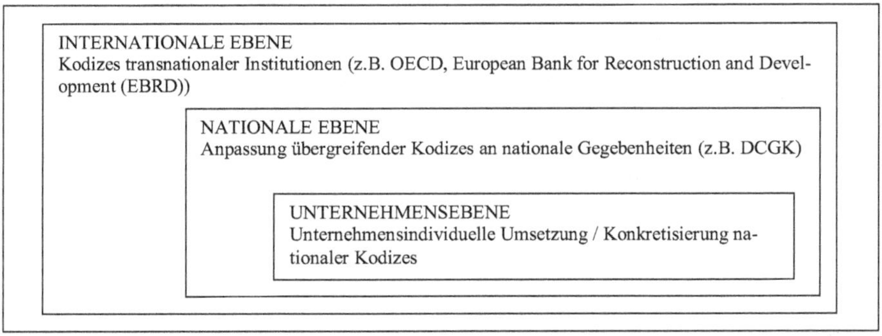

So auch im Falle des Deutschen Corporate Governance Kodex. Dessen Entstehung, Aufbau und Zielsetzung soll in den folgenden Ausführungen näher erläutert werden. Nationale Kodizes erfüllen dabei längst keinen Selbstzweck. Vielmehr sollen sie sich auf Unternehmensebene als Standards guter Unternehmensführung etablieren (vgl. Werder 2008, S. 12).

2.2.2 Der Deutsche Corporate Governance Kodex (DCGK)

2.2.2.1 Entwicklung

Auf Basis der OECD Principles haben sich ab Dezember 1999 (Herzog-Tietmeyer-Kommission) politisch und privatwirtschaftlich Initiativen zur Verbesserung der Corporate Governance in Deutschland gebildet, die letztendlich im DCGK 2002 mündeten, der bislang den (zumindest) kodifizierten Höhepunkt der Diskussion um *gute* Unternehmensführung und Kontrolle in Deutschland darstellt (*Abbildung 4*). Der DCGK wurde von einer Regierungskommission unter der Leitung von Gerhard Cromme erarbeitet, um unter anderem die Hauptkritikpunkte am deutschen Corporate Governance System zu adressieren (vgl. Goncharov et al. 2006, S. 433). Dies waren im Einzelnen mangelhafte Ausrichtung auf Aktionärsinteressen, die duale Unternehmensverfassung mit Vorstand und Aufsichtsrat, mangelnde Transparenz deutscher Unternehmensführung, mangelnde Unabhängigkeit deutscher Aufsichtsräte oder die eingeschränkte Unabhängigkeit des Abschlussprüfers (vgl. Cromme 2002, S. 3). Die Kommission verfolgt seitdem fortlaufend die Entwicklung der Corporate Governance in Gesetzge-

[14] Entsprechend identifiziert O'Shea bei der Analyse zahlreicher Corporate Governance Codes gemeinsame inhaltliche Elemente, wie z.B. das Zusammenwirken zwischen Führungs- und Kontrollorgan eines Unternehmens oder die Transparenz der Unternehmensberichterstattung (vgl. O'Shea 2005).

bung und Praxis und definiert jährlich den Anpassungsbedarf des DCGK.

Abbildung 4: Entwicklungsinitiativen hin zum DCGK 2002

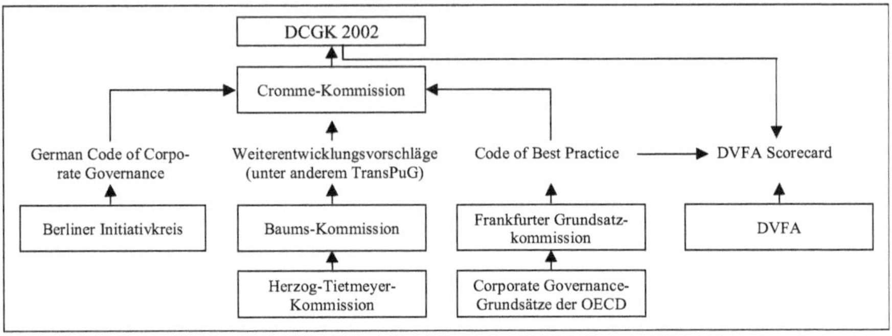

2.2.2.2 Aufbau

Der DCGK gliedert sich inhaltlich in sieben Teile, die neben einer einleitenden Präambel Empfehlungen und Anregungen zum Umgang mit den sechs Kategorien „Aktionäre und Hauptversammlung", „Zusammenwirken von Vorstand und Aufsichtsrat", „Vorstand", „Aufsichtsrat", „Transparenz" sowie „Rechnungslegung und Abschlussprüfung" bereitstellen. Er besteht formal aus *Muss-Vorschriften*, die gesetzesäquivalenten und auslegungskonformen Charakter besitzen (vgl. Werder 2008, S. 15) und aus sogenannten *Soll-Empfehlungen*, welche die Unternehmen wahlweise umsetzen können. Abweichungen von Soll-Empfehlungen sind jährlich in einer *Entsprechenserklärung* gem. § 161 AktG[15], optional mit Begründung für das Abweichen (*comply or explain*-Prinzip), anzuzeigen.[16] Die Soll-Empfehlungen besitzen keine gesetzlichen Äquivalente und Abweichungen von den Empfehlungen werden bei Vorliegen kon-

[15] Die Verabschiedung des Bilanzrechtsmodernisierungsgesetzes (BilMoG) bringt ein neues, erweitertes *Corporate Governance Statement* „Erklärung zur Unternehmensführung" mit sich, das über § 289a HGB in das Handelsgesetzbuch aufgenommen wird. Das Corporate Governance Statement integriert die Entsprechenserklärung gem. § 161 AktG, die Darstellung der Praktiken der Unternehmensführung und auch die installierten Instrumente der Unternehmensüberwachung. Das Corporate Governance Statement gilt für börsennotierte Aktiengesellschaften gem. § 3 Abs. 2 AktG und kapitalmarktorientierte Gesellschaften nach § 264d HGB. Das BilMoG kann bereits für das nach dem 31.12.2008 beginnende Geschäftsjahr angewendet werden, jedoch nur als Gesamtheit. Eine verpflichtende Anwendung gilt für Geschäftsjahre ab dem 01.01.2010. Das Corporate Governance Statement ist gem. § 289a Abs. 1 Satz 1 HGB als gesonderter Abschnitt in den Lagebericht aufzunehmen (vgl. hierzu ausführlich Paetzmann 2009).
Diese Entwicklung könnte als weiterer Reformschritt in Richtung einer Verbesserung von Transparenz und Inverstorenschutz in Deutschland auf dem Weg von einem bankenbasierten hin zu einem marktbasierten Governance System (vgl. Vitols 2005, S. 386; Goncharov et al. 2006, S. 432f.) gesehen werden.

[16] Nach der gesetzlichen Mindestanforderung müssen Unternehmen nach dem Grundsatz des „comply or declare/disclose" (Berg/Stöcker 2002, S. 1571) die Empfehlungen, von denen abgewichen wird, nur nennen und darstellen (vgl. Ihrig/Wagner 2002, S. 791; Seibt 2002, S. 252). Die Soll-Empfehlung aus Ziffer 3.10 des DCGK mit dem Hinweis, dass Abweichungen von den Empfehlungen auch erläutert werden sollen, macht deutlich, dass auch die Kodex-Kommission selbst die Erklärungspflicht als eine ohne „explain"-Erfordernis versteht.

kreter Bedingungen unternehmensindividuell fallweise durchaus als sinnvoll beurteilt (vgl. DCGK 2006, Präambel; Werder 2002, S. 810).[17] Ergänzende *Sollte-/Kann-Anregungen* sollen als Beschleuniger für eine Fortentwicklung der Corporate Governance in Deutschland dienen und unterliegen nicht dem § 161 AktG. Abweichungen sind daher nicht in der Entsprechenserklärung anzuzeigen bzw. Gründe dafür darzulegen (vgl. Werder 2008, S. 15). Nur die rechtlich unverbindlichen Soll-Empfehlungen erhalten durch die Entsprechenserklärung[18] gesetzliche Flankierung.[19]

2.2.2.3 Zielsetzung

Die Ziele des DCGK liegen in der Qualitätssteigerung und einer erhöhten Transparenz deutscher Unternehmensführung und -überwachung für (ausländische) Investoren (vgl. Cromme 2005, S. 364). Dies soll schlussfolgernd das Vertrauen in die Führung deutscher (börsennotierter) Kapitalgesellschaften stärken (vgl. DCGK 2006, S. 1). Entsprechend definieren Werder und Talaulicar als Funktionen des DCGK eine *Qualitätssicherungsfunktion*, indem das Regelwerk des Kodex dazu beitragen soll, durch die Aufnahme weithin anerkannter Leitlinien guter und verantwortungsvoller Corporate Governance eine gewisse Mindestgüte der Corporate Governance in deutschen börsennotierten Gesellschaften zu erreichen (vgl. Werder/Talaulicar 2003b, S. 17f.).

Die *Kommunikationsfunktion* wiederum soll (ausländischen) Investoren die vorherrschenden Regelungen der Corporate Governance in Deutschland transparent darlegen, um im Ausland das Verständnis/Vertrauen für/in die Corporate Governance in Deutschland zu gewährleisten. Diese Funktion erweist sich als bedeutsam, als das deutsche Corporate Governance System im internationalen Vergleich Besonderheiten[20] aufweist und die Vorschriften zur Leitung und Überwachung börsennotierter Gesellschaften in mehreren Gesetzen festgehalten werden. Dies hat aufgrund mangelnder Transparenz des deutschen Corporate Governance Systems bereits zu Fehleinschätzungen bezüglich dessen Wettbewerbsfähigkeit geführt (vgl. Graf/Stiglbauer 2007, S. 280). Im Rahmen der Kommunikationsfunktion kann zwischen *drei Ebenen* unterschieden werden (*Abbildung 5*).

---

[17] Beispielsweise die Abweichung von den Empfehlungen zur Bildung sachbezogener Ausschüsse im Aufsichtsrat (Ziffer 5.3 DCGK), was bei Aufsichtsratsorganen mit 3 Mitgliedern wenig effizient erscheint.

[18] Ferner durch die Pflicht ihrer Einreichung beim Handelsregister gem. § 325 Abs. 1 HGB, die Pflichtangabe im Anhang des Jahresabschlusses, dass die Entsprechenserklärung abgegeben und den Aktionären zugänglich gemacht worden ist (§ 285 Nr. 16 HGB) und durch § 314 Abs. 1 Nr. 8 HGB, der vorschreibt, dass die Entsprechensklärung gem. § 161 AktG für jedes in den Konzernabschluss einbezogene börsennotierte Unternehmen abgegeben und im Konzernanhang den Aktionären zugänglich gemacht wird.

[19] Der Kodex wird vielfach als „Soft Law“ (Rechkemmer 2003, S. 8, Dörner/Orth 2005, S. 11) oder „Regulator der mittleren Ebene“ (Claussen/Bröcker 2002, S. 1199) bezeichnet.

[20] Zu nennen wäre die dualistische Boardstruktur (vgl. Tricker 2009, S. 64f.), die starke Stellung von Gewerkschaften über den mitbestimmten Aufsichtsrat, die zentrale Stellung von Banken und Versicherungen oder eine im Vergleich zu den USA oder Großbritannien schwach ausgeprägte Aktienkultur (vgl. Strenger 2003, S. 700).

Abbildung 5: Angestrebte Funktionen des DCGK

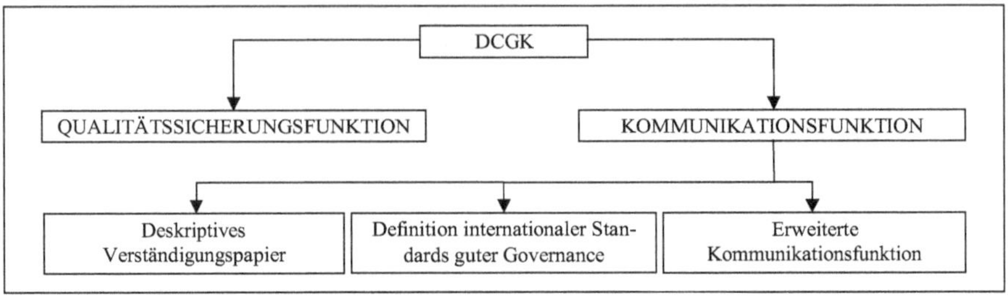

Die *deskriptive* Ebene tangiert den Kodex selbst. Als „Verständigungspapier“ (Seibt 2002, S. 250) fixiert der Kodex in kompakter Form den Rahmen des deutschen Corporate Governance Systems. Auf der *normativen* Ebene intendiert der DCGK die Definition international anerkannter Standards guter und verantwortungsvoller Corporate Governance, die über geltendes Recht und geltende Praxis hinausgehen (vgl. Goncharov et al. 2006, S. 433). Die durch die vorliegende Arbeit adressierte *dritte* Ebene umfasst die Berichterstattung der Unternehmen zur Umsetzung der Regeln des DCGK, die sogenannte *erweiterte Kommunikationsfunktion* (Graf/Stiglbauer 2007, S. 279). Diese soll es einem interessierten Investor erleichtern, die unternehmensindividuelle Corporate Governance Güte zu bewerten, die, so zumindest die Ansicht der Regierungskommission Deutscher Corporate Governance Kodex, durch die Umsetzung der von ihr als internationale *Best Practices* angesehenen Regeln gegeben ist (vgl. Goncharov et al. 2006, S. 433).

2.2.3 Corporate Governance Kodizes und gute Corporate Governance

Da eine Unternehmensführung die Effekte ihrer Aktivitäten auf den Kapitalmarkt in ihrem strategischen Kalkül berücksichtigen muss, stellt sich ihr die Frage nach der Wirkung einer nach außen deklarierten Umsetzung eines Corporate Governance Kodex. Zur Beantwortung dieser Frage muss ein Corporate Governance Kodex das Prädikat *gut* erhalten.

Dies impliziert als einen *ersten Aspekt*, dass er das abbildet, was sowohl von den Anlegern als auch von Unternehmen als *gut* erachtet wird, da nur dann marktliche Sanktionsmechanismen bei mangelhafter Umsetzung greifen können. Ausgearbeitet von bekannten Persönlichkeiten aus Wirtschaft und Wissenschaft und gesetzlich flankiert, hat der DCGK vor allem auf dem Kapitalmarkt mittlerweile sicherlich einen hohen Bekanntheitsgrad erreicht (vgl. Graf/Stiglbauer 2008a, S. 602f.). Ob die in anderen Ländern nachgewiesene wertsteigernde Eigenschaft der deklarierten Umsetzung von Corporate Governance Kodizes (vgl. z.B. Fernández-Rodríguez et al. 2004) allerdings auch auf den DCGK zutrifft, sprich, ob dessen Regeln auch ausserhalb der Kodexkommission als internationale *Best Practices* aufgefasst werden (vgl. Goncharov et al. 2006, S. 433), wird in der noch folgenden empirischen Untersuchung zu klären sein (*Kapitel 7.4.6.2-7.4.6.3*), denn „even in advanced market economics, there is a great deal of disagreement on how good … the existing governance mechanisms are" (Shleifer/Vishny 1997, S. 737).

Damit potenzielle Sanktionsmechanismen greifen können, muss allerdings noch ein *zweiter Aspekt* erfüllt sein. Die Umsetzung von Kodexregeln muss von den Marktteilnehmern beobachtbar (d.h. nachvollziehbar transparent) sein (vgl. Bassen et al. 2006c, S. 376), um im Falle einer wertsteigernden Eigenschaft des DCGK, Vergleiche zwischen Unternehmen vornehmen zu können. Für die zuvor thematisierte Umsetzung von Corporate Governance Regeln hat seit geraumer Zeit in der Corporate Governance Forschung und jüngst auch im DCGK der Begriff *Compliance* Einzug gehalten, der im Folgenden näher erläutert werden soll.

2.3 Compliance zum DCGK

2.3.1 Compliance in der Corporate Governance Forschung

Compliance wird als Einhaltung und Umsetzung von Recht, Gesetz und unternehmensinternen Richtlinien verstanden (vgl. Grundei/Talaulicar 2009, S. 73). Durch die Integration seiner Regeln als (inter)nationale, anerkannte Standards guter Unternehmensführung innerhalb der unternehmensinternen Richtlinien dient der DCGK somit dem Ziel von Compliance, nämlich ordnungsgemäßem Verhalten (vgl. Sidhu 2008, S. 16; Luo 2007, S. 185ff.).

Auch bei der Systematisierung von Corporate Governance Ratingsystemen, in deren Fokus die Bewertung unternehmensindividueller Corporate Governance steht, wird hinsichtlich des Ratingziels mittlerweile zwischen Compliance- und Performance- bzw. Erfolgsorientierung unterschieden (*Kapitel 4.2.1.2*). Unter Complianceorientierung wird, wie auch in der vorliegenden Untersuchung, die Überprüfung der Umsetzung von Kodexregeln verstanden (vgl. Bassen et al. 2006b, S. 82ff.). Der Relevanz und dem aktuellen und zukünftigen Gewicht von Compliance, als Treiber für den Bedeutungszuwachs von Corporate Governance (vgl. Deane 2006, S. 13f.; Wehlte 2007, S. 160), trägt die Regierungskommission Deutscher Corporate Governance Kodex seit der Kodexversion 2007 auch explizit Rechnung (*Tabelle 1*): „Aufgrund der wachsenden öffentlichen Wahrnehmung der Bedeutung von Compliance hat die Regierungskommission beschlossen, die Kodexregelung um die eigentlich selbstverständliche Verpflichtung zur Beachtung der unternehmensinternen Richtlinien zu erweitern und sie insgesamt als Compliance-Regelung zu bezeichnen. Das unterstreicht die besondere Bedeutung der Compliance als Teil guter Corporate Governance“ (Cromme 2007, S. 28).

Tabelle 1: Kodexregeln der Kodexversion 2007, die explizit „Compliance“ erfassen

Ziffer Kodexversion 2007	Beschreibung
3.4 (2) S1	Der Vorstand informiert den Aufsichtsrat regelmäßig, zeitnah und umfassend über alle für das Unternehmen relevanten Fragen der Planung, der Geschäftsentwicklung, der Risikolage, des Risikomanagements und der COMPLIANCE.
4.1.3	Der Vorstand hat für die Einhaltung der gesetzlichen Bestimmungen und der unternehmensinternen Richtlinien zu sorgen und wirkt auf deren Beachtung durch die Konzernunternehmen hin (COMPLIANCE).
5.3.2 S1	Der Aufsichtsrat soll einen Prüfungsausschuss (Audit Committee) einrichten, der sich insbesondere mit Fragen der Rechnungslegung, des Risikomanagements und der COMPLIANCE, ...

(Quelle: DCGK 2007)

In der Fachliteratur rückt hierzu insbesondere die Etablierung einer Compliance Organisation/ eines Compliance Systems (vgl. Luo 2007, S. 185ff.) und die Übertragung von Aufgaben zur Steuerung und Überwachung der Einhaltung und Umsetzung von Recht, Gesetz und unternehmensinternen Richtlinien an einen Compliance Officer[21] in den Mittelpunkt der Betrachtung (vgl. Menzies et al. 2008, S. 137ff.; Baetge/Brembt 2008, S. 153f.).

2.3.2 Alternativen der unternehmensspezifischen Intergration des DCGK

Für Unternehmen bieten sich *vier Alternativen*, die Regeln des DCGK in die unternehmensinternen Richtlinien zu integrieren. Ein Unternehmen kann alle Empfehlungen des DCGK umsetzen und das *Übernahmemodell* wählen, das seinen Ausdruck in einer uneingeschränkten Positiverklärung im Rahmen der Entsprechenserklärung, ohne Abweichung von den Empfehlungen des DCGK gem. § 161 AktG findet (vgl. Werder/Talaulicar 2003a, S. 21). Weiterhin können Unternehmen den Kodexempfehlungen grundsätzlich entsprechen, in einzelnen Punkten von diesen jedoch abweichen, was als *Selektionslösung* bezeichnet wird. Als eine dritte Möglichkeit können Unternehmen Negativerklärungen abgeben, sprich sämtliche Kodexempfehlungen nicht anwenden. Dies kann sich in einer Unterschreitung der Empfehlungen sowie gänzlichen Zurückweisung derselben ausdrücken (*Ablehnungsmodell*) (vgl. Diekmann/Merkner 2002, S. 16). Zuletzt ist die sogenannte *Alternativlösung*, die Vorlage adäquater unternehmensindividueller Corporate Governance Ersatzstandards[22] zu erwähnen, die sich am DCGK als Benchmark messen lassen müssen (vgl. Werder 2002, S. 810).[23]

---

[21] Dieser wird durch Regel 38 der Transparency & Disclosure Scorecard erfasst (vgl. *Tabelle 15*).

[22] Nicht zu verwechseln mit den durch Regel 35 der Transparency & Disclosure Scorecard adressierten unternehmensspezifischen Corporate Governance Kodizes, deren Grundlage der DCGK darstellt.

[23] Für börsennotierte Unternehmen in Deutschland zeichnet sich die Tendenz ab, dass nur die ersten beiden Alternativen Anwendung finden (vgl. Graf/Stiglbauer 2008a, S. 611).

Standardisierte Corporate Governance Kodizes, wie der DCGK, zeichnen sich allerdings durch ihre im Vergleich zu unternehmensindividuellen Corporate Governance Ersatzstandards in der Regel höhere Transparenz und ihren höheren Bekanntheitsgrad aus. Die präzise und zugleich verständliche Formulierung von Corporate Governance Guidelines soll für deren Adressatenkreis Transparenz schaffen. Gerade die Bezugnahme auf ein dem Kapitalmarkt bekanntes und/oder ein relativ einfach zugängliches Regelwerk generiert für Unternehmen die Chance, mehr oder weniger große Einsicht in die eigenen Corporate Governance Strukturen zu gewähren und (globale) Investoren anzuregen, verstärkt in Unternehmen zu investieren, welche diesem Regelwerk unterstellt sind.

2.4 Transparenz der Corporate Governance Berichterstattung

Wie bereits in *Kapitel 2.2.3* ausgeführt, setzt der potenziell positive Wertbeitrag von Unternehmensführungskodizes zum einen deren Akzeptanz (oder die kritische Auseinandersetzung mit ihnen) seitens der Unternehmen und anderen Markteilnehmern und zum anderen die Erkennbarkeit der Umsetzung bzw. Ablehnung ihrer Regeln (erweiterte Kommunikationsfunktion) für die Marktteilnehmer voraus. Dadurch sollen sie Transparenz schaffen und Interessenkonflikte (*Kapitel 3.2*) vermindern (vgl. Carver 2007, S. 1030; Smith/Walter 2006, S. 248ff.). Im Unterschied zur Finanzberichterstattung sind Angaben von Unternehmen zu ihrer Corporate Governance und ihrer Compliance zum DCGK in Deutschland bis auf wenige gesetzliche Vorschriften[24] allerdings freiwillig. Dies ist bemerkenswert, setzt sich doch bereits die Präambel des DCGK als Ziel, das deutsche Corporate Governance System transparent und nachvollziehbar darzustellen (vgl. DCGK 2002, S. 1). Im Folgenden soll die Bedeutung von Transparenz und der Bekanntgabe von Unternehmensinformationen im Rahmen der Corporate Governance theoretisch und empirisch beleuchtet werden.

2.4.1 Unternehmenstransparenz und Corporate Governance

Während unter Unternehmenstransparenz im Allgemeinen die Verfügbarkeit relevanter und verlässlicher Unternehmensinformationen verstanden wird, die auch deren Corporate Governance umfassen (vgl. Bushman/Smith 2003, S. 66), können Unternehmen durch die Bereitstellung von Informationen auch gezielt ihre externe Einschätzung erleichtern und steuern (vgl. Eldomiaty/Choi 2006, S. 284).

Dabei könnten Unternehmen durch eine transparente Corporate Governance Berichterstattung annahmegemäß Signale hinsichtlich ihrer Corporate Governance Qualität aussenden (*Kapitel 4.1*), mit denen sie das Potenzial verbinden, Unsicherheiten auf Seiten von Investoren bezüg-

[24] So z.B. § 161 AktG, §§ 325 Abs. 1, 285 Nr. 16, 314 Abs. 1 Nr. 8 HGB.

lich ihres Unternehmens als Investitionsobjekt zu verringern. Durch die Senkung deren Agency-Kosten durch geringere Suchkosten nach Informationen und geringere Monitoringkosten aufgrund geringerer Unsicherheit (*Kapitel 3.1.1.3*) (vgl. Achleitner et al. 2005, S. 261) könnte das Unternehmen an Attraktivität gewinnen. Damit geht theoretisch eine Senkung der Kapitalkosten einher, da Informationsasymmetrien und dadurch induzierte Unsicherheiten verringert werden (vgl. Fama/French 1993; Fama/French 1998). Diesbezüglich zeigen Milgrom und Grossman auch, dass potenzielle Käufer/Investoren (angenommen sie können die Richtigkeit und Vollständigkeit der ihnen zur Verfügung stehenden Informationen beurteilen) nicht veröffentlichte Informationen mit eher schlechten Informationen gleichsetzen (vgl. Milgrom 1981; Grossman 1981). Dies impliziert unabhängig vom zu signalisierenden Corporate Governance Qualitätsniveau die vollständige Offenlegung von Corporate Governance Informationen als anzustrebendes Ziel.

2.4.2 International diskutierte Relevanz transparenter Corporate Governance Berichterstattung

Die Relevanz transparenter Corporate Governance Berichterstattung wird auch in der internationalen Forschung diskutiert. Dabei stellt sich die Frage, ob die Bekanntgabe von Informationen zu Corporate Governance zu mehr Offenheit und Einblick in Managementpraktiken führt (vgl. Parum 2005; Sheridan et al. 2006). So konnten Beeks und Brown für Australien feststellen, dass Unternehmen mit besserer Corporate Governance auch mehr Informationen offen legen (vgl. Beeks/Brown 2006). In diesem Zusammenhang geht es allerdings nicht nur darum, wie viel, sondern auch welche Informationen publiziert werden (vgl. Berglöf/Pajuste 2005) und welchen Mehrwert Corporate Governance spezifische Informationen für die Bewertung von Unternehmen und deren Erfolg bieten. Bhat et al. schreiben Corporate Governance spezifischen Informationen eine große Rolle zu, wenn finanzielles Zahlenmaterial eingeschränkt verfügbar ist, und sehen in transparenter Corporate Governance Berichterstattung möglicherweise sogar ein Substitut zur finanziellen Berichterstattung. Dabei betonen sie die Relevanz transparenter Corporate Governance Berichterstattung für die Genauigkeit von Analystenvorhersagen, vor allem im Zusammenhang mit eher schwachen gesetzlichen *Enforcement*-Mechanismen (vgl. Bhat et al. 2006, S. 730f.), sprich schwacher Durchsetzungskraft gesetzlicher und quasi-gesetzlicher Regelungen (vgl. Werner/Zimmermann 2009, S. 91). *Kapitel 2.2.2.3* hat gezeigt, dass in Deutschland im Bezug auf die Corporate Governance Berichterstattung ebenfalls ein relativ schwaches Enforcement vorliegt, das vielfach auf einer freiwilligen Selbstverpflichtung seitens der Unternehmen basiert. Dies kann als weiterer Hinweis für die Erfolgsrelevanz transparenter Corporate Governance Berichterstattung gewertet werden.

Zusammenfassend bleibt vorerst eine theoretisch anzunehmende Erfolgsrelevanz guter Corporate Governance festzuhalten, welche insbesondere durch die Entwicklung und Anwendung von Corporate Governance Kodizes befördert werden soll. Corporate Governance Kodizes können nämlich Unternehmen und Investoren einen Vergleichsstandard bieten, an denen sie sich orientieren können. Diese Erfolgsrelevanz setzt allerdings die erkennbare Compliance zu Corporate Governance Kodizes voraus, wodurch die Corporate Governance Berichterstattung von Unternehmen gefordert ist, diese für Investoren öffentlich zu machen. Erste Erkenntnisse weisen darauf hin, dass transparente Corporate Governance Berichterstattung helfen kann, Informationsasymmetrien zwischen Unternehmen und Investoren abzubauen und dadurch eine realistischere Einschätzung von Unternehmen zu fördern. Dadurch induzierte geringere Kapitalkosten, könnten sich in der Folge positiv auf den Unternehmenserfolg auswirken.

2.5 Unternehmenserfolg: Abgrenzung und Ausprägung

Ökonomischer Erfolg ist zwar das Hauptziel der Unternehmenstätigkeit, allerdings ist dessen Erfassung herausfordernd und kann aufgrund der Vielzahl möglicher Einflussvariablen auf den Unternehmenserfolg keinesfalls perfekt gelingen (vgl. Groß 2007, S. 23). Obgleich zahlreiche empirische Untersuchungen auf die Erfolgsrelevanz[25] bestimmter Faktoren abstellen und diese ins Zentrum ihrer Betrachtung rücken (vgl. Bauer et al. 2008; Bhagat/Bolton 2008; Brown/Caylor 2009, Cormier et al. 2009), existiert für die Operationalisierung von Unternehmenserfolg bislang kein einheitliches Vorgehen. So ist der jeweilige Blickwinkel des Betrachtenden schlussendlich ausschlaggebend dafür, welche Maße mit dem Erfolg eines Unternehmens verbunden werden (vgl. Baetge et al. 2007, S. 190). Unter der Annahme, (transparente) Corporate Governance Berichterstattung spiegele sich im Unternehmenserfolg wider und unter dem Bewusstsein darüber, dass sich Erfolg aus einer Vielzahl von Einzelfaktoren zusammensetzt, ist der zu führende Nachweis ein komplexes Unterfangen. So empfiehlt es sich in der vorliegenden Arbeit, verschiedene Maße für den Unternehmenserfolg in die Untersuchung einzubeziehen (vgl. Brown/Laverick 1994, S. 93), um unterschiedlichen (Shareholder-/Stakeholder-)Perspektiven auf den Unternehmenserfolg gerecht zu werden. Im Folgenden sollen die in der Corporate Governance Forschung am häufigsten als Vergleichsmaßstab dienenden Erfolgsvariablen präsentiert werden. Diese lassen sich in bilanzielle, kapitalmarktorientierte und hybride Maße unterteilen (vgl. Groß 2007, S. 23).

2.5.1 Bilanzielle Erfolgsmaße

Nach Coenenberg gilt Erfolg als „Oberbegriff für Gewinn oder Verlust" (Coenenberg 2001, S. 1165) und spiegelt als *Bilanzgewinn*, den „der Hauptversammlung für Ausschüttungen oder zusätzliche Rücklagenzuführungen zur Verfügung stehende[n] Gewinn" (Coenenberg 2001,

[25] Im Englischen „(Firm/Corporate) Performance".

S. 1161) grundsätzlich den historischen[26] Ertrag eines Unternehmens wider (vgl. Chakravarthy 1986, S. 444). Dieser ist zur relativierten Erfolgsanalyse, im Sinne der Gewährleistung von Vergleichbarkeit zwischen Unternehmen allerdings ungeeignet. Es haben sich deshalb notwendigerweise Rentabilitätskennzahlen, als „Beziehungszahl, bei der eine Ergebnisgröße zu einer dieses Ergebnis maßgebend bestimmenden Einflussgröße in Relation gesetzt wird" (Coenenberg 2001, S. 1005) herausgebildet.

In der noch jungen internationalen Corporate Governance Forschung werden bei empirischen Arbeiten, die den Zusammenhang zwischen Corporate Governance und Unternehmenserfolg anhand bilanzieller Erfolgsmaße erforschen, meist die *Eigenkapital-* oder *Gesamtkapitalrentabilität* (ROE oder ROA) verwendet (vgl. Brown/Caylor 2009; Bauer et al. 2004; Groß 2007, S. 26f.). Während der ROE nur den Ertrag der Eigenkapitalgeber berechnet, erfasst der ROA den Ertrag sowohl der Eigenkapital- als auch der Fremdkapitalgeber (vgl. Groß 2007, S. 26) und macht prinzipiell eine Aussage darüber, wie effizient ein Unternehmen mit den ihm verfügbaren Mitteln wirtschaftet (vgl. Jansen 2006, S. 94). Durch die Verwendung von ROE und ROA als Erfolgsmaße können Unternehmen für Marktteilnehmer unabhängig von ihrer Größe vergleichbar gemacht werden[27], jedoch mit der Einschränkung, dass bei bilanzorientierten Erfolgsmaßen die Risikodimension, anders als bei kapitalmarktorientierten Erfolgsmaßen weitestgehend ausgeblendet wird (vgl. Schüle 1992, S. 106; Szeless 2001, S. 69) und sie nur statische Aussagekraft besitzen (vgl. Knyphausen-Aufsess 1995, S. 215).

Bilanzielle Erfolgsmaße weisen bedingt durch gesetzliche Offenlegungsvorschriften den Vorteil einer guten Verfügbarkeit und einfachen Vergleichbarkeit auf (vgl. Groß 2007, S. 26). Sie werden allerdings auch kritisiert, da sie aufgrund bestimmter Rechnungslegungskonventionen und unterschiedlicher Rechnungslegungsvorschriften in verschiedenen Ländern verfälschbar sind (vgl. Brown/Laverick 1994, S. 90; Szeless 2001, S. 69). Unterschiedliche länderspezifische Rechnungslegungsvorschriften prägen zudem verschiedene Begriffe für den Unternehmenserfolg (vgl. Groß 2007, S. 28), was Probleme bei deren Vergleichbarkeit aufwirft (*Accounting Bias*). Einzelne Positionen werden daher regulär durch anzuwendende Rechnungslegungsvorschriften normiert, was eine einheitliche Berichterstattung und einen Unternehmensvergleich ermöglichen soll.[28]

---

26 Neben der größtenteils vergangenheitsorientierten Betrachtung traditioneller bilanzieller Erfolgsmaße weist die Konzeption der Erfolgskapitalerhaltung eine Zukunftsorientierung auf. Der aus dieser Konzeption abgeleitete *ökonomische Gewinn* spiegelt den Betrag wider, „der über die für die Erhaltung des Gesamtwertes notwendigen Erträge hinaus erwirtschaftet wird" (Coenenberg 2001, S. 1165), also den Betrag, der die für die Erhaltung des Gesamtwertes notwendigen Erträge übersteigt. Der *Bilanzgewinn* hingegen stellt den Gesamtperiodenerfolg zu einem bestimmten Stichtag dar (vgl. Coenenberg 2001, S. 419, 1114ff., 1165).

27 Ein Vorteil gegenüber kapitalmarktorientierten Maßen ist auch die Möglichkeit, Unternehmen unabhängig davon zu vergleichen, ob sie am Kapitalmarkt notiert sind (vgl. Groß 2007, S. 26).

28 Aktuelle empirische Untersuchungen bei den auch in dieser Arbeit betrachteten Unternehmen des DAX, TecDAX, MDAX und SDAX weisen allerdings weiterhin eine starke begriffliche Vielfalt für Unternehmenserfolg, teils auch Wortschöpfungen auf, beispielsweise bei der Bezeichnung des Resultates der Gewinn- und Verlustrechnung (vgl. Küting/Reuter 2007, S. 2549ff.).

2.5.2 Kapitalmarktorientierte Erfolgsmaße

Kapitalmarktorientierte Erfolgsmaße unterscheiden sich von bilanziellen Erfolgsmaßen dadurch, dass sie relativ schnell neue Informationen widerspiegeln und zudem täglich verfügbar sind (vgl. Groß 2007, S. 23). Zusätzlich berücksichtigen sie in der Regel das einem Unternehmen anhaftende Risiko und sind nur in sehr begrenztem Maße von Unternehmen manipulierbar (vgl. Szeless 2001, S. 70)[29], da im Gegensatz zu bilanziellen Erfolgsmaßen keine buchhalterischen Gestaltungsspielräume ausgenutzt werden können. Allerdings spiegeln sie teils auch ein allgemeines Marktsentiment wider (vgl. Jansen 2006, S. 95), das teils konträr zur realen, operativen Erfolgsträchtigkeit von Unternehmen steht (vgl. Mikhed/Zemčík 2009). Kapitalmarktorientierte Erfolgsmaße stellen jedoch entgegen bilanzieller, stationärer Erfolgsmaße direkt auf die relevanten Marktwerte ab und enthalten als dynamische Komponente die Erwartungshaltung von Analysten sowie Investoren über den künftigen Unternehmenserfolg (vgl. Jansen 2006, S. 95). In der internationalen Corporate Governance Forschung wird bei empirischen Arbeiten, die den Zusammenhang zwischen Corporate Governance und Unternehmenserfolg anhand von kapitalmarktorientierten Erfolgsmaßen erforschen, zumeist die *Aktienrendite* verwendet (vgl. Brown/Caylor 2006; Gompers et al. 2003). Diese misst über einen bestimmten Zeitraum die Preissteigerung einer Aktie und bezieht zusätzlich die in diesem Zeitraum erzielte Dividende mit ein (vgl. Chaganti/Damanpour 1991, S. 484).

2.5.3 Hybride Erfolgsmaße

Während bilanzielle und kapitalmarktorientierte Erfolgsmaße strikt entweder bilanzielles oder kapitalmarktorientiertes Datenmaterial verwenden, greifen hybride Erfolgsmaße auf bilanzielles und kapitalmarktorientiertes Datenmaterial zurück. Somit vereinen sie zwar deren Vorteile in einer Kennzahl, sind aber gleichsam auch von den Nachteilen bilanzieller und kapitalmarktorientierter Daten betroffen (vgl. Groß 2007, S. 28). Die in empirischen Corporate Governance-Performance Studien am häufigsten verwendeten hybriden Erfolgsmaße sind das *Marktwert-Buchwert-Verhältnis* (MTB) des Eigenkapitals und *Tobin's Q* (Q) (vgl. Bassen et al. 2006c; Durnev/Kim 2005). Während MTB angibt, zu welchem Grade der Marktwert des Eigenkapitals durch das bilanziell bewertete Eigenkapital erzeugt wird, misst Q, zu welchem Grade der Marktwert des Eigenkapitals durch die Wiederbeschaffungskosten seiner Vermögensgegenstände erzeugt wird (vgl. Groß 2007, S. 28).

Zusammenfassend lässt sich festhalten, dass aufgrund der Komplexität, den Erfolg eines Unternehmens exakt zu bestimmen, unterschiedliche Erfolgsmaße entwickelt wurden, die eine Vergleichbarkeit zwischen Unternehmen herstellen sollen. Dabei hängt die Verwendung ein-

---

[29] Angenommen wird ein effizienter, in dem sich Analysten und Anleger nicht durch manipulierte Informationen täuschen lassen (vgl. Szeless 2001, S. 70).

zelner Erfolgsmaße von der Perspektive des Betrachters ab, wobei bilanzielle, kapitalmarktorientierte und hybride Erfolgsmaße identifiziert wurden. Diese weisen zwar jeweils spezifische Vor- und Nachteile auf, denen sich der jeweilige Anwender bewusst sein muss. Sie erleichtern es ihm allerdings grundsätzlich, den Erfolg einzelner Unternehmen zu bewerten. Für den Fortlauf der Arbeit bleibt festzuhalten, dass hinsichtlich der Testung der Erfolgsrelevanz der Corporate Governance Berichterstattung die Betrachtung unterschiedlicher Arten von Erfolgsmaßen angezeigt ist, die in *Kapitel 6.4.3* näher erläutert werden. Damit wird das Ziel verfolgt, aus der empirischen Untersuchung differenziertere Schlüsse hinsichtlich der Erfolgsrelevanz der Corporate Governance (Berichterstattung) abzuleiten, als dies bei bisherigen Studien der Fall war (vgl. Drobetz et al. 2004; Nowak et al. 2005; Bress 2008).

3 Corporate Governance: Theoretische Erklärungsansätze

„Corporate governance scholars would need to accept the possibility of people behaving both as opportunistic self-serving agents and selfless stewards. No one theory or model of society is likely to be sufficient for understanding, evaluating or designing governance structures. There are many pieces to the puzzle" (Turnbull 1997, S. 200).

3.1 Ausgewählte Theorien der Unternehmung

Auf dieser Grundlage ist einleitend zunächst zu konstatieren, dass bislang keine Theorie existiert, welche die Komplexität von Corporate Governance (*Abbildung 2*) vollständig zu erfassen vermag (vgl. Turnbull 1997, S. 180ff.; Larcker et al. 2007, S. 965). Vielmehr rekrutiert sich Corporate Governance aus unterschiedlichen Theorien der Unternehmung[30] (*Abbildung 6*), deren Inhalte teils nicht überschneidungsfrei sind, aber in ihrer Kombination zu einem besseren Verständnis einzelner Mechanismen und Probleme beitragen: „A multitheoretic approach to corporate governance is essential for recognising the many mechanisms and [the] structures that might reasonably enhance organisational functioning. For example, the board of directors is perhaps the most central internal governance mechanism. Whereas agency theory is appropriate for conceptualising the control/monitoring role of directors, additional (and perhaps contrasting) theoretical perspectives are needed to explain director's resource, service and strategy roles" (Daily et al. 2003, S. 372).

Abbildung 6: Ausgewählte Theorien von Corporate Governance

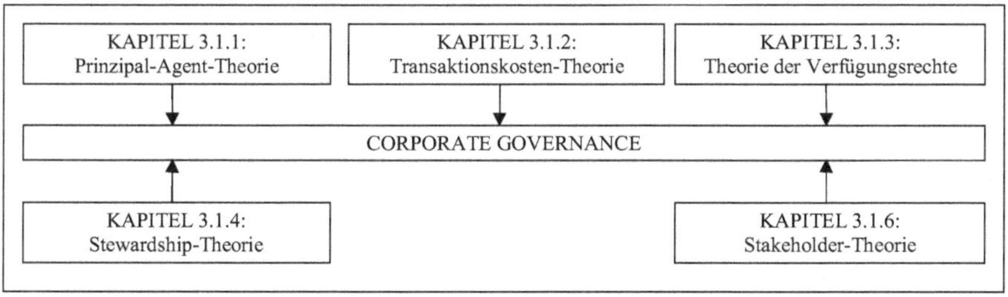

Sporadische Versuche zu einer einheitlichen Systematisierung zeichnen sich daher vielfach durch eher allgemeinen, nicht-umfassenden Charakter, als durch konkreten Erklärungsgehalt aus (vgl. z.B. Hilb 2005b; Carver 2007).

[30] Hier sind die wichtigsten und in der Literatur am häufigsten angeführten Theorien dargestellt.

3.1.1 Prinzipal-Agent-Theorie als dominierender theoretischer Erklärungsansatz

Trotz der Existenz unterschiedlicher theoretischer Erklärungsansätze für Corporate Governance, die im Folgenden vorgestellt werden, stellt die Prinzipal-Agent-Theorie den dominierenden Ansatz, auch für die vorliegende Arbeit, dar: „Despite the diversity of theories, their share in the debate varies and the principal agent theory plays a dominating role in the overall debate" (Dühnfort et al. 2008, S. 424). Daher erhält diese hier vom Umfang her auch stärkeres Gewicht.

Auf Grundlage des methodologischen Individualismus (vgl. Schumpeter 1908)[31] sowie der Annahme begrenzt rational und opportunistisch handelnder Akteure umfasst die Prinzipal-Agent-Theorie das folgende, theoretische Grundgerüst. Es existiert ein vertragstheoretisches Grundkonzept, das von einem Verhaltensmodell ausgeht, in dem die individuelle Nutzenmaximierung (vgl. Alchian/Demsetz 1972), asymmetrische Verteilung von Information, unterschiedliche Interessen und individuelle Nutzenneigungen der Akteure betont werden. Die darin anfallenden Agency-Kosten sind bei optimaler Ausgestaltung von Verträgen zu berücksichtigen (vgl. Ebers/Gotsch 1999, S. 210f.). Aufgrund einer Vielzahl von Anspruchsgruppen in börsennotierten (Aktien-)Gesellschaften und deren divergierenden Interessen ist die Prinzipal-Agent-Theorie gerade für diese Unternehmen von Bedeutung. Das vielfach im Zentrum der Betrachtung von Corporate Governance stehende Verhältnis zwischen Unternehmensleitung und Anteilseignern durch die Trennung von Eigentum und Kontrolle (vgl. Zöllner 2007, S. 1) beschränkt sich in börsennotierten Gesellschaften daher eben gerade nicht nur auf diese beiden Anspruchsgruppen (*Kapitel 3.2*).

3.1.1.1 Agency-Beziehungen und daraus abgeleitete Agency-Probleme

In der Vorstellung von Jensen und Meckling lässt sich die gesamte Organisation und ihre Umweltbeziehungen in separate Vertragsbeziehungen zwischen verschiedenen Individuen unterteilen (vgl. Ebers/Gotsch 1999, S. 210; Alchian/Demsetz 1972, S. 778). Organisationen sind demnach lediglich „legal fictions which serve as a nexus for a set of contracting relationships among individuals" (Jensen/Meckling 1976, S. 310). Aus diesem Verständnis lassen sich sogenannte *Agency-Beziehungen* ableiten, in denen ein Vertragspartner als Prinzipal (Auftraggeber) und der andere Vertragspartner als ein Agent (der Auftragnehmer) agiert (vgl. Ross 1973, S. 134), deren individuelle Nutzenmaximierungskalküle allerdings auch sogenannte *Agency-Probleme* hervorrufen können: „If both parties to the relationship are utility maximizers there is good reason to believe that the agent will not always act in the best interests of the principal" (Jensen/Meckling 1976, S. 308).

---

[31] Die Beschreibung und Erklärung sozialer Vorgänge geht vom Handeln der einzelnen daran beteiligten Personen aus.

Interessenunterschiede und asymmetrische Informationsverteilung zwischen Prinzipal und Agent können folglich dazu führen, dass der Prinzipal keine zieladäquaten Maßnahmen ergreifen kann. Der Agent wiederum kann seinen Informationsvorsprung oder den vom Prinzipal eingeräumten diskretionären Gestaltungs- und Handlungsspielraum beim Ressourceneinsatz (Ressourcenplastizität) opportunistisch ausnutzen und entgegen den Interessen des Prinzipals handeln (*Moral Hazard*). Gerade Informationen stellen Ressourcen dar, die großen Handlungsspielraum einräumen (vgl. Alchian/Woodward 1988, S. 69). Dabei sind in der Praxis verschiedene Situationen beobachtbar: dem Prinzipal sind bei Vertragsabschluss nicht alle Eigenschaften des Agenten bekannt (*Hidden Characteristics*), die Handlungen des Agenten sind für den Prinzipal nur teilweise beobachtbar (*Hidden Action*) oder für den Prinzipal sind selbst bei beobachtbaren Aktionen des Agenten die dafür zugrunde liegenden Motive nicht ersichtlich (*Hidden Intentions*). Dadurch ergibt sich ein Risiko der Auswahl ungeeigneter Agenten (*Adverse Selection*), was zur Folge hat, dass aufgrund bei Vertragsabschluss verschwiegener oder vom Prinzipal nicht erkannter mangelnder Eigenschaften eines Agenten, es diesem eventuell gar nicht möglich ist, die von ihm erwartete Leistung zu erbringen (vgl. Frese 2000, S. 315). Daneben kann auch eine Situation eintreten, die es dem Prinzipal nicht möglich macht, opportunistisches Verhalten des Agenten zu verhindern oder zu unterdrücken (*Hold Up*) (vgl. Picot/Neuburger 1995, Sp. 16). Der DCGK versucht Unternehmen durch seine zahlreichen Regeln Möglichkeiten aufzuzeigen, wie sie diese Handlungsspielräume besser strukturieren und den zuvor beschriebenen Verhaltensproblemen und Interessenkonflikten entgegenwirken können, z.B. in der Gestaltung des Verhältnisses zwischen Vorstand und Aufsichtsrat in ihrer Spitzenorganisation (vgl. Werder 2008, S. 15).

3.1.1.2 Qualitätsunsicherheit als zentraler Anknüpfungspunkt der Untersuchung

In den bisherigen Ausführungen wurde der dritte Grundtyp asymmetrischer Informationsverteilung (neben Moral Hazard und Hold Up) noch bewusst ausgeklammert, da *Qualitätsunsicherheit* den zentralen Anknüpfungspunkt der vorliegenden Untersuchung darstellt. Der Lösungsmechanismus zur Reduktion von Qualitätsunsicherheit liegt im Gegensatz zu Hold Up und Moral Hazard nicht in der Nutzung von Sanktions- oder Anreizmechanismen, sondern im Ausgleich von Informationsasymmetrien (*Tabelle 2*). Als „Qualitätsunsicherheit" gilt in der vorliegenden Untersuchung die Unsicherheit bezüglich der Qualität der unternehmensspezifischen Corporate Governance, die exogen durch den Informationsvorsprung eines Unternehmens z.B. gegenüber dem Kapitalmarkt gegeben ist, wenn dieses nicht umfassend über die unternehmensspezifische Corporate Governance berichtet. Eine Möglichkeit, die im Folgenden beschriebenen Agency-Kosten und Informationsasymmetrien hinsichtlich dieser Qualitätsunsicherheit zu reduzieren, besteht in der Offenlegung von Informationen bzw. Signalisierung von Corporate Governance Qualität durch Unternehmen (in diesem Falle als Agent). Eine transparente Corporate Governance Berichterstattung kann Investoren (in diesem Falle als Prinzipale) dazu anregen (vgl. Millstein et al. 2007, S. 11), im Falle bestehender Anteilseigner „weiterhin“ in das Unternehmen zu investieren (vgl. Barako et al. 2006, S. 110; Bushman/Smith 2003, S. 67; Healy/Palepu 2001, S. 407f.), wenn dies ihre Entscheidungssicherheit erhöht und zudem aufgrund einer höheren Informationsversorgung ihre Informationsbeschaffungs- und Monitoringkosten reduziert. Dadurch könnten potenzielle Wertverluste auf Seiten von Investoren vermindert werden, da diese ihr Portfolio optimieren könnten. Für Unternehmen könnten zudem auch geringere Kapitalkosten entstehen, da sie einen geringeren Preisaufschlag aufgrund für Investoren gesunkener Unternehmensrisiken bezahlen müssten (vgl. Petersen/Plenborg 2006).

Tabelle 2: Grundtypen asymmetrischer Informationsverteilung

	QUALITÄTS-UNSICHERHEIT	HOLD UP	MORAL HAZARD
Verhalten von Agent	Exogen gegeben	Willensabhängig	Willensabhängig
Zeitpunkt des Bekanntwerdens für Prinzipal	Ex post	Ex post	Bleibt Ex post verborgen
Interpretation durch Prinzipal	Qualifikation	Fairness	Anstrengung
Ursachen	Informationsineffizienz	Sunk Costs	Ressourcenplastizität
Adäquates Kooperations- und Lösungsdesign	(Freiwillige) Transparenz & Offenlegung / Signaling	Autorität/Drohung mit Ausgleichsforderung	Anreizsysteme

(Quelle: in Anlehnung an Spremann 1990, S. 572)

3.1.1.3 Agency-Kosten: Ausgleich zwischen First- und Second-Best-Lösung

Um die aufgezeigten Probleme zu verhindern oder zumindest einzudämmen, sind Vorkehrungen zu treffen, die im Allgemeinen nicht kostenlos sind. Es handelt sich dabei um Kosten, die zur Abwehr der Differenz zwischen der möglichen pareto-optimalen First-Best-Lösung bei vollkommener Information und der tatsächlichen Second-Best-Lösung bei unvollkommenen Informationen der handelnden Personen anfallen (vgl. Spremann 1987, S. 8), die sogenannten *Agency-Kosten*. Diese setzen sich zusammen aus den Überwachungs- und Kontrollkosten des Prinzipals, Kosten der Beschränkung des Entscheidungsspielraums und Bindung der Verhaltensweisen des Auftragnehmers (beispielsweise durch die Installation von Anreizsystemen) und dem Residual Loss (vgl. Jensen/Meckling 1976, S. 308), der sich gemäß Drukarczyk als „Differenz zwischen der finanziellen Position der Auftraggeber unter optimalen Bedingungen und der finanziellen Position, die unter der faktischen Geschäftsführung der Beauftragten erreicht wurde“ (Drukarczyk 1993, S. 622) definiert. Durch Informationsasymmetrien entstehen Unternehmen also Kosten, die es im Sinne des Unternehmenserfolgs zu minimieren gilt. Dazu können bestimmte Governanceregelungen von innen (z.B. durch eine transparentere freiwillige Corporate Governance Berichterstattung zur Abschwächung von Informationsasymmetrien zwischen verschiedenen Anspruchsgruppen) oder von außen (z.B. durch Gesetze oder durch freiwillig umzusetzende Regelungen wie die Empfehlungen und Anregungen des DCGK), ihren Beitrag leisten (vgl. Werder 2008, S. 12).

3.1.2 Transaktionskosten-Theorie

Nach der Prinzipal-Agent-Theorie ist die Transaktionskosten-Theorie der am häufigsten bemühte Ansatz zur Erklärung der Corporate Governance Problematik. Dazu wird im Folgenden zunächst die Transaktionskosten-Theorie in ihrer klassischen Form betrachtet und mit der Theorie inkompletter Verträge ein jüngeres Forschungsfeld innerhalb der Transaktionskosten-Theorie betrachtet, das gleichfalls zu einem besseren Verständnis von Corporate Governance und zu einer (Weiter-)Entwicklung von Corporate Governance Systemen beiträgt (vgl. Turnbull 1997, S. 200).

3.1.2.1 Transaktionskosten-Theorie in der klassischen Form

Im Gegensatz zur Prinzipal-Agent-Theorie betrachtet die Transaktionskosten-Theorie Unternehmen als Governance-Strukturen, wohingehend erstere Unternehmen als eine Verknüpfung von Verträgen ansieht (vgl. Mallin 2007, S. 14). Bereits Coase betont, dass die Allokation von Ressourcen durch eine Vielzahl von Markttransaktionen stattfindet, deren Großteil von Unternehmen organisiert wird. Die Existenz und die Eigenschaften von Unternehmen wiederum erklärt er durch die Unvollkommenheit von Märkten und Transaktionskosten, die beim Austausch auf diesen Märkten anfallen (vgl. Coase 1937, S. 387f.). Die Höhe von Transaktionskosten bestimmt sich aus der Häufigkeit der Wiederholung, der Faktorspezifität und nach dem Grad der Unsicherheit einer Transaktion. Letzterer wird bei ex ante bestehenden Preis- oder Qualitätsunsicherheiten Potenzial zugeschrieben, Marktversagen zu verursachen (vgl. Akerlof 1970). Die Transaktionskosten-Theorie erklärt Corporate Governance Probleme von Unternehmen im Gegensatz zur Prinzipal-Agent-Theorie auf Grundlage vielfältiger Vertragsrisiken und bietet zu deren Lösung interne Maßnahmen und Mechanismen zur effizienten Minimierung von Kosten an, die durch Vertragsrisiken entstehen (vgl. Clarke 2007, S. 26). Diese Lösungsfähigkeit wird dem Markt abgesprochen, der nach Williamson nur über eingeschränkte konstitutionelle Macht zur Überwachung verfügt, und beschränkten Zugang zu den Anreizsystemen und den Systemen für die Ressourcenverteilung eines Unternehmens aufweist (vgl. Willliamson 1975, S. 143).

Lösungsmaßnahmen und -mechanismen werden zudem nötig, da Individuen begrenzt rationales Verhalten aufgrund begrenzt kognitiver Fähigkeiten, gepaart mit Komplexitätssteigerung in der Unternehmensumwelt zugewiesen werden. Weiterhin wird den handelnden Individuen im Rahmen des Transaktionskostenansatzes opportunistisches Verhalten unterstellt (vgl. Williamson 1990, S. 51f.). Um seitens einer Vertragspartei die Möglichkeit opportunistischen Verhaltens zu begrenzen, gilt es Informationsasymmetrien zu minimieren, oder vertragliche Gegenstände in hohem Maße zu konkretisieren. Dadurch können die Kosten vor (ex ante) und nach Vertragsschluss (ex post) steigen, da beispielsweise hohe Suchkosten vor dem Vertragsschluss anfallen und andererseits hohe Monitoringkosten nach Vertragsschluss nötig werden. Bezogen auf Verträge innerhalb eines Unternehmens, die häufig nicht formaler Natur sind, können konkrete Corporate Governance Leitlinien implementiert über die unternehmensinternen Richtlinien (Compliance) (vgl. Grundei/Talaulicar 2009, S. 73) helfen, opportunistisches Verhalten einzudämmen und so zu einer Minderung der Transaktionskosten beitragen. Durch die Beobachtbarkeit der unternehmensspezifischen Corporate Governance, die in der vorliegenden Untersuchung über die Transparenz der Corporate Governance Berichterstattung erfasst wird, ergibt sich für Investoren und Gläubiger zudem die Möglichkeit ihre ex ante Kosten zu verringern, da aufwändige Suchkosten vermindert werden und im Rahmen einer kontinuierlichen Beobachtung und Nachverfolgbarkeit der Führung und Kontrolle von Unternehmen unter anderem durch die Corporate Governance Berichterstattung auch das Monitoring von Unternehmen geringere Kosten verursacht. Unternehmen könnten durch eine transparente Corporate Governance Berichterstattung also wesentlich dazu beitragen, Effizienzverluste außerhalb des Unternehmens und durch die Etablierung des DCGK auch innerhalb des Unternehmens zu vermindern. Diese effiziente Minimierung von Transaktionskosten wird von Picot und Schuller wesentlich als Kriterium für die Beurteilung von Corporate Governance herangezogen (vgl. Picot/Schuller 2001, S. 81).

3.1.2.2 Theorie inkompletter Verträge

Die Theorie inkompletter Verträge stellt als neueres Forschungsfeld innerhalb der Transaktionskosten-Theorie mangelnde kognitive Fähigkeiten, unsichere Zukunftsereignisse und komplexe Umweltsysteme in den Mittelpunkt ihrer Betrachung, die dazu führen, dass Verträge nur suboptimal ausgehandelt werden können (vgl. Hart 1995a, S. 23f.), was in der Konsequenz zusätzliche Kosten verursacht. Dies sind im Einzelnen Planungskosten für zukünftige Ereignisse aufgrund einer komplexen Umwelt, Kosten im Rahmen von Aushandlungsprozessen von Kontrakten, Kosten für die Ausfertigung von Verträgen und auch die (nachträgliche) Durchsetzung von Vertragsansprüchen (vgl. Suter 2000, S. 52). Dabei wird zudem die Sinnhaftigkeit für Vertragsparteien betont, bewusst unvollständige Verträge zu schließen, um dem wechselseitigen Wunsch nach flexiblen, aber begrenzten Reaktionen auf künftige ungewisse Ereignisse nachzukommen (vgl. Hadfield 1990, S. 927). Die begrenzte Exaktheit überprüfbarer Bedingungen in der Zukunft soll und muss es daher möglich machen, einzelne Vertragsbestandteile neu (nach) zu verhandeln, was eine Verteilung von Macht ex post impliziert (vgl. Hart 1995a, S. 3f., 24f.). So können sich im Laufe der Vertragszeit z.B. die Aufgaben eines Vorstandsmitglieds verschieben, die in der ursprünglichen Fassung seines Kontraktes nicht festgehalten werden können. In der Absicht einer fortdauernden Beziehung erfolgt die Zusammenarbeit zwischen Vertragspartnern somit häufig „außerhalb des Vertrages" (Hadfield 1990, S. 927). Hart stellt aber auch gleichzeitig heraus, dass dies nicht für alle Vertragsbestandteile gelten muss: „We emphasize that we are not wedded to the idea that contracts are totally incomplete" (Hart 1995b, S. 681).

Die Kombination von unvollständigen Verträgen gepaart mit der Gefahr deren opportunistischer Ausnutzung macht es somit nötig, Mechanismen zu entwickelt, die das Management disziplinieren, im Interesse der übrigen Stakeholder zu handeln: „In view of the managers' ability to pursue their own agenda, it is obviously important that there exist checks and balances on managerial behaviour. A major part of corporate governance concerns the design of such checks and balances" (Hart 1995b, S. 681). Auf der Suche nach Mechanismen, die es ermöglichen, gerade bei großen (Publikums-)Aktiengesellschaften Vertragslücken automatisch auszufüllen, werden die Überwachung durch ein einzusetzendes Board, die Abwahl des Boards durch die Hauptversammlung, die Gefahr feindlicher Übernahmen, die Einschränkung der Möglichkeiten des Managements durch die Aufnahme von Fremdkapital, wobei neue Kapitalgeber zu neuen Überwachungsträgern werden, und die Überwachung durch Großaktionäre genannt (vgl. Hart 1995b, 681ff.). Dadurch kann auch eine Vielzahl kleinerer Anleger ihre Kontrollrechte an ein Kontrollorgan delegieren, das wirkungsvolle Mechanismen der Kontrolle und Überwachung des Managements implementieren soll. Der DCGK wiederum bietet Unternehmen einen Rahmen, um über die Integration seiner Regeln in die unternehmensinternen Richtlinien (vgl. Grundei/Talaulicar 2009, S. 73) einzelne Standardisierungsprozesse, zumindest auf der obersten Führungs- und Kontrollebene in deren Beziehungsgeflecht zu etablieren (vgl. Richter/Furubotn 2003, S. 185), die automatische Lösungsmechanismen bei Vertragslücken anbieten und dadurch helfen, mögliche ex post Durchsetzungskosten zu vermindern.

3.1.3 Theorie der Verfügungsrechte

Die Theorie der Verfügungsrechte als dritter Teilansatz der Neuen Institutionenökonomik betrachtet Güter als Bündel von Rechten, die bei wirtschaftlichen Austauschprozessen verteilt werden (vgl. Alchian/Demsetz 1972, S. 783). Durch die Übertragung von Verfügungsrechten kann die Nutzung von knappen Ressourcen in Unternehmen koordiniert werden (vgl. Zöllner 2007, S. 66). Eine möglichst effiziente Allokation knapper Ressourcen in Unternehmen kann daher gleichsam den Erfolg eines Unternehmens beeinflussen (vgl. Furubotn/Pejovich 1972, S. 1139).

Grundlage der Corporate Governance Debatte ist die Trennung von Eigentum und Verfügungsmacht (vgl. Berle/Means 1932; Jensen/Meckling 1976). Dies bedeutet in (Publikums-) Aktiengesellschaften die Übertragung des Nutzungs- und Veränderungsrechts von den Eigentümern an das Management. Das Recht am erwirtschafteten Nutzen und das Recht zur Veräußerung des Unternehmens verbleibt bei den Eigentümern (vgl. Zöllner 2007, S. 68f.). (Publikums-)Aktiengesellschaften werden im Allgemeinen hohe Kosten bei der Übertragung von Verfügungsrechten zugeschrieben. Diese Kosten entstehen durch die Spezifikation der Rechte, den Austausch, die Übertragung und die Überwachung der Verfügungsrechte und sind in (Publikums-)Aktiengesellschaften aufgrund einer Vielzahl von Anspruchsgruppen und entsprechend zahlreichen zu verteilenden Verfügungsrechten als eher hoch einzuschätzen (vgl. Picot/Schuller 2001, S. 81). Somit müssen die Eigentümer grundsätzlich abwägen, welche Nutzungs- und Veränderungsrechte sie dem Management einräumen, wie sie dieses möglicherweise begrenzen, oder um welche Möglichkeiten der Kontrolle des Managements und zur Durchsetzung ihrer Interessen sie nutzen und diese gegebenenfalls institutionalisieren und damit absichern. So erhöht beispielsweise die Verteilung von Verfügungsrechten auf mehrere Vorstandsmitglieder (*Proliferation*) einerseits die Kosten der Übertragung, andererseits vermindert sie auch den individuellen Handlungsspielraum des Einzelnen, opportunistisch zu handeln (vgl. Picot et al. 1999, S. 55f.). Wie sich diese Verteilung auf den Unternehmenserfolg der in der vorliegenden Untersuchung betrachteten Unternehmen auswirkt, wird unter anderem durch die Messung der Größe des Vorstandsorgans kontrolliert (*Kapitel 6.4.4.7*), die als wichtiger Indikator für den effizienten Einsatz der von Eigentümern zugestandenen Verfügungsrechte gilt (vgl. Eisenberg et al. 1998, S. 37). Die Verteilung von Verfügungsrechten in Unternehmen muss also dergestalt erfolgen, dass die Kosten der Übertragung der Verfügungsrechte geringer ausfallen, als der durch die Übertragung entstehende Grenznutzen durch die Nutzung der Verfügungsrechte (vgl. Coase 1960).

3.1.4 Stewardship-Theorie

Im Gegensatz zu den bislang betrachteten Theorien der Neuen Institutionenökonomik (vgl. Coase 1984, S. 229ff.) unterstellt die Stewardship-Theorie mit ihren Wurzeln in der Psychologie und Soziologie unterschiedlichen Interessengruppen nicht grundsätzlich, opportunistisch zu handeln (vgl. Davis et al. 1997, S. 24). Ihr zugrundeliegendes Menschenbild definiert Manager, wie auch Arbeitnehmer, grundsätzlich als Arbeiter für das Kollektiv und die Organisation und als vertrauenswürdig, d.h. im Sinne des Prinzipals handelnd (vgl. Donaldson/Davis 1991, S. 51). Für Manager als Stewards hat pro-kollektives Verhalten somit höheren Nutzen als opportunistisches. Dabei wird implizit ein direkter Zusammenhang zwischen dem Verhalten des Stewards und dem Unternehmenserfolg unterstellt. Dies maximiert den Nutzen des Stewards. Die Theorie wird auch als integrativer Ansatz für unterschiedliche Interessen von Shareholdern angesehen, da diese ein übergeordnetes Interesse an einem gesunden und erfolgreichen Unternehmen haben, was der Steward zur eigenen Nutzenmaximierung zu verwirklichen sucht (vgl. Grundei 2008, S. 148).

Der Steward darf dabei trotz seiner aus Unternehmenssicht positiven Eigenschaften nicht als „Erzengel“ missverstanden werden, dem grenzenloses Vertrauen entgegengebracht werden kann, denn er muss und will zur Sicherung seiner Existenzgrundlage entlohnt werden. Der Steward sucht also einen klassischen Trade-off zwischen Organisationszielen und persönlichem Bedarf, wobei die Tendenz eher in Richtung Pflichterfüllung zugunsten der Organisation geht. Falls die Entwicklung des Unternehmens nicht den gewünschten Erfolg bringt, wird dies von Verfechtern der Stewardship-Theorie nicht mit mangelnden Fähigkeiten und Willen des Stewards begründet, sondern vielmehr durch die organisatorischen Rahmenbedingungen und Prozesse, in die er eingebunden ist (vgl. Davis et al. 1997, S. 20ff.). Dadurch wird Kontrolle im Rahmen der Stewardship-Theorie grundsätzlich als kontraproduktiv erachtet. Argyris sieht darin sogar eine Unterminierung von pro-organisatorischem Verhalten seitens des Stewards, weil durch Überwachungsmaßnahmen seine Motivation sinkt. Erfolgseinbußen der Organisation wären die Folge (vgl. Argyris 1964, S. 31).

Die soeben vorgestellten Theorien liefern für das Verständnis von Corporate Governance verschiedene Erklärungsmuster und greifen dabei auf unterschiedliche Perspektiven zurück. Besonders auffällig sind die kontroversen Menschenbilder, die den Theorien zugrunde liegen (vgl. Werder 2008, S. 5). Die Neue Institutionenökonomik geht von den zentralen Verhaltensannahmen des *homo oeconomicus* aus, der vorzüglich die eigene Nutzenmaximierung verfolgt und dafür auch bereit ist, opportunistisch zu handeln. Die Stewardship-Theorie hingegen lehnt diese Haltung ab und vertritt die Auffassung, dass menschliches Verhalten von mehreren unterschiedlichen Motiven beeinflusst sein kann (Ees et al. 2009, S. 307f.); sie stellt in diesem Zusammenhang pro-soziales Verhalten in den Vordergrund (vgl. Dutzi 2005, S. 152). Im Bezug auf die in Unternehmen handelnden Personen ist ein Verhalten zwischen den beiden Extrempositionen Opportunismus und Stewardship anzunehmen (vgl. Grundei 2008, S. 157). Für ein realistisches Abbild dieses Verhaltens scheint daher eine Kombination beider Positionen (vgl. Grundei 2008, S. 152) und damit eine komplementäre Sichtweise der Neuen Institutionenökonomik und der Stewardship-Theorie erforderlich (vgl. Sundaramurthy/Lewis 2003, S. 398ff.), was im Folgenden erläutert wird.

3.1.5 Integration von Neuer Institutionenökonomik und Stewardship-Theorie

Für eine effiziente Unternehmensführung ist es notwendig, dass Manager strategische Entscheidungen treffen und Chancen für das Unternehmen nutzen, wobei sie auch Risiken eingehen müssen. Dafür ist ihnen seitens des Aufsichtsrates ein entsprechender Entscheidungsspielraum in Form von Verfügungsrechten einzuräumen und gleichzeitig durch den Aufsichtsrat auch eine entsprechende fachliche Beratung zu geben (vgl. Ees et al. 2009, S. 307), wodurch im Sinne der Stewardship-Theorie eine im Allgemeinen verbesserte Beziehung zwischen Management und Aufsichtsrat anzustreben ist (vgl. Zöllner 2007, S. 75). Da Manager auf den Grundannahmen der Neuen Institutionenökonomik allerdings nicht zwangsläufig im Sinne des Unternehmens und mitunter auch irrational handeln, gilt es sie in einem gewissen Maße auch zu kontrollieren (vgl. Blair 1995, S. 32f.), wodurch sich ein Spannungsverhältnis zwischen Kontrolle einerseits und kollektiver Zusammenarbeit im Sinne der Stewardship-Theorie andererseits ergibt (vgl. Sundaramurthy/Lewis 2003; Clarke 2004).

Empirische Studien zur Beziehung von Corporate Governance auf Basis der Stewardship-Theorie und Unternehmenserfolg wurden bislang zwar nur für einzelne Corporate Governance Mechanismen durchgeführt (vgl. Dutzi 2005, S. 156ff.), aus theoretischer Sicht sind Maßnahmen zum Abbau von Informationsasymmetrie und die Begrenzung von Verfügungsmacht (bzw. deren Verwässerung) allerdings nicht grenzenlos angezeigt, da diese mit Kosten verbunden sind (*Kapitel 3.1.1-3.1.3*). Aufgrund von Dynamiken in der Umwelt und Inwelt eines Unternehmens müssen Verträge zudem unvollständig bleiben (vgl. Hadfield 1990, S. 927). Genauso wenig sollte ein Corporate Governance System aber auf blindem Vertrauen basieren (vgl. Grundei 2008, S. 149), da auch entgegengebrachtes Vertrauen jederzeit enttäuscht werden und somit Kosten verursachen kann (vgl. Beccerra/Gupta 1999, S. 182). Die Bindekraft bei ausschließlich auf Vertrauen basierenden Beziehungen kann nämlich so groß werden, dass z.B. Management-Entscheidungen nicht mehr kritisch hinterfragt werden oder Informationen, die das Management den Aufsichtsgremien zur Verfügung stellt, als grundsätzlich korrekt akzeptiert werden (vgl. McEvily et al. 2003, S. 99). Daher gilt es, begleitende Maßnahmen zum Abbau von Informationsasymmetrie zu ergreifen, da begrenzt rationales Handeln von Individuen oder Gruppen zu fehlerhaften Entscheidungen führen kann, das ohne diese Maßnahmen nicht aufgedeckt würde (vgl. Grundei 2008, S. 149). Für Unternehmen gilt es somit, den optimalen Kapitaleinsatz K_{opt} für Maßnahmen zum Abbau von Informationsasymmetrien und der Begrenzung von Verfügungsgewalt zu finden, dessen Grenznutzen U'(K) gleich 0 ist. Kapitaleinsatz bis zu dieser Schwelle begründet in *Abbildung 7* eine sogenannte *Agency-Relation*.

Ein Kapitaleinsatz K, der diese Schwelle überschreitet und dessen Grenznutzen negativ ausfällt, sollte jedoch durch Vertrauen ersetzt werden (*Stewardship-Relation*), denn „aufgrund der Nichtberücksichtigung psychologischer und sozialpsychologischer Rückkopplungseffekte werden die Kosten von Kontrollmaßnahmen … durch die Agency-Theorie tendenziell unterschätzt, während deren Nutzen überschätzt wird. Somit empfiehlt die Agency-Theorie regelmäßig ein Kontrollniveau, welches höher ist als das ökonomisch optimale“ (Schmidt et al. 2009, S. 23). Gute Corporate Governance zeichnet sich folglich dadurch aus, einerseits durch sinnvolle rechtliche und faktische Arrangements, bestehend aus Verfügungsrechten und Anreizsystemen, die Anreize oder Spielräume für opportunistisches Verhalten einzuschränken (vgl. Werder 2008, S. 8), andererseits aber genügend Freiraum zu gewähren, um zielkongruent im Sinne des Unternehmenserfolgs zu entscheiden sowie zu gestalten (vgl. Velthuis 2004, S. 179). Die Beziehungen zwischen einzelnen Gruppen in deutschen (Publikums-)Aktiengesellschaften, die in *Kapitel 3.2* näher erläutert werden, müssen daher zwangsläufig Elemente sowohl der Prinzipal-Agent- als auch der Stewardship-Theorie umfassen.

Abbildung 7: Intergration von Neuer Institutionenökonomik und Stewardship-Theorie

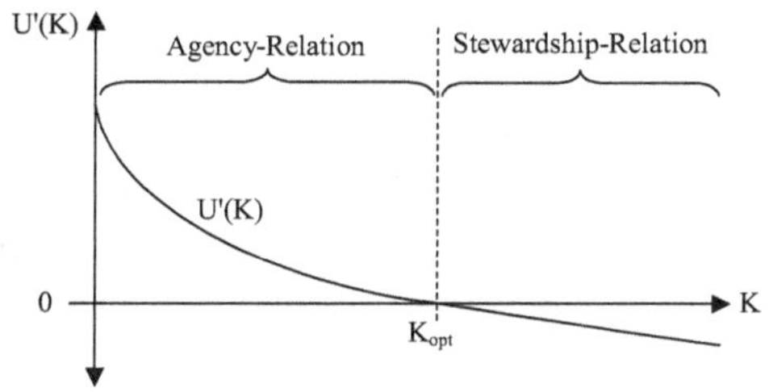

Im Rahmen der Definitionen von Corporate Governance in *Kapitel 2.1.2* wurde das deutsche Corporate Governance in die stakeholder-orientierten Corporate Governance Systeme eingeordnet (vgl. Aguilera/Cuervo-Cazurra 2009, S. 382). Dabei ist bereits angeklungen, dass das deutsche Corporate Governance System einen breiteren Rahmen hinsichtlich seiner Bezugsgruppen aufweist, als die engere, im Wesentlichen auf die Shareholder beschränkte anglo-amerikanische Sichtweise. Probleme der Corporate Governance lassen sich im deutschen Corporate Governance System somit nicht auf die Betrachtung der Beziehung zwischen Vorstand und Eigenkapitalgebern reduzieren. Diese Betrachtung muss im Gegenteil dazu, im Sinne der im Folgenden erläuterten *Stakeholder-Theorie*, auch zahlreiche weitere Gruppen miteinbeziehen, die aufgrund ihres Beitrags zur Wertschöpfung des Unternehmens entsprechend Ansprüche anmelden, also ein fundiertes wirtschaftliches Interesse am Unternehmen aufweisen (vgl. Streeck/Höpner 2003, S. 13; Werder 2003, S. 9).

3.1.6 Stakeholder-Theorie

Bereits Berle und Means forderten den Einbezug unterschiedlicher Stakeholder in das Zielsystem von Unternehmen, als sie Aktiengesellschaften mit großer Kapitalstreuung untersuchten. Sie sahen in einer zu großen Handlungsfreiheit von Managern die Gefahr, dass Ansprüche anderer Interessengruppen, wie z.B. den Mitarbeitern, unzureichend berücksichtigt werden und warfen dabei die Frage auf, „in whose interests should the great quasi public corporation … be operated" (Berle/Means 1932, S. 333).

Zahlreiche Gruppen innerhalb und ausserhalb des Unternehmens werden in ihren Handlungsfeldern häufig durch (Trans-)Aktionen von Unternehmen beeinflusst und können sich diesem Einfluss oftmals auch nur schwer entziehen (z.B. die Mitarbeiter eines Unternehmens). Der

Stakeholder-Ansatz betont deshalb bei der Konzeption von Corporate Governance einen weiteren Maßstab zu wählen als den eher engen Fokus auf die Anteilseigner (vgl. Clarke 2005, S. 598). Dabei sollen auch die Interessen und Ansprüche anderer Interessengruppen (Stakeholder), nämlich „any group or individual who can affect or is affected by the achievement of the organization's objectives" (Thompson 1967, S. 35) in ihr Entscheidungskalkül mit einbezogen werden (vgl. Mallin 2007, S. 16). Dies wird insbesondere betont, da die Interessen der übrigen Stakeholder im Vergleich zu denen der Shareholder oftmals als nur unzureichend aufgrund der Unvollkommenheit von Gesetzen und Märkten geschützt betrachtet werden (vgl. Blair/Stout 1999, S. 249f.). Im Rahmen des Stakeholder-Ansatzes wird allerdings auch ausdrücklich hervorgehoben, dass Anspruchsgruppen und die zu ihnen zählenden Individuen durch ihr Handeln selbst aktiv und unmittelbar Unternehmen beeinflussen oder im Extremfall durch Ressourcenentzug auch schädigen können (vgl. Portisch 1997, S. 13f.; Berglöf/Thadden 1999, S. 5). Zur gemeinsamen Aufgabenerfüllung tätigen nämlich nicht nur Shareholder spezifische Investments, die mit Risiken verbunden sind, sondern insbesondere auch Arbeitnehmer, durch Investitionen in unternehmensspezifisches Wissen (vgl. Easterbrook/Fischel 1991, S. 35ff.): „The norms and standards established for corporate directors and other corporate participants - the mutual expectations of trustworthy behavior - may be at least as important to corporate performance as laws and institutional arrangements" (Blair 2003, S. 72).

Während die Mitarbeiter (Management und Arbeitnehmer) (vgl. Wentges 2002, S. 73) als die wichtigsten internen Stakeholder gelten, werden vielfach Kunden, Lieferanten und Eigen- und Fremdkapitalgeber als die wichtigsten externen Stakeholder gehandelt (vgl. Brönnimann 2003, S. 45; Schwark 2004, S. 31). Aus der Sicht des Stakeholder-Ansatzes liegt die Hauptaufgabe des Managements darin, unterschiedlichste Interessen miteinander zu vereinen oder zum Ausgleich zu bringen - ohne aber ein Ziel über ein anderes zu stellen (vgl. Dyllick 1984, S. 74f.). Zu berücksichtigen bleibt, dass einzelne Stakeholder gleichzeitig unterschiedlichen Anspruchsgruppen angehören können. So kann ein Aktionär z.B. gleichzeitig Kunde des Unternehmens sein. Sie können dann logischerweise auch unterschiedliche, teils nicht vereinbare oder mit Abstrichen vereinbare Ziele verfolgen, was das Handling einzelner Gruppen zusätzlich erschweren kann. Diese Vorstellung des Stakeholder-Ansatzes impliziert somit, dass eine Maximierung des Shareholder Value nicht automatisch zu einer Maximierung der Gesamt-Wohlfahrt für alle Stakeholder führt. Für börsennotierte Gesellschaften des deutschen Corporate Governance Systems gestaltet sich diese Berücksichtigung unterschiedlicher Interessenlagen somit nicht unproblematisch, da sie einen Spagat zwischen dem Ausgleich teils unterschiedlicher Interessen verschiedener Stakeholder des Unternehmens schaffen müssen (vgl. Blair/Stout 1999, S. 255f.). Aus der Sicht des *Shareholder Value Ansatzes* (vgl. Rappaport 1981; Rappaport 1986) geht das entscheidende Corporate Governance Problem allerdings überwiegend in die Richtung, das Management so zu disziplinieren, dass es die Unternehmensstrategie an den (finanziellen) Interessen der Aktionäre (Shareholder) ausrichtet, um so den Marktwert des Eigenkapitals zu maximieren (vgl. Wentges 2002, S. 73ff.). Begründet wird diese Sichtweise darüber, dass die Aktionäre mit ihrem finanziellen Engagement monetär die Hauptlast und das Hauptrisiko tragen, weshalb ihnen auch die maximale Kompetenz zugesprochen wird, den korrekten Einsatz des von ihnen eingesetzten Kapitals zu überwachen (vgl. Brönnimann 2003, S. 47). Angesichts des zunehmenden Drucks internationaler Kapitalmärkte (vgl. Jackson 2005, S. 420; Schilling 2001, S. 150) wird es für deutsche Unternehmensleitungen somit zunehmend schwieriger, gleichzeitig mehrere Zielgrößen im Sinne der Erfüllung der Interessen mehrerer Anspruchsgruppen zu erreichen, was deutschen börsennotierten Gesellschaften als Nachteil ausgelegt werden könnte und sich möglicherweise in geringerer Bewertung am Kapitalmarkt niederschlägt (vgl. Spindler 1998, S. 58f.; Brönnimann 2003, S. 47). Nicht zuletzt deshalb gilt es für deutsche börsennotierte Gesellschaften, ihre Corporate Governance Berichterstattung zu optimieren, um so den Kapitalmarkt durch eine transparente Darstellung ihrer Unternehmensleitung und -überwachung von ihrem Wertsteigerungspotenzial zu überzeugen (vgl. Börsig 2008, S. 106) und dadurch ihren allgemein als geringer geltenen Investorenschutz gegenüber an anglo-amerikanischen Kapitalmärkten agierenden Gesellschaften teilweise zu kompensieren (vgl. La Porta et al. 2002; Volpin 2002).

3.2 Wichtige Bezugsgruppen der deutschen Aktiengesellschaft

Die Corporate Governance Diskussion konzentriert sich primär auf börsennotierte Aktiengesellschaften, da in diesen durch die beispielhafte Konsequenz ihrer Trennung von Eigentum und Kontrolle einzelne Governance Probleme besonders deutlich zum Vorschein kommen (vgl. Werder 2003, S. 5). (Publikums-)Aktiengesellschaften stellen daher aufgrund dieser institutionalisierten Beförderung asymmetrischer Informationsverteilung für die Corporate Governance Forschung besonders untersuchenswerte Objekte dar (vgl. Fama 1980, S. 289; Swoboda 1994, S. 169): „The directors of such … companies, however, being the managers rather of other people's money than of their own, it cannot be well expected that they should watch over it with the same anxious vigilance with which the partners in a private copartnery frequently watch over their own ... Negligence and profusion, therefore, must always prevail, more or less, in the management of the affairs of such a company" (Berle/Means 1932, S. 82).

Im Folgenden sollen daher wichtige Bezugsgruppen der deutschen Aktiengesellschaft, deren Beziehung zueinander (*Abbildung 8*), potenziell entstehende Interessenkonflikte und ausgewählte Mechanismen zu deren Lösung dargestellt werden. Die Darstellung erhebt dabei keinen Anspruch auf Vollständigkeit, integriert allerdings die bedeutendsten Bezugsgruppen, die auch der DCGK adressiert. Durch die Vielzahl an potenziellen Konfliktbeziehungen soll zudem die hohe Bedeutung einer guten Corporate Governance illustriert werden. Dabei werden über die Verbindungspfeile zwischen den Bezugsgruppen deren jeweilige Stellung als Prinzipal oder Agent im Sinne der Prinzipal-Agent-Theorie illustriert. Deren spezifische Aufgabe und die Beziehung zwischen einzelnen Gruppen werden nunmehr näher erläutert.

Abbildung 8: Wichtige Bezugsgruppen in der deutschen Aktiengesellschaft

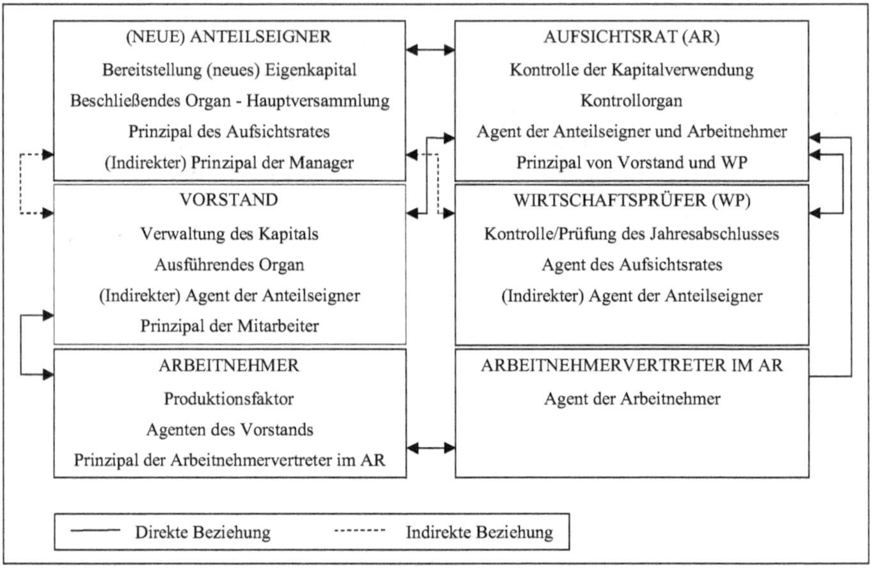

3.2.1 Delegation von Überwachungskompetenz: Anteilseigner und Aufsichtsrat

In typischen (börsennotierten) Aktiengesellschaften ist die Rolle des Eigenkapitalgebers in der Regel auf mehrere Anteilseigner verteilt. Als Konsequenz daraus entstehen Kosten der Koordination der Anteilseigner untereinander, was auch zu einem Versagen effektiver Managementkontrolle durch die Anteilseigner führen kann. Vergleicht der einzelne Anteilseigner nämlich den Nutzen effektiver, individueller Managementkontrolle mit den (Transaktions-) Kosten, die ihm entstehen, um nötige Informationen zu beschaffen, sich mit den anderen Anteilseignern zu koordinieren und gegebenenfalls Kontrollinstrumente einzusetzen, ergäbe sich ein negativer Saldo, da der Nutzen nicht nur ihm selbst zukommt, sondern sich auf alle anderen Anteilseigner verteilt (vgl. Baums 1995, S. 11): „Small atomistic shareholders cannot benefit from costly monitoring" (McConnell/Servaes 1990, S. 598). Als negative Konsequenz dieses als *Collective Action Problem* in die Literatur eingegangenen Dilemmas könnte sich ein Nicht-Handeln einzelner Anteilseigner ergeben, in der Hoffnung, überproportional von der Überwachungsleistung anderer Anteilseigner zu profitieren (*Freerider Verhalten*). Unterstützend für diese Annahme, hat Olson herausgefunden, dass trotz des Bewusstseins von Effizienz- und Effektivitätsverlusten einzelner Anteilseigner durch individuelles, unkoordiniertes

Handeln, einzelne Akteure, ungeachtet ihrer kollektiv geteilten Interessen, dennoch nicht notwendigerweise kollektiv Handeln (vgl. Olson 1965). Vor allem bei einem breit gestreuten Aktienbesitz unter sehr vielen Kleinaktionären könnte dieses Verhalten zur Folge haben, dass das Management weitestgehend undiszipliniert, opportunistisch Entscheidungen treffen könnte. Eine mögliche Lösung dieses Collective Action Problems stellt die Installation eines Aufsichtsrates dar, der gebündelt Überwachungsaufgaben im Sinne der Anteilseigner wahrnimmt und so durch Bündelung von Einzelaktivitäten zu einer Minderung von Agency-Kosten beizutragen vermag (vgl. Klein 1998, S. 279).[32] Trotz der grundsätzlich als positiv zu wertenden Installation des Aufsichtsrats ist allerdings auch dieser nicht ganz unkritisch zu sehen, denn im Rahmen der Prinzipal-Agent-Theorie wird meist nur der Informationsvorsprung der Manager gegenüber den Anteilseignern betrachtet. Dabei wird aber leicht übersehen, dass auch der Aufsichtsrat durch seine Tätigkeit einen Vorsprung gegenüber den Anteilseignern besitzt (*Abbildung 9*).

Abbildung 9: Doppeltes Agency-Dilemma der Anteilseigner

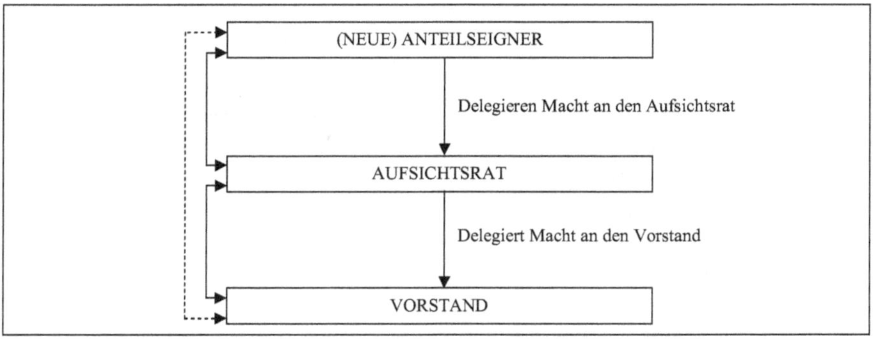

Daher hat der Aufsichtsrat gem. § 171 Abs. 2 AktG im Rahmen der externen Berichterstattung der Gesellschaft über das Ergebnis seiner Prüfung des Jahresabschlusses im Geschäftsbericht der Aktiengesellschaft zu berichten. Handelt es sich um eine große Aktiengesellschaft, ist dieser Bericht zusätzlich beim Handelsregister einzureichen (§ 325 Abs. 1 HGB) und im Bundesanzeiger bekanntzumachen (§ 325 Abs. 2 AktG). Der Aufsichtsrat hat außerdem über Art und Umfang der durchgeführten Überwachungshandlungen während des Geschäftsjahres vollständig, richtig und klar zu informieren. Die Überwachungsleistung des Vorstandes kann so dokumentiert werden. Trotz dieser Verpflichtung können Anteilseigner die Überwachungsleistung des Aufsichtsrates wegen mangelnder Transparenz der Berichte oft nicht beurteilen. Diese sind häufig wenig informativ und relativ kurz gehalten. Die inhaltlichen Komponenten dieser Berichte sind darüber hinaus weiter unklar. Eine häufigere Berichterstattung der Auf-

32 Zu alternativen Instrumenten des Empowerment von Kleinanlegern vergleiche auch den Aufsatz von Burg und Prinz (vgl. Burg/Prinz 2006).

sichtsrats-Tätigkeit an die Stakeholder wird als wünschenswert erachtet (vgl. Portisch 1997, S. 2ff.). Daran haben auch das Gesetz zur Kontrolle und Transparenz im Unternehmensbereich (*KonTraG*) und das Transparenz- und Publizitätsgesetz (*TransPuG*) wenig geändert. So muss gem. § 171 Abs. 2 Satz 2 AktG lediglich zusätzlich darüber berichtet werden, welche Ausschüsse vom Aufsichtrat gebildet wurden und wie viele Sitzungen vom Aufsichtsrat und den Ausschüssen abgehalten wurden. Als Kritikpunkte am deutschen Aufsichtsrat gelten zudem die Größe der Aufsichtsorgane, verbunden mit der Forderung nach einzelnen sachbezogenen Ausschüssen innerhalb des Organs,[33] die hohe Anzahl an parallelen Aufsichtsratsmandaten je Aufsichtsratsmitglied[34] und auch zu lange Intervalle zwischen Aufsichtsratssitzungen (vgl. Schreib 1996, S. 286f.; Lutter 1994, S. 176f.), was die Beziehung zwischen Anteilseignern und dem Aufsichtsrat mitunter konfliktreich gestalten kann (vgl. Werder 2008, S. 13).

Weiterhin wird in der Fachliteratur aber auch ein Interessenkonflikt zwischen Mehrheits- und Minderheitsaktionären diskutiert (vgl. Shleifer/Vishny 1997), wenn beispielsweise Banken in einer Doppelfunktion als Gläubiger und (Mehrheits-)Aktionär vordergründig ihre Interessen als Gläubiger zum Schaden von Minderheitsaktionären durchsetzen würden (vgl. Ingley/Walt 2004, S. 534; Zöllner 2007, S. 80). Aber auch ohne diese Doppelfunktion könnten Mehrheitsaktionäre unkoordiniertes Handeln von Kleinaktionären dazu nutzen, aufgrund eines höheren Stimmrechtsanteils und dadurch höheren Einflusses und höherer Verhandlungsmacht ihre Interessen gegenüber dem Vorstand, entgegen den Zielen von Kleinaktionären, durchzusetzen, indem sie beispielsweise durch Hauptversammlungsbeschluss ihnen stärker gewogene Vertreter in den Aufsichtsrat wählen (vgl. Nassauer 2000, S. 112).

3.2.2 Trennung von Eigentum und Kontrolle: Anteilseigner und Vorstand

Die Beziehung zwischen Anteilseignern, die ein berechtigtes Interesse an der zieladäquaten Verwendung ihres zur Verfügung gestellten Eigenkapitals für die Generierung von Gewinnen und Unternehmenswertsteigerungen haben, und dem Vorstand gestaltet sich in der deutschen Aktiengesellschaft grundsätzlich nicht ganz unproblematisch (vgl. Millstein/MacAvoy 1998, S. 1291), denn „manager's natural tendency is to allocate the firm's resources in their own best interests, which may conflict with the interests of outside shareholders" (McConnell/Servaes 1990, S. 597). Kleinere Anteilseigner können meist nur indirekt über die Stimmrechtsausübung auf einer Hauptversammlung (vgl. Strenger 2003, S. 708f.) oder die Wahl von Mitgliedern des Aufsichtsrates und somit über das Aufsichtsgremium auf den Vorstand ein-

[33] Thematisiert durch Ziffer 5.3 der DCGK-Version 2006.

[34] Thematisiert durch Ziffer 5.4.5 der DCGK-Version 2006 mit der Maßgabe, dass jedem Aufsichtsratsmitglieder genügend Zeit zur Wahrnehmung seiner Mandate zur Verfügung steht.

wirken (vgl. Stiles/Taylor 2001, S. 1).[35] Da der Aufsichtsrat wiederum als direkter Agent der Anteilseigner fungiert, ergibt sich für die Anteilseigner ein doppeltes Agency-Dilemma (*Abbildung 9*), da Informationsasymmetrien sowohl gegenüber dem Aufsichtsrat als auch gegenüber dem Vorstand bestehen (vgl. Clarke 2007, S. 24f.). Die Anteilseigner können aber einerseits die Qualifikation und Motivation des Vorstands ex ante nicht eindeutig bestimmen - dies wurde im Rahmen des *Kapitels 3.1.1.1* als Hidden Characteristics und Hidden Intentions beschrieben. Andererseits sind die Handlungen des Vorstands und ihre Auswirkungen durch die indirekte Agency-Beziehung zwischen Anteilseignern und dem Vorstand ex post nur mit Einschränkungen beobachtbar (Hidden Action). Als Kontrollmaßstab für die Leistung des Governance Mechanismus „Vorstand" wird daher auch häufig vereinfachend der Unternehmenserfolg herangezogen (vgl. Fama 1980, S. 292f.), der allerdings, wie später im empirischen Teil thematisiert, von einer Reihe weiterer Governance Mechanismen beeinflusst wird.

3.2.3 Trennung von Leitung und Kontrolle: Aufsichtsrat und Vorstand

Die strikte Funktionstrennung zwischen dem Aufsichtsrat als überwachendem Organ und dem Vorstand als leitendem Organ im Rahmen des sogenannten *Dual-Board Systems* stellt, wie bereits erwähnt, ein wichtiges Element des deutschen Corporate Governance Systems dar (vgl. Conyon/Peck 1998, S. 295f.). Dabei ist der Aufsichtsrat grundsätzlich für die Aufsicht des Vorstandes und der Vorstand mit der Management-Funktion betraut (vgl. Wymeersch 2003, S. 90f.; *Abbildung 9*). Diese Überwachungstätigkeit des Aufsichtsrates bezieht sich auf die Rechtmäßigkeit, Ordnungsmäßigkeit, Wirtschaftlichkeit und Zweckmäßigkeit der Unternehmensführung (vgl. Pfannschmidt 1993, S. 28; Lutter/Krieger 2002, S. 27ff.; Byrd/Hickman 1992, S. 195). Da das Gesetz diesen Überwachungsauftrag nicht weiter konkretisiert, kann somit nur eine ordnungsgemäße Überwachungstätigkeit des Aufsichtsrates dessen Haftungsinanspruchnahme ausschließen und so das Risiko des einzelnen Aufsichtsrats-Mitgliedes eingrenzen, das in seiner Tätigkeit begründet ist.[36] Zur Wahrung seiner Überwachungsfunktion, muss der Aufsichtsrat allerdings mit umfassenden Informationen versorgt werden. Dessen wirtschaftliches sowie zweckgerichtetes Handeln ist dabei umso erfolgreicher, je besser es durch Informationen vorbereitet ist (vgl. Hoffmann 1994, S. 50; Herrmann 1996, S. 64). Hierin liegt ein Dilemma in der Arbeit des Aufsichtsrates. Er soll den Vorstand überwachen, ist dabei aber gleichzeitig auf die Informationen angewiesen, die er von diesem übermittelt bekommt. Der Vorstand hat zwar eine separate Informationsfunktion bzw. -pflicht gegenüber dem Aufsichtsrat und dieser wiederum einen Berichtsanspruch.[37] Es können sich durch die

---

[35] Es existieren weitere Möglichkeiten für Aktionäre, aktiv auf das Management eines Unternehmens einzuwirken und ihre ganzjährige Interessenwahrnehmung durch das Management zu beeinflussen (*Shareholder Activism*), z.B. durch Hintergrundgespräche mit dem Vorstand (vgl. Smend 2008; Strenger 2003, S. 708ff.).

[36] Hierzu entwickelte z.B. Theisen eine sogenannte Überwachungsordnung (vgl. Theisen 1987, S. 269).

[37] Abweichend von der periodischen Berichterstattung kann er vom Vorstand jederzeit einen Bericht über Angelegenheiten der Gesellschaft verlangen (vgl. Kallmeyer 1993, S. 113).

Berichterstattung allerdings Situationen für Informationsasymmetrien (IA) zwischen Vorstand und Aufsichtsrat ergeben, die in *Abbildung 10* dargestellt sind.

Abbildung 10: Situationen für Informationsasymmetrien

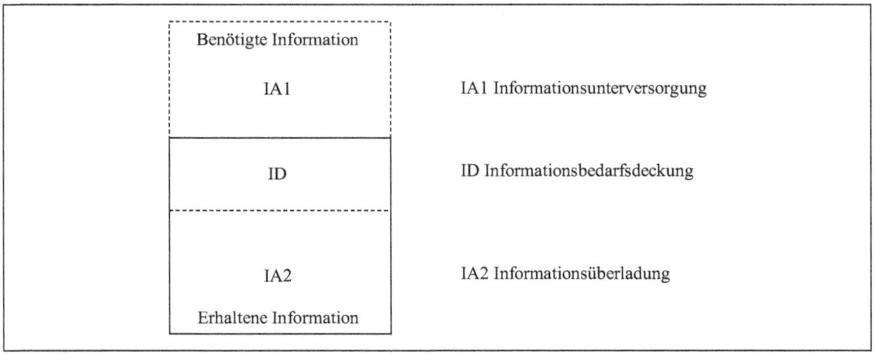

Konkret könnte sich für den Aufsichtsrat im Fall von Informationsunterversorgung (IA1) eine mangelnde Früherkennung von Risiken einstellen (vgl. Perkins 1979, S. 32) und bei Informationsüberladung (IA2) eine gefährliche Scheinexaktheit ergeben, die aufgrund des Umfangs und der scheinbaren Durchdringung aller Sachverhalte entsteht, und dadurch eine unvollständige Informationsauswertung bewirkt (vgl. Rechkemmer 2003, S. 15). Ein weiteres Problem dieser angesprochenen Informationsasymmetrien liegt zudem in einer eingeschränkten Möglichkeit für den Aufsichtsrat zur Erfüllung seiner Beratungsfunktion gegenüber dem Vorstand (vgl. Shivdasani/Yermack 1999, S. 1829), da er seine Erfahrungen und Kenntnisse im gleichermaßen unabhängigen, kritischen als auch konstruktiven Dialog mit dem Vorstand nur suboptimal einbringen könnte (vgl. Lutter/Krieger 2002, S. 36ff.; Weisbach 1998, S. 431).

3.2.4 Interne und externe Überwachungsträger: Aufsichtsrat und Wirtschaftsprüfer

Zwischen dem Aufsichtsrat und dem Wirtschaftsprüfer bestehen aufgrund ihrer beider Tätigkeit als Überwachungsträger in Publikumsgesellschaften, Möglichkeiten der Zusammenarbeit. Die Aufgaben von Aufsichtsrat und Wirtschaftsprüfer, in seiner Funktion als Abschlussprüfer überschneiden sich zwar bei der Überprüfung des Jahresabschlusses und Lageberichts, allerdings wird der Wirtschaftsprüfer erst nach Ablauf des Geschäftsjahres in einem sachlich und zeitlich begrenzten Bereich tätig (vgl. Martens 2000, S. 23). Der Wirtschaftsprüfer wird vom Aufsichtsrat bzw. den Anteilseignern durch die Hauptversammlung zur Wahl vorgeschlagen. Der Aufsichtsrat erteilt ihm den Prüfungsauftrag nach Neuregelung des KonTraG unmittelbar nach seiner Wahl.[38] Dadurch ist der Abschlussprüfer auch indirekter Agent der Anteilseigner, die sich auf die Korrektheit seines Testats verlassen, um dadurch ihr (weiteres) Investment beurteilen zu können (vgl. Smith/Walter 2006, S. 159f.). Im Rahmen einer Aktienrechtsreform 1997 spielte eine Normierung des Prüfungsgegenstandes[39] für die Aussagefähigkeit der Abschlussprüfung und damit die „Breite" der Erwartungslücke eine nicht unbedeutende Rolle.[40] Nach § 316 Abs. 1 HGB sind der Jahresabschluss und der Lagebericht[41] von Kapitalgesellschaften durch einen Abschlussprüfer (§ 319 HGB) zu prüfen. Gelhausen betont, dass dabei die externe Rechnungslegung im Vordergrund steht und der Wirtschaftsprüfer deren Gesetzmäßigkeit und Ordnungsmäßigkeit in Einklang mit den besonderen Regelungen der Satzung festzustellen hat (vgl. Gelhausen 1997, S. 79). Claussen mahnt jedoch, auf Unternehmenskrisen in Deutschland hinweisend, dass die Prüfung zu prozessorientierter Arbeitsweise, d.h. sich stärker in die Geschäfte und Prozesse der zu überprüfenden Gesellschaft einzuarbeiten, übergehen sollte. So könnten Betrugsfälle sowie verborgene Mängel gezielt aufgedeckt und präventiv Unternehmenskrisen vorgebeugt werden (vgl. Claussen 1996, S. 489).[42] Der Wirtschaftsprüfer trägt zur Informationsversorgung des Aufsichtsrates und dessen Entlastung bei der Überwachungstätigkeit bei, hat jedoch auch eine Krisenwarnfunktion.[43] Zur Gewährleistung einer sachverständigen, unabhängigen, vollständigen, transparenten sowie zutreffenden Berichterstattung hat der Wirtschaftsprüfer die entsprechende Distanz zu den Gesellschaftsorganen zu wahren (vgl. Götz 1995, S. 340f.).[44] Das HGB gibt zur Erfüllung dieser Aufgabe in § 321 Abs. 1-4 HGB eine eindeutige Gliederung des Prüfberichts vor, der nach Stellungnahme des Vorstands (§ 321 Abs. 5 Satz 2 HGB) dem Aufsichtsrat zur Prüfung vorgelegt wird. Nach § 171 Abs. 1 Satz 2 ist der Wirtschaftsprüfer verpflichtet, an der Bilanzsitzung des Aufsichtsrates oder seines Prüfungsausschusses teilzunehmen. In diesem Rahmen hat er über wesentliche Ergebnisse seines Prüfberichts zu berichten; im Vergleich mit der eigenen Prüfung

38 § 124 Abs. 3 Satz 1 AktG; §§ 111 Abs. 2 Satz 3, § 318 Abs. 1 Satz 4 HGB.

39 Zum Gegenstand und Umfang der Prüfung vgl. § 317 HGB.

40 Gerade die Annahme der Öffentlichkeit, dass der Abschlussprüfer alle Sachverhalte und Entscheidungen im Unternehmen überprüft, führt zur Erwartungslücke und Enttäuschung, wenn sich Unternehmenskrisen ankündigen oder Betrugsfälle öffentlich werden (vgl. Claussen 1996, 488f.).

41 Ausnahme: § 267 Abs. 1 HGB.

42 Zur Verbesserung der Zusammenarbeit zwischen Aufsichtsrat und Abschlussprüfer und zur Installation eines Audit Committees (aufgegriffen durch Ziffer 5.3.2 der DCGK-Version 2006) macht unter anderem Scheffler Vorschläge (vgl. Scheffler 1995a, S. 672ff.). Die Installation eines Audit Committees, sprich eines vom Aufsichtsrat gebildeten Prüfungsausschusses als Schnittstelle zwischen Aufsichtsrat und interner und externer Revision, wird auch als Zeichen zunehmender Konvergenz europäischer Corporate Governance Systeme betrachtet, da dieses mittlerweile sowohl im Single Board- als auch im Dual Board-System als sinnvoll akzeptiert ist (vgl. Collier/Zaman 2005, S. 753).

43 Vgl. hierzu die Ausführungen von Clemm (vgl. Clemm 1995).

44 Der Abschlussprüfer ist als unabhängiger Partner des Aufsichtsrats anzusehen, der im Rahmen seiner Pflichtprüfung (zu verstehen als echte Fremdprüfung) nicht nur dem Unternehmensinteresse, sondern nicht selten divergierenden Interessenträgern, vor allem der Öffentlichkeit gegenüber verpflichtet ist.
Zur Krisenwarnfunktion zählen die Verhinderung von Verstößen gegen das Bilanzrecht, insbesondere hinsichtlich der Informationsfunktion von Anhang und Lagebericht. Des Weiteren hat er eine besondere Verantwortung gegenüber Gesellschaften, die sich im Zustand einer schweren Krise oder sogar eines Zusammenbruches befinden. Uneingeschränkte Bestätigungsvermerke (§ 322 HGB in der Fassung nach Art 2 Nr. 10 KonTraG) zu deren Jahresabschlüssen sind zu vermeiden (§ 321 Abs. 2 HGB „Redepflicht") (vgl. Dörner 1995, S. 179).

des Aufsichtsrates (§ 171 Abs. 1 Satz 1 AktG) können diese noch einmal diskutiert werden, Unklarheiten ausgeräumt und so die Qualität der Information für den Aufsichtsrat gesteigert werden (vgl. Forster 1998, S. 376ff.; Westerfelhaus 1998, S. 2078). Der Wirtschaftsprüfer kann im Rahmen seiner Sachverständigentätigkeit gem. § 109 Abs. 1 Satz 2 AktG grundsätzlich auch außerhalb seines Prüfungsauftrages zur Beratung einzelner Gegenstände durch den Aufsichtsrat herangezogen werden. Die Rolle einer indirekten Agentenschaft des Wirtschaftsprüfers gegenüber den Anteilseignern ist darin begründet, dass dieser die für das Anlagekalkül eines (potenziellen) Anteilseigners (aber auch Gläubigers) wichtigen Unternehmenszahlenwerke bestätigt und eventuelle Bilanzierungsunregelmäßigkeiten im Sinne seiner Krisenwarnfunktion aufdeckt (vgl. DeAngelo 1981, S. 183ff.).

Zur Funktion des Wirtschaftsprüfers hinsichtlich der hier unter anderem untersuchten deklarierten Compliance zum DCGK, muss betont werden, dass in der Literatur teils Uneinigkeit darüber herrscht, ob die inhaltliche Richtigkeit der gem. § 161 AktG jährlich abzugebenden Entsprechenserklärung Gegenstand der Pflichtprüfung ist oder der Wirtschafsprüfer lediglich zu testieren hat, ob die Entsprechenserklärung tatsächlich abgegeben wurde (§ 316, 317 HGB). Die Regierungskommission Deutscher Corporate Governance Kodex lehnt die erste Sichtweise mit dem Verweis auf die hohen Kosten ab. Ferner empfiehlt sie, allenfalls bei angenommener interner Redepflicht gem. § 321 Abs. 1 Satz 3, Abs. 5 HGB bei Qualifizierung einer Abweichung von der Entsprechenserklärung als schwer wiegender Rechtsverstoß tätig zu werden, ohne aber das Testat einzuschränken (vgl. Hommelhoff/Schwab 2003, S. 55): „While this statement in the notes is audited, the information given in the Declaration itself is not - as the auditor is not responsible for an extensive examination of the management's behaviour“ (Goncharov et al. 2006, S. 433f.). Dem wird mitunter entgegen gehalten, dass der Wirtschaftsprüfer die Richtigkeit der Informationen der Entsprechenserklärung genauso behandeln müsse, wie alle anderen im Jahresabschluss enthaltenen Angaben (vgl. Ulmer 2002, S. 177). Hommelhoff und Schwab sehen als Mittelweg für diejenigen Empfehlungen und Anregungen besonderen Prüfungsbedarf, die sich von außen nicht kontrollieren lassen. Als Beispiel für eine gut kontrollierbare Umsetzung von Empfehlungen führen sie beispielsweise die Kodexziffer 4.2.5 an, die empfiehlt, den Wert von Aktienoptionen offenzulegen (vgl. Hommelhoff/Schwab 2003, S. 56).[45]

3.2.5 Delegation in arbeitsteiligen Organisationen: Vorstand und Arbeitnehmer

In arbeitsteiligen Organisationen entsteht durch Delegation von Aufgaben und Verantwortung für den Vorstand eine Situation, in der er die Nutzung der übertragenen Macht aus agencytheoretischen Gründen kontrollieren muss. Außerdem gebietet ihm die gesetzlich vorgeschrie-

[45] Die tatsächliche Umsetzung dieser Empfehlung wird im Übrigen durch Regel 24 der in *Kapitel 6.3.6.1* vorgestellten Transparency & Disclosure Scorecard kontrolliert.

bene Sorgfaltspflicht dieses Vorgehen (vgl. Scheffler 1995b, S. 80). So können Teilaufgaben der Überwachung zwar weitestgehend auf Mitarbeiter delegiert werden (vgl. Götz 1995, S. 338), jedoch trifft dies nicht auf die sorgfältige Auswahl und Kontrolle der mit Überwachungsaufgaben betreuten Personen und Unternehmensgruppen zu. Diesen Kernbestandteilen der Kontrollverantwortung kann sich der Vorstand nicht entziehen (vgl. Hofmann/Hofmann 1998, S. 152). Es ist somit gemeinsame Verantwortung der Vorstandsmitglieder, sich von einem effizienten und zuverlässigen Controlling, einer leistungsfähigen internen Revision und der kompetenten Leitung dieser Stabsabteilungen zu überzeugen. Dies zeugt von einer enormen Überwachungsverantwortung, die dem Vorstand neben seiner Führungsverantwortung zuteil wird. Gleichzeitig zeigt sich aber auch ein enormer Handlungsspielraum, der von Arbeitnehmern genutzt werden kann, um Informationsasymmetrien in opportunistischer Weise zu nutzen. Der Vorstand ist somit gezwungen, große Teile seine Koordinations- und Überwachungsverantwortung über die Managementebenen hinweg zu delegieren.

Da dem Vorstand im deutschen Corporate Governance System neben seiner betrieblichen Leitungs- und Überwachungsfunktion allerdings genauso die Funktion zukommt, unterschiedliche und teils konfliktäre Stakeholderinteressen zum Ausgleich zu bringen (vgl. Vinten 2001, S. 36), zwingt ihn steigender Rendite-Erwartungsdruck seitens des Kapitalmarktes zunehmend zu kreativen internen Anpassungen seiner Kostenstrukturen. Dies betrifft insbesondere die existierenden Beschäftigtenstrukturen, für die er neben einer unternehmerischen auch eine soziale Verantwortung trägt (vgl. Jackson 2005, S. 420). Über den im folgenden *Kapitel 3.2.6* beschriebenen mitbestimmten Aufsichtsrat können Arbeitnehmervertreter diesbezügliche Entscheidungen des Vorstandes beeinflussen, was dem deutschen Corporate Governance System aufgrund potenzieller Interessenkonflikte mit Anteilseignern mitunter von Beobachtern des anglo-amerikanischen Corporate Governance Systems als Schwäche ausgelegt wird (vgl. Gorton/Schmid 2004, S. 864).

3.2.6 Mitbestimmung: Arbeitnehmer und deren Vertreter im Aufsichtsrat

Organisieren sich Arbeinehmer nämlich innerbetrieblich, so können auch sie wesentlich zu einer funktionierenden Corporate Governance beitragen. Zweifellos lassen sich bei der Lösung des Prinzipal-Agent-Problems in (Publikums-)Aktiengesellschaften die Interessen von Aktionären und Arbeitnehmern oft nur schwer vereinen, da Strategien zur Wertsteigerung und Profitmaximierung häufig mit Rationalisierungs- oder Umstrukturierungsmaßnahmen im Personalbereich verbunden sind, was vielfach Interessenkonflikte von Arbeitnehmervertretern innerhalb des mitbestimmten Aufsichtsrates[46] verursacht (vgl. Helmis 2002, S. 12), da sie eine

46 Dessen Existenz ist abhängig von den Möglichkeiten der Unternehmensmitbestimmung durch das Drittelbeteiligungsgesetz (DrittelbG), das Mitbestimmungsgesetz (MitBestG) und das Montan-Mitbestimmungsgesetz (MontanMitbestG).

Funktion als Agenten der Arbeitnehmer als auch im Sinne des Gesamtunternehmens als ein indirekter Agent der Anteilseigner inne haben (*Abbildung 11*).

Abbildung 11: Doppeltes Agency-Dilemma der Arbeitnehmervertreter im Aufsichtsrat

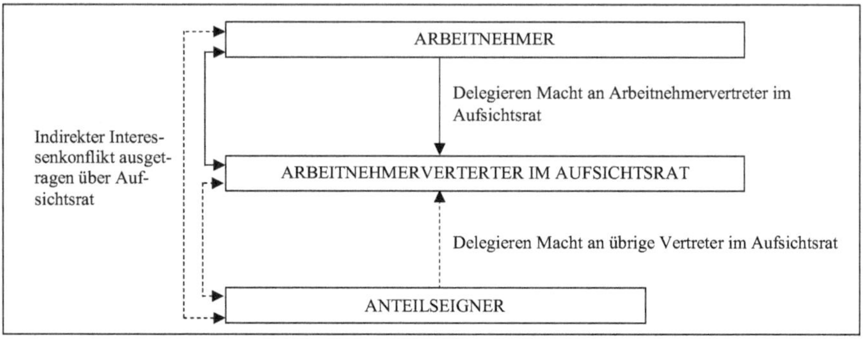

Diese Verantwortung für das Gesamtunternehmen stellt auch die Präambel des DCGK deutlich heraus, denn „die von den Aktionären gewählten Anteilseignervertreter und die Arbeitnehmervertreter sind gleichermaßen dem Unternehmensinteresse verpflichtet" (DCGK 2006, S. 1). Für die Arbeitnehmer ist es somit durchaus schwierig abzuschätzen, inwieweit ihre Interessen durch die Arbeitnehmervertreter im Aufsichtsrat vertreten werden. Die Einflussnahme der Arbeitnehmervertreter im Aufsichtsrat wird dabei in erster Linie durch rechtliche Rahmenbedingungen, im Wesentlichen durch die Regelungen der unternehmerischen Mitbestimmung, gewährleistet. Durch die Tätigkeit der Betriebsräte und der gewählten Arbeitnehmervertreter im Aufsichtsrat können Arbeitnehmer aktiv an unternehmerischen Entscheidungsprozessen mitwirken. Neben den bereits angesprochenen möglichen Interessenkonflikten beispielsweise mit den Zielen von Anteilseignern (als deren Agent wiederum das Aufsichtsratsorgan handeln soll), werden somit der Zugehörigkeit von Arbeitnehmervertretern im Aufsichtsrat auch positive Aspekte, wie z.B. die Förderung der Betriebsnähe von Entscheidungen, aber auch eine mögliche Moderationsfunktion von Arbeitnehmer-Aufsichtsräten bei Konflikten mit Gewerkschaften zugeschrieben (vgl. Schmidt 2001, S. 111f.).

4 Entwicklung eines theoretischen Wirkungskonzepts und Stand der Forschung

> *„Nothing [else] is Quite so Practical as a Good Theory"* (Ven 1989, S. 486). *„Wie werden [allerdings] wissenschaftliche Theorien entwickelt, aus denen sich spezifische Forschungshypothesen ableiten lassen? Diese Frage ... [wird] in methodischen Lehrbüchern meistens nur am Rande behandelt; man erfährt, dass intensives Nachdenken, Literaturstudium, Intuition, Kreativität, ein reichhaltiger Erfahrungsschatz und genaues Beobachten die Theoriebildung anregen"* (Bortz/Döring 2006, S. 352).

In *Kapitel 3.1.1.2* wurde mit der Qualitätsunsicherheit, als einer der Grundformen asymmetrischer Information, der zentrale Anknüpfungspunkt der empirischen Untersuchung erläutert. Als potenzieller Lösungsmechanismus für dieses Unsicherheitsproblem wurde die Bereitstellung von Informationen durch einen der Vertragspartner genannt. Geht die Informationsbereitstellung von der über einen Informationsvorsprung verfügenden Partei aus, wird dies als *Signaling* bezeichnet. Ein dadurch intendierter Signal Effekt kann von Unternehmen durch gezieltes Erwartungsmanagement genutzt werden, Informationen erwartungssteuernd einzusetzen (vgl. Brealey/Myers 2003, S. 63).

4.1 Entwicklung eines theoretischen Wirkungskonzepts

4.1.1 Signaling Theorie und Erwartungsmanagement als Basis

Den Stellenwert einer Informationsasymmetrien abbauenden Berichterstattung thematisierte erstmals Spence in seiner Signaling-Theorie (vgl. Spence 1973). Danach ergreift eine Informationsvorsprung besitzende Marktseite die Initiative zum Abbau einer Informationsasymmetrie (vgl. Stiglitz 2002, S. 475). Sichtbare bzw. explizit kommunizierte Signale können die Einschätzungen oder Erwartungen von Marktteilnehmern hinsichtlich des Transaktionsobjektes (hier: Unternehmensanteil) verändern (vgl. Spence 1973, S. 355f.; Spence 2002, S. 434; Kiener 1990, S. 27), was als Signal Effekt bezeichnet wird.[47]

Erstaunlicherweise beschäftigten sich bislang allerdings nur wenige theoretische und praktische Ansätze, überwiegend im Bereich der Marketingforschung, mit der Ausgestaltung sowie Fundierung einer gezielten Erwartungssteuerung zur Beeinflussung der Wahrnehmungskraft unternehmensindividueller Qualität und zum Abbau einer Qualitätsunsicherheit (vgl. Bruhn

[47] Zur Nutzung des Signal-Effekts als Marketing-Instrument siehe weiterführend Dentchev und Heene bzw. Howard (vgl. Dentchev/Heene 2003; Howard 1998, S. 65ff.).

2000, S. 1032; Boulding et al. 1993; Bruhn/Georgi 2000). Übertragen auf den Bereich Corporate Governance ist dies erstaunlich, da Corporate Governance Informationen dem Kapitalmarkt helfen, sich ein Bild von der Corporate Governance eines Unternehmens zu machen. Für die internationale Corporate Governance Forschung gilt es aufgrund dieses Mangels folglich, Elemente des Erwartungsmanagements künftig stärker in die ökonometrische Modellierung einzubeziehen. Erwartungen stellen nämlich einen Maßstab dar, der es Analysten und Anlegern ermöglicht, bezogene oder zu beziehende Güter oder Leistungen (hier: Anteilspapiere) zu bewerten. Damit am Kapitalmarkt eine realistische Einschätzung der Corporate Governance Qualität von Unternehmen erfolgen kann (vgl. Bearden/Teel 1983; Woodruff et al. 1983; Bruhn 2000, S. 1033), bedarf es jedoch einer transparenten und qualitativ hochwertigen unternehmensseitigen Corporate Governance Berichterstattung. Die Interpretation als Vergleichsmaßstab im unternehmensübergreifenden Sinne rechnet Erwartungen eine indirekte Verhaltenswirkung zu (vgl. Bruhn 2000, S. 1033ff.). Wenn es dem Unternehmen gelingt, Kapitalmarkterwartungen zu entsprechen, könnten die Anleger damit hohe Corporate Governance Qualität antizipieren und erwerben/halten möglicherweise Anteilspapiere des Unternehmens mit hoher Wahrscheinlichkeit (wieder). Folgende strategische Implikationen ergeben sich dabei für Unternehmen zur Beeinflussung der ihnen zugeschriebenen Corporate Governance Qualität: sie könnten entweder die Wahrnehmungskraft ihrer guten Corporate Governance erhöhen oder die Erwartungen der Zielgruppe in diese senken, wobei nur der Wahrnehmungskraft eine direkte Wirkung zugeschrieben wird (vgl. Boulding et al. 1993, S. 24f.).

4.1.2 Signalspiele zur Analyse strategischer Informationsübermittlung

Die einfachste Klasse von Methoden zur Analyse strategischer Informationsübermittlung stellen Signalspiele dar. Übertragen auf die vorliegende Untersuchung sind Signalspiele sequenzielle Spiele, bei denen der besser informierte Spieler (Unternehmen) vor dem schlechter informierten Spieler (Analysten und Anleger) über den ersten Zug entscheidet (vgl. Holler/Illing 2006, S. 177f.). Im Konkurrenzkampf mit anderen Unternehmen könnte hier ein Unternehmen, das höhere Corporate Governance Qualität signalisieren will, auch bereit sein, mehr in das Signal zu investieren. Ziel wäre es, dass eine höhere Corporate Governance Qualität auch wahrgenommen und dadurch auch ein höherer Preis erzielt wird (vgl. Cho/Kreps 1987, S. 179). Würde eine höhere Corporate Governance Qualität nicht signalisiert, so könnte der Kapitalmarkt eine zu erwartende Corporate Governance Durchschnittsqualität als Vergleichsmaßstab antizipieren, die folglich die Zahlungsbereitschaft bestimmt. Somit könnten selbst Unternehmen, die über niedrigere Corporate Governance Qualität als die Durchschnittsqualität verfügen, einen verhältnismäßig hohen Preis erzielen und Unternehmen, die über höhere Corporate Governance Qualität verfügen einen zu niedrigen Preis, der nicht ihre wahre Corporate Governance Qualität widerspiegelt (sogenanntes *Pooling-Gleichgewicht*). In die ökonomische Literatur ist dies als sogenanntes *Lemons-Problem* eingegangen. Die schwere Beurteilbarkeit eines Gutes aufgrund von Informationsasymmetrie, führt bei Käufern dazu, im Durchschnitt einen niedrigeren Preis zu bezahlen, als sie bezahlen würden, wenn es ausschließlich Güter mit positiven Eigenschaften gäbe. Durch den niedrigeren Preis berücksichtigen sie das Risiko, eine sogenannte *Zitrone* zu erwischen, was dazu führt, dass allmählich Anbieter mit hoher Qualität und entsprechend höherem Preis als ihre schlechteren Konkurrenten vom Markt verschwinden, da kein Käufer dazu bereit ist, den von ihnen geforderten höheren Preis zu bezahlen, da sie die höhere Qualität aufgrund von Informationsasymmetrie nicht erkennen können. Schlechte Unternehmen (Lemons) gewinnen auf einem solchen Markt tendenziell an Gewicht (vgl. Akerlof 1970). Insbesondere für Unternehmen mit höherer Corporate Governance Qualität ist es also sinnvoll, in Corporate Governance Signale zu investieren, um sich von Unternehmen mit niedrigerer Corporate Governance Qualität abzuheben (sogenanntes *Trenn-Gleichgewicht*) (vgl. Holler/Illing 2006, S. 177ff.).

4.1.3 Ansätze und Maßnahmen für ein Corporate Governance Erwartungsmanagement

Auf Grundlage der beschriebenen, theoretischen Erwartungswirkung von Corporate Governance Signalen gilt es für eine Corporate Governance Berichterstattung grundsätzlich, Informationen nicht absichtlich zu verschweigen oder unwahrheitsgemäße Angaben zu machen. Es sind auch übertrieben positive Corporate Governance Versprechen zu vermeiden (vgl. Bruhn/ Georgi 2000, S. 193), wenn eine tatsächliche Umsetzung und Anwendung im Unternehmen durch ein kritisches Hinterfragen nicht nachvollziehbar im Sinne von transparent ist. Dies ist insofern bedeutend, da die tatsächlich im Unternehmen vorhandene Corporate Governance Qualität im Vergleich zur Qualität von Produkten oder Dienstleistungen - Erwartungsmanagement wird fast ausschließlich auf dieser Ebene untersucht - in ihrer Gesamtheit kaum von extern zu erfassen bzw. wahrzunehmen ist (vgl. Theisen/Raßhofer 2007).[48] Reputationsverluste durch Fälle von partiellem Corporate Governance Fehlverhalten, wie durch den Aufsichtsrat genehmigte, fragwürdige Abfindungszahlungen an das scheidende Management der Mannesmann AG (vgl. Pöllath 2005) oder Börsenbetrugsfälle wie Enron (vgl. Premeaux 2009), sollten Anlass für eine realitätsnahe Corporate Governance Berichterstattung geben.

So kann es der Corporate Governance Berichterstattung zwar gelingen, kurzfristig einen positiven Signaleffekt zu erzielen. Daraus resultierende gesteigerte Corporate Governance Erwartungen des Kapitalmarktes könnten allerdings dauerhaft gegenüber dem Unternehmen geltend gemacht werden. Enttäuschte Corporate Governance Erwartungen schlagen sich folglich verstärkt negativ auf das Unternehmen nieder, wenn die erwartete Corporate Governance Qualität nicht erbracht wird oder werden kann (vgl. Bruhn/Georgi 2000, S. 195). Mängel bei der

---

[48] Dass diese Feststellung im deutschen Corporate Governance System bezogen auf die deklarierte Compliance zum DCGK von bedeutender negativer Konsequenz für ihre Erfolgsrelevanz sein könnte, wird bei der noch folgenden Herleitung von Hypothese H6 in *Kapitel 5.6.1* verdeutlicht.

Corporate Governance Berichterstattung erzeugen also eher diffuse Erwartungen am Kapitalmarkt zur Corporate Governance Qualität des Unternehmens (vgl. Boulding et al. 1993, S. 9). Gerade die Bereitstellung qualitativer Corporate Governance Informationen ist aber positiv mit der Minderung von Informationsasymmetrien verbunden. Ihr wird besondere Bedeutung bei der Unternehmensbewertung beigemessen, wenn finanzielles Zahlenmaterial nur eingeschränkt verfügbar ist (vgl. Bhat et al. 2006; Petersen/Plenborg 2006). In den bekannten deutschen Corporate Governance Ratingverfahren wird ein hoher Entsprechensgrad zu den Regeln des DCGK aus Vereinfachungsgründen mit guter Corporate Governance gleichgesetzt (vgl. z.B. Nowak et al. 2004). Das Potenzial, Informationsasymmetrien durch die Berichterstattung zur Umsetzung der Regeln des DCGK zu vermindern, ist zwar unbestritten (vgl. Kirchner 2002, S. 110; Behr/Güttler 2008, S. 58f.).[49] Für die Corporate Governance Berichterstattung ist die ausschließliche Konzentration auf die Kodexregeln allerdings nicht hinreichend (*box-ticking*; vgl. Berghe/Levrau 2003, S. 72; *Kapitel 1.3*). Diese muss weiterführende Corporate Governance Informationen umfassen, die in dieser Arbeit im Rahmen der Entwicklung der Transparency & Disclosure Scorecard noch vorgestellt werden (*Kapitel 6.3.6*).

4.1.4 Eigenentwickeltes theoretisches Wirkungskonzept

Zur Verdeutlichung der komplexen Zusammenhänge zwischen Corporate Governance Berichterstattung und Unternehmenserfolg wurde ein theoretisches Wirkungskonzept entwickelt (*Abbildung 12*), das als Grundlage für die weiteren Ausführungen dienen soll. Am Kapitalmarkt werden Entscheidungen auf einer gesicherten Informationsbasis getroffen. Wesentlich für die Informations- und Bewertungseffizienz am Kapitalmarkt ist dabei eine hochgradige Transparenz seitens der Signalsender (Unternehmen) (vgl. Segler et al. 2007, S. 402f.; Mallin 2004, S. 74). Da Unternehmen aber gegenüber dem Kapitalmarkt über einen Informationsvorsprung hinsichtlich ihrer Corporate Governance verfügen, obliegt es somit ihrer Bereitschaft, diesen Vorsprung zu reduzieren (vgl. Meckel et al. 2008, S. 60). Die Ausführungen zum Corporate Governance Erwartungsmanagement haben gezeigt, dass diese Bereitschaft scheinbar von der tatsächlichen Corporate Governance Qualität von Unternehmen abhängt, denn nur eine dauerhaft nachgewiesene gute Unternehmensleitung, die sich an ihren unternehmerischen Erfolgen messen lassen muss, wird als gutes Signal gewertet werden (*Kapitel 4.1.3*). Kapitalmarktorientiertes Corporate Governance Erwartungsmanagement setzt allerdings auch voraus, die Erwartungen [Strang (1)] des Kapitalmarktes an die Corporate Governance (Berichterstattung) deutscher börsennotierter Gesellschaften zu kennen. Diese werden in der Literatur in-

[49] Dabei kommt ihm der Mechanismus zugute, dass sich das Ansehen eines Kodex auf dem Kapitalmarkt mit steigender Anwendung bis hin zum Status eines allgemein anerkannten Standards guter Corporate Governance erhöht. Nutzt nun ein Unternehmen den Kommunikationseffekt des Kodex aus, so kann die deklarierte Umsetzung der Regeln des DCGK (unabhängig von deren tatsächlicher Umsetzung) als Zeichen guter Corporate Governance gewertet werden. Ein ähnlicher Mechanismus wurde bereits im Zusammenhang mit der Befolgung von Listing Rules festgestellt (vgl. Cain 2003, S. 637).

haltlich zwar vielfach auf die Regeln des DCGK reduziert (vgl. Dörner/Orth 2005, S. 16), für die Informationseffizienz und Funktionsfähigkeit von Kapitalmärkten ist allerdings ein breiteres Set an Corporate Governance Mechanismen und ein transparenter, unternehmensseitiger Umgang mit diesen von Bedeutung (vg. Schredelseker 2008, S. 181). Gerade Transparenz stellt nämlich eine wesentliche Erwartungsdimension institutioneller Anleger und Finanzanalysten dar [Strang (2)], die effektive Finanzkommunikation erst ermöglicht (vgl. Bassen et al. 2006a, S. 691).[50] Parum drückt dies treffend in ihrer Definition von Corporate Governance aus, als ein „set of principles concerning the governance of companies and how these principles are disclosed or communicated externally“ (Parum 2005, S. 702).

Abbildung 12: Eigenentwickeltes theoretisches Wirkungskonzept

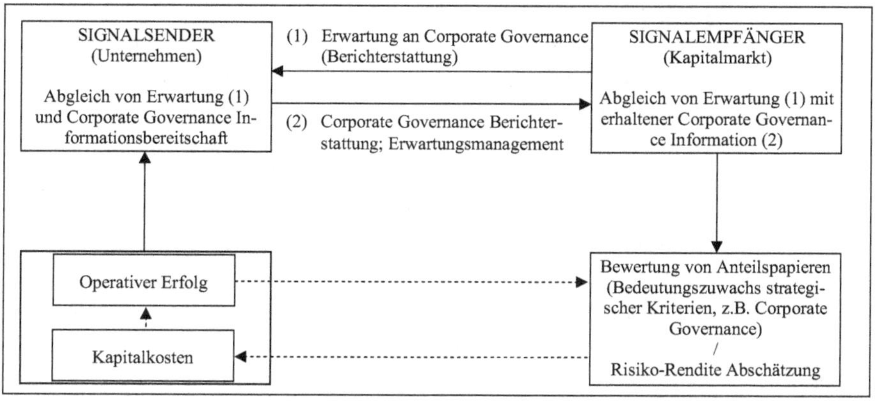

(Quelle: in Anlehnung an Graf/Stiglbauer 2008a, S. 604)

Zwar können Shareholder Activism und aktive Lobbyarbeit für den Kapitalmarkt ergänzend eine Interventionsmöglichkeit darstellen, um an entscheidungsrelevante Corporate Governance Informationen zu gelangen.[51] Größtenteils obliegt es börsennotierten Gesellschaften allerdings weitestgehend selbst, freiwillig über ihre Corporate Governance zu berichten und Investment Professionals zusätzliche Informationen zu geben, um die Vorhersagbarkeit und Sicherheit ihrer Anlage zu erhöhen (vgl. Bassen et al. 2006a, S. 691; Kiener 1990, S. 10). Dies ist für Unternehmen insofern bedeutend, da strategische Kriterien, wie Corporate Governance, für die Bewertung von Anteilspapieren zunehmen (vgl. Segler et al. 2007, S. 402). Die Erwartungshaltung institutioneller Investoren an eine transparente Berichterstattung übersteigt folg-

50 Zahlreiche Studien im Bereich Accounting und Finance benutzen die Gewinnvorhersagen von Analysten sogar als Proxy für Markterwartungen (vgl. Bartov et al. 2002; Lopez/Rees 2002).

51 Dies ist insbesondere zu erwähnen, da es in Deutschland nur wenige gesetzliche Vorschriften zur Corporate Governance Berichterstattung gibt, die auf die Regeln des DCGK und somit auf wesentliche inhaltliche Erwartungen des Kapitalmarktes Bezug nehmen (vgl. Segler et al. 2007, S. 401; Meckel et al. 2008, S. 60; Brancato 1997, S. 82f.). Dazu zählen im Wesentlichen § 161 AktG und §§ 285 Nr. 16, 314(1) Nr. 8, 325(1) HGB.

lich die bloße Kommunikation von Finanzkennzahlen. Empirische Untersuchungen zeigen, dass transparente Corporate Governance Berichterstattung den Aktienkurs erhöht und zu einer Senkung der (Eigen-)Kapitalkosten beiträgt (vgl. Healy et al. 1999; Toksal 2004; Ernst et al. 2005). Diese (Eigen-)Kapitalkosten sind am Markt zwar direkt beobachtbar, nicht allerdings deren Bildung, als Summe der individuellen Entscheidungen zahlreicher Investoren. Daher ist die Verbindung zwischen dem Entscheidungskalkül von Investoren und den Kapitalkosten und wiederum die Rückkopplung und Verarbeitung des operativen Erfolges eines Unternehmens auf die Entscheidungsfindung von Investoren in *Abbildung 12* gestrichelt dargestellt.

Als Bestätigung der erwarteten Wirkung einer intransparenten Berichterstattung weisen Fama und French somit auch Überrenditen für (unbekanntere) Wachstumsunternehmen nach, die als Kompensation für mögliche Risikofaktoren angesehen werden (vgl. Fama/French 1993; Fama/French 1998). Einen solchen Risikofaktor stellt vermutlich mangelhafte Corporate Governance Berichterstattung dar, da aufgrund von Informationsmängeln hinsichtlich der Leitungsqualität von Unternehmen deren Anteilspapiere nicht umfassend bewertet werden können. Während Kapitalmarktakteure ein Wohlverhalten in Form von transparenter Informationspolitik nur mit leichten Bewertungsaufschlägen belohnen und scheinbar sogar bei Unternehmen voraussetzen, werden wahrgenommene Mängel der Corporate Governance Berichterstattung hingegen mit drastischen Bewertungsabschlägen bestraft. Dies lässt ein hohes Eigeninteresse börsennotierter Gesellschaften an transparenter, qualitativ wertvoller Corporate Governance Berichterstattung zur Senkung der entstehenden Kapitalkosten annehmen (vgl. Gohlke et al. 2006; Achleitner et al. 2001a, S. 15f.). Corporate Governance Berichterstattung bzw. die Bereitschaft dazu, wird folglich durch die entstehenden Kapitalkosten nachhaltig beeinflusst, deren Höhe wiederum den operativen Unternehmenserfolg (in der vorliegenden Untersuchung gemessen durch ROE und ROA, *Kapitel 6.4.3.1* und *6.4.3.2*) beeinflusst, der in einem Kreislauf wiederum als Information für die Marktpreisbildung von Relevanz ist.

Die vorliegende Untersuchung konzentriert sich ausschließlich auf Strang (2), nämlich die unternehmensseitige Corporate Governance Berichterstattung und deren Wirkung auf ausgewählte Variablen für den Unternehmenserfolg. Strang (2) ergibt sich als Erwiderung auf die Erwartung hinsichtlich einer transparenten unternehmensseitigen Corporate Governance Berichterstattung seitens des Kapitalmarktes aus Strang (1). Aus wissenschaftlicher Sicht ist es schwierig die Vielzahl interagierender Faktoren, die in die Erwartungshaltungen einfließen, zu erfassen. Die Marktpreisbildung für Anteilspapiere kann aufgrund individuell unterschiedlicher Verarbeitung der Vielzahl an Informationen am Kapitalmarkt und individuellen Entscheidungskalkülen und Präferenzen einzelner Akteure nicht direkt beobachtet werden (vgl. Achleitner et al. 2001b, S. 43). Im Gegensatz dazu ist der Outcome der Marktpreisbildung, nämlich der Marktpreis selbst, der die gebündelten Entscheidungen der Kapitalmarktteilnehmer auf Grundlage der ihnen zur Verfügung stehenden Informationen widerspiegelt, direkt beobachtbar, der sich wiederum über die Eigenkapitalkosten auf den operativen Unternehmenserfolg auswirken kann. Somit lässt sich statistisch und ökonometrisch (*Kapitel 6.4.6.2*) ein Bezug zwischen der unternehmensseitigen Corporate Governance Berichterstattung und dem Unternehmenserfolg herstellen.

4.2 Corporate Governance und Unternehmenserfolg: Stand der Forschung

Die Bewertung von Corporate Governance spezifischen Aspekten wird vielfach als Rating bezeichnet. Entsprechend sollen zunächst der Ratingbegriff und die Ziele von Corporate Governance Ratings erläutert werden, bevor anschließend der aktuelle Erkenntnisstand zur Beziehung zwischen Corporate Governance und Unternehmenserfolg beleuchtet wird.

4.2.1 Ratingbegriff und Ziele von Corporate Governance Ratings

Rating gilt als „ein objektives Maß [und Vorgang[52]] zur Bewertung bestimmter Fähigkeiten oder Eigenschaften eines Wirtschaftssubjekts" (Oelerich 2005, S. 19). Dabei kommt dem Rating als wichtigste Funktion zu, „Transparenz und somit Vergleichbarkeit für Investoren und Gläubiger hinsichtlich des mit dem Investment verbundenen Risikos zu schaffen" (Fischer/ Holzkämper 2005, S. 76). Den Ratingbegriff auf die Messung und Bewertung unternehmensspezifischer Corporate Governance bezogen, können Corporate Governance Ratings grundlegend zwei Ziele verfolgen: die Gewährleistung von Entsprechung (Compliance), sprich die Prüfung der Einhaltung gesetzlicher und untergesetzlicher Regeln zur Corporate Governance sowie die Sicherung der Erfolgsträchtigkeit, sprich die systematische und nachhaltige Beurteilung von Corporate Governance spezifischen Aktivitäten und Modalitäten auf ihre Erfolgswirksamkeit hin (vgl. Werder/Grundei 2003, S. 680). Dabei kann wiederum zwischen Corporate Governance Ratings privatwirtschaftlicher Anbieter und wissenschaftlicher Institutionen unterschieden werden.

4.2.1.1 Corporate Governance Ratings privatwirtschaftlicher Anbieter

Aufgrund der Bedeutungszunahme von Corporate Governance als Investitionskriterium (vgl. Netter et al. 2009) steigt seitens der Finanzmarktteilnehmer die Nachfrage nach Methoden und Instrumenten, die einen unternehmensübergreifenden Vergleich der unternehmensspezifischen Corporate Governance ermöglichen, kontinuierlich. Dadurch hat sich bereits eine wachsende Branche für Corporate Governance herausgebildet (vgl. Rose 2007). Zu nennen

[52] Ob ein Rating der Vorgang in Form der Bewertung oder das Ergebnis der Bewertung ist, wird kontrovers diskutiert (vgl. Sönnichsen 2007, S. 324).

wären in diesem Zusammenhang die bekannten Corporate Governance Ratings z.B. von Standard & Poor's (vgl. Standard & Poor's 2004), Governance Metrics International (vgl. Governance Metrics International 2008), Deminor (vgl. Deminor Rating 2004) und Institutional Shareholder Services der Risk Metrics Group (vgl. Romeike/Brink 2005, S. 141).[53] In der wissenschaftlichen Fachliteratur wird allerdings die Aussagekraft dieser kommerziellen Ratings kritisch hinterfragt (vgl. Sonnenfeld 2004). Jüngste Versuche, den durch die Ratingunternehmen versprochenen Zusammenhang zwischen unternehmensspezifischer Corporate Governance und Erfolgsvariablen nachzuweisen, konnten keinen bzw. keinen eindeutigen statistischen Beweis für dieses Versprechen liefern (vgl. Koehn/Ueng 2007; Epps/Cereola 2008; Cheng et al. 2008). In diesem Zusammenhang sei vorweggreifend auf die im Rahmen der Instrumentenentwicklung von Compliance und Transparency & Disclosure Scorecard noch thematisierte Unterscheidung zwischen solicited (beantragte) und unsolicited (antraglose) Corporate Governance Ratings verwiesen (*Kapitel 6.3.3.1*). Das Gros kommerzieller Ratings erfolgt beantragt durch das Unternehmen oder Unternehmen müssen antraglos erstellte Ratings erst verifizieren, wodurch Ratingergebnisse jeweils subjektiven Einflüssen seitens der bewerteten Unternehmen unterliegen (vgl. Bannier/Tyrell 2005; Daily et al. 2003, S. 379).

Ein weiteres Problem liegt in einer mangelnden Offenlegung der Ratingmethodik (vgl. z.B. Standard & Poor's 2004) kommerzieller Corporate Governance Ratings (vgl. Bassen et al. 2006b, S. 86). Dies ist zwar aus der Sicht der Ratingunternehmen verständlich, da diese einen wesentlichen Asset darstellt, der gegenüber Konkurrenten weitestgehend verborgen bleiben soll. Gleichzeitig erschwert es allerdings auch die Nachvollziehbarkeit und Vergleichbarkeit der meist aggregierten Ratingergebnisse für Unternehmen und andere Nutzer. Ein bloßes Abstellen auf allgemein gehaltene, grob strukturierte Hauptkategorien lässt keine differenzierte Analyse seitens Investoren und kein differenziertes Ableiten von konkreten Handlungen seitens der gerateten Unternehmen zu. Die Ergebnisse bleiben dadurch vielfach wenig nachvollziehbar und erschweren deren wissenschaftliche Überprüfung. Dieser Mangel betrifft im Übrigen auch zahlreiche im Folgenden beschriebene wissenschaftliche Corporate Governance Ratings, worauf bezogen auf das für diese Untersuchung entwickelte und angewandte Instrumentarium in *Kapitel 6.3* noch näher eingegangen wird.

4.2.1.2 Wissenschaftliche Corporate Governance Ratings

Wissenschaftliche Corporate Governance Ratings verfolgen das Ziel, auf einem aggregierten Niveau mögliche Beziehungen zwischen unternehmensspezifischer(n) Corporate Governance

[53] Ergänzend wären zu nennen: CRISIL von Credit Lyonnais Securites Asia (CLSA) in Indien als größte Ratingagentur außerhalb den USA mit Standard & Poor's als Hauptaktionär (vgl. Mani 2004, S. 6f.), ICRA von der ICRA Group, das indische Unternehmen bewertet und eine Tochtergesellschaft von Moody's Investors Service ist (vgl. ICRA 2004, S. 2ff.) und die Corporate Governance Ratings von Moody's und Fitch Ratings (vgl. Romeike/Brink 2005, S. 138f.).

(Komponenten) und Erfolgsmaßen im Rahmen wissenschaftlicher Forschungsprojekte zu untersuchen. In diesem Zusammenhang wurden auch die im weiteren Verlauf der Arbeit noch vorzustellenden Instrumente Compliance Scorecard und Transparency & Disclosure Scorecard entwickelt. Wissenschaftlichen Corporate Governance Ratings geht es ohne konkretes Interesse an bestimmten Unternehmen im Wesentlichen um das Aufzeigen von Missständen und der Erforschung von Wirkungszusammenhängen im Corporate Governance In- und Umsystem, ohne auf einzelne Gesellschaften einwirken zu wollen und ohne sich von einer bestimmten Gesellschaft in ihrem Ratingprozess beeinflussen zu lassen (vgl. Werder/Grundei 2003, S. 690).

Tabelle 3 zeigt die nach aktuellem Forschungsstand vollständige Aufstellung der bislang für Deutschland durchgeführten wissenschaftlichen Corporate Governance Ratings mit der jeweiligen Basis für die verwendeten Ratingkriterien und dem spezifischen prioritären Forschungsziel des jeweiligen Ratings, die Compliance (C)- oder Performance-/Erfolgsorientierung (U). Stellvertretend für die jährlich seit der Einführung des DCGK im Jahre 2002 vom Berlin Center of Corporate Governance (BCCG) im Auftrag der Regierungskommission Deutscher Corporate Governance Kodex durchgeführten an der Compliance zum DCGK interessierten Studien ist die aktuellste Studie aus dem Jahr 2009 aufgeführt (vgl. Werder/Talaulicar 2009), die seit der Untersuchung 2004 mittels Fragebogenverfahren durchgeführt wird. Lediglich für die Kodexversion 2002 erhob das BCCG die Compliance zu den Empfehlungen des DCGK noch mittels Inhaltsanalyse (vgl. Werder et al. 2003, S. 1858).

Es ergibt sich ein sehr differenziertes Bild hinsichtlich des Einsatzes unterschiedlicher Instrumente und Kriterien, was vor allem bei der Complianceorientierung überrascht. Damit ist nicht der Einsatz unterschiedlicher Versionen des DCGK angesprochen, sondern z.B. die Konzentration auf bestimmte (zusätzliche) Kriterien (vgl. Arnsfeld/Growe 2006) oder die Konzentration auf lediglich die Empfehlungen des DCGK (vgl. Nowak et al. 2004) bei im Vergleich dazu der Erfassung des gesamten DCGK (vgl. Bassen et al. 2004). Zudem zeigt sich ein relativ ausgeglichenes Bild hinsichtlich der Zielsetzung der einzelnen Ratings zwischen Orientierung zur Compliance und zur Wirkung auf den Unternehmenserfolg. Ein weiterer Forschungsstrang ist auch dahingehen zu erkennen, dass nicht auf den DCGK als ganzes oder bezogen auf alle Empfehlungen abgestellt wird, sondern zunehmend auf einzelne Regeln oder Kategorien und deren Abhängigkeit untereinander (vgl. Talaulicar/Werder 2008; Bassen et al. 2009).[54]

[54] Aus diesem Grunde erfolgt auch innerhalb Compliance und die Transparency & Disclosure Scorecard eine Betrachtung der Korrelationen zwischen den einzelnen Hauptkategorien (vgl. *Kapitel 7.1.3* und *7.2.2*).

Tabelle 3: Deutsche Wissenschaftliche Corporate Governance Ratings

STUDIE	KRITERIEN	RATINGZIEL
Werder et al. 2003	62 Kriterien (nur Empfehlungen) auf Basis der DCGK Version 2002	C
Drobetz et al. 2004	30 Kriterien auf Basis der sogenannten DVFA Scorecard der Deutschen Vereinigung für Finanzanalyse und Assetmanagement, Teilen der DCGK Version 2002, CalPers-Principles, Deminor Corporate Governance Checklist	U
Nowak et al. 2004	63 Kriterien (nur Empfehlungen) auf Basis der DCGK Version 2002	C
Bassen et al. 2004	83 Kriterien (Empfehlungen und Anregungen) auf Basis der DCGK Version 2002	C
Nowak et al. 2005	63 Kriterien (nur Empfehlungen) auf Basis der DCGK Version 2002	U
Bassen et al. 2006c	83 Kriterien (Empfehlungen und Anregungen) auf Basis der DCGK Version 2002	U
Bassen et al. 2006d	41 Kriterien, DVFA Scorecard (incl. Teilen der DCGK Version 2004)	C
Zimmermann et al. 2006	62 Kriterien (nur Empfehlungen) auf Basis der DCGK Versionen 2002 und 2003	U
Arnsfeld/Growe 2006	37 Kriterien gesamt (sogenannte equi-card), 29 Kriterien auf Basis der kritischen Empfehlungen der DCGK Version 2003 für alle Unternehmen der Auswahlindizes DAX, TecDAX, MDAX and SDAX (nach Werder/Talaulicar 2005), 5 Kriterien auf Basis der DVFA Scorecard, 3 Kriterien von Drobetz/Schillhofer/Zimmermann 2004	C
Lattemann 2007	90 Kriterien (nur Empfehlungen) auf Basis der DCGK Version 2005	C
Graf/Stiglbauer 2007/2008a	101 Kriterien (Empfehlungen und Anregungen) auf Basis der DCGK Version 2005	C
Talaulicar/Werder 2008	101 Kriterien (Empfehlungen und Anregungen) auf Basis der DCGK Version 2005	C
Bress 2008	69 Kriterien (nur Empfehlungen) auf Basis der DCGK Version 2003	U
Bassen et al. 2009	84 Kriterien (Empfehlungen und Anregungen) auf Basis der DCGK Version 2005	U
Werder/Talaulicar 2009	103 Kriterien (Empfehlungen und Anregungen) auf Basis des DCGK Version 2008	C
RATINGZIEL: C = Compliance; U = Unternehmenserfolg		

4.2.2 Identifizierte Forschungslücken für Deutschland

Entsprechend des Untersuchungsfokuses, einen Zusammenhang von deklarierter Compliance zum DCGK, Transparenz der Corporate Governance Berichterstattung und Unternehmenserfolg herzustellen, wurden, wie in *Abbildung 13* ersichtlich, für Deutschland Forschungslücken im Kontinuum von Corporate Governance, Unternehmenserfolg, Compliance und Transparenz identifiziert, die sich aus einer systematischen Literaturrecherche ergaben. Lücken ergeben sich inhaltlich vor allem im gesamten unteren Teil des Kontinuums, nämlich Untersuchungen zur Transparenz der Corporate Governance allgemein und zu deren Erfolgsrelevanz im Speziellen, für die bislang keine oder nur stark eingeschränkt Ergebnisse sowohl international aber vor allem bezogen auf Deutschland vorliegen. Ergänzend wurden die identifizierten Forschungslücken für Deutschland um internationale Studien (*kursiv*) ergänzt.

Abbildung 13: Stand der Forschung im Kontinuum von Corporate Governance, Unternehmenserfolg, Compliance und Transparenz

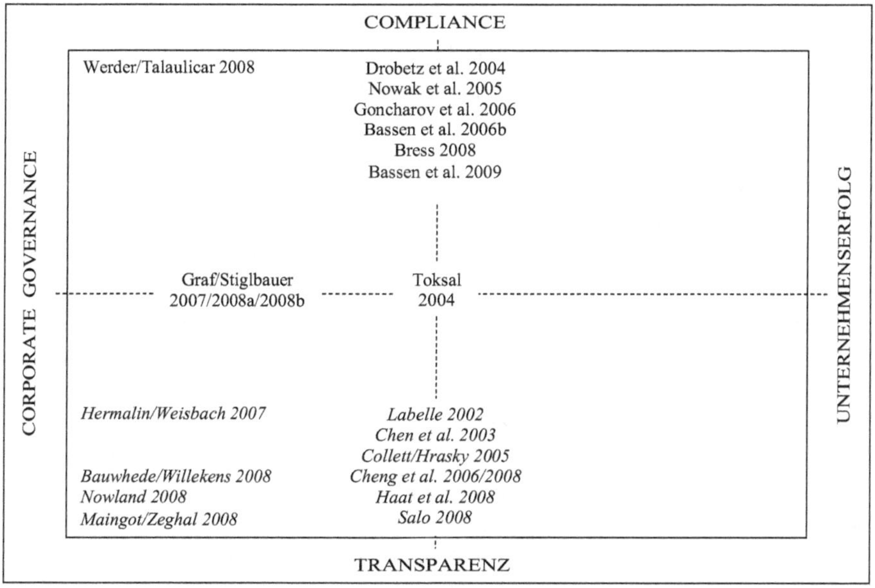

Der Stand der Forschung in den einzelnen Quadranten des Kontinuums wird im Folgenden genauer erläutert und sofern nicht durch Studien für Deutschland hinreichend gut abgedeckt auf den jeweiligen internationalen Forschungsstand abgestellt. Zunächst erfolgt die Beschreibung und Bewertung von Studien, welche die deklarierte Compliance zum DCGK und deren Erfolgsrelevanz empirisch untersuchen.

4.2.3 Corporate Compliance und Unternehmenserfolg

Zunächst sollen deutsche Studien zum Zusammenhang zwischen Corporate Governance (dies entspricht hier der deklarierten Compliance zum DCGK) und Unternehmenserfolg beschrieben werden, die sich, was die Erfolgszielsetzung von deutschen Corporate Governance Ratings betrifft, mit denen aus *Tabelle 3* decken.

4.2.3.1 Compliance zum Deutschen Corporate Governance Kodex

Für Deutschland wird die Compliance zum DCGK jährlich seit 2002 vom Berlin Center of Corporate Governance (BCCG) im Auftrag der Regierungskommission Deutscher Corporate Governance Kodex in einer Fragebogenerhebung bei allen Unternehmen, die an der Frankfurter Wertpapierbörse notiert sind und ihren gesellschaftsrechtlichen Sitz in Deutschland haben (vgl. Werder/Talaulicar 2009, S. 689)[55] festgestellt und erhebt für sich den Status des „offiziellen“ (Talaulicar/Werder 2008, S. 259) Reports, der die Compliance deutscher börsennotierter Unternehmen zum DCGK analysiert. Die hier zitierte, aktuellste Studie von 2009, die stellvertretend für die seit 2002 veröffentlichten Untersuchungen steht, findet wie ihre Vorgänger eine hohe, weiterhin moderat steigende, Compliancequote zum DCGK, wobei die Ergebnisse abhängig vom Auswahlindex, dem die Unternehmen angehören und abhängig davon, ob Kodexempfehlungen oder -anregungen betroffen sind, differenziert zu betrachten sind (vgl. Werder/Talaulicar 2009). Die Ergebnisse unterliegen dabei der Einschränkung, dass durch indexabhängig vergleichsweise geringe Rücklaufquoten eine uneingeschränkte Repräsentativität der Ergebnisse für den jeweiligen Auswahlindex nicht gegeben ist (vgl. Werder/ Talaulicar 2007, S. 869; Werder/Talaulicar 2008, S. 825f.; Werder/Talaulicar 2009, S. 689f.). Dies wirkt sich auch auf die Erfassung kritischer Kodexempfehlungen aus.[56] Zudem vermuten die Autoren selbst einen *Non-Response Bias* für Unternehmen, die dem DCGK eher ablehnend gegenüberstehen. Aufgrund des unzureichenden Einbezugs von Unternehmen, die aufgrund schlechterer Compliance tendenziell weniger häufig an der Fragebogenerhebung teilnehmen könnten und vielleicht auch dem DCGK nicht die Bedeutung zumessen, wie Unternehmen mit höherer Compliance, gilt es die teils recht hohen Entsprechensquoten der Gesamtstichprobe bei den Empfehlungen von derzeit 83,9%, bei geringeren 64,0% bei den Anregungen etwas zu relativieren. Werder und Talaulicar stellen zudem indexspezifische und kodexabschnittsbezogene Unterschiede in der Compliance zum DCGK fest (vgl. Werder/Talaulicar 2009, S. 689ff.).

Trotz unterschiedlicher Erhebungsmethodik konnten die Ergebnisse des BCCG im Grundsatz durch eine Untersuchung von Graf und Stiglbauer bestätigt werden, wobei Abweichungen vor allem bei den Auswahlindizes mit kleineren Unternehmen zu verzeichnen waren. Dies führen die Autoren auf unterschiedliche Stichprobenumfänge, aber auch auf Unterschiede im Erhebungszeitraum zurück (vgl. Graf/Stiglbauer 2008b, S. 273). Wie die jährliche Untersuchung des BCCG zeigt, steigt der erwartete (zukünftige) Compliancegrad der Unternehmen, bei gleichzeitig erwarteter sinkender Anzahl (zukünftiger) kritischer Empfehlungen (vgl. Werder/ Talaulicar 2007, S. 870). Auf Basis der jährlichen Erhebung des BCCG (vgl. Werder/Talaulicar 2009) wird für den DCGK eine hohe Resonanz in der Unternehmenspraxis angenommen (vgl. Werder 2008, S. 16), dessen Befolgung (Compliance) in der Theorie eine hohe Bedeutung als Erfolgsfaktor beigemessen wird - für Kodexabweichungen wird angenommen, dass diese mit Kursabschlägen bestraft werden (vgl. Cromme 2001, S. 13). Entsprechende Umfragen zu Beurteilungskriterien globaler Investoren haben tatsächlich ergeben, dass diese Corpo-

55 Weiterhin werden Unternehmen angeschrieben, die einem spezifischen Auswahlindex der Deutschen Börse angehören (vgl. Werder/Talaulicar 2009, S. 689).

56 Das sind die Kodexempfehlungen mit ≤90% Zustimmungsquote über alle Gesellschaften (vgl. Werder et al. 2003, S. 1859).

rate Governance bei der Anlageentscheidung mittlerweile eine finanziellen Kennzahlen vergleichbare Bedeutung zumessen (vgl. Coombes/Watson 2000, S. 75f.; Kames 2000, S. 109ff.; Newell/Wilson 2002, S. 21f.; Ambachtsheer 2006, S. 63f.), wobei unter anderem die Entsprechung zu Regeln von Corporate Governance Standards (Compliance) betrachtet wird (vgl. Deane 2006, S. 14). Ob eine intendiert positive Wirkung der deklarierten Compliance zum DCGK auch für den deutschen Aktienmarkt zutrifft, haben seither einige Studien nachzuweisen versucht.

4.2.3.2 Compliance zum DCGK und Unternehmenserfolg: Deutsche Studien

Bisherige Studien zum Zusammenhang zwischen deklarierter Compliance zum DCGK und Erfolgsmaßen bei deutschen Unternehmen (*Tabelle 4*) geben bislang ein uneinheitliches Bild für die (deklarierte) Compliance zum DCGK als Erfolgsfaktor ab.

Tabelle 4: Compliance zum DCGK und Erfolg, Deutsche Studien

STUDIE	METHODIK UND ERGEBNISSE
Drobetz et al. 2004	Befragung unter 91 deutschen Unternehmen, geleitet von Komponenten der DVFA-Scorecard und Teilen des DCGK (Zeitraum: Januar 1998 - März 2002) Portfolio mit besserer Corporate Governance erzielte eine um 2,33% höhere jährliche geometrische Durchschnittsrendite und Erhöhung des Shareholder Value um 11,7% im Vergleich zu -3,1% bei Portfolio mit schlechter Corporate Governance
Nowak et al. 2005	Ereignisstudie für 138 deutsche Unternehmen im Prime Standard der Deutschen Börse Basis: Veröffentlichung der Compliance zum DCGK 2002 (Zeitraum: 2002/2003): Offenlegung der Kodex-Befolgung hat keinen unmittelbaren Einfluss auf die kurzfristige Kursentwicklung
Bassen et al. 2006c	Untersuchung für 96 Unternehmen des HDAX (DAX, MDAX, TecDAX); Auswertung aller von einem Unternehmen öffentlich bereitgestellten Corporate Governance Informationen, die einem informierten Anleger frei zugänglich sind (Zeitraum: 2003): Umsetzung des DCGK mit einer (schwachen) Erhöhung der Fundamental- und Kapitalmarktperformance verbunden
Goncharov et al. 2006	Untersuchung unter den DAX30-Unternehmen und 50 im MDAX gelisteten Unternehmen bei einer endgültigen Stichprobe von 61 Unternehmen auf Basis der Entsprechenserklärungen zum DCGK (Zeitraum: 2002/2003): 10 Prozentpunkte höhere Aktienperformance bei Unternehmen mit höherer Befolgungsquote der Empfehlungen des DCGK; Unternehmen, die ihren Entsprechensgrad zu den Soll-Empfehlungen von 2002 auf 2003 erhöhten, mit durchschnittlicher Prämie von 3,23 Euro
Bress 2008	Untersuchung der Entsprechenserklärungen bei 128 Unternehmen des DAX, TecDAX, MDAX und SDAX (Zeitraum: 2003/2004): Signifikant positiver Einfluss der Compliance zum DCGK auf Tobin's Q; kein erkennbarer Einfluss von Compliance auf Aktienrendite
Bassen et al. 2009	Untersuchung bei 100 Unternehmen des HDAX (Zeitpunkt: 31.07.2005); Auswertung aller von einem Unternehmen öffentlich bereitgestellten Corporate Governance Informationen, die einem informierten Anleger frei zugänglich sind; zusätzliche Extraktion von 11 kritischen Kodexempfehlungen: Signifikanter Einfluss der Compliancequote nur auf Tobin's Q (allerdings negativ)

Diese stellen mit teils unterschiedlicher Methodik entweder einen positiven (vgl. Drobetz et al. 2004) oder keinen Einfluss (vgl. Nowak et al. 2005) von deklarierter Compliance zum DCGK auf den Unternehmenserfolg fest. Für die uneinheitlichen, teils konträren Erkenntnisse bisheriger empirischer Forschung zum Einfluss der deklarierten Compliance zum DCGK auf den Unternehmenserfolg (vgl. Aguilera/Cuervo-Cazurra 2009, S. 377) wurden mehrere Ursachen identifiziert, die im folgenden Kapitel näher dargestellt werden.

4.2.3.3 Identifizierte Ursachen uneinheitlicher Kausalität deklarierter Compliance

In einem *erstens* Aspekt ist zunächst auffällig, dass neben unterschiedlicher Erhebungsmethodik (Befragung oder Inhaltsanalyse) auch unterschiedliche Zeiträume/-punkte betrachtet werden und die Stichproben differieren, wodurch ein *Sample Selection Bias* vermutet werden kann, „that results from using nonrandomly selected samples to estimate behavioral relationships as an ordinary specification bias that arises because of a missing data problem" (Heckman 1979, S. 153). Aufgrund der Nichtberücksichtigung von Änderungen bei der Indexzusammensetzung im Zeitablauf, meist verbunden mit Indexeffekten (*Kapitel 6.2.1*), sind selbst die Ergebnisse von Untersuchungen mit scheinbar ähnlichen Stichproben (vgl. Bassen et al. 2006c und Bassen et al. 2009, die Unternehmen des HDAX untersuchen) nicht ohne größere Einschränkungen ihrer Aussagefähigkeit vergleichbar (vgl. Drobetz et al. 2004, S. 15).

Zweitens berücksichtigen nur die Studien von Bress und Bassen et al. methodisch das Problem möglicher Endogenität (vgl. Beiner et al. 2004, S. 354) und reversibler Kausalität zwischen Corporate Governance und Unternehmenserfolg (vgl. Bress 2008; Bassen et al. 2009). Die meisten Untersuchungen sind somit nicht der dritten Generation von Corporate Governance-Performance Studien zuzuordnen, die zusätzlich auf einen möglichen Einfluss von Unternehmenserfolg auf Corporate Governance testen und die Abhängigkeit von Variablen untereinander berücksichtigen (*Kapitel 1.3*). Dies ist insofern zu bemängeln, da vor allem reversible Kausalität einen aktuellen Diskussionspunkt in der internationalen Corporate Governance Forschung darstellt (vgl. Lehn et al. 2007, Bhagat/Bolton 2008), deren Berücksichtigung die Ökonometrie erheblich verbessert (vgl. Becht et al. 2003, S. 63).

Drittens ist ein zusätzlich kritischer Aspekt in der Verwendung unterschiedlicher (teils nur einzelner) Erfolgsmaße (vgl. Drobetz et al. 2005*)* zu sehen, wodurch nicht eindeutig geklärt ist, ob signifikante bzw. nicht-signifikante Einflüsse von Corporate Governance auf den Unternehmenserfolg aus einer Studie repräsentativ und generalisierbar auch für andere Studien bzw. unterschiedliche Erfolgsvariablen sind. *Kapitel 2.5* hat gezeigt, dass abseits der generellen Probleme bei der Bestimmung des Unternehmenserfolgs, einzelne Erfolgsmaße ihre spezifischen Vor- und Nachteile aufweisen und jeweils unterschiedliche Betrachtungsweisen darstellen (bilanziell, kapitalmarktorientiert oder eine Mischung aus beiden über hybride Erfolgsmaße). Daher wird als Empfehlung ein breiteres Set unterschiedlicher Erfolgsmaße empfohlen, das unterschiedliche Facetten der Betrachtung von Erfolgsrelevanz guter Corporate Governance zulässt.

Viertens wird augenscheinlich, dass selbst die jüngsten Untersuchungen mit Datenmaterial aus dem Jahre 2005 arbeiten und häufig nur die leichter zu beobachtenden Kodexempfehlungen, nicht allerdings die Kodexanregungen miteinbezogen werden. Derartige Untersuchungen bilden nicht die gesamte Wirkung des DCGK als Regulierungsinstrument ab und untersuchen vor allem nicht die Erfolgswirksamkeit der durch die Anregungen erfassten internationalen Fortentwicklungen in der Corporate Governance (vgl. Graf/Stiglbauer 2007, S. 296). Aussagen über Zusammenhänge zwischen Compliance zum DCGK und Unternehmenserfolg bleiben dadurch unvollständig und sind nur mit Einschränkungen übertrag- und generalisierbar. Zusätzlich ist festzustellen, dass selbst bei Einbezug sowohl der Empfehlungen als auch der Anregungen des DCGK die Verwendung von Kodexregeln unterschiedlicher Kodexversionen (*Tabelle 4*) die Vergleichbarkeit der Ergebnisse erschwert.

Um Aufschluss darüber zu erlangen, ob in anderen Ländern ein eindeutiger Zusammenhang zwischen Compliance und Unternehmenserfolg erkennbar ist, werden im folgenden Kapitel ergänzend internationale Studien beschrieben, welche die Erfolgswirkung der Compliance zu einem länderspezifischen Corporate Governance Kodex untersuchen. Dabei wird nicht auf die jeweilige Ausgestaltung dieser Kodizes, wie beispielsweise ihrem Grad der Verbindlichkeit, näher eingegangen (vgl. Werder 2008, S. 11), da das vordringliche Interesse der möglichen Wirkung ihrer Anerkennung gilt.

4.2.3.4 Compliance zu länderspezifischen Corporate Governance Kodizes und Unternehmenserfolg: Internationale Studien

Auch international existieren bislang einige wenige Studien, die den möglichen Zusammenhang zwischen Compliance zu einem länderspezifischen Corporate Governance Kodex und Unternehmenserfolg untersuchen (*Tabelle 5*). Dabei ergibt sich ähnlich zum Vergleich der deutschen Studien ein inkonsistentes Bild, das entweder einen positiven (vgl. Del Brio et al. 2006), negativen (vgl. MacNeil/Li 2006) oder keinen Einfluss (vgl. Alves/Mendes 2004) von Compliance zu einem Corporate Governance Kodex auf den Unternehmenserfolg zeichnet. Dabei können mehrere Faktoren für die divergierenden Erkenntnisse der angeführten Länderstudien identifiziert werden, die den Einfluss der Compliance zu einem länderspezifischen Corporate Governance Kodex auf den Unternehmenserfolg untersuchen. Diese liegen *zum einen* wiederum in einer teils mangelnden Überprüfung begründet, welche der Variablen, Compliance oder Unternehmenserfolg, als endogene, erklärte Variable im Zusammenspiel beider Variablen fungiert (*Kapitel 1.3*). So können sich allein aufgrund der zugrunde liegenden Modellspezifikation der überwiegend verwendeten Eingleichungsmodelle Unterschiede in deren Ergebnissen, auch aufgrund von verzerrten und inkonsistenten Schätzungen ergeben (vgl. Mura 2007, S. 81f.). *Zum anderen* ergeben sich aufgrund des (Nicht-)Einbezugs weiterer (unternehmensspezifischer) Faktoren, welche die Wirkung von Compliance auf den Unternehmenserfolg beeinflussen, studienabhängig voneinander abweichende Ergebnisse (vgl. Aguilera/Cuervo-Cazurra 2009, S. 384). So finden z.B. Fernández-Rodríguez et al. heraus, dass die positive Wirkung der Compliance zum spanischen Olivencia Code bei Unternehmen mit geringerem Verschuldungsgrad stärker ausfällt, als bei Unternehmen mit höherem Verschuldungsgrad (vgl. Fernández-Rodríguez et al. 2004). Dies gestaltet die Vergleichbarkeit der Ergebnisse, die ohnehin aufgrund der Diversität von länderspezifischen Corporate Governance Systemen eingeschränkt ist (vgl. Aguilera/Jackson 2003; Luo 2007, S. 35ff.; Tricker 2009, S. 181ff.), zusätzlich schwierig. Generelle Aussagen über die Erfolgswirkung der Compliance zu länderspezifischen Kodizes (als Proxy für gute Corporate Governance) sind nicht zuletzt aufgrund bislang nur in geringem Maße vorhandener empirischer Untersuchungen schwierig.

Tabelle 5: Compliance zu länderspezifischen Corporate Governance Kodizes und Erfolg, Internationale Studien

STUDIE	METHODIK UND ERGEBNISSE
Park/Shin 2004	Untersuchung der Compliance zu den Toronto Stock Exchange's Corporate Governance Guidelines (Kanada) bei 539 Unternehmen zwischen 1991-1997: Keine signifikant höhere Gewinnmarge durch höhere Compliance zum Kodex
Alves/Mendes 2004	Fragebogenverfahren zur Compliance zum Code of Best Practice der portugiesischen Börsenaufsicht bei insgesamt 60, 44 und 55 portugiesischen börsennotierten Unternehmen in den Jahren 1998, 2000 und 2001: Kein systematischer Zusammenhang zwischen höherer Compliance und höheren Umsätzen erkennbar
Fernández-Rodríguez et al. 2004	Untersuchung der Ankündigung zur Befolgung des Olivencia Code (Spanien) bei 57 spanischen börsennotierten Unternehmen: Abnormale positive Umsätze werden mit einer höheren Compliance zum Olivencia Code erklärt
Del Brio et al. 2006	Fragebogenverfahren bei 191 spanischen, börsennotierten Unternehmen zu ihrer Compliance zum Olivencia Code (Spanien): Grad der Compliance zum Olivencia Code steigert den Unternehmenswert gemessen durch Tobin's Q signifikant positiv
MacNeil/Li 2006	Untersuchung bei FTSE 100-Unternehmen, die Combined Code (UK) nicht entsprechen: Aktienkursperformance verschlechtert sich nicht zwangsläufig durch Nicht-Compliance zum Combined Code, wenn das Abweichen schlüssig begründet ist
Machuga/Teitel 2007	Untersuchung der Compliance zum Corporate Governance Code in Mexico bei 92 mexikanischen börsennotierten Unternehmen im Jahr 2000: Signifikant höhere Gewinnmargen durch höhere Compliance zum Kodex

Als Resümee bleibt festzustellen, dass bislang - national wie international - eher spärlich empirische Befunde vorliegen, die zudem sehr heterogene Ergebnisse zur Erfolgswirkung der Anerkennung eines länderspezifischen Corporate Governance Kodex hervorbringen. Für eine allgemeine Einschätzung der Wirkung guter Corporate Governance soll abschließend ein breiterer Rahmen gezogen werden, in dem im folgenden Abschnitt Studien vorgestellt werden, die über länderspezifische Kodizes als Mindeststandards guter Corporate Governance hinaus gehen und ergänzende Bewertungskriterien einbeziehen.[57] Dazu zählen in geringerem Maße auch vorhandene länderübergreifende Studien (vgl. Durisin/Puzone 2009), die sich bereits mit der potenziellen Erfolgswirkung guter Corporate Governance befasst haben.

4.2.3.5 Corporate Governance und Unternehmenserfolg: Internationale Studien

Deren jeweilige Ergebnisse sind dabei allerdings stets mit der Einschränkung zu betrachten, dass sie aus unterschiedlichen Corporate Governance Systemen entstammen, sowie einzelne Corporate Governance Mechanismen sich unterschiedlich auf den Unternehmenserfolg auswirken können. Aufgrund der Vielfalt an Studien, die mittlerweile im Rahmen der Corporate Governance-Performance Forschung erschienen sind, kann an dieser Stelle nur eine Auswahl der in der Literatur am häufigsten zitierten oder aktuellsten Studien erfolgen (*Tabelle 6*).

Tabelle 6: Corporate Governance und Erfolg, Internationale Studien (Auswahl)

STUDIE	METHODIK UND ERGEBNISSE
Gompers et al. 2003	Studie bei 1500 US-amerikanischen, börsennotierten Unternehmen auf Basis eines Corporate Governance Index über 24 Kriterien des Investor Responsibility Research Center (IRRC); veröffentlichte Daten der Unternehmen: Unternehmensportfolio mit guter Corporate Governance im Vergleich zu Portfolio mit schlechter Corporate Governance erzielte bei allen Erfolgskennzahlen signifikant bessere Werte (Aktienrendite, Tobin's Q, Gewinn/Aktie)
Bauer et al. 2004	Untersuchung unter den Unternehmen des FTSE 300; Basis: Corporate Governance Rating von Deminor: Für Kontinental-Europa positiver Zusammenhang zwischen guter Corporate Governance und Aktienrendite und Anzeichen für positiven Zusammenhang zwischen guter Corporate Governance und Tobin's Q, Ausnahme: Großbritannien. Aber: signifikant negativer Zusammenhang zwischen guter Corporate Governance und Eigenkapital- und Nettoumsatzrentabilität
Larcker et al. 2005	Untersuchung von 2106 US-amerikanischen Unternehmen anhand unterschiedlicher Corporate Governance Variablen: kaum Zusammenhänge zwischen Corporate Governance und Unternehmenserfolg
Durnev/Kim 2005	Untersuchung von unternehmensspezifischen Corporate Governance Daten über 27 Länder; Untersuchte Unternehmensattribute: Investment-Möglichkeiten, Externe Finanzierung, Anteilseignerstruktur: Unternehmen mit hohen Corporate Governance Standards und hoher Transparenz werden am Aktienmarkt höher bewertet, höheres Tobin's Q
Brown/Caylor 2006	Studie bei 2363 US-amerikanischen Unternehmen anhand Datenmaterial (51 Kriterien) von Institutional Shareholder Services (ISS); öffentlich zugängliche und von Unternehmen übermittelte Daten: Positiver Zusammenhang zwischen Corporate Governance und Tobin's Q
Aggarwal/Willliamson 2006	Studie für die USA über 5259 Unternehmen; 64 Governance-Attribute von ISS: Signifikant positive Beziehung von Corporate Governance und Unternehmenswert

57 In diesem Zusammenhang sei auch auf die Untersuchung von Haque et al. verwiesen, die eine noch breitere Aufstellung von Studien vornehmen, die den Zusammenhang zwischen Corporate Governance (Komponenten) und Unternehmenserfolg untersuchen (vgl. Haque et al. 2008, S. 272).

Bauer et al. 2008	Untersuchung bei 356 japanischen Unternehmen im Nikkei 225 und weiteren Indizes auf Basis von nahezu 500 Kriterien des GMI Governane Ratings von 2004: Aktienperformance signifikant höher bei Unternehmen mit besserer Corporate Governance; Unterschied von ca. 15%
Brown/Caylor 2009	Ähnliche Studie wie Brown/Caylor 2006: Positiver Zusammenhang zwischen Corporate Governance und Gesamt- bzw. Eigenkapitalrentabilität
Morey et al. 2009	Untersuchung bei 200 Unternehmen in Wachstumsmärkten, 21 Länder auf Basis des AllianceBernstein Corporate Governance Ratings zwischen November 2001 und September 2006, 58 Kriterien: Verbesserung der Corporate Governance in signifikant positivem Zusammenhang mit Tobin's Q und Market to Book Ratio (MTB)

Als Ergebnis der hier betrachteten internationalen Studien lässt sich ein überwiegend positiver Zusammenhang zwischen guter Corporate Governance und Erfolgsvariablen festhalten (vgl. Aguilera/Cuervo-Cazurra 2009, S. 377). Trotzdem muss davon abgeraten werden, diesen Zusammenhang in gleichem Umfang auch für Deutschland anzunehmen. Für die vorliegende Arbeit gelten diese Erkenntnisse zwar als allgemeines Indiz der Erfolgswirkung guter Corporate Governance. Die im folgenden Abschnitt angeführten Gründe zeigen allerdings die Restriktion für die Übertragung der Ergebnisse auf Deutschland und begründen somit eine separat für Deutschland durchzuführende Untersuchung.

4.2.3.6 Mangelnde Übertragbarkeit internationaler Studien auf Deutschland

Übertragungsschwierigkeiten bestehen *erstens* aufgrund der bereits angesprochenen Unterschiedlichkeit zwischen (vgl. Veen/Elbertsen 2008) aber auch innerhalb von Corporate Governance Systemen (vgl. Nowak et al. 2005, S. 263f.; Cai et al. 2006; *Kapitel 2.1.2*). Vergleiche von Unternehmen unterschiedlicher Länder und die Messung von Corporate Governance mit dem gleichen Instrumentarium wird den spezifischen Eigenheiten der Corporate Governance Systeme nicht gerecht (vgl. Aguilera/Jackson 2003). Bei länderübergreifenden Studien wurden bereits unterschiedliche länderspezifische Einflüsse auf die Corporate Governance im Allgemeinen (vgl. Luo 2007, S. 35ff.; Tricker 2009, S. 181ff.) und auf die Corporate Governance Berichterstattung im Speziellen und damit auch auf deren Messung nachgewiesen, wobei z.B. der länderspezifische gesetzliche Investorenschutz zu nennen wäre (vgl. Doidge et al. 2007; Bushman et al. 2004).

In diesem Zusammenhang wurde von Graf und Stiglbauer auch eine Vorstudie für die vorliegende Arbeit durchgeführt (vgl. Graf/Stiglbauer 2008b). Dazu wurde zunächst eine ausführliche Recherche unter den existierenden nationalen Corporate Governance Regeln und Kodizes betrieben. Dabei ergaben sich auf Grundlage des deutschen Corporate Governance Systems die größten Gemeinsamkeiten mit dem österreichischen Corporate Governance System. Neben grundsätzlichen Ähnlichkeiten hinsichtlich der Rechtsstruktur und der Erwartung an die

Rechtssysteme in Deutschland und Österreich weisen der DCGK und der Österreichischer Corporate Governance Kodex (ÖCGK) strukturelle und inhaltliche Parallelen sowie Ähnlichkeiten hinsichtlich der Verbindlichkeit ihrer Regeln auf. Da beide Kodizes angetreten waren, den Kapitalmarkt ihrer Länder für internationale Investoren attraktiver zu gestalten, wurde die Reaktion der höchsten Reporting- und Transparenzstandards unterliegenden Gesellschaften für das Kalenderjahr 2007 im deutschen und österreichischen Prime Market auf ihre länderspezifischen, von internationalen Standards beeinflussten Kodizes mit demselben Instrumentarium[58] untersucht. Stark voneinander abweichende Ergebnisse hinsichtlich deklarierter Compliance zum DCGK als zum ÖCGK und eine transparentere Corporate Governance Berichterstattung in Deutschland gaben Anlass dazu, die zunächst angenommene Vergleichbarkeit beider Corporate Governance Systeme anzuzweifeln. Bei einer detaillierten Analyse wurde die stärkere Regulierungswirkung des DCGK gegenüber dem ÖCGK deutlich, wohl begründet in seiner gesetzlichen Verankerung, die im Vergleich zur vertraglichen Anerkennung des ÖCGK als Zulassungsvoraussetzung zum Prime Market der Wiener Börse mit scheinbar effektiveren Sanktions- und Kontrollmechanismen ausgestattet ist.[59] Ein weiterer Unterschied wurde in der Semantik beider Kodizes identifiziert. So gibt der ÖCGK weitaus mehr Hinweise für die konkrete Umsetzung seiner Regeln als der DCGK, der mehr Interpretations- und Auslegungsspielräume bietet und dadurch die Möglichkeit auslegungsspezifisch höhere Compliancequoten nach außen zu kommunizieren (vgl. Werder/Talaulicar 2008, S. 832; Akkermans et al. 2007, S. 1115). Grundsätzlich ist also von länderübergreifenden Studien aufgrund der Nicht-Vergleichbarkeit der Corporate Governance Systeme eher abzuraten.

Zweitens ist bei den beschriebenen Studien die Verwendung unterschiedlicher Corporate Governance Mechanismen und Erfolgsvariablen festzustellen, die eine Vergleichbarkeit und eine Übertragbarkeit unterschiedlicher Studien beeinträchtigt. Das verwendete Datenmaterial, das meist nicht selbst erhoben wurde, sondern von kommerziellen Ratingagenturen bezogen wurde (vgl. z.B. Bauer et al. 2004), ermöglicht zwar die Untersuchung von sehr großen Stichproben, allerdings sind die erzielten Ergebnisse unter Bezugnahme auf *Tabelle 6* von eher zweifelhafter Natur (vgl. Daily et al. 2003, S. 378f.). Ähnlich äußern sich auch Black et al., die vermuten, dass Ratings kommerzieller Anbieter subjektiven Einschätzungen von Analysten unter dem Einfluss und der Kenntnis von korrespondierenden Erfolgskennzahlen der gerateten Unternehmen entspringen (vgl. Black et al. 2006b, S. 661ff.). In der vorliegenden Untersuchung wurde daher darauf abgestellt, das Ratinginstrument selbst zu entwickeln und das Rating auch eigenständig durchzuführen.

---

[58] Grundlage bildete die Compliance Scorecard und einzelne Aspekte zur Transparenz der Corporate Governance Berichterstattung.

[59] Auch Eberhartinger äußert sich entsprechend (vgl. Eberhartinger 2005, S. 86ff.). Zu möglichen Sanktions- und Kontrollmechanismen vergleiche auch Roth und Büchele (vgl. Roth/Büchele 2006, S. 11ff.).

Drittens sollte an dieser Stelle auch auf Forschungsergebnisse hingewiesen werden, die keinen positiven Zusammenhang zwischen Corporate Governance und Unternehmenserfolg erkennen lassen. Wie die Studie von MacNeil und Li für Großbritannien zeigt, muss sich das Nicht-Entsprechen von Unternehmen zu Teilbereichen von Corporate Governance Kodizes, in diesem Falle zum sogenannten *Combined Code* - bei schlüssiger Erklärung - nicht grundsätzlich negativ auf den Unternehmenserfolg auswirken (vgl. MacNeil/Li 2006).

4.2.4 Corporate Governance, Transparenz der Berichterstattung und Unternehmenserfolg

4.2.4.1 Deutsche Erkenntnisse zu transparenter Corporate Governance Berichterstattung

Für Deutschland existiert bislang neben den Untersuchungen von Graf und Stiglbauer, die neben der deklarierten Compliance zum DCGK einzelne Teilaspekte der Transparenz der Corporate Governance Berichterstattung im deutschen Prime Market betrachten (vgl. Graf/Stiglbauer 2007/2008a/2008b), nur die Untersuchung von Toksal, die explizit die Transparenz der Corporate Governance Berichterstattung beleuchtet (vgl. Toksal 2004). Graf und Stiglbauer stellen bei ihrer Fokussierung auf Indexunterschiede für Unternehmen des DAX im Vergleich zu Unternehmen des TecDAX, MDAX und SDAX durchgehend eine höhere Transparenz der Corporate Governance Berichterstattung fest. In der Untersuchung von Toksal bei 45 Unternehmen (DAX, MDAX und TecDAX) mittels eines Fragebogenverfahrens im Geschäftsjahr 2002 weisen die fünf Kategorien ihres Disclosure Index durchschnittlich Erfüllungsgrade zwischen 38 und 58% auf (vgl. Toksal 2004, S. 114f.), was auf eine relativ schlechte Transparenz der Corporate Governance Berichterstattung schließen lässt. Zudem stellt die Autorin branchenspezifische Unterschiede bei der Transparenz der Corporate Governance Berichterstattung fest: Unternehmen der Branchen Transport & Logistik und Automobil weisen die höchsten Berichterstattungsquoten auf, während Technologie-Unternehmen, hauptsächlich im Index TecDAX notiert, die niedrigsten Berichterstattungsquoten aufweisen (vgl. Toksal 2004, S. 114f.). Diese Erkenntnisse geben im Zusammenhang mit den theoretischen Herleitungen in den *Kapiteln 5.3* und *5.4* Anlass dazu, bei der Untersuchung von relevanten Aspekten der deklarierten Compliance und der Transparenz der Corporate Governance Berichterstattung neben der Index- auch die Branchenzugehörigkeit zu berücksichtigen. Aufgrund der bislang für Deutschland sehr spärlich vorhandenen Erkenntnisse zur Transparenz der Corporate Governance Berichterstattung sollen im Folgenden auch die internationalen Erkenntnisse zu dieser Thematik vorgestellt werden, aus denen sich mögliche Tendenzen für die Entwicklung der forschungsleitenden Hypothesen in *Kapitel 5* ableiten lassen.

4.2.4.2 Internationale Erkenntnisse

So stellen Eng und Mak bei ihrer Untersuchung von 158 Unternehmen, die Ende 1995 an der Börse von Singapur (SGX) notiert waren, bei Unternehmen mit geringerem Anteilsbesitz des Managements und Unternehmen mit signifikantem Anteilsbesitz des Staates einen Zusammenhang mit einem höheren Grad an freiwilliger Offenlegung nicht-finanzieller Informationen fest. Sie finden keinen Zusammenhang zwischen der Existenz eines großen Mehrheitsaktionärs und freiwilliger Offenlegung. Größere Unternehmen und Unternehmen mit geringerem Fremdkapitalanteil weisen ebenfalls einen höheren Grad an freiwilliger Offenlegung nicht-finanzieller Informationen auf (vgl. Eng/Mak 2003). Die Untersuchung von Hermalin und Weisbach gibt in einer formalen Partialbetrachtung Hinweis auf einen positiven Zusammenhang zwischen der Überwachungsqualität des Vorstandsgremiums (unter der Annahme perfekten Abgleichs mit den Interessen der Shareholder) und der Transparenz (im Sinne von Qualität) von öffentlich bereitgestellten Informationen (vgl. Hermalin/Weisbach 2007). Nowland findet bei seiner Untersuchung bei 755 Unternehmen in acht asiatischen Ländern (unter anderem Hong Kong und Indonesien) im Zeitraum 1993-2005 Evidenz, dass Corporate Governance Kodizes einen signifikant positiven, direkten als auch indirekten Effekt auf die Veröffentlichungspraxis von Unternehmen haben und dass Analysten dieser Unternehmen auf die Veränderung in der Veröffentlichungspraxis reagieren (vgl. Nowland 2008). Bauwhede und Willekens untersuchen ebenfalls in einer länderübergreifenden Studie für das Kalenderjahr 2000 unter anderem die Corporate Governance Berichterstattung von 130 europäischen Unternehmen des FTSE Eurotop 300 Index auf Basis des Ratings von Deminor. Im Ergebnis ist das Rating der Corporate Governance Berichterstattung niedriger bei Unternehmen mit höherer Anteilseignerkonzentration und niedriger bei Unternehmen, die aus Ländern stammen, die nicht dem sogenannten *Common Law*[60] zugeordnet werden (Frankreich, skandinavische Länder, Deutschland) (vgl. Bauwhede/Willekens 2008). Maingot und Zeghal stellen in einem kleinen Sample von acht kanadischen Banken im Jahr 2003 vorwiegend auf den Zusammenhang zwischen Unternehmensgröße, gemessen durch die Bilanzsumme, und der Corporate Governance Berichterstattung ab. Für Banken mit größerer Bilanzsumme identifizieren sie allgemein mehr Informationen zu Corporate Governance sowohl im Geschäftsbericht als auch auf der Website, was sie mit einer besseren Finanzausstattung dieser Unternehmen für ihre Investor Relations Abteilungen begründen (vgl. Maingot/Zeghal 2008, S. 230ff.).

Zusammenfassend lässt sich festhalten, dass sowohl Corporate Governance Kodizes, als auch unternehmensspezifische Merkmale, wie die Zugehörigkeit zu einer Branche, die Größe eines Unternehmens, seine Anteilseignerstruktur, aber auch das Rechtssystem, in dem ein Unternehmen beheimatet ist, einen Einfluss auf die Transparenz der Corporate Governance Bericht-

[60] Länder des Common Law werden dabei allgemein mit höherem Investorenschutz, ausgeprägteren Kapitalmärkten, stärker anreizorientierten Managerverträgen und geringerer Anteilseignerkonzentration verbunden (vgl. Bauwhede/Willekens 2008, S. 108; Hill 2008, S. 29f.; Becht/Röell 1999, S. 1049).

erstattung haben kann. Die empirische Untersuchung in *Kapitel 7* wird zeigen, welche spezifischen Unternehmensmerkmale sich auf dem deutschen Aktienmarkt auf die Transparenz der Corporate Governance Berichterstattung auswirken.

4.2.4.3 Transparente Corporate Governance Berichterstattung und Unternehmenserfolg: Erkenntnisse für Deutschland

Hinsichtlich des Zusammenhangs zwischen der Transparenz der Corporate Governance Berichterstattung und Unternehmenserfolg existiert für Deutschland bislang nur die bereits zitierte Studie von Toksal, die neben der deklarierten Compliance zum DCGK auch separat die Corporate Governance Berichterstattung als Einflussfaktor auf die Kapitalkosten untersucht. Sie kommt zu dem Ergebnis, dass eine informative Corporate Governance Berichterstattung eine Senkung der Kapitalkosten bewirkt. Allerdings fällt dieser Zusammenhang nicht hoch signifikant sondern nur moderat aus (vgl. Toksal 2004, S. 99f., 134ff.). Der von Toksal, aufgrund bislang weitestgehend fehlender Vorgaben für die Corporate Governance Berichterstattung, selbst entwickelte Kriterienkatalog wurde zudem nicht auf wissenschaftliche Gütekriterien hin überprüft. Auch das (fast) ausschließliche Abstellen auf Inhalte des Geschäftsberichts bietet offenbar keine hinreichende Möglichkeit der Differenzierung und Objektivierung (vgl. Weber et al. 2007, S. 60). Eine wissenschaftlichen Gütekriterien genügende Untersuchung, die einen möglichen Zusammenhang zwischen dem Offenlegungsverhalten zu Corporate Governance und Unternehmenserfolg empirisch nachzuweisen versucht, existiert somit bislang nicht (vgl. Zöllner 2007, S. 269). Daher sollen im Folgenden internationale Erkenntnisse zu einer potenziellen Erfolgswirkung transparenter Corporate Governance Berichterstattung vorgestellt werden, die analog zu den Ausführungen in *Kapitel 4.2.4.2* große Bedeutung für die Herleitung der forschungsleitenden Hypothesen im anschließenen *Kapitel 5* aufweisen.

4.2.4.4 Internationale Erkenntnisse zur Erfolgswirkung transparenter Corporate Governance Berichterstattung

Internationalen Studien, die einen Zusammenhang zwischen der Transparenz der Corporate Governance Berichterstattung und Unternehmenserfolg nachzuweisen versuchen, kommen zu folgenden Ergebnissen, die hinsichtlich Aussagekraft, Vergleichbarkeit und Übertragbarkeit denselben Einschränkungen unterworfen sind, wie die internationalen Studien, die auf Grundlage von breiten Corporate Governance Aggregaten einen Zusammenhang mit dem Unternehmenserfolg untersuchen (*Kapitel 4.2.3.5*). Labelle findet keine konsistente Beziehung zwischen der Qualität der Corporate Governance Berichterstattung von 162 bzw. 132 kanadischen Unternehmen, gemessen 1996 bzw. 1997 durch das Canadian Institute of Chartered Accountants (CICA), und der Eigenkapitalrentabilität (vgl. Labelle 2002). Chen et al. betrachten Transparenz als eigenen Corporate Governance Mechanismus. Im Vergleich mit anderen Governance Mechanismen betrachten sie überwiegend Unternehmen auf asiatischen Wachstumsmärkten (270 im Jahr 2000 und 275 im Jahr 2001) auf Grundlage des Corporate Governance Ratings von CLSA sowie des Transparency and Disclosure Ratings von Standard & Poor's. Auf Basis des Ratings von Standard & Poor's können sie keinen signifikanten Einfluss auf (Eigen-)Kapitalkosten feststellen. Die durch das CLSA höher gerateten Unternehmen hinsichtlich Transparenz-Elementen weisen allerdings signifikant geringere (Eigen-) Kapitalkosten auf (vgl. Chen et al. 2003). Die Untersuchung von Collett und Hrasky impliziert aufgrund einer Untersuchung von 299 australischen, börsennotierten Unternehmen im Jahr 1994, dass freiwillige Offenlegung von Corporate Governance Informationen in positivem Zusammenhang mit der Akquirierung von Eigenkapital, aber nicht von Fremdkapital steht (vgl. Collett/Hrasky 2005, S. 188). Cheng et al. betrachten auf einer Datenbasis von Standard & Poor's zu Transparenz und Disclosure 348 der S&P 500 Unternehmen für das Jahr 2002. Dabei finden sie Evidenz, dass ein höherer Grad an Corporate Governance Transparenz mit signifikant niedrigeren (Eigen-)Kapitalkosten verbunden ist (vgl. Cheng et al. 2006/2008). Auch Salo sieht in der Offenlegungspraxis von Unternehmen einen eindeutigen Prädiktor für den Zusammenhang zwischen Corporate Governance und Unternehmenserfolg (vgl. Salo 2008). Haat et al. hingegen finden für 868 malaysische börsennotierte Unternehmen im Jahr 2002 auf Basis eines eigenen Disclosure-Index keinen Zusammenhang zwischen der rechtzeitigen Offenlegung von Corporate Governance Informationen und dem ökonomischen Gewinn (vgl. Haat et al. 2008).

Als Fazit bisheriger Forschungsbemühungen lässt sich festhalten, dass zur Erfolgswirkung deklarierter Compliance zum DCGK keine einheitlichen Ergebnisse vorliegen. Aus internationalen Corporate Governance-Performance Studien lässt sich tendenziell ein positiver Einfluss guter Corporate Governance auf den Unternehmenserfolg erkennen, der aufgrund inhaltlicher und methodischer Unterschiedlichkeit auf deutsche Unternehmen kaum übertragbar ist. Ein schwacher Erkenntnisstand zur Erfolgswirkung transparenter Corporate Governance Berichterstattung erfordert eine von Grund auf systematische Erforschung. Im Folgenden werden die forschungsleitenden Hypothesen zur Compliance und Transparenz entwickelt.

5 Entwicklung der forschungsleitenden Hypothesen

> *„Eine wichtige Aufgabe empirischer Forschung ist die Überprüfung theoretisch begründeter, wissenschaftlicher Hypothesen anhand von Beobachtungsdaten. Woher aber stammen die getesteten Hypothesen?"* (Bortz/Döring 2006, S. 352).

Auf Basis des bisherigen Forschungsstandes werden nunmehr forschungsleitende Hypothesen entwickelt, die sich zum einen in die Forschungstradition bestehender Erkenntnisse einreihen (*Kapitel 4.2.2-4.2.4*) und diese zu erweitern suchen, und zum anderen als Grundlage für das ökonometrisch noch zu modellierende und zu testende simultane Mehrgleichungsmodell dienen (*Kapitel 6.4*). Dazu werden zunächst separat die Hypothesen zur möglichen Index- und Branchenabhängigkeit der deklarierten Compliance zum DCGK und der Transparenz der Corporate Governance Berichterstattung entwickelt. Anschließend wird die potenzielle Wechselbeziehung zwischen Compliance und Transparenz abgeleitet und abschließend Annahmen zur Erfolgswirkung von deklarierter Compliance und Transparenz der Corporate Governance Berichterstattung getroffen.

5.1 Deklarierte Compliance zum DCGK und Auswahlindex

Die beiden ersten Hypothesen stehen in der Tradition der Untersuchungen des BCCG. Diese stellen im Mittel abweichende Werte für die deklarierte Compliance zum DCGK fest, wobei sich vor allem die DAX Unternehmen besonders positiv herausheben (vgl. Werder/Talaulicar 2009). Somit wäre anzunehmen, dass der DCGK bereits in seiner Entwicklungsphase stärker auf Belange und Bedürfnisse großer Unternehmen mit langfristig gewachsenen Leitungs- und Kontrollstrukturen abgestimmt wurde und der DCGK als Standardsetter folglich Regeln verkörpern könnte, die in vielen DAX Unternehmen bereits vor Kodex-Einführung zum guten Standard gehörten und keiner Neueinführung bzw. Anpassung bedurften (vgl. Graf/Stiglbauer 2007, S. 293). Für die DAX Unternehmen wird zudem angenommen, dass diese „in ihren Finanzierungsaktivitäten am stärksten von den „Best Practice" Prinzipien auf den internationalen Kapitalmärkten abhängig [sind, bzw. von deren Umsetzung profitieren]" (Drobetz et al. 2004, S. 11). Daher könnten sie eher dazu geneigt sein, die durch den DCGK adressierten Best Practices freiwillig und in größerem Maße zu adaptieren. Schließlich wird häufig argumentiert, dass die relativen Anpassungskosten und die laufenden Befolgungskosten zu den Regeln des DCGK im Vergleich zur Gesamtkostenstruktur mit einer steigenden Unternehmensgröße abnehmen (vgl. Claussen/Bröcker 2002, S. 1200), was von kleineren Unternehmen als Rechtfertigungsgrund herangezogen werden könnte, verstärkt von Kodexregeln abzuweichen (vgl. Werder/Talaulicar 2003, S. 27). Unternehmen des DAX stehen zudem unter einer verstärkten Beobachtung durch Finanzanalysten (Coverage) (vgl. Achleitner et al. 2005,

S. 262) und sind stärker im Fokus großer institutioneller, oftmals ausländischer Investoren, die auf diese Unternehmen verstärkt Druck zugunsten höherer Standards der Unternehmensleitung (vgl. Drobetz et al. 2004, S. 12) ausüben und über die mögliche Börsennotierung in anderen Ländern auch die Anpassung an dortige internationale Standards der Unternehmensführung fordern, die vielfach auch im DCGK verankert sind (vgl. Ferris et al. 2009, S. 338). Aus diesen Überlegungen lassen sich folglich zwei Hypothesen ableiten, die bislang ausschließlich deskriptiv untersucht wurden (vgl. z.B. Graf/Stiglbauer 2007, S. 288):

H1.1: Die Zugehörigkeit der untersuchten Unternehmen zu einem spezifischen Auswahlindex der Deutschen Börse AG (DAX, TecDAX, MDAX oder SDAX) hat einen Einfluss auf die Höhe der deklarierten Compliance zum DCGK.

H1.2: DAX Unternehmen unterscheiden sich hinsichtlich der Höhe ihrer deklarierten Compliance zum DCGK von Unternehmen, die den Auswahlindizes TecDAX, MDAX oder SDAX angehören, und sie weisen eine höhere deklarierte Compliance auf.

5.2 Transparenz der Corporate Governance Berichterstattung und Auswahlindex

Wie bereits ausführlich diskutiert, benötigen Investoren eine fundierte Informationsbasis zur unternehmensspezifischen Corporate Governance für ihre Entscheidungsfindung, die einen hohen Grad an Transparenz seitens der Unternehmen voraussetzt. Die Investor Relations Qualität kleinerer Unternehmen des MDAX und SDAX wird von Finanzanalysten im Vergleich zu den größeren DAX Unternehmen noch immer als schlechter im Sinne von weniger umfassend bewertet (vgl. Gohlke et al. 2006, S. 1). Zudem ist bei TecDAX, MDAX und SDAX Unternehmen eine geringere Intensität der Investor Relations Tätigkeit im Vergleich zu DAX Unternehmen feststellbar (vgl. Königs/Schiereck 2006). Entsprechende Untersuchungen von Graf und Stiglbauer bestätigen diese Ergebnisse deskriptiv auch für einzelne Teilbereiche der Corporate Governance Berichterstattung. Entgegen der theoretischen Vermutung, dass gerade eine kleineren Unternehmen zugeschriebene höhere Informationsasymmetrie auch stärkere Kommunikationsbereitschaft seitens dieser Unternehmen befördert (vgl. Bassen et al. 2006c, S. 378; Smith jr./Watts 1992, S. 275), wiesen korrespondierend zur deklarierten Compliance zum DCGK Unternehmen im DAX einen höheren Transparenzgrad der Corporate Governance Berichterstattung auf, als Unternehmen des TecDAX, MDAX und SDAX (vgl. Graf/Stiglbauer 2007; Graf/Stiglbauer 2008a). Daraus kann ein geringeres Informationsniveau von kleineren Unternehmen am Kapitalmarkt abgeleitet werden, was gegebenenfalls zu größerer Bewertungsunsicherheit (vgl. Kiener 1990, S. 9f.) und zu häufigeren Erwartungs- und Einschätzungsschwankungen von Analysten bei der Erstellung ihrer Empfehlungen und in der Folge auch für Investoren bei ihrer Portfoliozusammenstellung führt. Aus den Grundannahmen der

Prinzipal-Agent-Theorie - heterogene Interessen/Erwartungen und asymmetrische Informationsverteilung - kann eine höhere Volatilität[61] dieser Unternehmen begründet werden. So erwartet der Kapitalmarkt sowohl für volatile Unternehmen als auch für intransparentere Unternehmen eine höhere Kompensation. Es können daher indexabhängig Unterschiede bei der Transparenz der Corporate Governance Berichterstattung vermutet werden (vgl. Schachel/ Vögtle 2006, S. 580; Kloster 1988, S. 82ff.). Zur Überprüfung dieser Vermutung für die vorliegende Stichprobe und das zu entwickelnde Instrumentarium zur Transparenz der Corporate Governance Berichterstattung werden die beiden folgenden Hypothesen formuliert:

H2.1: Die Zugehörigkeit der untersuchten Unternehmen zu einem spezifischen Auswahlindex der Deutschen Börse (DAX, TecDAX, MDAX, SDAX) hat einen Einfluss auf die Höhe der Transparenz der Corporate Governance Berichterstattung.

H2.2: DAX Unternehmen unterscheiden sich hinsichtlich der Höhe der Transparenz ihrer Corporate Governance Berichterstattung von Unternehmen, die den Auswahlindizes TecDAX, MDAX und SDAX angehören, und sie weisen eine höhere Transparenz auf.

5.3 Deklarierte Compliance zum DCGK und Branche

Entgegen der zumeist untersuchten Indexabhängigkeit der zu deklarierenden Compliance zum DCGK, wurde bislang nur vereinzelt deskriptiv deren mögliche Branchenabhängigkeit betrachtet. Dies ist zu kritisieren, da bereits frühere Studien, die Branchenabhängigkeit von Corporate Governance für einzelne Teilbereiche, wie z.B. die Anteilseignerstruktur, nachgewiesen haben (vgl. Demsetz/Lehn 1985). Eine Betrachtung der Branchenabhängigkeit von Corporate Governance regt auch Gehrig an: „Wenn Corporate Governance ... ein Wettbewerbsinstrument darstellt, wird sie unmittelbar die Wettbewerbsintensität im Gütermarkt beeinflussen, und somit vermutlich den Einsatz von Corporate-Governance-Instrumenten in konkurrierenden Firmen“ (Gehrig 2005, S. 56). Erhöhter Konkurrenzdruck kann Unternehmen daher veranlassen, ihre internen Leitungs- und Kontrollstrukturen zu verbessern und ihre Ressourcennutzung dadurch effizienter zu gestalten (vgl. Himmelberg et al. 1999, S. 354). Dadurch kann ein Einfluss der Branche, der ein Unternehmen angehört, auf die deklarierte Compliance zum DCGK grundsätzlich vermutet werden. Ein Aspekt, der für eine branchenabhängig unterschiedliche Relevanz der deklarierten Compliance zum DCGK spricht, ist folglich die unterschiedlich hohe *Wettbewerbsintensität* in einzelnen Branchen (vgl. Karuna 2007, S. 275; Baysinger/Butler 1985, S. 105). Entsprechende empirische Studien von Januszewski et al. für den deutschen Markt und Nickell et al. für Großbritannien weisen einen starken Konkurrenzdruck

[61] Unter *Volatilität* wird die Schwankungsbreite des Kurses eines Wertpapiers über einen bestimmten Zeitraum verstanden.

in Branchen als komplementär zu Corporate Governance aus (vgl. Januszewski et al. 2002; Nickell et al. 1997). Dies lässt darauf schließen, dass starke Konkurrenz in einer Branche scheinbar Anreiz für Unternehmen bietet, ihre Corporate Governance Strukturen zu verbessern, um dadurch gegenüber ihren Konkurrenten einen Wettbewerbsvorteil zu erlangen (vgl. Grant/Nippa 2006, S. 288ff.).

Zur Erreichung des primären Ziels wertorientierter Unternehmensführung, also der Maximierung des Unternehmenswertes, empfiehlt Uhde exemplarisch für Unternehmen der Chemie-Branche, die starkem globalem Wettbewerb ausgesetzt sind, „eine Implementierung von internen Marktspielregeln" (Uhde 2000, S. 333). Die Regeln des DCGK haben sich, darauf lassen zumindest die jährlichen Untersuchungen des BCCG zur Kodexakzeptanz schließen, mittlerweile als Marktspielregeln etabliert. Es wäre somit theoretisch davon auszugehen, dass aufgrund von globalen Wettbewerbsgesichtspunkten für unterschiedliche Branchen auch unterschiedliche Grade für die deklarierte Compliance zum DCGK nachzuweisen sind. Ein weiterer Erklärungsansatz, der auf eine branchenabhängig unterschiedlich deklarierte Compliance zum DCGK hinweist, wird in der *Internationalisierung* einer Branche gesucht. Über die „Notwendigkeit, sich den Zugang zu externer Finanzierung auf den internationalen Finanzmärkten zu sichern" (Drobetz et al. 2004, S. 14), soll die Implementierung von guter Corporate Governance gefördert werden. Aufgrund eines hohen *Bedarfs an Außenfinanzierungsmitteln* sehen z.B. Maingot und Zeghal in guter Corporate Governance einen der wichtigsten Faktoren für die Banken-Branche, um Vertrauen zu erzeugen (vgl. Maingot/Zeghal 2008, S. 227). Auch Haakonsson findet für die Pharmazeutische Industrie im Rahmen ihres Globalierungsprozesses Anzeichen dafür, dass mit höherem Kapitalbedarf und der Inanspruchnahme ausländischer Direktinvestitionen auch die Qualität in deren Corporate Governance steigt (vgl. Haakonsson 2009).

Für bisherige deutsche Studien, welche die deklarierte Compliance zum DCGK auch branchenabhängig betrachten, ist zunächst einschränkend festzuhalten, dass z.B. Drobetz et al. nur einzelne Kodexempfehlungen und -anregungen herausgreifen und mit weiteren Kriterien vermengen (vgl. Drobetz et al. 2004, S. 8ff.), oder wie bei Bress nur die Kodexempfehlungen in die Betrachtung einbezogen werden (vgl. Bress 2008, S. 89f.). Dabei wird als Grundlage für die Branchenbildung zumeist die Kategorieneinteilung des Prime All Share-Index der Deutschen Börse verwendet, der 18 Branchen umfasst (vgl. Deutsche Börse 2009, S. 9ff.; 43ff.). Dabei ergaben sich bei Drobetz et al. für die Branchen „Utilities", „Financial Services" und „Pharma & Healthcare" die höchsten Werte für ihren Corporate Governance Index (vgl. Drobetz et al. 2004, S. 8ff.). Bress kommt der vorliegenden Untersuchung methodisch am nächsten, betrachtet allerdings nur Branchen, denen mindestens 10 Unternehmen zuzuordnen sind, weisen die Branchen „Banks" und ebenfalls „Utilities" und „Pharma & Healthcare" die höchsten Compliance-Quoten auf, was auf eine gewisse branchenbedingte Systematik bei der deklarierten Compliance zum DCGK schließen lässt (vgl. Bress 2008, S. 89f.). Aus dieser Betrachtung heraus, lässt sich folgende, zu testende Hypothese H3 ableiten:

H3: Die Zugehörigkeit eines Unternehmens zu einer spezifischen Branche nach der Klassifikation des Prime All Share Index der Deutschen Börse hat einen Einfluss auf die Höhe der deklarierten Compliance zum DCGK.

5.4 Transparenz der Corporate Governance Berichterstattung und Branche

Die zuvor getätigten Aussagen zu branchenabhängig unterschiedlich hohem Stellenwert guter Corporate Governance auf der Basis unterschiedlich hoher Wettbewerbsintensität (vgl. Gehrig 2005, S. 57; Loderer/Martin 1997, S. 250) werden häufig mit Empfehlungen zu „transparente[r] Ausrichtung der Unternehmensabläufe und des Unternehmensaufbaus auf die Eigentümerinteressen hin“ (Uhde 2000, S. 333) verbunden: „The disclosure of governance information is therefore a crucial strategic task for banks management” (Maingot/Zeghal 2008, S. 225), wobei wiederum hoher Bedarf an Außenfinanzierung als Begründung für einen hohen Grad an Transparenz der (Corporate Governance) Berichterstattung gilt (vgl. Maingot/Zeghal 2008, S. 227). Achleitner et al. betonen zudem den enormen Wettbewerbsdruck, dem junge Wachstumsunternehmen ausgesetzt sind. Diese befinden sich häufig in sehr dynamischen Branchen. Sie schreiben daher entsprechenden Investitionen in die Berichterstattung für eine erfolgreiche Außenwirkung am Kapitalmarkt auch besondere Bedeutung zu (vgl. Achleitner et al. 2001a, S. 30), um den hohen Kapitalbedarf in der Wachstumsphase dieser Unternehmen zu decken (vgl. Baysinger/Butler 1985, S. 105).

Auch für die stark mit Fremdkapitalmitteln operierende Versicherungsbranche betont Gupta die besondere Wichtigkeit, Informationen zu Corporate Governance zu veröffentlichen, um Vertrauen aufzubauen und somit die Basis für langfristige Liquidität zu gewährleisten (vgl. Gupta 2002, S. 34). Eine Studie von Gazes et al. weist exemplarisch auch für die Telekommunikationsbranche nach, dass von Finanzanalysten insbesondere Mängel in deren externer Unternehmensberichterstattung angemahnt werden. Dabei stellen sie einen Mangel in dieser Branche hinsichtlich der Veröffentlichung wertrelevanter Informationen fest, die über die gesetzliche Pflichtberichterstattung hinaus gehen. Dies kann auf eine konträre Ansicht von Managern dieser Unternehmen und Analysten und Investoren hinsichtlich relevanter Informationen schließen lassen, weshalb Manager der Telekommunikationsbranche auch die Unterbewertung ihrer Unternehmen beklagen (vgl. Gazes et al. 2002). Zusammenfassend lassen sich daher branchenabhängig unterschiedliche Transparenzlevels in der Corporate Governance Berichterstattung vermuten, was Anlass zur Formulierung der folgenden Hypothese H4 gibt:

H4: Die Zugehörigkeit eines Unternehmens zu einer spezifischen Branche nach der Klassifikation des Prime All Share Index der Deutschen Börse hat einen Einfluss auf die Höhe der Transparenz der Corporate Governance Berichterstattung.

5.5 Compliance und Transparenz der Corporate Governance Berichterstattung

Vor dem Hintergrund der voran gegangenen theoretischen Annahmen in *Kapitel 4.1* zum Erwartungsmanagement wird börsennotierten Gesellschaften ein hohes Eigeninteresse an transparenter Corporate Governance Berichterstattung zugeschrieben, um Informationsasymmetrien am Kapitalmarkt abzubauen (vgl. Werder 2002, S. 808; Seibt 2002, S. 251f.). Dennoch liegt die Vermutung nahe, dass Unternehmen mit besserer Corporate Governance den Image fördernden Effekt des DCGK durch transparentere Corporate Governance Berichterstattung stärker nutzen, als Unternehmen mit schlechterer Corporate Governance (vgl. Peltzer 2002, S. 594; Schüppen 2002b, S. 1272f.; Rucht 2007, S. 138, 155). Diese Annahme beruht auch darauf, dass zahlreiche (zusätzliche) Begründungen für Abweichungen vom DCGK und Verweise auf die Anwendung anderer Corporate Governance Regeln den Unternehmenswert eher belasten sollten (vgl. Claussen/Bröcker 2002, S. 1002ff.; Seibt 2002, S. 255, Schüppen 2002b, S. 1271). Es könnte daher ein grundsätzlicher Einfluss der deklarierten Compliance zum DCGK auf die Transparenz der Corporate Governance Berichterstattung bestehen. Somit könnten Unternehmen mit einer höheren deklarierten Compliance zum DCGK, die ihre Agency-Konflikte aufgrund der Befolgung des DCGK besser lösen (so zumindest die Annahme der Kodexkommission), auch über eine transparentere Corporate Governance Berichterstattung verfügen (vgl. Aksu/Kosedag 2006). Aus Wettbewerbsgesichtspunkten innerhalb einer Branche spricht für einen positiven Zusammenhang zwischen deklarierter Compliance zum DCGK und der Transparenz der Corporate Governance Berichterstattung zusätzlich, dass veröffentlichte Corporate Governance Informationen eines Unternehmens unmittelbar mit denen von Wettbewerbern verglichen werden (vgl. Pownall/Waymire 1989, S. 227f.). Unter Bezugnahme auf das von Unternehmen mit guter Corporate Governance anzustrebende Trenn-Gleichgewicht (*Kapitel 4.1.2*) ist somit anzunehmen, dass diese ihre höhere Corporate Governance Güte im Vergleich zu schlechteren Konkurrenten auch transparenter kommunizieren. Untersuchungen von Hermalin und Weisbach geben in einer Partialbetrachtung zudem Hinweis auf einen positiven Zusammenhang zwischen der Überwachungsqualität des Vorstandsgremiums (unter der Annahme perfekten Abgleichs mit den Interessen der Shareholder) und der Transparenz von öffentlich bereitgestellten Informationen (vgl. Hermalin/Weisbach 2007; Hermalin/Weisbach 2008). Es wird daher folgende Hypothese H5 abgeleitet:

H5: Die deklarierte Compliance zum DCGK beeinflusst die Transparenz der Corporate Governance Berichterstattung positiv.

5.6 Deklarierte Compliance zum DCGK und Unternehmenserfolg

5.6.1 Deklarierte Compliance zum DCGK als Einflussfaktor für Unternehmenserfolg

Im Rahmen der theoretischen Betrachtung in *Kapitel 3* wurde dargelegt, dass Informationsasymmetrien bei gegensätzlichen Interessenlagen in der deutschen Aktiengesellschaft oft zu Agency-Konflikten führen können. Derartige Konflikte zwischen Interessengruppen, so z.B. zwischen Anteilseignern und Management oder zwischen Aufsichtsrat und Management, sind nicht vollständig über Verträge zu regeln. Selbst noch so großes Vertrauen in Manager (als Stewards) sollte aufgrund der Möglichkeit von Zielkonflikten durch Kontroll- und Informationssysteme sowie Anreiz- und Disziplinierungssysteme begleitet werden. Agency-Konflikte lösen durch diese organisatorischen Maßnahmen somit Kosten aus, die es im Sinne des Unternehmenserfolges zu minimieren gilt. Gute Corporate Governance verspricht also theoretisch, Agency-Kosten zu vermindern, indem sie Informationsasymmetrien abzubauen hilft, wobei gute Corporate Governance, im Sinne der Einhaltung von Regeln guter Unternehmensleitung in Corporate Governance Kodizes verankert ist (vgl. Bassen et al. 2006c, S. 376; *Kapitel 2.2*). Den Regeln des 2002 installierten DCGK wird Potenzial zugeschrieben, Agency-Kosten zu minimieren. Von Unternehmen mit besserer Corporate Governance, im Sinne von in größerem Umfang eingehaltenen Regeln des DCGK (Compliance), wird daher vermutet, dass sie einen höheren Erfolg erzielen, als vergleichbare Unternehmen mit schlechterer Corporate Governance (vgl. Drobetz et al. 2004, S. 8). Diese Vermutung liegt darin begründet, dass die erkennbare Umsetzung von standardisierten Regeln guter Unternehmensleitung dem Kapitalmarkt als Vergleichsgrundlage eine bessere Identifikation von Investitionschancen bei gleichzeitiger Disziplinierung des Managements ermöglicht (vgl. Bruhn 2000, S. 1033ff.), was mit steigenden Unternehmenswerten bei sinkenden (Eigen-)Kapitalkosten einhergeht. Dies wird mit geringeren Risikoprämien durch geringeres Schätz- und Liquiditätsrisiko und einer verbesserten Möglichkeit des Monitoring begründet (vgl. Bushman/Smith 2003, S. 67f.).

Da die unmittelbare Umsetzung der Regeln des DCGK in den seltensten Fällen direkt beobachtbar ist, ist der Kapitalmarkt aber auf die indirekte Betrachtung der deklarierten Compliance zum DCGK angewiesen. Diese ist von Gesellschaften im Geltungsbereich des DCGK pflichtgemäß durch eine jährlich abzugebende Entsprechenserklärung offenzulegen, wobei freiwillig auch zu den Anregungen des DCGK Stellung genommen werden sollte (vgl. Healy/Palepu 2001, S. 420ff.). In den *Kapiteln 4.1.2* und *4.1.3* wurde gezeigt, dass es im Sinne eines langfristig orientierten Corporate Governance Erwartungsmanagements für Unternehmen theoretisch nicht sinnvoll ist, ihre tatsächliche Compliance zum DCGK durch (un)bewusst unrichtige oder fehlende Angaben zu verschweigen. Allerdings geben Goncharov et al. zu bedenken, dass sich eine hohe deklarierte Compliance zum DCGK auch negativ auf den Unternehmenserfolg auswirken könnte. So könnte eine relativ leichte Befolgung zahlreicher Regeln des DCGK[62] aus der Sicht von Investoren eventuell nutzlos sein, Agency-Probleme zu minimieren. Zudem könnten Unternehmen mit eigentlich schlechter Corporate Governance (eher) geneigt sein, einen positiven Signaleffekt durch die Deklaration von hoher Compliance zum DCGK für sich bewertungssteigernd zu nutzen, als Unternehmen mit guter Corporate Governance. Gut geführte Unternehmen sind wahrscheinlich eher in der Lage, durch gute Ergebnisse zu überzeugen und sind auf eine möglichst hohe deklarierte Compliance zum DCGK mitunter gar nicht angewiesen (vgl. Goncharov et al. 2006, S. 435, 443). Die inhaltliche Richtigkeit der Entsprechenserklärung unterliegt weder dem Audit, noch wird sie von einer unabhängigen dritten Partei kontrolliert. Hinzu kommt, dass die Gefahr für Konsequenzen bei falschen oder irreführenden Informationen in der Entsprechenserklärung für Vorstand und Aufsichtsrat als sehr niedrig eingestuft wird (vgl. Kühne/Fuss 2003, S. 230). Dies bedeutet in der Konsequenz, dass die Gefahr der missbräuchlichen Nutzung der Entsprechenserklärung zum DCGK im Sinne eines Selbstmarketing durch Unternehmen, oder zumindest im Sinne von symbolischem Management/symbolischer Anerkennung des Kodex zur rein symbolischen Befriedigung von Stakeholderinteressen, bei gleichzeitig nicht gelebter Umsetzung im Unternehmen (vgl. Wade et al. 1997, S. 641f.; Westphal/Zajac 1998, S. 128), als relativ hoch einzuschätzen ist. Eine hohe deklarierte Compliance zum DCGK könnte sich somit auch negativ auf den Unternehmenserfolg auswirken. Dieser Effekt könnte sich womöglich verstärken, wenn Investoren in ihren Analysen häufiger eine Lücke zwischen realer und deklarierter Compliance zum DCGK feststellen und in der Folge in hoher deklarierter Compliance zum DCGK ein negativ behaftetes Signal sehen könnten (vgl. Akkermans et al. 2007, S. 1115). Dadurch könnte der eigentlich als positiv angedachte Mechanismus einer möglichst hohen Befolgung der Regeln des DCGK durch missbräuchliche Nutzung der abzugebenden Entsprechenserklärung durch einzelne Unternehmen ausgehebelt werden (vgl. Westphal/Zajac 1998, S. 128f.). Unternehmen, die tatsächlich über eine gute Corporate Governance verfügen, könnten dadurch vom Kapitalmarkt zu Unrecht abgestraft werden, was die eigentlich intendierte Bewertungseffizienz des Kapitalmarktes vermindern würde (vgl. Schredelseker 2008, S. 181). Zusammenfassend kann so zwar ein Einfluss der deklarierten Compliance zum DCGK eines Unternehmens auf seinen Erfolg vermutet werden, aufgrund des aus der Theorie heraus nicht bestimmbaren Vorzeichens muss allerdings aus den vorangegangenen Überlegungen die ungerichtete Hypothese H6 abgeleitet werden:

H6: Die deklarierte Compliance eines Unternehmens zum DCGK beeinflusst seinen Erfolg.

---

[62] Eine Studie von Graf und Stiglbauer hat für den DCGK im Vergleich zum österreichischen ÖCGK herausgefunden, dass dieser weit weniger Hinweise zur konkreten Umsetzung seiner Regeln gibt und Unternehmen mehr Interpretations- und Auslegungsspielräume zugesteht (vgl. Graf/Stiglbauer 2008b, S. 274; siehe auch *Kapitel 4.2.3.6*). Die deklarierte Befolgung des DCGK wird dadurch erheblich erleichtert.
Auch die vom BCCG festgestellte, im Durchschnitt sehr hohe, deklarierte Compliance zum DCGK (vgl. Werder/Talaulicar 2008; Werder/Talaulicar 2009) könnte ein Hinweis darauf sein, dass Unternehmen mit tatsächlich niedrigerer Compliance zum DCGK eine relativ hohe deklarierte Compliance aufweisen.

5.6.2 Mögliche reversible Kausalität zwischen deklarierter Compliance zum DCGK und Unternehmenserfolg

Die in *Kapitel 1.3* thematisierte Möglichkeit von reversibler Kausalität, hier zwischen deklarierter Compliance zum DCGK und Unternehmenserfolg, die ein Problem für die Corporate Governance-Performance Forschung darstellt, wird durch Hypothese H7 erstmals erfasst. Grundsätzlich ist es nämlich auch vorstellbar, dass Unternehmenserfolg als Einflussfaktor auf die deklarierte Compliance eines Unternehmens zum DCGK wirkt (vgl. Cho 1998, S. 104ff.). So argumentiert Demsetz, dass die Anteilseignerstruktur eines Unternehmens sich als endogene Variable erst in Folge einer Konkurrenzsituation herausbilde, in der erst eine Vielzahl von Kosten-/Nutzenkalkülen gegeneinander abgewogen und ausbalanciert werden, die letztendlich in einer gleichgewichtigen Organisation eines Unternehmens mündeten (vgl. Demsetz 1983, S. 384). Es könnte zudem argumentiert werden, dass Manager eines Unternehmens eher dazu tendieren, stärker am Erfolg eines Unternehmens zu partizipieren und bei erfolgreichen Unternehmen eher nach ergänzenden, aktienbasierten Entlohnungsformen zu streben. Diese Unternehmen sind aber mehrheitlich Unternehmen, mit einer höheren Bewertung am Kapitalmarkt. Ein derartiges Szenario könnte folglich auch für einen positiven Einfluss der Unternehmensbewertung am Kapitalmarkt auf den Aktienanteil sein, der von Mitgliedern des Managements gehalten wird. Dabei würde also die Kausalität von der Unternehmensbewertung auf den Aktienanteil des Managements ausgehen und nicht umgekehrt (vgl. McConnell/Servaes 1990, S. 611). Weiterhin argumentieren Demsetz und Lehn, dass sich der Versuch, eine effektive und konzentrierte Anteilseignerstruktur zu erhalten, bei steigendem Kapitalbedarf nur realisieren lasse, wenn den vorhandenen Aktionären neue Aktien zu einem niedrigeren Preis angeboten würden. Dies ist auf risikoaverses Verhalten der vorhandenen Aktionäre zurückzuführen, die ihr gesteigertes Risiko durch höheren Anteilsbesitz (und dadurch höheren Kapitaleinsatz) durch niedrigere Preise teilweise zu kompensieren suchen. Die Kausalität könnte in diesem Fall also von der Anteilsbewertung auf die Anteilskonzentration verlaufen (vgl. Demsetz/ Lehn 1983, S. 1158). Die ausschließliche Regression einer Erfolgsvariable gegen die deklarierte Compliance zum DCGK kann so zu mangelhaften Aussagen ihrer Beziehung führen. Größerer Erfolg eines Unternehmens könnte nämlich erst Spielraum schaffen, Investitionen in bessere Corporate Governance Mechanismen zu tätigen (vgl. Graf/Stiglbauer 2007, S. 294). Allerdings kann geringerer Unternehmenserfolg auch dazu führen, dass Unternehmen ihre bestehenden Corporate Governance Strukturen auf den Prüfstand stellen, und versuchen, Standards guter Unternehmensführung, wie sie im DCGK kodifiziert sind, zu implementieren, um so Agency-Kosten zu senken und über die Steigerung der zu deklarierenden Compliance zum DCGK eine künftig höhere Bewertung zu erzielen. Genauso kann geringerer Unternehmenserfolg, trotz einer hohen deklarierten Compliance zum DCGK, auch Bedenken gegenüber den Regeln des DCGK befördern und über die Implementierung anderer, konkurrierender Standards den Compliance-Grad zum DCGK auch sinken lassen. Da aus der Theorie und bisherigen empirischen Befunden zwar die Möglichkeit eines Einflusses des Unternehmenserfolgs auf die deklarierte Compliance zum DCGK, als (aus der Sicht der Kodexkommission) Proxy für gute Corporate Governance, hergeleitet werden kann, ist das Vorzeichen des Einflusses zunächst unbestimmt. Es wird daher die folgende ungerichtete Hypothese H7 formuliert:

H7: Der Erfolg eines Unternehmens beeinflusst seine deklarierte Compliance zum DCGK.

5.7 Transparenz der Corporate Governance Berichterstattung und Unternehmenserfolg

5.7.1 Transparenz der Governance Berichterstattung beeinflusst Unternehmenserfolg

Untersuchungen von Morck et al. haben ergeben, dass sich Aktienkurse in Schwellenländern eher synchron in dieselbe Richtung bewegen, als in Industrieländern. Als Grund wird die Erzeugung von weniger unternehmensspezifischen Informationen in Schwellenländern und somit ein geringerer Grad der Einpreisung unternehmensspezifischer Informationen angeführt (vgl. Morck et al. 2000). Auch eine jüngere Untersuchung von Jin und Myers stellt ebenfalls einen positiven Zusammenhang zwischen Aktienkurs-Synchronität und mangelnder Transparenz fest (vgl. Jin/Myers 2006). In Übertragung auf die Transparenz der Corporate Governance Berichterstattung wird Hypothese H8 entwickelt, deren Grundlage die Prinzipal-Agent-Theorie bildet. Geringere Informationsausstattung des Kapitalmarktes im Vergleich zu den zu bewertenden Unternehmen kann zu ineffizienten Investitionsentscheidungen führen, die Kosten verursachen, die es im Sinne des Unternehmenserfolges zu minimieren gilt. In der vorliegenden Untersuchung liegt die Ursache dieser Kosten annahmegemäß in *„Qualitätsunsicherheit“* (Spremann 1990, S. 572) bezüglich der unternehmensspezifischen Corporate Governance, die nur in den seltensten Fällen direkt beobachtbar ist (vgl. Theisen/Raßhofer 2007). Gute Corporate Governance verspricht daher theoretisch, die Differenz zwischen Informationsbereitstellung und -bedarf zu minimieren. Eine Möglichkeit, dies zu gewährleisten, liegt in der freiwilligen Offenlegung von Corporate Governance Informationen durch Unternehmen. Dazu existieren zwei zentrale Erklärungsansätze, die für einen Einfluss der Transparenz der Corporate Governance Berichterstattung auf den Erfolg eines Unternehmens sprechen. Die *Capital Market Transactions Hypothesis* (vgl. Healy/Palepu 2001, S. 420) und die *Corporate Control Contest Hypothesis* (vgl. Healy/Palepu 2001, S. 421) basieren auf dem Mechanismus des Abbaus von Informationsasymmetrie (vgl. Bushman/Smith 2003, S. 67f.). Während die *Capital Market Transactions Hypothesis* davon ausgeht, dass Unternehmen Anreize haben, Informationsasymmetrien abzubauen, um durch geringere Unsicherheit des Kapitalmarktes hinsichtlich des Investitionsobjekts - und teils verbunden mit geringeren Renditeforderungen, die als ein Ausgleich für Unsicherheit gelten - geringere Finanzierungskosten zu erzielen (vgl. Collett/Hrasky 2005, S. 190), vermutet die *Corporate Control Contest Hypothesis* (vgl. Healy/Palepu 2001, S. 421), dass durch freiwillige Veröffentlichung von Corporate Governance Informationen von (erwartet) geringem Unternehmenserfolg abgelenkt werden soll. Geringer Unternehmenserfolg soll demnach so erklärt werden, dass dies nicht an fehlender/mangelhafter Corporate Governance liegt, sondern auf mögliche Einflüsse zurückzuführen ist, die außerhalb des Zugriffs des Unternehmens liegen (vgl. Labelle 2002, S. 15ff.). Durch das Aufzeigen von Führungspotenzial soll folglich das Unternehmen besser bewertet werden. Manager könnten somit durch die freiwillige Bereitstellung von Governance Informationen auch versuchen, ihre eigene Position auf dem Arbeitsmarkt für Manager (vgl. Fama 1980, S. 293; Barnea et al. 1981, S. 13) zu verbessern (vgl. Healy/Palepu 2001, S. 421). Für Unternehmen mit transparenterer Corporate Governance Berichterstattung wurden bereits signifikant geringere Eigenkapitalkosten nachgewiesen (vgl. Collett/Hrasky 2005; Cheng et al. 2008). Die Offenlegungspraxis von Unternehmen wurde zudem als eindeutiger Prädiktor für den Zusammenhang zwischen Corporate Governance und Unternehmenserfolg identifiziert (vgl. Salo 2008; Habib 2008). Es existieren aber auch Untersuchungen, die keinen Einfluss der Corporate Governance Berichterstattung auf den ökonomischen Gewinn (vgl. Haat et al. 2008) bzw. die Eigenkapitalrentabilität (vgl. Labelle 2002) nachweisen konnten.

Offengelegte, sensible Corporate Governance Informationen könnten von Wettbewerbern allerdings auch als Benchmark benutzt werden, um Corporate Governance Strukturen von Unternehmen zu kopieren, wodurch tendenziell Wettbewerbsvorsprung verloren geht (vgl. Maingot/Zeghal 2008, S. 226). Unternehmen müssen somit bei der Offenlegung von Corporate Governance Informationen abwägen, ob für sie Kapitalmarkt- oder Wettbewerbsinteressen im Vordergrund von veröffentlichten Corporate Governance Informationen stehen (vgl. Botosan 1997, S. 326; DiPiazza/Eccles 2003, S. 141ff.). Ein weiterer Aspekt der sich Erfolg mindernd auswirkt, sind die Berichterstattungskosten, die indexabhängig bei Aktiengesellschaften mit einem Umsatz von 100 Mio. € mit 1-2% des Umsatzes angenommen werden, während sie im DAX, relativ gesehen, lediglich mit 1-2‰ des Umsatzes ins Gewicht fallen (vgl. Claussen/Bröcker 2002, S. 1200; Königs/Schiereck 2006, S. 377; Hermalin/Weisbach 2007, S. 19). Die Bedeutungssteigerung und Kosteneffizienz elektronischer Medien dürfte diese Belastung allerdings etwas abfedern (vgl. Fard-Yazdani 2002, S. 77ff.; Prengel 2003, S. 109; Ruda/Pfeffer 2003, S. 74). Da somit aus der Theorie und der Empirie zwar ein Einfluss von freiwilliger Corporate Governance Berichterstattung eines Unternehmens auf seinen Erfolg vermutet werden kann, dessen Vorzeichen allerdings nicht eindeutig abzuleiten ist, wird die ungerichtete Hypothese H8 formuliert:

H8: Die Transparenz der Corporate Governance Berichterstattung eines Unternehmens beeinflusst seinen Erfolg.

5.7.2 Mögliche reversible Kausalität zwischen Transparenz und Unternehmenserfolg

Konträr zu Hypothese H8 bestehen Zweifel, ob nicht auch der Erfolg eines Unternehmens die Transparenz der Corporate Governance Berichterstattung beeinflussen könnte (vgl. Lang/ Lundholm 1993, S. 248). So könnte eine transparentere Corporate Governance Berichterstattung bei Unternehmen gegeben sein, die bestehende Agency-Konflikte bereits besser gelöst haben und somit über größeren Erfolg und bessere Strukturen verfügen, die sie in verstärktem Maße nach außen kommunizieren können (vgl. Verrecchia 1983; Verrecchia 1990). Zusätzlich können sie so ein glaubwürdiges Commitment zur Lösung künftiger Agency-Konflikte abgeben (vgl. Aksu/Kosedag 2006, S. 282). Angesichts der Kosten, die für die Corporate Governance Berichterstattung anfallen, wird für Unternehmen mit größerem Erfolg folglich angenommen, sie seien eher bereit, in die Qualität ihrer Corporate Governance Berichterstattung zu investieren, als Unternehmen mit geringerem Erfolg (vgl. Labelle 2002, S. 12). Hierzu wurden für Unternehmen mit besserer Finanzausstattung bereits transparentere Corporate Governance Informationen in ihren Geschäftsberichten und auf ihrer Website (vgl. Maingot/Zeghal 2008, S. 230ff.) und ein im Allgemeinen höherer Grad freiwilliger Offenlegung nicht-finanzieller Informationen nachgewiesen (vgl. Eng/Mak 2003). Auch jüngste Untersuchungen zeigen im Vergleich zu Studien mit älteren Datensätzen (vgl. Bauwhede/Willekens 2008, S. 108), dass finanziell potentere Unternehmen über eine transparentere Corporate Governance Berichterstattung verfügen (Li/Qi 2008, S. 363; Ho et al. 2008). Die Teils als beträchtlich angegebenen Corporate Governance Berichterstattungskosten (vgl. Claussen/Bröcker 2002, S. 1200) können dadurch leichter finanziert werden. Dies wirkt sich auch auf die Nutzung neuer Informationsmedien aus. Konsequenterweise wurde für finanziell schwächere Unternehmen eine intransparentere Corporate Governance Berichterstattung in elektronischen Medien identifiziert (vgl. Jiang et al. 2009, S. 20).

Neben dem positiven Einfluss des Unternehmenserfolges auf die Transparenz der Corporate Governance Berichterstattung könnte das Vorzeichen dieses Einflusses aber auch negativ sein, denn geringerer Erfolg könnte Unternehmen dazu verleiten, durch Corporate Governance Impression Management (vgl. Westphal/Zajac 1998, S. 128f.) von diesem geringeren Erfolg gezielt abzulenken (vgl. Warsame et al. 2002, S. 35; Leventis/Weetman 2004, S. 307), was bereits empirisch nachgewiesen wurde (vgl. DeFond/Jiambalvo 1994). Da es zusammenfassend also denkbar wäre, dass der Unternehmenserfolg die Transparenz der Corporate Governance Berichterstattung beeinflusst, das Vorzeichen dieses Einflusses allerdings bislang unbestimmt ist, lautet die zu testende, ungerichtete Hypothese H9 somit:

H9: Der Erfolg eines Unternehmens beeinflusst die Transparenz seiner Corporate Governance Berichterstattung.

Die in *Kapitel 7* zu testenden Hypothesen H1 bis H9 sind in *Abbildung 14* nochmals dargestellt und geben bereits einen allgemeinen Überblick über die zur Testung jeder Hypothese eingesetzten Variablen, die in *Kapitel 6.4* im Speziellen erläutert werden. Daraus kann jeweils auch die zu testende vermutete Wirkungsrichtung der einzelnen Hypothesen entnommen werden.

Abbildung 14: Hypothesen im Überblick

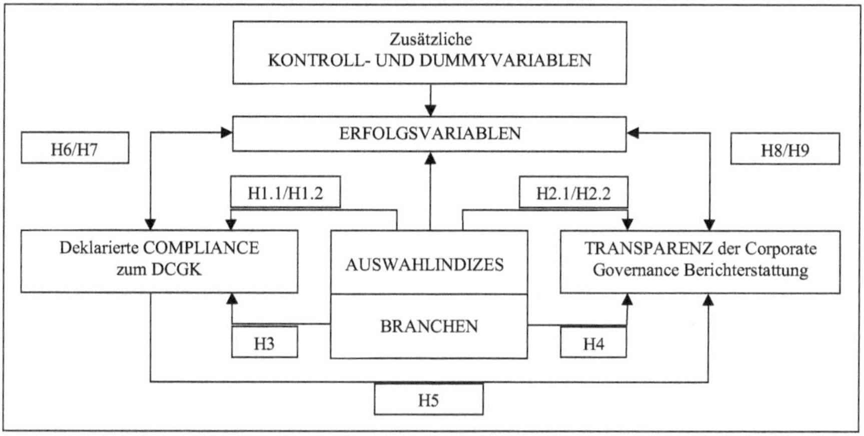

Nach der Entwicklung der forschungsleitenden Hypothesen sollen in *Kapitel 6* die methodischen Grundlagen und das Forschungsdesign der vorliegenden empirischen Untersuchung dargestellt werden. Dieses umfasst unter anderem eine ausführliche Beschreibung der untersuchten Stichprobe und die eigenständige Entwicklung eines Instrumentariums zur Messung der deklarierten Compliance zum DCGK und zur Transparenz der Corporate Governance Berichterstattung nach wissenschaftlich anerkannten Gütekriterien. Anschließend erfolgt die Integration der mittels einer aufwändigen Inhaltsanalyse gewonnenen Daten zur deklarierten Compliance zum DCGK und zur Transparenz der Corporate Governance Berichterstattung mit den weiteren in die Untersuchung eingehenden Variablen. Diese werden ausführlich beschrieben und ihr Einbezug in das am Ende des Kapitels nach ökonometrischen Kriterien zu entwickelnden simultanen Mehrgleichungsmodells separat begründet. Dabei wird insbesondere auf ausgewählte, im Speziellen für Mehrgleichungsmodelle entwickelte Schätzverfahren Bezug genommen, die im darauf folgenden *Kapitel 7* Anwendung finden.

6 Methodische Grundlagen und Forschungsdesign der empirischen Untersuchung

„Zentrale Zielsetzung empirischer Forschung sollte stets die Gewährleistung einer hohen Datenqualität und damit die Sicherstellung einer möglichst reliablen und validen Messung sein, um eine hohe Aussagekraft der erzielten Ergebnisse zu garantieren" (Homburg et al. 2009, S. 175).

6.1 Forschungsdesign der empirischen Untersuchung

Diese Zielsetzung kann allerdings nur erfüllt werden, wenn der Forscher für sich logisch die Art und Weise des Einsatzes von Forschungsinstrumenten (vgl. Atteslander 2003, S. 54) geklärt hat. Dies basiert auf zahlreichen Entscheidungen, die festlegen, „wann, wo, wie und wie oft empirische Indikatoren an welchen Objekten erfasst werden sollen" (Schnell et al. 2008, S. 211). Die Summe dieser Entscheidungen wird als Forschungsdesign bezeichnet und soll gewährleisten, dass der Forscher die von ihm erzielten Erkenntnisse möglichst widerspruchsfrei zur empirischen Überprüfung und Beantwortung der von ihm aufgestellten theoretischen Hypothesen verwenden kann (vgl. De Vaus 2001, S. 9; Atteslander 2003, S. 54). Dabei ist ein Forschungsdesign allerdings nicht mit der Methode der Datensammlung (qualitativ und/oder quantitativ) gleichzusetzen. Vielmehr ist ein Forschungsdesign umfassender zu betrachten. Es bildet die logische Struktur einer Untersuchung ab, welche die Methode der Datensammlung miteinschließt. Die Reduktion eines Forschungsdesigns ausschließlich auf die Methodenebene verengt dadurch vielfach die Gesamtsicht auf die Zielsetzung der Untersuchung, nämlich möglichst widerspruchsfreie Erkenntnisse aus der Hypothesentestung abzuleiten (vgl. Homburg et al. 2009, S. 175). Als Konsequenz findet daher häufig eine ausschließliche Diskussion von Stärken und Schwächen qualitativer und quantitativer Forschungsmethoden statt, welche für die Logik eines Forschungsdesigns jedoch irrelevant ist (vgl. De Vaus 2001, S. 9f.; Yin 2003, S. 33). Mit der Zielsetzung, bestmöglich grundlegende Forschungsfragen auf Basis reliabler sowie valider Messung zu klären (vgl. Creswell 2003, S. 19f.; Homburg et al. 2009, S. 175), gewinnen deshalb Forschungsdesigns, die pragmatisch sowohl quantitative als auch qualitative Methoden umfassen (sogenannte *Mixed Methods Research*) zunehmend an Bedeutung, wobei deren Einsatz simultan oder sequenziell erfolgen kann (vgl. Creswell/Plano Clark 2007, S. 5).

6.1.1 Bedeutungsgewinn des qualitativ-quantitativen Methodenmix

Das der vorliegenden Untersuchung zugrundeliegende Forschungsdesign umfasst ebenfalls einen Methodenmix aus qualitativer und quantitativer Forschung. So sind zwar derartige Forschungsdesigns in der Wissenschaft noch relativ neu (vgl. Tashakkori/Teddlie 2008, S. 7ff.), sie finden allerdings stetige Verbreitung, um durch den Einsatz unterschiedlicher Methoden die Voraussetzungen zur Entwicklung neuer Modelle zu schaffen (vgl. Conner et al. 1984, S. 17). Die Neuheit der Sammlung und Auswertung sowohl qualitativer als auch quantitativer Daten mittels unterschiedlicher Methoden innerhalb einer separaten Untersuchung bedarf daher expliziten Vorgehens, um diese Forschungsdesigns verständlich zu vermitteln. Creswell unterscheidet diesbezüglich folgende drei Kriterien, welche dies ermöglichen (vgl. Creswell 2003, S. 211):

Unter *Implementierung* wird der Zeitpunkt verstanden, wann qualitative und quantitative Daten gesammelt werden. *Priorität* erfasst das Kriterium der Wichtigkeit der Daten, das vom Interesse des Forschers, seiner Zielgruppe und dem Forschungsziel abhängt. Mit *Integration* wiederum wird der Zeitpunkt umschrieben, an dem qualitative (bzw. qualitativ erhobene) und quantitative Daten in Kombination zueinander gebracht werden. In *Tabelle 7* sind die für die vorliegende Untersuchung zutreffenden Merkmalsausprägungen dieser Kriterien jeweils in Großbuchstaben dargestellt. Die Kombination dieser Merkmalsausprägungen wird als sequenziell exploratives Forschungsdesign bezeichnet (vgl. Creswell 2003, S. 211ff.) und wird in *Kapitel 6.1.2* näher beschrieben.

Tabelle 7: Kriterien zur Bestimmung eines Forschungsdesigns mit Methodenmix

IMPLEMENTIERUNG	PRIORITÄT	INTEGRATION
Nicht-sequenziell - Gleichzeitig qualitativ und quantitativ	Quantitativ und qualitativ gleich wichtig	Datensammlung
SEQUENZIELL - QUALITATIV ZUERST	QUALITATIV	DATENANALYSE DATENINTERPRETATION
Sequenziell - Quantitativ zuerst	Quantitativ	Auf unterschiedlichen Stufen

(Quelle: in Anlehnung an Creswell 2003, S. 211)

6.1.2 Sequenziell exploratives Forschungsdesign der Untersuchung

Die in der *Tabelle 7* allgemein dargestellten Eigenschaften des sequenziell explorativen Forschungsdesigns werden in *Abbildung 15* detailliert auf die vorliegende Untersuchung im Speziellen übertragen. Nach der bereits erfolgten expliziten und ausführlichen Herleitung der theoretischen Basis der Untersuchung in den vorangegangenen Kapiteln gliedert sich das Forschungsdesign zur Überprüfung der in *Kapitel 5* hergeleiteten Hypothesen in eine qualitative und eine quantitative Phase. Die qualitative Phase wird prioritär behandelt, da die mittels Inhaltsanalyse qualitativ zu bestimmende deklarierte Compliance zum DCGK und die Transparenz der Corporate Governance Berichterstattung und die damit einhergehende Instrumentenentwicklung und -testung und deren Einsatz einen weitaus größeren zeitlichen und logistischen Vorlauf erfordern (vgl. Creswell 1999, S. 467ff.) als die quantitative Phase. Die qualitative Phase begann einschließlich der durchgeführten Vorstudien (vgl. Graf/Stiglbauer 2007; Graf/Stiglbauer 2008a; Graf/Stiglbauer 2008b; Graf/Stiglbauer 2008c) daher bereits im Mai 2006. In der quantitativen Phase konnte bei der Messung der zusätzlichen Erfolgs-, Kontroll- und Dummyvariablen zu einem großen Teil auf bestehendes Datenmaterial, z.B. der Deutschen Börse oder der Bundesanstalt für Finanzdienstleistungsaufsicht (BaFin), zurückgegriffen werden. Zudem war ein großer Teil des Materials zur Messung der quantitativen Daten endgültig erst Ende 2007 oder sogar erst später verfügbar, sofern es sich um bilanzielles Zahlenmaterial oder Daten aus der Gewinn- und Verlustrechnung der Unternehmen handelte.

Abbildung 15: Sequenziell exploratives Forschungsdesign der Untersuchung

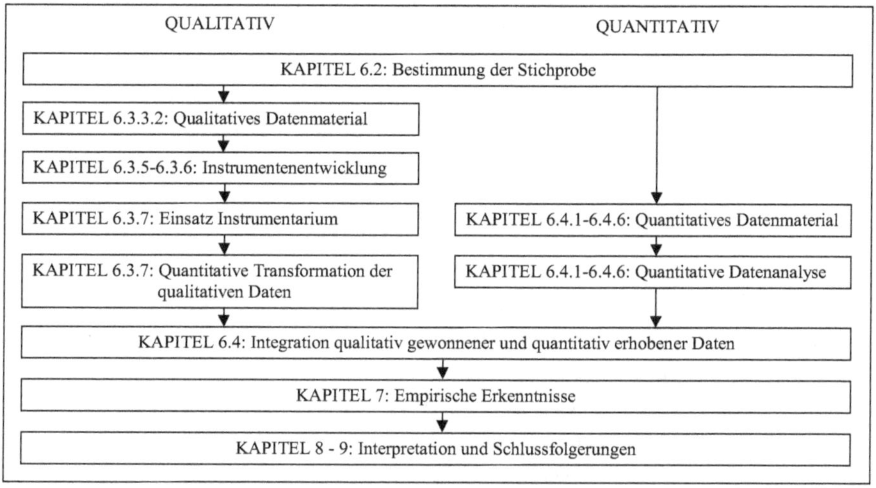

(Quelle: in Anlehnung an Creswell 2003, S. 216)

Creswell hebt die Vorteilhaftigkeit des sequenziell explorativen Forschungsdesigns insbesondere für den Fall heraus, dass der Forscher, wie im vorliegenden Fall, ein neues Instrumentarium entwickeln möchte (*Kapitel 6.3.5* und *6.3.6*). Die Aufteilung in zwei Phasen ermöglicht es zudem, das Forschungsdesign leichter zu implementieren und relevante Ergebnisse für die Scientific Community strukturierter zu beschreiben. Die substanzielle Dauer bis zum vollständigen Durchlauf beider Phasen kann für manche Forschungsprojekte allerdings auch ein Hindernis darstellen (z.B. wenn es um die Bereitstellung knapper Forschungsmittel geht) (vgl. Creswell 2003, S. 215f.) oder, wie im vorliegenden Fall, die Durchführung einer aufwändigen Inhaltsanalyse (*Kapitel 6.3*) einen intensiven zeitlichen und menschlichen Einsatz und Aufwand bedeutet.

6.2 Stichprobe

Die Stichprobe umfasst die im Untersuchungsjahr, dem Kalenderjahr 2007, in den Auswahlindizes DAX, TecDAX, MDAX und SDAX notierten Unternehmen und basiert auf inhaltlichen und forschungsmethodologischen Überlegungen:

Erstens repräsentieren die Unternehmen des DAX die 30 größten und umsatzstärksten Unternehmen (hinsichtlich Börsenumsatz und Marktkapitalisierung) an der Frankfurter Wertpapierbörse. Sie sind daher als Untersuchungsgegenstand besonders interessant. Gerade weil der TecDAX als Nachfolger des durch Insidergeschäfte und Bilanzfälschungen in Verruf geratenen NEMAX50 angetreten war (vgl. Deutsche Börse 2009, S. 8), ist er unter Corporate Governance Transparenzgesichtspunkten besonders untersuchenswert. Er bildet dabei die Wertentwicklung der 30 größten Technologiewerte des Prime Standard Segments unterhalb der DAX-Werte ab. MDAX und SDAX umfassen die 100 größten Unternehmen der klassischen Branchen unterhalb der DAX-Werte (vgl. Deutsche Börse 2009, S. 7f.). Die Unternehmen der Auswahlindizes DAX, TecDAX, MDAX und SDAX gehören allesamt dem Prime Standard Segment an und unterliegen somit den höchsten Reporting- und Transparenzstandards der Deutschen Börse (vgl. Deutsche Börse 2009, S. 9).

Zweitens stellen die Unternehmen der Auswahlindizes DAX, TecDAX, MDAX und SDAX die am häufigsten betrachteten Unternehmen in ähnlich angelegten Vorgängerstudien dar (vgl. unter anderem Bress 2008; Toksal 2004). Durch die vorgenommene Stichprobenauswahl soll eine möglichst hohe Vergleichbarkeit zu bisherigen Studien hergestellt werden. Aktuelle Fragebogenerhebungen zur unternehmensspezifischen Compliance zum DCGK bei den MDAX, SDAX und TecDAX Unternehmen haben im Vergleich zu DAX Unternehmen zudem eine wesentlich geringere, teils sogar sinkende Rücklaufquote ergeben und weisen eindeutige Unterschiede in der Kodexentsprechung auf (vgl. Werder/Talaulicar 2007; Werder/Talaulicar 2008; Werder/Talaulicar 2009). Ein für diese Auswahlindizes vermuteter hoher *Non-Response Bias* an Unternehmen, die dem DCGK eher ablehnend gegenüberstehen (vgl. Werder/Talaulicar 2009, S. 689; *Kapitel 4.2.3.1*), gibt somit Anlass dazu, ein im Vergleich zu bisherigen Studien vom unternehmensspezifischen Antwortverhalten im Rahmen von Fragebogenerhebungen, unabhängiges und vielleicht realistischeres Bild der Bedeutung des DCGK bei Unternehmen am deutschen Aktienmarkt zu zeichnen. Bereits das Wissen darüber, dass das eigene Unternehmen Gegenstand der Betrachung ist, kann unter Umständen dazu führen, falsche, verfälschte oder beschönigende Angaben oder gar keine Angaben zum Unternehmen zu tätigen. Die hier angewandte Methodik der Inhaltsanalyse wird, da ihr dieser Mangel nicht anhaftet, daher auch als nicht-reaktives Verfahren bezeichnet (vgl. Holsti 1969, S. 15) und ermöglicht dadurch methodisch eine möglichst umfassende Analyse der Unternehmen der betrachteten Auswahlindizes.

Drittens ermöglicht die Zusammensetzung der Stichprobe, sowohl Erkenntnisse über die Corporate Governance Berichterstattung international renommierter, am nationalen, wie am internationalen Kapitalmarkt agierender deutscher Großunternehmen aus dem DAX, mit kleineren (Wachstums-)Unternehmen mit teils national beschränkter, stark streuender Anlegerklientel zu sammeln und miteinander zu vergleichen. Durch den Vergleich von relativ gleich große Grundgesamtheiten umfassenden Gruppen ist die Stichprobenauswahl außerdem forschungsmethodologisch wertvoll. Durch die exakte Abgrenzung der Auswahlindizes ist eine Vollerhebung möglich und folglich eine uneingeschränkte Repräsentativität gegeben (vgl. Graf/Stiglbauer 2008a, S. 607). Um eine homogene Stichprobe zu erhalten, sprich Unternehmen auszuwählen, die einander ähnlich in dem Sinne sind, dass sie bestimmte Kriterien erfüllen, die der Forscher als zu erfüllen voraussetzt (vgl. Schreier 2007, S. 236ff.), aber auch aufgrund von mangelnder Datenverfügbarkeit, musste die Stichprobe von potenziell 160 Unternehmen weiterhin eingegrenzt werden. Die theoretischen, empirischen und praktischen Gründe dafür werden im Folgenden näher erläutert.

6.2.1 Eingrenzung der Stichprobe aufgrund von Indexeffekten

Regelmäßig durchgeführte Indexumschichtungen der Deutschen Börse, sprich die Herausnahme oder Hereinnahme einzelner Unternehmen aus bzw. in bestimmte Auswahlindizes[63] wirken dem Ziel entgegen, ein möglichst realistisches und unverzerrtes Bild des Forschungsgegenstandes separat für die einzelnen Auswahlindizes zu zeichnen. Nach einer Analyse der von der Deutschen Börse im Kalenderjahr 2007 vorgenommenen Indexumschichtungen wurden daher nur diejenigen Unternehmen in die Stichprobe einbezogen, die im Kalenderjahr 2007 durchgängig im gleichen Auswahlindex geführt wurden. Gelegentlich wird gegen dieses Vorgehen ein möglicher *Survivorship Bias* angeführt (vgl. Bress 2008, S. 82), wonach die Verzerrungswirkungen auf die Kapitalmarktperformance von Unternehmen durch Indexumschichtungen grundsätzlich überschätzt werden und nach Ausschluss betroffener Unternehmen lediglich diejenigen Unternehmen in der Stichprobe verbleiben, die hinsichtlich Marktkapitalisierung oder Börsenumsätzen ausreichend erfolgreich wirtschaften. Wie die nachfolgenden empirischen Erkenntnisse für den deutschen Aktienmarkt zeigen, wird die Kursreaktion von Unternehmen infolge von Indexumschichtungen zum einen nicht überschätzt, zum anderen wird in der vorliegenden Untersuchung der exakten Analyse des Forschungsgegenstandes der Vorzug gegenüber der Maximierung der Stichprobengröße gegeben.

---

63 Die Entscheidung für eine Indexumschichtung erfolgt auf Grundlage von zahlreichen Kriterien, wie z.B. dem Orderbuchumsatz der vorangegangenen 12 Monate eines Wertpapiers oder der Freefloat-Marktkapitalisierung eines Unternehmens (vgl. Schmitt/Ziemer 2008, S. 683f.). Freefloat bezeichnet den Anteil des Aktienkapitals, der frei gehandelt wird, also derjenige Anteil mit Ausnahme des Anteils, der von strategischen Investoren, wie Regierungen, Unternehmen, Anteilseignern mit Sperrminorität und Mitgliedern von Vorstand und Aufsichtsrat gehalten wird (vgl. Chan et al. 2004, S. 180).

6.2.1.1 Theoretischer und empirischer Hintergrund

Unterjährig vorgenommene Indexumschichtungen, welche die Aussagekraft des Faktors „Auswahlindex“ verzerren würden, wurden dadurch im Gegensatz zu bisherigen Studien (vgl. z.B. Drobetz et al. 2004, S. 15; Bassen et al. 2006c, Bress 2008) berücksichtigt. Untersuchungen für den Deutschen Aktienmarkt haben nämlich ergeben, dass Indexumschichtungen statistisch signifikant positive Kursreaktionen bei Unternehmen hervorrufen, die in einen Index aufgenommen werden. Dieser Effekt fällt zudem statistisch signifikant negativ bei Entnahmen aus einem Index aus (sogenannter *Indexeffekt*) (vgl. Steiner/Heinke 1997, S. 432f.; Gerke et al. 2001, S. 45ff.; Gerke/Fleischer 2003, S. 653ff.; Schmidt/Ziemer 2008, S. 688ff.). Durch die Nichtberücksichtigung von Indexeffekten könnten sich bei den in *Kapitel 7* durchgeführten Berechnungen, die kapitalmarktorientierte oder hybride Erfolgsmaße verwenden, Verzerrungen ergeben, die nicht durch die einbezogenen Kontrollvariablen und die Variablen zur Corporate Governance Berichterstattung erklärt würden, sondern in Teilen aus einem unterjährigen, in der Regel einmaligen Ereignis (Indexumschichtung) resultieren. Weiterführend basieren auch einzelne Kontrollvariablen, wie z.B. die Volatilität eines Wertpapiers auf der Entwicklung des Aktienkurses (vgl. *Kapitel 6.4.4.2*), die durch Indexeffekte ebenfalls verzerrt würden.

6.2.1.2 Praktische Entscheidungsunterstützung für die Eingrenzung der Stichprobe

Da sich dieser Effekt in bisherigen Untersuchungen für den deutschen Aktienmarkt als äußerst robust erwiesen hat (vgl. Steiner/Heinke 1997; Gerke et al. 2001; Gerke/Fleischer 2003; Schmidt/Ziemer 2008), sollen an dieser Stelle als zusätzliche praktische Entscheidungsunterstützung zu den obigen, bereits bestehenden empirischen Erkenntnissen, aus der vorliegenden Stichprobe nur exemplarisch die vier Indexumschichtungen der Deutschen Börse vom Dezember 2007 analysiert werden. Alle vier betrachteten Unternehmen waren demzufolge im Kalenderjahr 2007 durchgängig bis zu ihrer Umschichtung (Ausschluss oder Hereinnahme) in den Auswahlindizes TecDAX, MDAX oder SDAX vertreten (*Tabelle 8*).

Tabelle 8: Betrachtete Unternehmen hinsichtlich Indexeffekten

	Betroffener Index	AD (Ankündigungsdatum)	ED (Umstellungstag)
GILDEMEISTER AG	von SDAX in MDAX	05.12.2007	12.12.2007
TECHEM AG	aus MDAX	05.12.2007	12.12.2007
GPC BIOTECH AG	aus TecDAX	05.12.2007	27.12.2007
CASHLIFE AG	aus SDAX	05.12.2007	27.12.2007

Wären bis zum letzten Handelstag im Börsenjahr 2007 am 28.12.2007 abnormale (positive wie negative) Renditen der betroffenen Unternehmen festzustellen, die sich eindeutig auf Indexeffekte zurückführen lassen, würde dies, trotz nur vier betrachteter Umschichtungen, eine noch eindeutigere Entscheidungsfindung für die Eingrenzung der Stichprobe aufgrund von Indexeffekten unterstützen, die sich der Forscher aufgrund von 17 im Kalenderjahr durch Indexumschichtungen betroffenen Unternehmen nicht leicht machen will, da dies eine Reduktion der möglichen Stichprobe von 160 Unternehmen um 10,6% nach sich ziehen würde. Eine fälschlicherweise Hereinnahme von Unternehmen und die Nichtberücksichtigung von Indexeffekten würde allerdings weitaus schwerwiegendere Folgen für die empirische Untersuchung nach sich ziehen, da sich diese Indexeffekte unmittelbar auf die verwendeten hybriden und kapitalmarktorientierten Erfolgsmaße auswirken würde und folglich teilweise nicht die Relevanz guter Corporate Governance, sondern zu einem nicht unbeträchtlichen Teil die Reaktion auf eine Indexanpassung messen würde.

Nach dem klassischen Design für Ereignisstudien (vgl. MacKinlay 1997, S. 13ff.) wurde die Kapitalmarktreaktion auf Indexumschichtungen (Ereignis) in einem Zeitkorridor zwischen der Ankündigung der Indexanpassung (AD = Announcement Date) und dem realen Umstellungstag (ED = Effective Date of Change), auf Überrenditen/abnormale Renditen hin überprüft. Dabei wird zwischen Ereignis- und Schätzperioden unterschieden. Die Schätzperiode dient der Ermittlung der Gleichgewichtsrendite, die durch ein Ereignis gestört wird. In der vorliegenden Analyse existieren zwei Ereignisse: die Ankündigung der Indexumstellung und der reale Umstellungstag. Da die Ereigniszeitpunkte hier eindeutig gegeben sind bzw. bestimmt werden können, werden für die Renditeermittlung Tagesdaten verwendet, die den Vorteil aufweisen, dem Anspruch nach Stationarität entgegen zu kommen. Hier adressierte kurzfristige Kurseffekte wären bei der Verwendung von Wochen- oder Monatsdaten kaum bis gar nicht nachweisbar (vgl. Mathesius 2004, S. 93). Für alle Unternehmen wurden somit zwei Ereignisperioden bestimmt, die jeweils von zwei Schätzperioden umschlossen werden (*Abbildung 16*).

Aufgrund der eindeutigen Bestimmbarkeit der Ereignisse, die in der Regel ein großes Problem von Event Studies darstellt (vgl. Röder 2000, S. 568), reichen bereits relativ kurze Ereignis- und somit auch relativ kurze Schätzperioden[64] aus, um Aussagen über mögliche Indexeffekte machen zu können (vgl. May/Schweder-Weber 1990, S. 34). Dies erhöht zudem die statistische Güte des Tests (vgl. May 1991, S. 324), da mit zunehmender Länge der Ereignisperiode abnormale Renditen nicht mehr nachgewiesen werden können (vgl. Brown/Warner 1980, S. 224ff.). Die beiden Ereignisperoden umfassen jeweils drei Handelstage: den Ereignistag und den Handelstag vor und nach dem Ereignis. Die jeweiligen Schätzperioden umfassen jeweils zwei Handelstage und gelten als Vergleichsgrundlage für die jeweiligen Ereignisperioden. Aufgrund der zeitlichen Nähe von AD und ED bei Gildemeister und Techem fallen bei diesen Unternehmen die Schätzperioden 2 und 3 zusammen. Bei GPC Biotech und Cashlife ergeben sich unterschiedliche Schätzperioden 2 und 3. Insgesamt umfasst die Analyse bei

[64] Die Länge der Schätzperiode orientiert sich an der Länge der Ereignisperiode (vgl. May/Schweder-Weber 1990, S. 34f.).

Gildemeister und Techem somit 12 Handelstage; bei GPC Biotech und Cashlife waren dies 14 Handelstage. Dazu wurden zunächst die täglichen, um kursrelevante Kapitalveränderungen bereinigten Schlusskurse aus der Finanzmarktdatenbank *Thomson Financial Datastream* entnommen.

Abbildung 16: Zeitlicher Aufbau der betrachteten Schätz- und Ereignisperioden

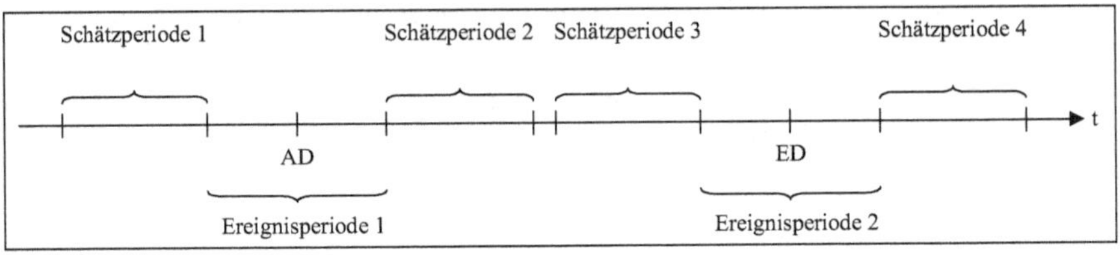

Auf dieser Basis wurde zunächst für jeden Handelstag die diskrete Rendite R berechnet, die bei Ereignisstudien der stetigen Rendite vorzuziehen ist (vgl. Barber/Lyon 1997, S. 349ff.).

$$R = \frac{(p_{i,t} - p_{i,t-1})}{p_{i,t-1}}$$

p_t: Aktienkurs der Gesellschaft zum Zeitpunkt t. Die Abnormale Rendite AR errechnet sich als Differenz zwischen tatsächlicher Rendite R und der erwarteten Rendite E[R], die sich durch das marktadjustierte Preisbildungsmodell auch als Rendite des Marktportfolios R_M darstellen lässt (vgl. Brown/Warner 1980, S. 208):

$$AR_i = R_i - E[R] = R_i - R_M$$

Als Proxy des theoretischen Konstruktes des Marktportfolios wurde für Gildemeister und Cashlife der SDAX, für Techem der MDAX und für GPC Biotech der TecDAX gewählt. Die entsprechenden Daten für die Performance der Auswahlindizes wurden ebenfalls von *Thomson Financial Datastream* bezogen. Die Berechnung ergab die in *Tabelle 9* dargestellten Ergebnisse. Bei Techem und GPC Biotech zeigen sich deutliche Kapitalmarktreaktionen hinsichtlich der durchschnittlichen absoluten, abnormalen Renditen zwischen den Ereignis- und Schätzperioden. Bei Gildemeister und Cashlife ist dies jeweils für die Ereignisperiode 2 feststellbar, wobei der messbare Unterschied bei Gildemeister von mehr als 2% gegenüber der Schätzperiode 3 und beinahe 4% gegenüber Schätzperiode 4 überaus deutlich ausfällt. Die zusätzliche Berechnung der Kursperformance über den gesamten Beobachtungszeitraum von 12 bzw. 14 Handelstagen bestätigt bei Gildemeister, Techem und GPC Biotech zudem die in den zitierten empirischen Untersuchungen erzielten Ergebnisse, nämlich eine erwartet positive abnormale Kursreaktion bei Aufnahme in einen Index bzw. Einstufung in einen höheren Index innerhalb der Indexhierarchie (Gildemeister) bzw. eine negative abnormale Kursreaktion bei Entnahme eines Wertes (Techem und GPC Biotech).[65] Die gezeigten Ergebnisse unterstützen somit exemplarisch, wenngleich aufgrund einer zu kleinen Stichprobe nicht statistisch (vgl. Bortz/Döring 2002, S. 422ff.), bisherige empirische Befunde zu Indexeffekten und unterstreichen dadurch die Entscheidung, in die Stichprobe nur Unternehmen aufzunehmen, die durchgängig über das gesamte Kalenderjahr 2007 dem gleichen Auswahlindex angehörten. Somit reduziert sich die Stichprobe um 17 Unternehmen.

Tabelle 9: Abnormale (tägliche) Renditen in den Schätz- und Ereignisperioden und abnormale Renditen über 12 bzw. 14 Handelstage

		GILDEMEISTER AG		TECHEM AG	
		Abnorm. tägliche Rendite	Ø Periode absolut	Abnorm. tägliche Rendite	Ø Periode absolut
Schätzperiode 1	AD - 3	-0,012	0,009	-0,020	0,015
	AD - 2	-0,005		0,009	
Ereignisperiode 1	AD - 1	0,013	0,019	0,031	0,019
	AD	0,029		-0,004	
	AD + 1	0,016		-0,023	
Schätzperiode 2 / Schätzperiode 3	AD + 2/ED - 3	0,023	0,034	-0,011	0,011
	AD + 3/ED - 2	0,044		0,000	
Ereignisperiode 2	ED - 1	-0,091	0,055	0,011	0,016
	ED	0,049		0,001	
	ED + 1	-0,025		0,037	
Schätzperiode 4	ED + 2	0,017	0,016	-0,018	0,015
	ED + 3	-0,014		0,012	
Abnormale Rendite Anfang Schätzperiode 1 bis Ende Schätzperiode 4			0,045		-0,075
		GPC BIOTECH AG		CASHLIFE AG	
		Abnorm. tägliche Rendite	Ø Periode absolut	Abnorm. tägliche Rendite	Ø Periode absolut
Schätzperiode 1	AD - 3	-0,016	0,015	0,135	0,093
	AD - 2	0,013		-0,051	
Ereignisperiode 1	AD - 1	0,083	0,076	0,004	0,011
	AD	-0,069		-0,001	
	AD + 1	-0,077		-0,029	
Schätzperiode 2	AD + 2	0,019	0,025	-0,009	0,019
	AD + 3	-0,030		0,029	
Schätzperiode 3	ED - 3	-0,036	0,022	-0,007	0,012
	ED - 2	-0,007		0,016	
Ereignisperiode 2	ED - 1	-0,061	0,048	-0,039	0,019
	ED	-0,045		-0,003	
	ED + 1	-0,039		-0,014	
Schätzperiode 4	ED + 2	0,036	0,027	0,017	0,015
	ED + 3	0,018		0,013	
Abnormale Rendite Anfang Schätzperiode 1 bis Ende Schätzperiode 4			-0,204		0,019

65 Auf die Anwendung des nicht-parametrischen Rangplatztests nach Corrado (vgl. Corrado 1989) wurde in Anbetracht der Stichprobengröße von lediglich vier Unternehmen verzichtet.

6.2.2 Weitere Eingrenzung der Stichprobe

Neben der Berücksichtigung potenzieller Indexeffekte wurde die Stichprobe aus den folgenden Gründen weiter eingegrenzt. So wurde die Stichprobe um 9 Unternehmen bereinigt, die im Zeitraum der Untersuchung ausländischem Recht und daher nicht dem Einflussbereich des DCGK unterlagen und auch freiwillig keine Entsprechenserklärung zum DCGK abgaben. Zusätzlich wurde die Stichprobe bezogen auf den Untersuchungszeitraum, nämlich das Kalenderjahr 2007, um 18 weitere Unternehmen mit einem unterjährigen Geschäftsjahresende bereinigt. Dies war nötig, da hier entsprechend vergleichbares Zahlenmaterial zu einzelnen Erfolgs- und Kontrollvariablen bezogen auf den Stichtag 31.12.2007 nicht zur Verfügung stand.

Tabelle 10: Stichprobe der empirischen Untersuchung

DAX	TecDAX	MDAX	SDAX
Adidas AG	ADVA Optical Networking AG	Aareal Bank AG	Balda AG
Allianz SE	Aixtron AG	AMB Generali Holding AG	Bauer AG
BASF AG	Bechtle AG	AWD Holding AG	BayWa AG
Bayer AG	Conergy AG	Bilfinger Berger AG	C.A.T. Oil AG
BMW AG	Drägerwerk AG	Celesio AG	Colonia Real Estate AG
Commerzbank AG	Ersol Solar Energy AG	Deutsche EuroShop AG	Comdirect Bank AG
Continental AG	IDS Scheer AG	Deutz AG	CTS Eventim AG
Daimler AG	Kontron AG	Fraport AG	Curanum AG
Deutsche Bank AG	MorphoSys AG	Fresenius SE	D+S Europe AG
Deutsche Börse AG	Nordex AG	GEA Group AG	Deutsche Wohnen AG
Deutsche Lufthansa AG	Pfeiffer Vacuum Technology AG	Hannover Rück AG	DIC Asset AG
Deutsche Post AG	Q-Cells AG	Heidelberg Cement AG	Dyckerhoff AG
Deutsche Postbank AG	Qiagen N.V.	Hochtief AG	Elexis AG
Deutsche Telekom AG	QSC AG	Hugo Boss AG	ElringKlinger AG
E.ON AG	Singulus Technologies AG	IVG Immobilien AG	EM.Sport Media AG
Fresenius Medical Care AG&Co. KG	Software AG	K+S AG	Fielmann AG
Linde AG	SolarWorld AG	Krones AG	Fuchs Petrolub AG
MAN AG	Solon AG	KUKA AG	GfK AG
Metro AG	United Internet AG	Lanxess AG	Grammer AG
Münchener Rück AG	Wirecard AG	Leoni AG	Grenkeleasing AG
RWE AG		MLP AG	H&R Wasag AG
SAP AG		MTU Aero Engines Holding AG	HCI Capital AG
TUI AG		Pfleiderer AG	Indus Holding AG
Volkswagen AG		Praktiker Bau- und Heimwerkermärkte Holding AG	Interhyp AG
		Premiere AG	Jungheinrich AG
		ProSiebenSat1 Media AG	Koenig & Bauer AG
		Puma AG	Medion AG
		Rheinmetall AG	MPC AG
		Rhön-Klinikum AG	Rational AG
		Salzgitter AG	Sixt AG
		SGL Carbon AG	TAG Immobilien AG
		Stada Arzneimittel AG	TAKKT AG
		Vossloh AG	Vivacon AG
		Wacker Chemie AG	
26	20	34	33
$\Sigma = 113$			

Die Stichprobe wurde weiterhin um zwei Unternehmen bereinigt, die entgegen der Mehrheit der nach IFRS bilanzierenden Unternehmen, nur nach US-GAAP bilanzierten, sprich auch nicht freiwilllig zusätzlich nach IFRS bilanzierten. Diese Eingrenzung wurde vorgenommen, da für die Untersuchung relevante auf den Jahresabschluss bezogene Erfolgs- und Kontrollvariablen, die nach unterschiedlichen Bilanzierungsregeln bewertet bzw. angesetzt werden, nicht vergleichbar wären (vgl. Ballwieser 1997; Werner/Zimmermann 2009). Zudem wurde ein Unternehmen[66] aus der Stichprobe entfernt, da aufgrund von unterjähriger Insolvenz kein auf das Kalenderjahr (in diesem Falle gleichbedeutend mit dem Geschäftsjahr) bezogener Geschäftsbericht und Jahresabschluss mehr erstellt wurde bzw. öffentlich nicht zur Verfügung stand. Aufgrund der beschriebenen Gründe für die Reduzierung der Stichprobe von ursprünglich 160 Unternehmen ergab sich eine um 47 Unternehmen reduzierte Stichprobe von insgesamt 113 Unternehmen (DAX: 26; TecDAX: 20; MDAX: 34; SDAX: 33; *Tabelle 10*). An die Beschreibung der Stichprobe anknüpfend, erfolgt mit der Entwicklung und dem Einsatz des Ratinginstrumentariums zur Bewertung der unternehmensspezifischen Corporate Governance Berichterstattung nach wissenschaftlichen Qualitätsstandards eines der Kernstücke dieser Arbeit. Nach der Vorstellung der eingesetzten Methodik der Inhaltsanalyse werden zunächst Problemkreise bei der Entwicklung eines Ratinginstrumentariums aufgezeigt.

6.3 Entwicklung und Einsatz des Ratinginstrumentariums

„Gegenstandsangemessenheit von Methoden und Theorien, die Berücksichtigung und Analyse unterschiedlicher Perspektiven sowie … Reflexion des Forschers über die Forschung als Teil der Erkenntnis“ (Flick 2007, S. 26). Dies ist eine häufig verwendete Charakterisierung qualitativer Forschung. Während quantitative Forschung mit einer statistikbasierten Erklärungsstrategie einher geht, versucht qualitative Forschung bestimmte Sachverhalte mit Hilfe von verbalen Beschreibungen zu interpretieren. Entscheidend ist somit vielmehr die Erklärungsstrategie, die Forschung als qualitativ oder quantitativ kategorisiert, als die Art der verwendeten Daten (vgl. Eisenhardt/Graebner 2007, S. 28), da qualitative Forschung auch auf quantitative Daten zurückgreifen kann, und umgekehrt (vgl. Wilhelm 2009, S. 143). Dadurch kann auch die oftmals angeführte, stark ideologiegeleitete Unvereinbarkeit von qualitativer und quantitativer Forschung gelöst werden (vgl. Gläser/Laudel 2006, S. 26).

6.3.1 Empirische Methode der Inhaltsanalyse

Die Entwicklung des Instrumentariums zur Analyse von deklarierter Compliance zum DCGK und Transparenz der Corporate Governance Berichterstattung folgt der empirischen Methode der Inhaltsanalyse, die eine Forschungsmethode zur objektiven und systematischen Beschrei-

[66] Das zu dieser Zeit im SDAX notierte Unternehmen Thielert.

bung von Kommunikationsinhalten darstellt (vgl. Berelson 1952, S. 18). Dabei steht ein Kategorienschema im Zentrum der Systematisierung, das der Kodierung der kommunikativen Inhalte dient (vgl. Friedrichs 1990, S. 314ff.). Zielsetzung der Inhaltsanalyse ist es, relevante Merkmale hinsichtlich einer konkreten Problemstellung zu beschreiben, wobei diese Merkmale durch Kategorien erfasst werden, die in einem Kategoriensystem zusammengefasst werden (vgl. Bilandzic et al. 2001, S. 98). Das Kategoriensystem stellt daher das methodische Herzstück der Inhaltsanalyse dar, denn „content analysis stands or falls by its categories" (Berelson 1971, S. 147). Bei einer Inhaltsanalyse ist aber auch die Herkunft der Daten von entscheidender Bedeutung, da das Datenmaterial selbst die Kategorienbildung und letztlich die zu treffenden Schlussfolgerungen beeinflussen kann. Insbesondere in der Corporate Governance Forschung werden unterschiedliche Datenquellen für eine Inhaltsanalyse herangezogen, wie die Diskussion zwischen Solicited und Unsolicited Ratings zeigen wird (vgl. *Kapitel 6.3.3.1*). Im Verlauf der Arbeit wird sich herausstellen, dass Inhaltsanalyse für eine Forschungsmethodik steht, die qualitative und quantitative Untersuchungsschritte verbindet. Während die Kategorienbildung und die Kategorienzuordnung zum Datenmaterial qualitative Untersuchungsschritte darstellen, werden die anschließend zu bildenden Kategorienhäufigkeiten und deren Auswertung quantitativ vollzogen (vgl. Mayring 2005, S. 9).

6.3.2 Ablaufmodell deduktiv-induktiver Kategorienbildung

Im Rahmen der Inhaltsanalyse findet durch die Kategorienbildung eine Verdichtung des untersuchungsrelevanten Datenmaterials statt. Dabei wird die Kategorienbildung in der Methodenliteratur kontrovers im Spannungsfeld zwischen *deduktiver* (theoriegeleiteter) und *induktiver* (empiriegeleiteter) Forschung diskutiert (vgl. Holsti 1969, S. 101f.; Harris 1996, S. 463): Theoriegeleitete Standard-Kategorien haben aus wissenschaftlicher Sicht den Vorteil, dass sie über verschiedene empirische Studien hinweg eingesetzt werden können und sich durch den vielfachen Einsatz die Genauigkeit des Systems verbessern kann. Eigenentwickelte Kategorien haben hingegen aus Sicht des Forschers den Vorteil, die Kategorien exakt an den untersuchungsspezifischen Gegenstand anpassen zu können. Sie tragen dadurch zur Originalität der Untersuchung bei (vgl. Holsti 1969, S. 101). Für die vorliegende Untersuchung existiert aufgrund der Neuartigkeit des Untersuchungsgegenstandes, insbesondere der Transparenz der Corporate Governance Berichterstattung, kein adäquates Kategorienschema, welches deshalb für den Untersuchungszweck systematisch entwickelt werden muss. Dabei orientiert sich das weitere Vorgehen an dem von Mayring vorgeschlagenen Ablaufmodell deduktiv-induktiver Kategorienbildung (vgl. Mayring 2005, S. 11ff.; *Abbildung 17*). Nach der Festlegung des Untersuchungsgegenstandes erfolgt die Bestimmung von Hauptkategorien zunächst deduktiv. Anschließend werden aus dem zu kodierenden Datenmaterial relevante Kommunikationsbausteine entnommen und im Rahmen eines Kodierprozesses induktiv (im Sinne zusammenfassender Inhaltsanalyse) ein Schema aus Unterkategorien mit festen Kodierregeln entwickelt, die den abstrakter gehaltenen Hauptkategorien zugeordnet werden. Daran anknüpfend erfolgt die Auswertung des Datenmaterials auf Grundlage des entwickelten Kodierbuches[67] (*Anhang 1*) durch zwei unabhängige Kodierer getrennt voneinander. Über einen Rückkoppelungsprozess im Ablaufmodell ist das Material sowohl selbst Untersuchungsgegenstand als auch die Grundlage zur Bestimmung des Untersuchungsgegenstandes.

Abbildung 17: Ablaufmodell deduktiv-induktiver Kategorienbildung

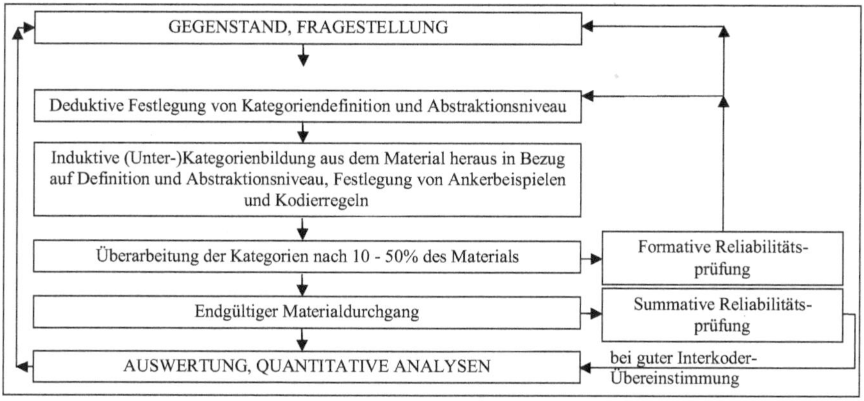

(Quelle: in Anlehnung an Mayring 2005, S. 12)

Diese *deduktiv-induktive* Vorgehensweise hat für die Qualität der Untersuchung folgende Vorteile: Zur Gewährleistung von *Reliabilität*, sprich der Genauigkeit und Zuverlässigkeit der Messung, der Konstanz der Messbedingungen und der systematischen Zuordnung von Werten (vgl. Lamnek 2005, S. 166), erscheinen aus der Theorie übernommene Standard-Kategorien einerseits am sinnvollsten. Zur Gewährleistung von *Validität*, der Gültigkeit, mit der die angewandten Instrumente die jeweiligen Merkmale zu erfassen beanspruchen, sollen andererseits untersuchungsspezifische Messsysteme entwickelt werden, die den Kern der zu untersuchenden Phänomene umfassen (vgl. Krippendorff 1980, S. 130; Druckman/Hopmann 2002). Der gewählte deduktiv-induktive Ansatz soll somit die Vorteile beider Ansprüche vereinen. Das Kategorienschema kann zudem flexibel in mehreren Schritten auf das zu untersuchende Phänomen angepasst werden. Aufgrund von steigender Komplexität des Kategorienschemas aus

67 Über die Beschaffenheit eines Kodierbuches zur Erreichung möglichst hoher Reliabilitätskoeffizienten existieren keine allgemeingültigen Erkenntnisse (vgl. Schöneck/Voß 2005, S. 90ff.; Brosius et al. 2008, S. 158f.; Früh 1998, S. 149ff.). Ein stark ausdifferenziertes Kodierbuch lässt zwar theoretisch eine hohe instrumentelle und intersubjektive Reliabilität vermuten, die allerdings praktisch durch die Entwicklung heuristischer Entscheidungsprozesse zu umgehen versucht werden wird. Allerdings dürfte auch ein gerade wenig ausdifferenziertes Kodierbuch die Entwicklung heuristischer Entscheidungen fördern, was ebenfalls zu weniger systematischen und homogenen Kodierentscheidungen führt und somit eine geringe instrumentelle und intersubjektive Reliabilität fördert. Es muss somit für die Ausdifferenziertheit des Kodierbuches ein mittlerer Bereich gefunden werden, der allerdings stark vom Untersuchungsgegenstand abhängt. Somit sind hierzu keine generellen Empfehlungen abzuleiten (vgl. Wirth 2001, S. 175f.).

Gründen der Steigerung von Validität (im Sinne von Präzision) zu ungunsten des Anspruchs der Reliabilität (gleiche Kodierentscheidungen von mehreren Kodierern werden unwahrscheinlicher), sind möglichst präzise und differenzierte Kodierregeln empfohlen (vgl. Srnka/ Koeszegi 2007, S. 37). Daher kam im Rahmen der vorliegenden Untersuchung der Kodierschulung und der Sorgfalt im Kodierprozess besondere Bedeutung zu, die durch eine konsequente Reliabilitätsprüfung unterstützt wurde (*Abbildung 17*).

6.3.3 Problemkreise bei der Entwicklung von Governance Ratinginstrumenten

Die nunmehr folgende Beschreibung orientiert sich an *vier zentralen Problemkreisen*, die im Zusammenhang mit der Entwicklung und dem Einsatz von Kategoriensystemen in der Corporate Governance Forschung, den sogenannten *Ratingsystemen*, vielfach in der Literatur diskutiert werden (vgl. unter anderem Bassen et al. 2006b, S. 81ff.) und in der vorliegenden Untersuchung so als Basis für eine mögliche Verbesserung im Untersuchungsdesign berücksichtigt werden. Herausforderungen ergeben sich im Anstoß des Ratings (Solicited versus Unsolicited; *Kapitel 6.3.3.1*), in der systematischen Planung, Auswahl und Erhebung des Datenmaterials (*Kapitel 6.3.3.2*), in der Offenlegung und Erklärung von Haupt- und Unterkategorien (*Kapitel 6.3.3.3*) sowie der Einhaltung wissenschaftlicher Gütekriterien (*Kapitel 6.3.3.4*).

6.3.3.1 Solicited versus Unsolicited Ratings

Der erste Aspekt befasst sich mit dem Anstoß des Ratings als kritischem Qualitätsargument. Dabei wird gemeinhin zwischen Solicited, d.h. von Unternehmen beantragten, in Auftrag gegebene Ratings, und Unsolicited, antragslosen Ratings unterschieden (vgl. Dimitrakopoulos/ Spahr 2003, S. 151f.). Koehn und Ueng kritisieren in diesem Zusammenhang, dass bei Unsolicited Ratings keinerlei interne Informationen, z.B. in Form von Interviews mit Vorstandsmitgliedern, in den Ratingprozess einbezogen werden (vgl. Koehn/Ueng 2007, S. 62). Diese Ansicht wird hier nicht vertreten, da sie einerseits nicht dem Verständnis und dem Forschungsgegenstand von Transparenz als freiwillige (für interessierte Investoren frei zugängliche) Offenlegung von Corporate Governance Information entsprechen. Andererseits wird Solicited Ratings, bei denen Rating Agenturen meist von den zu ratenden Unternehmen bezahlt werden, welche dadurch meist ein positives Rating erwarten, keine ausreichende Informationseffizienz für den Kapitalmarkt besonders hinsichtlich Corporate Governance zugesprochen (vgl. Schredelseker 2008, S. 181). So fanden Bannier und Tyrell Evidenz dafür, dass meist Unternehmen mit positiven Informationen Ratings beantragen, um dies dann durch ein positives Ratingergebnis bestätigt zu bekommen (vgl. Bannier/Tyrell 2005). Konsequenterweise würden so Unternehmen mit positiverer Information auch besser geratet, als diejenigen mit schlechterer Information. Unternehmen könnten dadurch gezielt durch Informationszurückhaltung und gleichzeitig punktuellem Streuen positiver Information das Ratingergebnis zu ihren Gunsten lenken (vgl. Daily et al. 2003, S. 379). Diese Vermutung bestätigen auch neueste Untersuchungen von Behr und Güttler, die zudem zeigen, dass Unsolicited Ratings dem Kapitalmarkt durchaus bewertungsrelevante Information liefern, im Speziellen wenn sich Unternehmensratings im Laufe der Zeit verändern (vgl. Behr/Güttler 2008). Unsolicited Ratings werden hier somit auch aufgrund ihrer höheren Objektivität bevorzugt (vgl. Bassen et al. 2006d, S. 551), da sie von Unternehmen nicht manipulierbar sind und alle betrachteten Unternehmen mit einem einheitlichen Maßstab, ohne gezielte Beschönigungen, bewerten. Bei der Betrachtung von Solicited Corporate Governance Ratings in Deutschland, wie dem von Werder und Talaulicar vermuten die Autoren ebenfalls, dass gerade die Unternehmen mit höherer Compliance zu den Regeln des DCGK weitaus häufiger an ihrer Studie teilnehmen, als Unternehmen mit niedrigerer Compliance (vgl. Werder/Talaulicar 2008)[68]. Diese Vermutung war mitunter auch ausschlaggebend, nicht auf die Methodik Fragebogenerhebung zurückzugreifen, sondern die Inhaltsanalyse anzuwenden, um einen *Sample Selection Bias* weitestgehend zu vermeiden (*Kapitel 4.2.3.3*).

6.3.3.2 Systematische Planung, Auswahl und Erhebung des Datenmaterials

Bei qualitativen Untersuchungsschritten ist eine systematische und nachvollziehbare Vorgehensweise unerlässlich (vgl. Kassarjian 1977, S. 9). Diese fehlte bei bisherigen empirischen Corporate Governance Ratings häufig (vgl. Bassen et al. 2006b). Die folgende Darstellung und Offenlegung der systematischen Planung und Durchführung der Datensammlung dient einerseits dem *Reliabilitätsziel* qualitativer Forschung, d.h. der Replikation der Untersuchungsergebnisse in Nachfolgestudien mit den gleichen Restriktionen wie in der vorliegenden Untersuchung (vgl. Volmerg 1983, S. 126). Andererseits dient dies auch dem Ziel der *Generalisierbarkeit* (vgl. Miles/Huberman 1994, S. 18), sprich dem begründeten Ziehen von Schlüssen der hier untersuchten Stichprobe auf größere Grundgesamtheiten (vgl. Lamnek 2005, S. 180), beispielsweise auf den gesamten deutschen Aktienmarkt.

In deduktiven Vorüberlegungen erfolgte zunächst die *Definition des zentralen Forschungsgegenstandes*, nämlich der Corporate Governance Berichterstattung. Diese bestimmte als Selektionskriterium das mittels Inhaltsanalyse zu analysierende Ausgangsmaterial (vgl. Mayring 2003, S. 76). Bei der *Auswahl des Datenmaterials* wurde die durch Bassen et al. geprägte Perspektive eines informierten Investors[69] gewählt, da Corporate Governance in Deutschland seit der Entwicklung des DCGK zum einen stark kapitalmarktgetrieben ist (vgl. Bassen et al. 2006c, S. 383) und zum anderen mit der Zielsetzung der Untersuchung konform geht, eine

68 Ähnlich äußern sich auch Drobetz et al., die ebenfalls ein Fragebogenverfahren einsetzen (vgl. Drobetz et al. 2004, S. 9).

69 Vgl. dazu die Einschränkung in *Kapitel 8.3.3*.

mögliche Beziehung der durch das Instrumentarium erfassten Aspekte mit (kapitalmarktorientierten bzw. für den Kapitalmarkt relevanten) Erfolgsvariablen zu erforschen. Die *Art der Datenerhebung* als ein wesentliches Kriterium für die Kategorisierung von Corporate Governance Ratings erfolgte nach dem sogenannten *Modeling Ansatz*, d.h. Daten wurden originär, als Primärdaten, ausschließlich für den Ratingzweck erhoben (vgl. Dallas 2004, S. 28ff.): Untersuchungsbasis und Ausgangsmaterial für die Entwicklung des Instrumentariums und die anschließende Analyse der Corporate Governance Berichterstattung bildeten aus der Perspektive eines informierten Investors alle von den Unternehmen bereitgestellten, frei verfügbaren Informationen. Dies waren die Entsprechenserklärung, Geschäftsbericht, Corporate Governance Bericht, Vergütungsbericht, Tagesordnung der Hauptversammlung, interne Verhaltenskodizes, Satzung, sowie Informationen auf den Internetseiten[70] der Unternehmen. Auch Werder und Grundei betonen die Wichtigkeit, öffentliche Daten im Rahmen von deutschen Corporate Governance Ratings zu analysieren und schlagen dabei deckungsgleich das zuvor genannte Datenmaterial zur näheren Analyse vor (vgl. Werder/Grundei 2003, S. 689).

6.3.3.3 Offenlegung von Haupt- und Unterkategorien empirischer Ratings

Die bislang mangelnde Offenlegung von Haupt- und Unterkategorien empirischer Ratings und deren Bewertung sind Aspekte, die häufig im Rahmen empirischer Corporate Governance Ratings kritisiert wird. Es wäre in der vorliegenden Untersuchung paradox, Transparenzgesichtspunkte zu analysieren und gleichzeitig selbst die Analysekriterien nicht transparent offen zu legen (vgl. Bassen et al. 2006b, S. 86). Dazu zählt auch, den Entwicklungsprozess der Kategorien sowie die theoretischen und empirischen Grundlagen der Kategorienbildung offen zu legen. Das hier vorgestellte Instrumentarium hebt sich durch die systematische Zusammenstellung seiner Haupt- und Unterkategorien vom Großteil der wissenschaftlichen und privatwirtschaftlichen Corporate Governance Ratings ab, die meist nur eine Ansammlung unterschiedlichster Einzelkriterien bilden (vgl. Larcker et al. 2005, S. 1). Dies erschwert deren Nachvollziehbarkeit sowie die Übertragbarkeit deren darin jeweils getroffenen Schlussfolgerungen. Im Folgenden wird daher das vollständige Rating-Instrumentarium der Compliance

---

70 Auf Grundlage von Stichworten wie z.B. „Corporate Governance", „Kodex", „Entsprechung", „Empfehlungen", „Anregungen", „Compliance", „Vorstand", „Aufsichtsrat" und unterschiedlichen Kombinationen von Suchbegriffen wurde auf den Internetseiten der Unternehmen gezielt nach Informationen zu den gestellten Forschungsaspekten gesucht. Die dabei vorgefundenen Informationen erwiesen sich für die Beantwortung der Forschungsaspekte aufgrund weitestgehend freier Gestaltbarkeit durch die Unternehmen als relativ schwer vergleichbar (vgl. auch Graf/Stiglbauer 2008a, S. 608) und machte das Herausfiltern relevanter Informationen mitunter recht mühsam.
Zudem wurde bei der vorliegenden Untersuchung die mögliche Dynamik des elektronischen Mediums „Internetseite von Unternehmen" berücksichtigt (vgl. Fard-Yazdani 2002, S. 78; Ruda/Pfeffer 2003, S. 74). So wurde stichprobenartig über das Jahr 2007 verteilt, analysiert, ob die für diese Untersuchung relevanten Inhalte einer entsprechenden Dynamik seitens der Unternehmen unterworfen sind. Dies kann verneint werden. Die Corporate Governance Berichterstattung von Unternehmen auf ihren Internetseten erwies sich im Zeitrahmen zwischen 01.01.2007 und 31.12.2007 nur wenig dynamisch, ohne wesentliche Änderungen in der textuellen Gestaltung.

Scorecard und der Transparency & Disclosure Scorecard präsentiert. Ergänzend theoretische und empirische Erkenntnisse dargelegt, die zur Validierung der getroffenen Auswahl beitragen. Dadurch können beide Instrumente als nachvollziehbarer Maßstab und Ausgangspunkt qualitativ hochwertiger Corporate Governance Ratings künftiger Forschungsprojekte dienen.

6.3.3.4 Berücksichtigung wissenschaftlicher Gütekriterien

Die Qualität eines Untersuchungsinstruments lässt sich über sogenannte *Gütekriterien* messen und bewerten. Die zentralen Aussagen der klassischen Gütekriterien Objektivität, Reliabilität und Validität (vgl. Denzin/Lincoln 1994, S. 100) lassen sich auch zum Teil auf qualitative Forschungsdesigns „verlängern" (Wrona 2006, S. 207), wobei darüber hinaus zusätzlich Qualitätsstandards speziell für die qualitative Forschung entwickelt wurden (vgl. Mayring 2002, S. 144ff.; Lamnek 2005, S. 146ff.). Diese quantitativen wie qualitativen Kriterien wurden im Rahmen der Instrumentenentwicklung berücksichtigt und dienen im Folgenden der Qualität und dem „wissenschaftlichen Fortschritt" (Wrona 2006, S. 190) der Untersuchung. Bei der Entwicklung eines Kategoriensystems ergibt sich im Bezug auf die Einhaltung der Gütekriterien ein klassisches Dilemma, zwischen dem Anspruch möglichst hohe Reliabilität und hohe Validität zu gewährleisten (vgl. Holsti 1969, S. 98; *Kapitel 6.3.2*). Während die Reliabilität mit einer geringen Anzahl an Kategorien steigt, sinkt zugleich die Gültigkeit und Aussagekraft (Validität) der zu erwartenden Untersuchungsergebnisse, da der durch das Kategoriensystem erfassbare Gegenstand auf ein „tendenziell simples Raster vergröbert [wird]" (Merten 1995, S. 308). Kodierschemata können einerseits, abhängig vom Forschungsgegenstand, sehr komplex sein und daher unpraktikabel werden oder andererseits bei fehlender Komplexität und Differenziertheit von ihrer Aussagekraft her bedeutungslos werden (vgl. Harris 1996). Der Ansatz, dem die Entwicklung des vorliegenden Instrumentariums folgt, hat die Intention, ein ausgewogenes Verhältnis zwischen der Maximierung von Komplexität (dies fördert die theoretische Relevanz der Erkenntnisse) und der Maximierung der Handhabbarkeit (dies fördert die Reliabilität, im Sinne der (Wieder-)Anwendung des Instrumentariums) herzustellen. Die Art, wie der Problemkreis der Einhaltung wissenschaftlicher Gütekriterien bei der vorliegenden Instrumentenentwicklung konkret gelöst wird, soll in den folgenden Ausführungen, beginnend mit dem Gütekriterium der Objektivität, beschrieben werden.

6.3.4 Gewährleistung der Untersuchungsgüte bei der Instrumentenentwicklung

6.3.4.1 Objektivität

Objektivität als Basiskategorie wissenschaftlicher Forschung ist dann gegeben, „wenn die inter-individuelle Zuverlässigkeit bzw. Nachprüfbarkeit derart gegeben ist, dass unter ceterisparibus-Bedingungen verschiedene Forscher zu dem selben empirisch gewonnenen Resultat gelangen“ (Lamnek 1980, S. 104f.). Übertragen auf die Inhaltsanalyse zielt das Qualitätskriterium Objektivität darauf ab, dass die Methode möglichst unabhängig von subjektiven Einflüssen der Forscher entwickelt wurde (vgl. Wrona 2006, S. 207) und somit intersubjektiv nachvollziehbar und dadurch auch reproduzierbar, kommunizierbar und kritisierbar ist (vgl. Früh 1998, S. 37; Kolbe/Burnett 1991, S. 246). Eine mangelnde Objektivität würde mit einer offensichtlichen Einschränkung der Aussagekraft einer Inhaltsanalyse einhergehen (vgl. Früh 1998, S. 37). Aus der psychologischen Testtheorie lassen sich die drei Dimensionen der Objektivität auch für die qualitative Forschung anwenden: Durchführungs-, Auswertungs- und Interpretationsobjektivität (vgl. Lamnek 2005, S. 173):

Durchführungsobjektivität, verstanden als die Unabhängigkeit der Untersuchungsergebnisse von (un-)bewussten Verhaltensweisen (vgl. Lamnek 2005, S. 173), lässt sich im Rahmen qualitativer Analyseprozesse nur schwer erreichen (vgl. Brühl/Buch 2006, S. 25), da „Subjektivität Teil der Methodologie ist“ (Wrona 2006, S. 207). Gleichwohl existieren auch innerhalb der qualitativen Forschung Versuche zur Gewährleistung von Durchführungsobjektivität (vgl. Wrona 2006, S. 207). Wie das Beispiel der regelgeleiteten Inhaltsanalyse von Mayring (vgl. Mayring 2005, S. 10ff.; *Abbildung 17*) zeigt, kann dieses Verfahren dazu beitragen, dass verschiedene Analytiker zu ähnlichen Ergebnissen kommen. Als eine andere Möglichkeit zur Herstellung von Durchführungsobjektivität gilt die Offenlegung von Subjektivität durch die Dokumentation des Analyseprozesses (vgl. Wrona 2006, S. 207). Zu diesem Zweck wird dem Leser der vorliegenden Arbeit unter anderem das vollständige Instrumentarium, ebenso, wie das Kodierbuch mit den Kodierregeln, den -anweisungen und -beispielen zugänglich gemacht (*Anhang 1*). An dieser Stelle sei hervorgehoben, dass subjektive Einflüsse und interindividuelle Unterschiede im Entwicklungsstadium des Erhebungsinstruments sogar sinnvoll zu dessen Weiterentwicklung genutzt werden können und in diesem Rahmen auch nicht vollständig unterbunden werden sollen. So empfehlen Lisch und Kriz, von einer „totale[n] Gleichschaltung der Reaktionen mehrerer Kodierer“ (Lisch/Kriz 1978, S. 89) durch übermäßige Selektion und Schulung abzurücken und unterschiedliche Interpretationen von Kodierern als Verbesserungspotenziale für das zu entwickelnde Erhebungsinstrumentarium zu begreifen und sich dadurch dem Qualitätsstandard „Gültigkeit“ schrittweise anzunähern (vgl. Früh 1998, S. 172).

Weiterhin wurde auf größtmögliche *Auswertungs- und Interpretationsobjektivität* geachtet. Auswertungsobjektivität ist gegeben, wenn unterschiedliche Auswerter bei gleichem Test und derselben Stichprobe zum gleichen Auswertungsergebnis gelangen, während Interpretationsobjektivität eine Einschränkung des Variationsspielraums in der Interpretation bedeutet (vgl. Lamnek 2005, S. 173). Neben den bereits beschriebenen schriftlich fixierten Kodieranweisungen im Kodierbuch gestaltet sich die Auswertung sowie die Interpretation der Inhaltsanalyse durch eine Zuweisung von binären Punktwerten zu den Unterkategorien (bei Erfüllung/Entsprechung zu einer Unterkategorie wurde der Wert 1 zugewiesen; bei Nicht-Erfüllung/Nicht-Entsprechung der Wert 0, später noch „0-1 Schema" genannt) sehr robust gegenüber Kodierfehlern. Die binäre Entscheidungsmethodik bietet sich somit gerade bei Forschungsgegenständen an, die eine große Anzahl an Kategorien benötigen.[71] Die binäre Spaltung des Entscheidungsprozesses ermöglicht dem Kodierer zudem, sich auf eine separate Entscheidung zu fokussieren und dabei die Kriterien für die Entscheidung jeweils schrittweise zu überprüfen. Dies wird durch die Ausrichtung der Unterkategorien „auf objektive Sachverhalte ... die prinzipiell auf Richtigkeit überprüft werden können" (Drobetz et al. 2004, S. 10) unterstützt. Im Rahmen der Kategorien(weiter)entwicklung hat die binäre Spaltung zudem den großen Vorteil, schnell und präzise Unterschiede in der Bewertung einzelner Beurteiler zu identifizieren. Eine nicht-binäre Spaltung erfordert aufwändigere Diskussionen der Kodierer, um die Quelle der Nicht-Übereinstimmung zu identifizieren (vgl. Holsti 1969, S. 138f.). Darüber hinaus erfolgt in manchen Untersuchungen eine zusätzliche Gewichtung der Hauptkategorien. Teilweise werden einzelne Unterkategorien mit 0,5 gewichtet.[72] Dieses Vorgehen kann zwar eine differenziertere Analyse fördern (vgl. Bassen et al. 2006d, S. 552); mangels theoretischer Fundierung der Gewichtung wird allerdings ein derartiges Wertungssystem (vgl. Quick/Knocinski 2006, S. 620) als nicht sinnvoll erachtet (vgl. Bortz/Döring 2006, S. 181f.). Es erfolgt daher korrespondierend zu Drobetz et al. eine Gleichgewichtung der Unterkategorien (vgl. Drobetz et al. 2004, S. 9).

6.3.4.2 Validität

Validität zeigt an, ob das Instrumentarium das misst, was es messen soll (vgl. Bortz/Döring 2006, S. 200). Sie ist das Gütekriterium für die Gültigkeit bzw. für die Aussagekraft der zu erwartenden Untersuchungsergebnisse (vgl. Bortz/Döring 2006, S. 53). Die qualitative Forschung stellt bei der Validitätsbetrachtung vor allem den sozialen Diskurs und die interpersonale Validierung in den Mittelpunkt (vgl. Brühl/Buch 2006, S. 31; Lamnek 2005, S. 161ff.). Das Validitätskonzept lässt sich in unterschiedliche Varianten präzisieren, wobei im folgenden Abschnitt die für die vorliegende Untersuchung zu berücksichtigenden Validierungsformen präsentiert werden. Damit wird das Ziel verfolgt, eine möglichst hohe Gültigkeit der gewonnenen Erkenntnisse zu erreichen.

Die Nutzung von Experten kann für Validierungsprozesse besonders lohnend sein. Dabei wird das Erhebungsinstrument Experten vorgelegt, die dessen Gültigkeit auf Grundlage ihrer Informationen, ihrer wissenschaftlichen Erkenntnisse, ihrer Erfahrungen und mittels Plausibilität

[71] Die in dieser Untersuchung verwendeten Instrumente Compliance Scorecard bzw. Transparency & Disclosure Scorecard bestehen aus 94 bzw. 38 Unterkategorien

[72] Siehe DVFA-Scorecard.

beurteilen (vgl. Lamnek 2005, S. 151). Verharrungstendenzen und feste Denkmuster, die sich beim Forscher im Untersuchungsverlauf einstellen, können durch heterogene und kritische Anstöße von außen aufgebrochen werden (vgl. Bortz/Döring 2006, S. 335). Die *Expertenvalidierung* (*Expert Validity*) wurde im Rahmen unterschiedlicher Vorstudien genutzt (vgl. Graf/ Stiglbauer 2007, Graf/Stiglbauer 2008a; Graf/Stiglbauer 2008b; Graf/Stiglbauer 2008c). Dabei wurden entweder einzelne Unterkategorien oder beide Instrumente von insgesamt sechs unabhängigen Experten, die als Gutachter doppelt-blind referierter, nationaler und internationaler wirtschaftswissenschaftlicher Fachzeitschriften fungierten, begutachtet und als valide eingestuft. Durch die erstellten Gutachten erlangte der Forscher nützlichen Input für die Weiterentwicklung des Instrumentariums.[73]

Zusätzlich wurde die *Argumentative Validierung* als Verfahren herangezogen, die nach dem Prinzip der argumentativen Konsensbildung mit außenstehenden Laien und Kollegen funktioniert (vgl. Bortz/Döring 2006, S. 328). Die Argumentation bildet folglich das Vehikel für den Validierungsprozess (vgl. Lamnek 2005, S. 156). Wie bereits bei der Expertenvalidität wurden die Vorannahmen und Entscheidungsregeln gegenüber dem Koautor der zuvor genannten Studien und zwischen den beteiligten Kodierern offen gelegt und teilweise auch revidiert bzw. abgewandelt. Fehlender Konsens wurde als Anlass zur Überarbeitung und Veränderung der fraglichen Interpretationen genommen.

Als weitere Validierungsform fungieren *Triangulationsverfahren* mit dem Ziel durch die Einbeziehung verschiedener Datenquellen Stärken sowie Schwächen in der jeweiligen Untersuchungsart zu erkennen (vgl. Lamnek 2005, S. 158). Triangulation versucht somit für dieselbe Fraugestellung unterschiedliche Lösungsansätze zu finden und die Ergebnisse zu vergleichen (vgl. Mayring 2002, S. 147), um dadurch zu validen Erkenntnissen zu gelangen. Diese Methode impliziert auch eine Gegenüberstellung qualitativer und quantitativer Analysemethoden. Im Rahmen der Entwicklung der Compliance Scorecard wurde ein Abgleich mit Untersuchungen vollzogen, die ebenfalls Compliance erfassen. Entsprechende Studien zur Erfüllung der Regeln des DCGK werden jährlich vom BCCG mit unterschiedlicher Methodik (einem Fraugebogenverfahren), aber mit gleich strengen Regeln der Bewertung und ebenfalls nach dem binären „0-1 Schema" durchgeführt.[74] Die zu der vorliegenden Untersuchung korrespondierende Untersuchung von Werder und Talaulicar ergibt starke Übereinstimmungen mit der vorliegenden Untersuchung hinsichtlich der Entsprechung zu den Kodexempfehlungen in den einzelnen Auswahlindizes (vgl. Werder/Talaulicar 2008). Hinsichtlich der Anregungen ist diese Form der Validitätsbestimmung nicht geeignet, da die Entsprechung zu diesen häufig

[73] Beispielsweise wurde von einem anonymen Gutachter der Zeitschrift für Corporate Governance (ZCG) angeregt, bei der Kodierung die „Leitmaxime einer möglichst zurückhaltenden Einschätzung der Kodexakzeptanz" (Werder/Talaulicar 2007, S. 869) anzuwenden. Das BCCG wertet in nicht eindeutigen Fällen oder nur teilweiser Erfüllung von Empfehlungen die betroffene Empfehlung als nicht befolgt.

[74] Dieses wird auch von Goncharov et al. und Black et al. gewählt (vgl. Goncharov et al. 2006, S. 437; Black et al. 2006a, S. 375).

nur nach Aufforderung (wie im zitierten Fragebogenverfahren), aber vielfach nicht freiwillig (wie durch das vorliegende Instrumentarium erhoben) kommuniziert wird.

Angestrebt wurde auch eine *Prozedurale Validierung* im Sinne einer prozeduralen Verlässlichkeit (vgl. Flick 2007, S. 501). Diese wird durch die Berücksichtigung von Forschungsprozess-Regeln (*Regelgeleitetheit*) oder bisheriger Erfahrungen der Forschungspraxis gewährleistet (vgl. Lamnek 2005, S. 147). Dies betrifft zunächst die Festlegung des heranzuziehenden Untersuchungsmaterials zur Entwicklung des Kategorienschemas. Nach der Empfehlung von Srnka und Koeszegi, wurde das gesamte Untersuchungsmaterial herangezogen, denn „using all the material helps to capture all the relevant contents of the qualitative material and to avoid selection bias" (Srnka/Koeszegi 2007, S. 37). Als weiteres Beispiel für ein regelgeleitetes Vorgehen ist das eingesetzte deduktiv-induktive Ablaufmodell zu Kategorienbildung anzuführen. Eine möglichst genaue (Verfahrens-)Dokumentation der Entscheidungs- und Interpretationsregeln durch die Kodierer (vgl. Ryan/Bernard 1998, S. 276f.) stellte eine weitere Regel dar und betraf die frühzeitige Festlegung von Ankerbeispielen (vgl. dazu das Ablaufschema von Mayring 2005, S. 12), aber auch das Festhalten von kritischen Fällen (vgl. Lamnek 2005, S. 146). Zudem lag ein weiteres Kriterium trotz unabhängig voneinander durchgeführter Kategorienentwicklung und Kodierung in der frühzeitigen Suche des Forschers nach Feedback bei Kollegen und anerkannten Experten.

6.3.4.3 Reliabilität

„Reliabilität (Zuverlässigkeit) gibt den Grad der Messgenauigkeit (Präzision) eines Instrumentes an" (Bortz/Döring 2002, S. 195) und ist ein notwendiges, wenn auch nicht hinreichendes Kriterium, das von essentieller Bedeutung ist (vgl. Neuendorf 2002, S. 142), wenn die methodische Güte von Inhaltsanalysen beurteilt werden soll (vgl. Riffe et al. 2005, S. 123). Nach Krippendorff gelten die Reproduzierbarkeit (besser bekannt als Interkoder Reliabilität) und die Genauigkeit (auch instrumentelle Reliabilität genannt) (vgl. Kolb 2004, S. 337) als stärkste Verfahren zur Reliabilitätstestung (vgl. Krippendorff 1980, S. 131f.).

In der vorliegenden Untersuchung wurde ausschießlich auf Interkoder Reliabilität getestet, da die Überprüfung auf instrumentelle Reliabilität die Existenz eines Messstandards voraussetzt, mit dem die Ergebnisse der Kodierung im Rahmen der Compliance Scorecard und der Transparency & Disclosure Scorecard zu vergleichen wären. Abweichungen voneinander würden dann Aufschluss über die Messgenauigkeit von Compliance Scorecard und der Transparency & Disclosure Scorecard geben. Derartige Messinstrumente in Form von Standards existieren bislang nicht. Die Transparenz der Corporate Governance Berichterstattung ist in Deutschland bislang ein weitestgehend unberührtes Forschungsgebiet. Das Instrumentarium (Fragebogen) des BCCG zur Überprüfung der Kodexakzeptanz ist aufgrund der beschriebenen Problematik

„Solicited versus Unsolicited Ratings“ (*Kapitel 6.3.3.1*) und der Nicht-Verfügbarkeit unternehmensindividueller Daten (das BCCG weist nur Daten in aggregierter Form aus) kein geeigneter Vergleichsmaßstab (vgl. Daily et al. 2003, S. 379). Der Zugang zur Ermittlung der Reliabilität führt daher über die zu beobachtende (Nicht-)Übereinstimmung zwischen unabhängigen Kodierern, sprich die Interkoder-Reliabilität, die untrennbar mit der Qualität einer Inhaltsanalyse verbunden ist (vgl. Riffe et al. 2005, S. 124). Für diese muss gezeigt werden, dass „obtained ratings are not the idiosyncratic results of one rater's subjective judgment“ (Tinsley/Weiss 1975, S. 359).

Das Erreichen eines akzeptablen Reliabilitätsniveaus ist aus zwei Gründen von außerordentlicher Relevanz. *Erstens* implizieren gute Reliabilitätswerte eine erste Basisvalidierung des Kodierungsschemas (vgl. Wirtz/Caspar 2002, S. 15; Neuendorf 2002, S. 142), denn es lässt sich ableiten, ob das eingesetzte Instrumentarium unabhängig vom Forscher von anderen Analytikern eingesetzt werden kann (vgl. Neuendorf 2002, S. 142). *Zweitens* sind gute Reliabilitätsmaße Grundvoraussetzung für die spätere Identifikation von signifikanten Zusammenhängen (vgl. Wirtz/Caspar 2002, S. 16; Rust/Cooil 1994, S. 11). So gilt: „If the coding ist not reliable, the analysis cannot be trusted“ (Singletary 1993, S. 294). Das exakte Vorgehen zur Überprüfung der Interkoder Reliabilität und deren Ergebnisse werden separat und entsprechend dem Forschungsverlauf in unmittelbarer Nähe zur Entwicklung beider Instrumente beschrieben.

6.3.5 Entwicklung der Compliance Scorecard

6.3.5.1 Bildung von Haupt- und Unterkategorien

Bei der Entwicklung der Compliance Scorecard (*Tabelle 11*) fand gemäß des Forschungsfokuses eine namentliche Übernahme der sechs Hauptkategorien des DCGK statt, die somit die sechs Hauptkategorien der Compliance Scorecard repräsentieren: (I) Aktionäre und Hauptversammlung, (II) Zusammenwirken von Vorstand und Aufsichtsrat, (III) Vorstand, (IV) Aufsichtsrat, (V) Transparenz und (VI) Rechnungslegung und Abschlussprüfung. Bislang haben sich schon zahlreiche Veröffentlichungen mit dem Inhalt des DCGK beschäftigt (vgl. unter anderem Pfitzer et al. 2005) und die Compliance Scorecard bildet in ihren Unterkategorien dessen Empfehlungen und Anregungen ab. Zu deren exakter Identifizierung war allerdings dennoch eine detaillierte Analyse des DCGK in der Version 2006[75] nötig, da der DCGK nicht explizit einzelne Regeln konkret hervorhebt, sondern in seiner Systematik Empfehlungen des DCGK im Text durch die Verwendung des Begriffes „Soll“ und Anregungen durch „Sollte“

[75] Gültig bis 19. Juli 2007 (*Anhang 2*).

oder „Kann" kennzeichnet (vgl. DCGK 2006, S. 2).[76] Mangels eindeutiger Zuweisung einer bestimmten Kodexregel zu einer bestimmten Ziffer (die Kodexnummerierung ist dafür nicht ausreichend), bei gleichzeitig inhaltlicher Verquickung von einzelnen Regeln unter einer Kodexziffer, wurde daher bereits in früheren Beiträgen (vgl. Claussen/Bröcker 2002; Peltzer 2002; Seibt 2002) eine unterschiedliche Anzahl von Empfehlungen und von Anregungen des DCGK berichtet (vgl. Werder et al. 2003, S. 1858).

Aus diesem Grunde wurde der DCGK systematisch, Satz für Satz, nach den Termini „Soll", als generelles Anzeichen für eine Empfehlung und „Sollte" oder „Kann", als generelles Anzeichen für eine Anregung (vgl. Werder/Talaulicar 2003b) durchsucht. Bei der Abgrenzung von Empfehlungen und Anregungen wurde im Sinne induktiver Kategorienbildung die Abgrenzung von Kodexregeln durch die untersuchten Unternehmen im Rahmen ihrer Entsprechenserklärungen und Corporate Governance Berichte als Entscheidungsgrundlage herangezogen, um „eine möglichst genaue Erfassung der erklärten Kodexentsprechungen [zu] ermöglichen" (Werder et al. 2003, S. 1858). Jede als Empfehlung und Anregung identifizierte Regel wurde mit einer Ziffer versehen.

Im Ergebnis ergaben sich 77 Empfehlungen und 17 Anregungen, also insgesamt 94 Regeln (im Sinne von Unterkategorien) als Basis der Compliance Scorecard. Da der Kodex, wie bereits angesprochen, jährlich überprüft und gegebenenfalls angepasst wird, ist für ähnliche Forschungsvorhaben empfohlen, die jeweils betroffene Kodexversion zunächst nach dem gleichen Muster zu analysieren. Das angewandte Vorgehen der Analyse des DCGK führte zu folgender Compliance Scorecard (ausführlicher *Anhang 3*). Diese wurde von zwei Inhaltsanalytikern[77] unabhängig voneinander ausgewertet[78] und die Ergebnisse auf Interkoder Reliabilität getestet.

---

[76] Es wurde nicht die Version 2007 herangezogen, da hierzu unternehmensseitige Informationen meist erst gegen Jahresende oder erst im Jahr 2008 zugänglich waren. Die Corporate Governance Berichte, in denen Unternehmen zu den Kodexregeln der Version 2007 Stellung beziehen sollen, waren gänzlich erst in den Geschäftsberichten im Jahr 2008 zugänglich. Ein Einbezug von nach dem Stichtag 31.12.2007 veröffentlichten Informationen, wie z.B. in einer vergleichbaren Studie von Bassen et al. 2006b, S. 383, erfolgte nicht, um die Ergebnisse nicht zu verzerren.

[77] Der Einsatz von mehreren Kodierern hat den zusätzlichen praktischen Vorteil, dass das zu kodierende Material zwischen den Kodierern aufgeteilt werden kann. Dies ermöglicht die Analyse eines noch umfangreicheren Datenmaterials. Die Ergebnisse müssen allerdings dann miteinander abgeglichen werden (vgl. Neuendorf 2002, S. 142).

[78] Für die Entsprechenserklärungen bezogen auf die Kodexversion 2007, die vor dem 31.12.2007 verfügbar waren, erfolgte zudem ein Abgleich mit der jeweiligen Entsprechenserklärung zur Kodexversion 2006. Dabei konnte auf Grundlage identischer Kodexziffern kein Unterschied bei der Compliance zur Kodexversion 2006 festgestellt werden. Die Compliance zum DCGK verändert sich also im Zeitablauf kaum, wodurch die gleichlautende These von Black et al. bestätigt wird (vgl. Black et al. 2006b, S. 660). Zu diesem Ergebnis kommt auch Bress, der hinsichtlich der deklarierten unternehmensindividuellen Compliance zu den Regeln des DCGK im Zeitablauf ebenfalls nur marginale Unterschiede feststellt. Beim Vergleich zwischen deklarierter Compliance zu den Regeln der Kodexversion 2002 und der zu den Regeln der Kodexversion 2003 ergab seine Untersuchung einen Korrelationskoeffizienten von 0,92 (vgl. Bress 2008, S. 142, 162).

Tabelle 11: Compliance Scorecard basierend auf dem DCGK 2006

COMPLIANCE SCORECARD							
	E/A	Nr.	Kodexziffer		E/A	Nr.	Kodexziffer
I	AKTIONÄRE UND HAUPTVERSAMMLUNG						
I.1	A	1	2.2.4 S2	I.5	E	5	2.3.3 S2
I.2	E	2	2.3.1 S3	I.6	E	6	2.3.3 HS3.1
I.3	E	3	2.3.2	I.7	A	7	2.3.3 HS3.2
I.4	E	4	2.3.3 S1	I.8	A	8	2.3.4
II	ZUSAMMENWIRKEN VON VORSTAND UND AUFSICHTSRAT						
II.1	E	9	3.4 (3) S1	II.5	E	13	3.8 (2)
II.2	A	10	3.6 (1)	II.6	E	14	3.10 S1/S2
II.3	A	11	3.6 (2)	II.7	A	15	3.10 S3
II.4	A	12	3.7 (3)	II.8	E	16	3.10 S4
III	VORSTAND						
III.1	E	17	4.2.1 S1	III.10	E	26	4.2.3 (4)
III.2	E	18	4.2.1 S2	III.11	E	27	4.2.5 (1)
III.3	E	19	4.2.2 (1) HS1	III.12	E	28	4.2.5 (2) S1
III.4	E	20	4.2.2 (1) HS2	III.13	E	29	4.2.5 (2) S2
III.5	E	21	4.2.3 (2) S1	III.14	E	30	4.2.5 (3) S2
III.6	A	22	4.2.3 (2) S2	III.15	E	31	4.3.4 S1
III.7	E	23	4.2.3 (3) S2	III.16	E	32	4.3.4 S3
III.8	E	24	4.2.3 (3) S3	III.17	E	33	4.3.5
III.9	E	25	4.2.3 (3) S4				
IV	AUFSICHTSRAT						
IV.1	E	34	5.1.2 (1) S2	IV.20	E	53	5.4.2 S3
IV.2	A	35	5.1.2 (1) S3	IV.21	E	54	5.4.2 S4
IV.3	A	36	5.1.2 (2) S1	IV.22	E	55	5.4.3 S1
IV.4	E	37	5.1.2 (2) S2	IV.23	E	56	5.4.3 S2
IV.5	E	38	5.1.2 (2) S3	IV.24	E	57	5.4.3 S3
IV.6	E	39	5.1.3	IV.25	E	58	5.4.4 S1
IV.7	E	40	5.2 (2) S1	IV.26	E	59	5.4.4 S2
IV.8	A	41	5.2 (2) S2	IV.27	E	60	5.4.5 S2
IV.9	E	42	5.2 (3) S1	IV.28	A	61	5.4.6
IV.10	E	43	5.2 (3) S3	IV.29	E	62	5.4.7 (1) S3
IV.11	E	44	5.3.1 S1	IV.30	E	63	5.4.7 (2) S1
IV.12	E	45	5.3.2 S1	IV.31	A	64	5.4.7 (2) S2
IV.13	E	46	5.3.2 S2	IV.32	E	65	5.4.7 (3) S1
IV.14	A	47	5.3.2 S3	IV.33	E	66	5.4.7 (3) S2
IV.15	A	48	5.3.3 S1	IV.34	E	67	5.4.8
IV.16	A	49	5.3.4	IV.35	E	68	5.5.2
IV.17	E	50	5.4.1 S1	IV.36	E	69	5.5.3 S1
IV.18	E	51	5.4.1 S2	IV.37	E	70	5.5.3 S2
IV.19	E	52	5.4.2 S1	IV.38	E	71	5.6
V	TRANSPARENZ						
V.1	E	72	6.3 S2	V.6	E	77	6.6 (3)
V.2	E	73	6.4	V.7	E	78	6.7
V.3	E	74	6.5	V.8	E	79	6.8 S1
V.4	E	75	6.6 (2) S1	V.9	E	80	6.8 S2
V.5	E	76	6.6 (2) S2	V.10	A	81	6.8 S3
VI	RECHNUNGSLEGUNG UND ABSCHLUSSPRÜFUNG						
VI.1	E	82	7.1.1 S2	VI.8	E	89	7.1.5
VI.2	E	83	7.1.1 S3	VI.9	E	90	7.2.1 (1) S1
VI.3	E	84	7.1.2 S3.1	VI.10	E	91	7.2.1 (1) S2
VI.4	E	85	7.1.2 S3.2	VI.11	E	92	7.2.1 (2)
VI.5	E	86	7.1.3	VI.12	E	93	7.2.3 (1)
VI.6	E	87	7.1.4 S1	VI.13	E	94	7.2.3 (2)
VI.7	E	88	7.1.4 S3				

E/A = Empfehlung/Anregung

6.3.5.2 Testung auf Interkoder Reliabilität

Bei der Testung auf Interkoder Reliabilität wird die Indifferenz des Messergebnisses gegen unterschiedliche Beurteiler (Kodierer) vorausgesetzt, wenn diese im Rahmen einer Inhaltsanalyse parallel und unabhängig voneinander das gewählte, auszuwertende Material nach gleichen Regeln/Kriterien kodieren sollen (vgl. Krippendorff 1980, S. 72).

In einem ersten Schritt galt es entsprechend des Ablaufschemas von Mayring (*Kapitel 6.3.2*) die formative Reliabilität des Instrumentariums Compliance Scorecard zu überprüfen, die entsprechend auch beim Instrumentarium „Transparency & Disclosure Scorecard" getestet wird. Diese Testung sollte, wie im Ablaufmodell von Mayring dargestellt, nach der Kodierung von ca. 10-50% des Materials erfolgen. In der vorliegenden Untersuchung wurden dazu die Ergebnisse der Kodierer nach der Kodierung der DAX und TecDAX Unternehmen miteinander verglichen. Die DAX und TecDAX Unternehmen (n = 46) repräsentieren zusammen 40,71% der Gesamtstichprobe (N = 113). Zudem wird in der Literatur als Mindestgröße für einen statistischen Vergleich zweier Kodierungen ein ungefährer Richtwert von ca. 30-50 Nennungen pro Variable angeführt (vgl. Früh 1998, S. 166), der durch n = 46 ebenfalls erfüllt wird. Nach der Prüfung der formativen Reliabilität ist nach möglicher Anpassung des Kodierschemas und der Kodierregeln eine summative Reliabilitätsprüfung über die gesamte Stichprobe durchzuführen. Überlegungen zur Operationalisierung der Interkoder-Reliabilität sind bereits bei Lasswell und Janis et al. zu finden (vgl. Lasswell 1942; Janis et al. 1943). Hart schlägt dazu die Berechnung spezifischer Korrelationskoeffizienten vor, die jedoch mindestens ordinal skalierte Daten voraussetzen (vgl. Hart 1932). Für das bei Kodierungen am häufigsten auftretende (vgl. Merten 1995, S. 305) und auch bei der Compliance Scorecard vorliegende Nominalskalen-Niveau (hier mit der Besonderheit natürlich dichotomer Merkmale) (vgl. Bortz/Döring 2006, S. 507f.) sind seither zahlreiche Koeffizienten zur Messung der Übereinstimmung zwischen zwei oder mehreren Kodierern vorgeschlagen worden (vgl. Fleiss 1975; Popping 1988, S. 97ff.; Bortz et al. 2008, S. 450). In der Scientific Community konnte sich bislang aber kein einheitliches, *bestes* Übereinstimmungsmaß zur Evaluierung von induktiv gewonnenen oder adaptierten Kategorien etablieren. Conger und Ward beschreiben entsprechend 17 Maße zur Bestimmung der Konkordanz zweier Beurteiler auf Basis von binären Daten (vgl. Conger/ Ward 1984). Im Folgenden soll daher ein Set von Übereinstimmungsmaßen auf die Kodierungen angewendet werden. Dieses Set umfasst die in der Inhaltsanalyse am häufigsten eingesetzten Maße (vgl. Popping 1988, S. 90, 96; Milne/Adler 1999, S. 239f.; Kolb 2004, S. 337) über deren Ergebnisse die Interkoder-Reliabilität zunächst beim Einsatz der Compliance Scorecard und später auch beim Einsatz der Transparency & Disclosure Scorecard diskutiert werden. Die Auswahl folgt dabei der Empfehlung von Krippendorff, „[to] compute several agreement coefficients and … find a balance between conservative [e.g. Cohen's κ] and liberal coefficients [e.g. Holsti's R]" (Krippendorff 2004, S. 422). Bei der Analyse möglicher Abweichungsursachen zwischen Hauptkodierer 1, der das Untersuchungsmaterial selbst erhoben hat und zudem als Forscher der vorliegenden Untersuchung mit dem Untersuchungsmaterial vertrauter war und einen tieferen Einblick in die Materie aufweist und Kodierer 2, wurde eine von Mayring vorgeschlagene Methode gewählt, die auch Elemente diskursiver Validierung beinhaltet. Dabei wird beim Vergleich der Ergebnisse beider Kodierer eine Auswertung nur dann als Nicht-Übereinstimmung gewertet, wenn Kodierer 2 den Hauptkodierer 1 davon überzeugen kann, seine Auswertung nicht gemäß dem Material oder den aufgestellten Kodierregeln vorgenommen zu haben. Die mangelnde Einsicht in Material oder Kodierregeln von Kodierer 2 und eine daraus resultierende Abweichung seiner Auswertung vom Hauptkodierer 1 wird bei der Reliabiliätsberechnung nicht berücksichtigt (vgl. Mayring 2005, S. 13).

6.3.5.3 Eingesetzte Koeffizienten zur Messung der Beurteilerübereinstimmung

Ein Koeffizient zur Messung der Beurteilerübereinstimmung wurde von Holsti vorgeschlagen. Der Holsti-Koeffizient R setzt die Anzahl gleichartiger Entscheidungen zweier Kodierer in Bezug zur Summe aller Entscheidungen (vgl. Holsti 1963, S. 49; Merten 1995, S. 305). Holsti's R kann theoretisch einen Wert zwischen 0,00 (keine Übereinstimmung) und 1,00 (perfekte Übereinstimmung) annehmen (vgl. Neuendorf 2002, S. 149). R errechnet sich über:

$$R = \frac{2(C_{1,2})}{(C_1 + C_2)}$$

$C_{1,2}$ = Anzahl der übereinstimmenden Kodierentscheidungen beider Kodierer; C_1 = Zahl der Kodierentscheidungen von Kodierer 1; C_2 = Zahl der Kodierentscheidungen von Kodierer 2. Da dieses anschauliche Maß allerdings den Nachteil besitzt, zufällige Übereinstimmungen zwischen den Kodierern nicht zu berücksichtigen (sprich: ein oder beide Kodierer können ein zu bewertendes Merkmal zufällig der gleichen Kategorie zugeordnet haben)[79] und eine statistische Absicherung über den McNemar-Test zudem zu falschen Ergebnissen führt[80] (vgl. Bortz et al. 2008, S. 450f.), gilt es im Folgenden Maße zu betrachten, welche diesen Effekt mit einbeziehen. Der prozentuale Anteil zufälliger Übereinstimmungen fällt dabei umso höher aus, je weniger Entscheidungsspielraum dem Kodierer zur Verfügung steht (vgl. Bortz/Döring 2002, S. 277). Dies ist bei der hier vorliegenden Entscheidungssituation „erfüllt - nicht erfüllt" gegeben. Gleichzeitig steigt jedoch mit zunehmender Anzahl der (Unter-)Kategorien (hier immerhin 94) auch die Wahrscheinlichkeit für Kodierfehler. Dies führt zu sinkender

---

79 Trotz dieses Nachteils fanden Hughes und Garrett in ihrer Stichprobe von Artikeln aus der Marketingforschung heraus, dass 65% der verwendeten Reliabilitätskoeffizienten einfache prozentuale Übereinstimmungen, wie durch den Holsti-Koeffizienten berechnet, waren (vgl. Hughes/Garrett 1990, S. 186).

80 Der McNemar-Test basiert lediglich auf den diskordanten und berücksichtigt nicht die eigentlich interessierenden konkordanten Urteile (vgl. Bortz et al. 2008, S. 451).

Wahrscheinlichkeit einer Übereinstimmung zwischen den Kodierern (vgl. Milne/Adler 1999, S. 241). Die bekanntesten und in der Forschung am häufigsten eingesetzten Maße für die Korrektur von Zufallsübereinstimmungen (vgl. Milne/Adler 1999, S. 251; Srnka/Koeszegi 2007, S. 38; Zwick 1988, S. 374) sind Scott's π (vgl. Scott 1955), das ihm verwandte Cohen's κ (vgl. Cohen 1960, S. 40) und Krippendorff's α (vgl. Krippendorff 1980, S. 138ff.). Cohen's κ und Scott's π errechnen sich als:

$$\kappa = \pi = \frac{(p_0 - p_c)}{(1 - p_c)}$$

p_0 = relativer Anteil der Übereinstimmungen zwischen den beiden Kodierern; p_c = relativer Anteil der Übereinstimmungen bei zufälligem Rateverhalten. κ und π unterscheiden sich bei der Definition der zufälligen Übereinstimmung p_c zwischen den Kodierern.[81] Zudem wird π im Gegensatz zu κ unter Annahme von Homogenität bei der Kategorienwahl zwischen den Kodierern berechnet (vgl. Gwet 2001, S. 64; Neuendorf 2002, S. 150). Kann von Homogenität bei der Kategorienwahl zwischen den Kodierern nicht ausgegangen werden, so gilt π gegenüber κ als konservativer (im Sinne von sicherer und vorsichtiger), und ist dem in der Literatur stärker verbreiteten κ im Zweifel vorzuziehen (vgl. Milne/Adler 1999, S. 240). Krippendorff's α wiederum ist unabhängig vom Skalenniveau und auch für mehr als 2 Kodierer einsetzbar. Es berücksichtigt ebenfalls Zufallsübereinstimmungen und zusätzlich das Ausmaß an Nicht-Übereinstimmungen zwischen den Kodierern. α errechnet sich als:

$$\alpha = 1 - \frac{D_0}{(D_e)}$$

D_0 = beobachtete Nicht-Übereinstimmung zwischen den Kodierern; D_e = erwartete Nicht-Übereinstimmung zwischen den Kodierern.

6.3.5.4 Ergebnisse und Diskussion der formativen Reliabilität

Die Berechnung der formativen Reliabilität zu den Kodierergebnissen beider Kodierer ergab die in *Tabelle 12* dargestellten Werte. Dabei zeugen die ähnlichen Ergebnisse für π und κ davon, dass beide Kodierer die einzelnen Kategorien der Compliance Scorecard ähnlich häufig vergeben haben (vgl. Wirtz/Caspar 2002, S. 60). In der Literatur werden für die Bewertung von Reliabilitätskoeffizienten vielfach Empfehlungen für Mindesthöhen abgegeben, sprich konkrete Grenzwerte festgelegt, die erfüllt sein müssen, um von guter oder schlechter Übereinstimmung sprechen zu können. Die theoretische Spanne der Koeffizienten π, κ und α liegt

[81] Vgl. die Ausführungen von Wirtz und Caspar (vgl. Wirtz/Caspar 2002, S. 57).

zwischen +1,00 (perfekte Übereinstimmung) und -1,00 (komplette Nicht-Übereinstimmung) (vgl. Milne/Adler 1999, S. 250; Wirtz/Caspar 2002, S. 59). Landis und Koch interpretieren κ-Werte in der Spanne 0,00-0,20 als schwach, 0,21-0,40 als ausreichend, 0,41-0,60 als moderat, 0,61-0,80 als beträchtlich und κ-Werte von 0,81-1,00 als nahezu perfekt (vgl. Landis/Koch 1977, S. 165). Autorenabhängig werden bereits π- und κ-Werte von größer 0,70 bzw. 0,75 als (sehr) gute und exzellente Übereinstimmung gewertet (vgl. Fleiss/Cohen 1973, S. 618; Bortz/ Döring 2002, S. 277; Bakeman/Gottman 1986, S. 82). Andere Autoren wiederum sprechen erst bei κ-Werten größer 0,80 bzw. 0,85 von sehr guter und exzellenter Übereinstimmung (vgl. Popping 1988, S. 101; Brett et al. 1998, S. 415; Funkhouser/Parker 1968, S. 122). Für Krippendorff's α werden, ähnlich zu κ und π, Werte zwischen 0,75 und 0,80 als gute Übereinstimmung angegeben (vgl. Milne/Adler 1999, S. 251).[82]

Tabelle 12: Formative Reliabilität: Compliance Scorecard

HAUPTKATEGORIE	R	π	κ	α
I	0,935	0,811	0,786	0,705
II	0,918	0,804	0,763	0,714
III	0,972	0,817	0,811	0,791
IV	0,952	0,808	0,794	0,698
V	0,985	0,871	0,867	0,834
VI	0,999	0,947	0,946	1,000
Gesamt	0,961	0,825	0,814	0,741

Die formative Reliabilitätsprüfung ergab für π, κ und α nach den in der Literatur genannten Grenzwerten mit Ausnahme von Krippendorff's α bei Kategorie I, II, IV und für das Gesamtinstrument (wobei auch diese α-Werte nahezu gute Übereinstimmung aufweisen) eine gute bis sehr gute/exzellente Übereinstimmung zwischen den Kodierern. Ergebnisse für Reliabilitätskoeffizienten sind allerdings auch stets in Abhängigkeit vom zu kodierenden Objekt und den Merkmalsausprägungen zu interpretieren (vgl. Wirtz/Caspar 2002, S. 59f.). Die jeweilige Festlegung der Grenzwerte für die Beurteilung der Güte der Übereinstimmung zwischen zwei Kodierern hängt zudem von der individuell erwarteten Übereinstimmung bzw. dem Güteanspruch des Forschers an sein Kodierinstrumentarium ab (vgl. Wirth 2001, S. 173). Die hohen Werte der Reliabilitätskoeffizienten zwischen 0,741 und 0,825 erschienen bei der vorliegenden Untersuchung noch nicht zufrieden stellend. Zwick empfiehlt sogar, selbst marginale Nicht-Übereinstimmungen dahingehend zu überprüfen, ob sie wichtige Unterschiede zwischen den Kodierern oder lediglich Zufallsfehler darstellen (vgl. Zwick 1988, S. 377). Aufgrund der starren Vorgaben durch die Empfehlungen und Anregungen des DCGK ergaben sich bei den zu untersuchenden Merkmalen instrumentell keine Anknüpfungspunkte für Änderungen an den (Unter-)Kategorien des Kodierschemas (vgl. Wirtz/Caspar 2002, S. 59). Somit wurde Ursachenforschung beim Kodierprozess betrieben. Für eine Analyse wurden detail-

[82] Entsprechend weisen Lombard et al. auf die Lücke bisheriger Forschung hin, eine einheitliche Entscheidungsregel zu entwickeln, welche die Vor- und Nachteile jedes Reliabilitätskoeffizienten berücksichtigt (vgl Lombard et al. 2002, S. 600).

liert die Reliabilitätswerte aller 94 Unterkategorien überprüft. Während geringe Reliabilitätswerte bei wenigen Unterkategorien leichter erklärt werden könnten, wären geringe Reliabilitätswerte über mehrere Unterkategorien viel bedeutender, da sie auf systematisch unterschiedliche Einschätzungen über das gesamte Instrument Compliance Scorecard hindeuten würden (vgl. Milne/Adler 1999, S. 250). Bei 18,09% der Unterkategorien (*Anhang 4*) fanden sich Reliabilitätswerte für alle Reliabilitätskoeffizienten unter der Grenze von 0,70 und für 27,66% mindestens für einen Reliabilitätskoeffizienten Werte unter der Grenze von 0,80. Dies weist auf systematisch unterschiedliche Einschätzungen der Kodierer hin.

6.3.5.5 Analyse möglicher Ursachen für Interkoder Abweichungen

Aufgrund der nicht zufrieden stellenden Werte für die formative Reliabilität wurden diskussionswürdige Sachverhalte und Ursachen für Diskrepanzen (*Tabelle 13*) in einem nächsten Schritt, entsprechend den Empfehlungen in der einschlägigen Fachliteratur, zwischen beiden Kodierern gemeinsam erörtert (vgl. Mayring 2003, S. 74ff.; Mayring 2005, S. 11ff.).

Tabelle 13: Identifizierte Ursachen für Abweichungen zwischen Kodierer 1 und Kodierer 2

	BESCHREIBUNG	BEISPIEL
1	Falsche Angabe der Kodexziffer durch Unternehmen => Falsche Zuordnung der Kodexziffer im Kriterienkatalog durch Kodierer 2, ohne weitere Prüfung auf Korrektheit	CONTINENTAL: Ziffer 5.4.4 angegeben, obwohl inhaltlich 5.4.6 adressiert
2	Sammelnennung von Kodexziffern durch Unternehmen mit verbaler Beschreibung => Falsche Zuordnung. Komplette Zustimmung oder Ablehnung zu mehreren Kodexziffern durch Kodierer 2, obwohl verbale Beschreibung durch Unternehmen nur 1 Kodexziffer betrifft und nicht mehrere	QIAGEN: Nur Ziffer 4.2.3 Abs. 3 genannt; umfasst 5 Empfehlungen und 1 Anregung
3	Sammelnennung von Kodexziffern durch Unternehmen ohne verbale Beschreibung => Falsche Zuordnung. Zustimmung oder Ablehnung nur zu einer Kodexziffer durch Kodierer 2	SINGULUS TECH.: Nur Ziffer 5.3.2 genannt (2 Empfehlungen und 1 Anregung)
4	Ziehen von Schlüssen auf Empfehlungen/Anregungen aufgrund der Ablehnung von inhaltlich verwandter Empfehlung/Anregung, obwohl von Unternehmen nicht als Zustimmung/Abweichung deklariert => Falsche Zuordnung der Kodexziffer durch Kodierer 2 ohne exakte Prüfung, welche Einzelziffer betroffen.	DRÄGERWERK: Ablehnung von Ziffer 2.3.3 Satz 3, 1. HS wird auf Ziffer 2.3.3 Satz 3, 2. HS übertragen
5	Entsprechenserklärungen, die sich auf 2 Kalenderjahre überlappend beziehen => Falsche Zuordnung der Kodexziffer durch Kodierer 2, ohne Differenzierung zwischen Kalenderjahren	EON: Ziffer 3.8 Abs. 2
6	Anregungen als erfüllt gewertet, obwohl faktisch keine Zuordnung zu einzelnen Anregungen möglich => Erfüllung der Anregungen von Kodierer 2 für Unternehmen zu positiv gewertet, im Vergleich zu Unternehmen ohne Aussage zu Anregungen	EUROSHOP: Eine Anregung explizit genannt, Übertrag auch auf restliche
7	Aktualisierte Angaben im Geschäftsbericht mit anderen Aussagen als bei der ursprünglichen Entsprechenserklärung => Falsche Zuordnung durch Kodierer 2 aufgrund inkonsistentem Datenmaterial	LANXESS: Ziffer 5.4.7 Abs. 2 Satz 1
8	Information zu Anregungen nur im Geschäftsbericht => Falsche Zuordnung bei alleiniger Beachtung der Entsprechenserklärung durch Kodierer 2	IDS SCHEER: Ziffer 6.8 Satz 3, Ziffer 2.3.4 Satz 1

Das Kodierschema wurde aufgrund dieser Diskrepanzen entsprechend präzisiert und angepasst (vgl. Mayring 2003, S. 74ff.; Mayring 2005, S. 11ff.; Srnka/Koeszegi 2007, S. 36f.). Da ein Kodierer unerfahrener hinsichtlich Datenmaterial und Kodierbuch war, erklärt dies zum Teil auch die beschriebenen Abweichungen zwischen Kodierer 1 und Kodierer 2. Die vorliegenden Ergebnisse gehen dabei konform mit Erkenntnissen zu Beobachterübereinstimmungen zwischen erfahrenen und weniger erfahrenen Kodierern, die Milne und Adler bei der Inhaltsanalyse von Geschäftsberichten gemacht haben (vgl. Milne/Adler 1999, S. 251f.). Eine Häufung von Abweichungen in den beschriebenen Fällen wurde diskutiert und entsprechend in das Kodierbuch integriert. Als Konsequenz vor allem auf die Abweichungsursachen zwei bis sechs wird die „Leitmaxime einer möglichst zurückhaltenden Einschätzung der Kodexakzeptanz" (Werder/Talaulicar 2007, S. 869) des BCCG nochmals betont. Dieses wertet in nicht eindeutigen Fällen oder nur teilweiser Erfüllung von Empfehlungen die betroffene Empfehlung als nicht befolgt. Dies wird gleichermaßen auch für die Anregungen empfohlen. Mit der Ergänzung des Kodierbuches um diese offensichtlich schwierigen Fälle, ist bei der summativen Reliabilitätsprüfung über alle Unternehmen zu erwarten, dass nunmehr für alle Fälle des Untersuchungsmaterials gleichermaßen leichte Kodierentscheidungen möglich sind. Sollten sich hingegen weitere Kodierprobleme häufen, müsste das Kodierbuch ein weiteres Mal überarbeitet werden (vgl. Kolb 2004, S. 339).

6.3.5.6 Ergebnisse der summativen Reliabilitätsprüfung

Nach erneutem, voneinander unabhängigem, Materialdurchgang durch die beiden Kodierer, ergaben sich bei der Bestimmung der summativen Reliabilität für R, κ, π und α die in *Tabelle 14* dargestellten Werte (die Differenz der jeweiligen Reliabilitätskoeffizienten im Vergleich zur formativen Reliabilität ist in Klammern dargestellt).

Tabelle 14: Summative Reliabilität: Compliance Scorecard

HAUPTKATEGORIE	R	π	κ	α
I	0,969 (0,034)	0,925 (0,114)	0,907 (0,121)	0,897 (0,192)
II	0,960 (0,042)	0,916 (0,112)	0,879 (0,121)	0,877 (0,163)
III	0,986 (0,014)	0,916 (0,099)	0,912 (0,111)	0,914 (0,123)
IV	0,974 (0,022)	0,920 (0,112)	0,909 (0,115)	0,903 (0,205)
V	0,993 (0,008)	0,959 (0,088)	0,957 (0,090)	0,951 (0,117)
VI	0,999 (0,000)	0,992 (0,045)	0,992 (0,046)	1,000 (0,000)
Gesamt	0,980 (0,019)	0,930 (0,105)	0,923 (0,109)	0,913 (0,172)

Für alle Kategorien ergaben sich Reliabilitätskoeffizienten mit Werten über 0,80. Diese sind als sehr gut/exzellent zu bezeichnen. Das im Rahmen der Compliance-Bestimmung angewandte Kodierverfahren und das Instrument Compliance Scorecard sind daher als hoch reliabel einzustufen. Eine separate Analyse der Unterkategorien ergab ebenfalls keine Veranlassung für eine weitere Anpassung des Kodierverfahrens. Positiv ist in diesem Zusammenhang zu bewerten, dass beim (endgültigen) Materialdurchgang von keinem Kodierer eine neue Kategorie in das Kategorienschema aufgenommen wurde und auch keine Notwendigkeit angemeldet wurde, das Bewertungsschema „1-0“ um Zwischenstufen (z.B. 0,5) zu ergänzen, denn „content validity ... is considered satisfactory if critical behaviors in the confirmation sample are fully represented by the categories and subcategories developed in the classification sample” (Keaveney 1995, S. 74).

6.3.6 Entwicklung der Transparency & Disclosure Scorecard

6.3.6.1 Bildung der Haupt- und Unterkategorien

Die Hauptkategorien der Transparency & Disclosure Scorecard wurden zunächst unabhängig voneinander von zwei Experten[83] im Bereich der deutschen Corporate Governance Berichterstattung aus der Theorie abgeleitet und anschließend aus dem in *Kapitel 6.3.3.2* beschriebenen forschungsspezifischen Datenmaterial Unterkategorien gebildet. Diese wurden anschließend zur Diskussion gebracht und nach vorgenommenen Anpassungen am Kategorienschema ergaben sich letztendlich sechs Hauptkategorien und 38 Unterkategorien. Dabei wurden auch Unterkategorien integriert, die nur ein Experte als relevant identifizierte. Dies erfolgte allerdings nur, wenn beide über deren Wichtigkeit Einigung erzielten. Abschließend ergab sich dabei folgende Transparency & Disclosure Scorecard (*Tabelle 15*). Da der DCGK jährlich überprüft und gegebenenfalls angepasst wird, ist analog zur Compliance Scorecard für ähnliche Forschungsvorhaben empfohlen, die vorliegende Transparency & Disclosure Scorecard zunächst auf die Aktualität der in ihr enthaltenen Regeln (v.a. der Empfehlungen und Anregungen des DCGK) zu überprüfen und gegebenenfalls Anpassungen aufgrund neuer rechtlicher Gegebenheiten (dies schließt auch Soft Law mit ein) und wissenschaftlicher Erkenntnisse vorzunehmen.

Tabelle 15: Transparency & Disclosure Scorecard

TRANSPARENCY & DISCLOSURE SCORECARD				
	E/A	Nr.	Grundlage	Beschreibung
I	ENTSPRECHENSERKLÄRUNG ZUM DCGK			
I.1		1		Ist aus der Entsprechenserklärung zu erkennen, auf welche Version des DCGK sich diese bezieht?
I.2		2	§ 161 AktG	Bezieht die Entsprechenserklärung auch das vorangehende Geschäftsjahr mit ein (Vergangenheitsorientierung)?
I.3		3	§ 161 AktG	Referiert die Entsprechenserklärung auch das folgende Geschäftsjahr (Zukunftsorientierung)?
I.4		4		Ist die Entsprechenserklärung datiert, um zu erkennen, um welchen Stand der Corporate Governance Compliance es sich handelt?

[83] Einer dieser beiden repräsentiert den Forscher der vorliegenden empirischen Untersuchung und stellt auch einen der beiden Kodierer im Rahmen des Einsatzes der Transparency & Disclosure Scorecard dar. Der zweite Experte was am anschließenden Kodierprozess nicht beteiligt.

I.5		5		Ist es möglich, jede verbal genannte Kodexregel auch explizit auf eine Kodexziffer zu beziehen?
I.6		6	Strengerer 3.10 S2 DCGK	Begründet die Gesellschaft Abweichungen von den Empfehlungen des DCGK?
I.7	A	7	3.10 S3 DCGK	Bezieht die Entsprechenserklärung auch freiwillig die Compliance zu den Kodexanregungen mit ein?
II	CORPORATE GOVERNANCE BERICHT			
II.1	E	8	3.10 S1 DCCK	Berichten Vorstand und Aufsichtsrat zu Corporate Governance auch im Geschäftsbericht in Form eines Corporate Governance Berichtes?
II.2		9		Berichten Vorstand und Aufsichtsrat darin zur Compliance zum DCGK?
II.3		10		Enthält der Corporate Governance Bericht substanzielle Informationen zu unternehmensspezifischen Corporate Governance Prozessen, Vorgehensweisen und Strukturen, die über die Entsprechenserklärung hinausgehen?
II.4		11		Wo im Geschäftsbericht berichten Vorstand und Aufsichtsrat zu Corporate Governance (Hinweis auf die Priorität, die Corporate Governance im Unternehmen einnimmt)?
II.5		12		Berichten Vorstand und Aufsichtsrat über geplante Maßnahmen zur Entwicklung von Corporate Governance im Berichtsjahr?
III	CORPORATE GOVERNANCE INTERNET REPORTING			
III.1		13		Wo auf der Unternehmenswebsite berichtet das Unternehmen zu Corporate Governance? Sind relevante Informationen eher leicht oder schwierig zu finden?
III.2	E	14	3.10 S4 DCGK	Werden Entsprechenserklärungen bis zu fünf Jahre auf der Unternehmenswebsite bereitgehalten?
III.3		15	IV.1 DVFA	Wird die Satzung des Unternehmens auf der Unternehmenswebsite bereitgehalten?
III.4		16		Steht der Corporate Governance Bericht separat zum Download zur Verfügung?
III.5		17		Steht die aktuelle Version des DCGK zum Download zur Verfügung bzw. ist dieser auf der Unternehmenswebsite mit der Website der Regierungskommission Deutscher Corporate Governance Kodex verlinkt?
III.6	E	18	6.7 DCGK	Gibt die Gesellschaft wichtige und wiederkehrende Termine und Veröffentlichungen in einem Finanzkalender bekannt?
III.7		19	Anknüpfung an 7.1.1 S2 DCGK	Veröffentlicht die Gesellschaft Quartalsberichte?
III.8	A	20	6.8 S3 DCGK	Veröffentlicht die Gesellschaft ihre Corporate Governance Informationen auch auf Englisch?
IV	VERGÜTUNGSSYSTEM			
IV.1	E	21	Anknüpfung an 4.2.5 (1) DCGK, § 315 Abs. 2 Nr. 4 HGB	Veröffentlicht die Gesellschaft ihr Vergütungssystem für die Vorstandsmitglieder separat in einem Vergütungsbericht innerhalb des Geschäftsberichts?
IV.2		22	Anknüpfung an 4.2.3 (4) und 4.2.5 (1) DCGK	Erklärt die Gesellschaft die Hauptbestandteile des Vergütungssystems für die Vorstandsmitglieder?
IV.3		23	Anknüpfung an 4.2.4 DCGK	Besitzt die Gesellschaft keine Opting Out Regelung bezüglich der Offenlegung der individuellen Vorstandsvergütung?

IV.4	E	24	4.2.5 (2) S1 DCGK	Berichtet die Gesellschaft über langfristige Anreizsysteme mit Risikocharakter?
IV.5	E	25	4.2.5 (2) S2 DCGK	Berichtet die Gesellschaft über die Höhe der Zuführung zu den Pensionsrückstellungen bzw. zu Pensionsfonds?
IV.6	E	26	4.2.5 (3) S2 DCGK	Berichtet die Gesellschaft auch über von der Gesellschaft erbrachte Nebenleistungen?
IV.7	E	27	5.4.7 (3) S1 DCGK	Berichtet die Gesellschaft freiwillig individualisiert über die Vergütung der Aufsichtsratsmitglieder, aufgeteilt in fixe und variable Bestandteile?
IV.8		28	V.3 DVFA	Berichtet die Gesellschaft über erfolgsorientierte Anreizsysteme für Manager unterhalb der Vorstandsebene?
V	QUALITÄT, UNABHÄNGIGKEIT & INTEGRITÄT VON VORSTAND UND AUFSICHTSRAT			
V.1		29	II.6 DVFA	Veröffentlicht die Gesellschaft die Nebentätigkeiten von Vorstandsmitgliedern?
V.2		30		Veröffentlicht die Gesellschaft die Nebentätigkeiten von Aufsichtsratsmitgliedern?
V.3		31	III.15 DVFA	Wird die Teilnahme an Aufsichtsratssitzungen individuell für jedes Aufsichtsratsmitglied ausgewiesen?
V.4		32		Veröffentlicht die Gesellschaft die Biographie jedes Vorstandsmitglieds?
V.5		33		Veröffentlicht die Gesellschaft die Biographie jedes Aufsichtsratsmitglieds?
V.6		34	III.6 DVFA	Veröffentlicht die Gesellschaft bei der Wahl zum Aufsichtsrat jeweils ein Qualifikationsprofil, bevor die jeweilige Person zur Wahl in der Hauptversammlung vorgeschlagen wird?
VI	CORPORATE GOVERNANCE COMMITMENT UND UNTERNEHMENSSPEZIFISCHER CORPORATE GOVERNANCE KODEX			
VI.1		35	I.2 DVFA	Veröffentlicht die Gesellschaft einen unternehmensspezifischen Corporate Governance Kodex basierend auf dem DCGK?
VI.2		36	I.3 DVFA	Macht die Gesellschaft ein Commitment zu künftiger und dauerhafter Anwendung des DCGK?
VI.3		37		Berichtet die Gesellschaft über künftige geplante Maßnahmen zu Corporate Governance?
VI.4		38	I.3 equi-card	Existiert ein Corporate Governance Beauftragter, der die Compliance zu den Kodexregeln innerhalb des Unternehmens überwacht?
E/A = Empfehlung/Anregung				

(Quelle: Deutschsprachige Originalversion der Transparency & Disclosure Scorecard; als englische Übersetzung auch zu finden in Graf/Stiglbauer 2008c, S. 464f.)

6.3.6.2 Empirische und theoretische Befunde zur Validierung der Transparency & Disclosure Scorecard

Corporate Governance Ratings werden vielfach dafür kritisiert, bei ihrer (Weiter-)Entwicklung nicht auf Validität hin überprüft zu werden (vgl. Bassen et al. 2006b, S. 86). Dies ist umso kritischer bei der Entwicklung eines neuen Instruments, wie es die Transparency & Disclosure Scorecard darstellt. Im Folgenden gilt es daher, die Herleitung der Hauptkategorien der Transparency & Disclosure Scorecard unter Heranziehung theoretischer Erkenntnisse und empirischer Befunde zu erläutern und zu begründen.

Kategorie I, *Entsprechenserklärung zum DCGK*, analysiert detailliert die Entsprechenserklärung zum DCGK, die deutsche börsennotierte Unternehmen nach § 161 AktG abgeben müssen. Diese Kategorie wurde adressiert, da § 161 AktG nicht die internationale Regelungsphilosophie *„comply or explain"* (Werder 2008, S. 15) fordert (vgl. Haberer 2003, S. 89). Vielmehr müssen Unternehmen lediglich beschreiben, welche Kodexempfehlungen sie (künftig[84]) befolgen und welche nicht. Eine Begründung für ein Abweichen müssen sie allerdings nicht zwingend abgeben. Die Kodexanregungen werden durch § 161 AktG nicht erfasst. Aus diesem Grunde wird analysiert, ob Unternehmen freiwillig begründen, warum sie einzelne Kodexempfehlungen nicht befolgen. Weiterhin werden die Kodexanregungen erfasst, da sie internationale Fortentwicklungen von Corporate Governance in den DCGK integrieren (vgl. Graf/Stiglbauer 2007, S. 285). Ihre Erfassung ist zudem von Relevanz, da anzunehmen ist, dass ein interessierter (ausländischer) Investor kaum Unterschiede zwischen Empfehlungen und Anregungen macht. So werden sich Investoren sicherlich nicht mit juristischen Spitzfindigkeiten und Unterscheidungen zwischen „soll" und „sollte/kann" auseinandersetzen. Vielmehr könnte der Eindruck erwachsen, ein Nicht-Eingehen auf oder eine Nicht-Information über den Umgang mit Kodex-Anregungen gehe mit einer (eher) ablehnenden Haltung des Unternehmens gegenüber internationalen Standards (repräsentiert durch die Anregungen) oder einer bewussten Informationszurückhaltung (möglicherweise schlechter Informationen) einher. In der Fortführung dieses Gedankens könnte dies unter Umständen mit *schlechterer* Corporate Governance gleichgesetzt werden (vgl. Graf/Stiglbauer 2007, S. 296).

Der DCGK empfiehlt zudem einen separaten *Corporate Governance Bericht* (II) innerhalb der traditionellen Komponenten des Geschäftsberichts (3.10 DCGK), um ergänzende Informationen zur unternehmensspezifischen Corporate Governance zu liefern (vgl. Junarso 2006, S. 74f.). Diese sind zwar zumeist nicht-quantitativen Charakters, sind aber dennoch gleichsam bedeutend (vgl. Brotte 1997, S. 7; Banghøj/Plenborg 2008, S. 159f.). So berichten empirische Studien von der hohen Relevanz des Corporate Governance Berichts als Instrument zur Kommunikation unternehmensspezifischer Corporate Governance Ausprägungen. Dies ist besonders hervorzuheben, da diese Relevanz gleichsam von Unternehmen als auch Investoren bestätigt wird (vgl. Achleitner et al. 2001a, S. 22; Martin/Schulz 2005, S. 36f.) und der Geschäftsbericht mit als wichtigstes Instrument der Unternehmenspublizität gilt (vgl. Guthrie et al. 2004, S. 287).

Die Analyse von Kategorie III, *Corporate Governance Internet Reporting*, kommt deren gesteigerten internationalen Relevanz im Rahmen klassischer Finanzberichterstattung nach (vgl. Geerings et al. 2003; Abdelsalam et al. 2007; Kelton/Yang 2008; für Deutschland vgl. Stößlein/Mertens 2008). Das zentrale Elemente des Corporate Governance Internet Reportings

---

[84] Zur Zukunftsorientierung der Entsprechenserklärung vergleiche die Ausführungen von Du Plessis und Saenger (vgl. Du Plessis/Saenger 2007, S. 25).

stellt die Unternehmenswebsite dar (vgl. Xiao et al. 2002; Matheson/Reynolds 2004; Cormier et al. 2009). Diese dient der Kommunikation mit unterschiedlichen Stakeholdern und zeitnahen Veröffentlichung von Corporate Governance Informationen (vgl. Haberer 2003, S. 140), um z.B. die Willensbildung von Investoren zu unterstützen (vgl. Yabing et al. 2009, S. 13). Korrespondierend dazu umfasst der DCGK auch einige Regeln, die elektronische Medien, häufig speziell bezogen auf die Unternehmenswebsite, betreffen, was als zusätzlicher Beleg für die gesteigerte Relevanz dieser Kategorie gewertet werden kann (vgl. Meckel et al. 2008, S. 62).

Teils exzessive Ausmaße der Management-Vergütung (vgl. Hermalin/Weisbach 2003, S. 16) haben dazu geführt, dass das Thema *Vergütungssysteme* (VI) oftmals intensiv und größtenteils auch emotional sowohl in Deutschland (vgl. Ruess 2004; Kann/Just 2006) als auch international diskutiert wird (vgl. Bebchuk/Fried 2006; Main et al. 2008). Grundsätzlich empfiehlt die Forschung daher die Offenlegung der Management-Vergütung als fundamentale Information für Investoren (vgl. Meckel et al. 2008, S. 64; Stößlein/Mertens 2008; Vater et al. 2008, S. 2610) und wird von diesen auch verstärkt gefordert (vgl. Laksmana 2008, S. 1147). In Bezug auf die theoretischen Grundlagen in *Kapitel 3* empfiehlt die sogenannte *Compensation Transparency Theory* für die Ausgestaltung eines optimalen Vertragswerkes die transparente Offenlegung der Management Vergütung (vgl. Kalyta 2009, S. 406). Seine gesetzliche Flankierung erhielt diese Diskussion in Deutschland durch das Vorstandsvergütungs-Offenlegungsgesetz (VorstOG). Die in der Kodexversion 2005 noch als Empfehlungen und Anregungen geführten Regeln[85] erhielten durch das VorstOG[86] in der Kodexversion 2006 *Muss*-Charakter (§§ 285 Nr. 9a, 289 II Nr. 5 HGB). Da es allerdings Ausnahme- bzw. Übergangsregelungen für die individuelle Offenlegung der Vorstandsvergütung gibt, wurde beispielsweise eine durch Beschlussfassung der Hauptversammlung mögliche Ausnahme von der Offenlegung (*Opting Out*) als separate Unterkategorie (Regel 23) in die Transparency & Disclosure Scorecard aufgenommen. Diese Opting Out Regelung kann auf der Hauptversammlung mit Dreiviertelmehrheit des vertretenen Grundkapitals beschlossen werden und wäre erneut spätestens nach fünf Jahren zu fassen (vgl. Zöllner 2007, S. 41).

Investoren fordern die Offenlegung von Daten, die auf die *Qualität, Unabhängigkeit und Integrität von Vorstand und Aufsichtsrat* (V) schließen lassen, um zu erkennen, ob die handelnden Personen die Befähigung besitzen, ihr zur Verfügung gestelltes Kapital korrekt einzusetzen bzw. deren korrekten Einsatz zu überwachen. Jüngste Studien von Meckel et al. und Vater et al. belegen: institutionelle Investoren lassen der Qualität des Managements gesteigerte Aufmerksamkeit zukommen (vgl. Werder 2008, S. 13), wenn sie Unternehmen bewerten (vgl. Meckel et al. 2008, S. 61; Vater et al. 2008, S. 267). Kategorie V beleuchtet diese Erwartung

85 4.2.3 Abs. 3 Satz 1, 4.2.3 Abs. 3 Satz 2, 4.2.3 Abs. 4, 4.2.4 Satz 4 und 5.4.7 Abs. 4 Satz 1.
86 Erstmals anzuwenden für Jahres- und Konzernabschlüsse von Geschäftsjahren, die nach dem 31.12.2005 beginnen.

und befasst sich zudem mit der Frage, ob das Corporate Governance Reporting auch Informationen beinhaltet, die auf die Unabhängigkeit von Vorstands- und Aufsichtsratsmitgliedern schließen lassen (vgl. Parum 2005, 702ff.; De Andres et al. 2005, S. 197). Von unabhängigen Aufsichtsräten wird z.B. angenommen, dass diese ihre Überwachungsaufgabe intensiver (vgl. Adams/Ferreira 2005, S. 2) und mit größerem Engagement (vgl. Hermalin/Weisbach 1998, S. 97) verfolgen (vgl. Werder 2008, S. 13). Dazu zählt die Offenlegung von Nebentätigkeiten oder Interessenkonflikten der Vorstands- und Aufsichtsratsmitglieder (vgl. Baysinger/Butler 1985, S. 109f.; John/Senbet 1998, S. 373ff.; Arbeitskreis „Externe Unternehmensrechnung" (AKEU) der Schmalenbach-Gesellschaft, Köln 2006, S. 1071). Vorstand und Aufsichtsrat könnten aber auch Anreize zur Offenlegung ihrer Unabhängigkeit haben, da sich diese Informationen für sie reputationssteigernd auf dem Arbeitsmarkt für Manager auswirken könnten (vgl. Hermalin/Weisbach 1998, S. 99), wenn sie dadurch als professionell in der Ausübung ihrer Leitungs- und Kontrollfunktion erachtet werden (vgl. Chung/Pruitt 1996, S. 1142). Ein als professionell geltendes Führungs- und Kontrollorgan sollte im Allgemeinen von Investoren mit einer höheren zu erwartenden Rendite verbunden werden (vgl. Millstein/MacAvoy 1998, S. 1283). Dies greift auch der DCGK auf, indem er beispielsweise eine Begrenzung der Aufsichtsratsmandate empfiehlt (Ziffer 5.4.5): „Seat accumulation [causes] conflicts of interest that multiple directorships induce and the time constraints directors face" (Loderer/Peyer 2002, S. 165). Zudem empfiehlt er die Offenlegung von Interessenkonflikten des Vorstandes gegenüber dem Aufsichtsrat (Ziffer 4.3.4).

Die Entwicklung *unternehmensspezifischer Corporate Governance Kodizes* (VI), die auf dem DCGK basieren, sind eine interessante Möglichkeit für Unternehmen, ihre Corporate Governance am DCGK auszurichten (vgl. Werder 2008, S. 12) und unternehmensindividuelle, situationsspezifische Anpassungen vorzunehmen (vgl. Strenger 2001, S. 627). Dies bietet in Zusammenhang mit einem *Corporate Governance Commitment* für Unternehmen Potenzial, nach außen zu signalisieren, sich intensiv mit der eigenen Corporate Governance zu beschäftigen. Ein solcher Kodex ist dabei als Ergänzung der Regeln des DCGK zu sehen, der die Kodexregeln unternehmensindividuell spezifiziert und gegebenenfalls um eigene Regelungen erweitert (vgl. Diekmann/Merkner 2002, S. 18ff.; Hütten 2002, S. 1740f.). Diese gezielte Koppelung könnte das von Kirchner prognostizierte Ansteigen der Informationskosten auf Seiten der potenziellen Kapitalgeber verhindern (vgl. Kirchner 2002, S. 114f.), die auftreten würden, wenn separate Regeln angewendet würden, die keinen Bezug zum DCGK zulassen (sogenannte Alternativlösung, *Kapitel 2.3.2*). Durch die Betrachtung von Kategorie VI kann somit die unternehmensseitige Nutzung dieser Instrumente untersucht werden, die eigene (künftige) Corporate Governance öffentlichkeitswirksam und Image pflegend (vgl. Buß/Fink-Heuberger 2000, S. 18) darzustellen. Durch ein Corporate Governance Commitment und die Installation eines Compliance-Beauftragten kann ein Unternehmen zudem Kontinuität und Sicherheit nach außen signalisieren (vgl. Bassen 2002, S. 47).

Einzelne Unterkategorien greifen Regeln des DCGK auf und sind teils abgewandelt bzw. strenger ausgelegt. Zusätzlich wurden Unterkategorien entwickelt bzw. adaptiert, die durch den formalen Benchmark DCGK nicht abgedeckt sind. Eine erste Quelle für die Adaption bereits bestehender Regeln stellte die von der Deutschen Vereinigung für Finanzanalyse und Asset Management (DVFA) entwickelte Scorecard zur Messung von Corporate Governance (DVFA-Scorecard) dar (vgl. DVFA 2006).[87] Diese Scorecard beinhaltet den DCGK ergänzende Kategorien, die für zahlreiche Investoren und Finanzanalysten Bewertungskriterien darstellen (vgl. Frank 2005, S. 44f.) und bereits validiert wurde (vgl. Bassen et al. 2006d). Es wurden sieben Unterkategorien identifiziert, von denen seitens des Kapitalmarktes erwartet wird, dass deutsche börsennotierte Unternehmen zu ihnen Informationen offen legen (vgl. Drobetz et al. 2004, S. 8; Arnsfeld/Growe 2006, S. 715). Sie wurden folglich in die Transparency & Disclosure Scorecard integriert. Eine weitere Unterkategorie (Compliance-Beauftragter; Regel 38 der Transparency & Disclosure Scorecard) wurde innerhalb der an der Fachhochschule Osnabrück entwickelten und bei der equinet AG im Einsatz befindlichen und bereits validierten sogenannten *equi-card* (vgl. Arnsfeld/Growe 2006) identifiziert. Dieses wird auch in neueren Studien als relevantes Kriterium der Corporate Governance Berichterstattung hervorgehoben (vgl. Baetge/Brembt 2008, S. 153f.).

An diese Ausführungen schließt sich nunmehr die Überprüfung der Interkoder-Reliabilität auch für die Transparency & Disclosure Scorecard an. Dabei werden die Ergebnisse der von zwei Kodierern durchgeführten Analyse (einer der zuvor genannten Experten der Entwicklung der Transparency & Disclosure Scorecard war daran nicht beteiligt) miteinander abgeglichen, um selbst bei seltenen Abweichungen das Kodierbuch entsprechend anzupassen (vgl. Zwick 1988, S. 377).

6.3.6.3 Ergebnisse der formativen Reliabilitätsprüfung

Analog zur Überprüfung der Interkoder-Reliabilität im Rahmen der Compliance Scorecard wurden auch die Kodierentscheidungen beider Kodierer beim Einsatz der Transparency & Disclosure Scorecard zum Abgleich gebracht, um eine möglicherweise notwendige Anpassung des Kodierschemas oder einzelner Kodierregeln abzuleiten. Die errechneten Werte der Reliabilitätskoeffizienten sind in *Tabelle 16* dargestellt. Die Veränderung zur formativen Reliabiliät ist jeweils in Klammern angegeben. Dabei ergaben sich ausnahmslos, unabhängig von unterschiedlichen Bewertungsmaßstäben (*Kapitel 6.3.5.3*), für alle Hauptkategorien gute bis sehr gute Werte für die Interkoder Übereinstimmungen. Diese lagen über das Gesamtinstrument und beinahe alle Hauptkategorien allesamt im sehr guten Bereich [0,80;1,00] und bei den restlichen Hauptkategorien im guten Bereich nahe 0,80.

[87] Im Internet abrufbar unter: http://www.dvfa.de/die_dvfa/standards/corporate_governance/dok/35333.php.

Tabelle 16: Formative Reliabilität: Transparency & Disclosure Scorecard

KATEGORIE	R	π	κ	α
I	0,907	0,781	0,781	0,798
II	0,913	0,819	0,819	0,857
III	0,946	0,843	0,844	1,000
IV	0,902	0,779	0,780	0,882
V	0,942	0,883	0,883	0,855
VI	0,902	0,783	0,783	0,763
Gesamt	0,920	0,830	0,830	0,875

6.3.6.4 Ergebnisse der summativen Reliabilitätsprüfung

Bei der anschließend durchgeführten kritischen Diskussion und Analyse zwischen den beiden Kodierern ergaben sich entsprechend auch nur geringe Unterschiede im Vorgehen und der Interpretation der beiden Kodierer. So missinterpretierte der mit dem Material weniger vertraute und auf dem Gebiet des Untersuchungsgegenstandes unerfahrenere Kodierer beispielsweise in einzelnen Fällen bei der Entscheidung zu Regel IV.I bzw Regel 35 der Transparency & Disclosure Scorecard („Veröffentlicht die Gesellschaft einen unternehmensspezifischen Corporate Governance Kodex basierend auf dem DCGK?"), Codes of Ethics oder Interne Führungsgrundsätze als unternehmensspezifische Corporate Governance Kodizes (IV.I bzw. Regel 35 der Transparency & Disclosure Scorecard). Auch einzelne weitere Fehler konnten der Unkenntnis und der Vielfalt des zu analysierenden Materials eines Kodierers im Vergleich zum zweiten Kodierer (gleichzeitig Forscher der vorliegenden Untersuchung) zugeschrieben werden, weshalb die allgemeinen Kodierregeln des Kodierbuches (*Anhang 1*) nochmals spezifiziert wurden. Die anschließend durchgeführte summative Reliabiliätsprüfung erzielte erwartungsgemäß bei sämtlichen Reliabilitätskoeffizienten nochmals höhere Werte als die formative Reliabilitätsprüfung (*Tabelle 17*).

Tabelle 17: Summative Reliabilität: Transparency & Disclosure Scorecard

KATEGORIE	R	π	κ	α
I	0,939 (0,032)	0,827 (0,046)	0,828 (0,047)	0,835 (0,037)
II	0,958 (0,045)	0,845 (0,026)	0,845 (0,026)	0,876 (0,019)
III	0,976 (0,030)	0,876 (0,033)	0,877 0,033)	1,000 (0,000)
IV	0,921 (0,019)	0,810 (0,031)	0,811 (0,031)	0,901 (0,019)
V	0,949 (0,007)	0,899 (0,016)	0,899 (0,016)	0,876 (0,021)
VI	0,927 (0,025)	0,821 (0,038)	0,821 (0,038)	0,805 (0,042)
Gesamt	0,947 (0,027)	0,892 (0,062)	0,892 (0,062)	0,898 (0,023)

In diesem Zusammenhang sei auf die Wichtigkeit von Kodierschulungen vor und während des Kodierprozesses verwiesen (*Kapitel 6.3.2*), die sich positiv auf die Höhe der Interkoder Reliabilität auswirken sollen (vgl. Krippendorff 1980, S. 72ff.; Barbour 2008, S. 46). Die Reliabilität von kodierten Daten wird als Funktion des Trainings betrachtet, in dessen Rahmen sich die Kodierer mit ihren Fähigkeiten, ihrem Einblick und ihrer Erfahrung mit den betrachteten Konzepten und dem Datenmaterial vertraut machen (vgl. Holsti 1969, S. 135).

6.3.7 Transformation der mittels Compliance und Transparency & Disclosure Scorecard qualitativ erhobenen Daten in quantitative Daten

Das Scoring im Rahmen des Compliance Scorecard und der Transparency & Disclosure Scorecard erfolgt folgendermaßen: Ein erster Schritt besteht in der Aufsummierung der Werte einzelner Unterkategorien zu Gesamtscores der einzelnen Hauptkategorien.[88] Diese Verdichtung zu einer Kennzahl bzw. einem kompakten Urteil pro Hauptkategorie soll die „Informationseffizienz des Kapitalmarkts ... verbessern und so die Anlageentscheidung ... erleichtern" (Arnsfeld/Growe 2006, S. 715). Dabei werden Vergleiche zwischen einzelnen Unternehmen erleichtert und die Entscheidung zugunsten einer optimalen Verteilung des Investoren zur Verfügung stehenden Kapitals unterstützt. Dies trägt zudem für Unternehmen dazu bei, dass sie die korrekten, auf ihre individuelle Risiko-/Rendite Situation abgestimmten Kapitalkosten bezahlen (vgl. Eccles/Weibel 2002, S. 698). Beim Vergleich einzelner Unternehmen anhand der Ausprägung einer bestimmten Hauptkategorie können sowohl absolute als auch relative Scores Anwendung finden. Beim Vergleich von Unternehmen hinsichtlich der Ausprägung unterschiedlicher Hauptkategorien werden relative Scores empfohlen, da die unterschiedliche Anzahl von Unterkategorien in einer Hauptkategorie statistische Vergleiche erschweren würde. In einem weiteren Schritt werden die Scores der Hauptkategorien zu einem Gesamtscore für das gesamte Instrument Compliance Scorecard bzw. Transparency & Disclosure Scorecard aufsummiert. In der vorliegenden Untersuchung finden, bezogen auf die Erfolgsrelevanz deklarierter Compliance zum DCGK und der Transparenz der Corporate Governance Berichterstattung, relative Scores Anwendung (als Begründung für dieses Vorgehen vgl. die Ausführungen in *Kapitel 6.4.1*).

Die Interpretation der Ergebnisse erfolgt folgendermaßen: Aufgrund der Annahme, dass die Erfüllung sowohl der Unterkategorien der Compliance Scorecard als auch der Unterkategorien der Transparency & Disclosure Scorecard eine bessere und transparentere Corporate Governance repräsentiert, gilt: Je höher die Ausprägungen der Scores der Hauptkategorien und des Gesamtinstruments ausfallen, desto höher ist die deklarierte Compliance zum DCGK (im Sinne von besserer Corporate Governance) bzw. desto transparenter ist die Corporate Governance Berichterstattung des Unternehmens (vgl. Drobetz et al. 2004, S. 8). Wie bereits angesprochen, erfolgt im Rahmen der Untersuchung aufgrund mangelnder empirischer Evidenz keine zusätzliche Gewichtung der Hauptkategorien. Eine Gewichtung ist aber für weitere Anwender des vorliegenden Instrumentariums nicht kategorisch ausgeschlossen, wenn diese durch das individuelle Ziel der Anwendung als gerechtfertigt erscheint.

[88] Eine entsprechende Vorgehensweise wählen auch Black et al. (vgl. Black et al. 2006a, S. 375).

6.4 Integration von qualitativ gewonnenen und quantitativ erhobenen Daten in einem simultanen Mehrgleichungsmodell

Die Überprüfung der Erfolgswirkung von deklarierter Compliance zum DCGK und transparenter Corporate Governance Berichterstattung bzw. einer möglichen reversiblen Kausalität zwischen Unternehmenserfolg und der deklarierten Compliance zum DCGK und der Transparenz der Corporate Governance Berichterstattung über die Hypothesen H6 bis H9 erfordert die Modellierung eines simultanen Mehrgleichungsmodells. Dazu wurden relevante bilanzielle, kapitalmarktorientierte sowie hybride Erfolgsvariablen erhoben. Zur Kontrolle möglicher weiterer Einflüsse sowohl auf die gewählten Erfolgsvariablen als auch auf die deklarierte Compliance zum DCGK und die Transparenz der Corporate Governance Berichterstattung wurden zahlreiche weitere Variablen erhoben, die in der Literatur sowohl theoretisch als auch empirisch als erfolgsrelevant bzw. als möglicher Einflussfaktor für die deklarierte Compliance zum DCGK und zur Transparenz der Corporate Governance Berichterstattung hervorgehoben werden. Die Herleitung des für die vorliegende Untersuchung entwickelten Mehrgleichungsmodells erfolgt nach der in *Abbildung 18* dargestellten Vorgehensweise.

Abbildung 18: Entwicklung des zu schätzenden simultanen Mehrgleichungsmodells

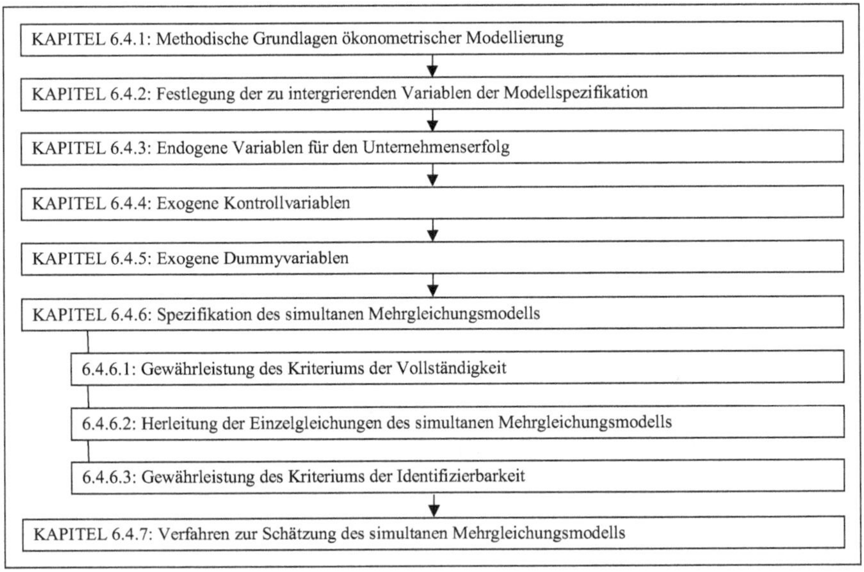

Nach einer Erläuterung methodischer Grundlagen ökonometrischer Modellierung und der Begründung zur Spezifikation eines Mehrgleichungsmodells (*Kapitel 6.4.1*) werden die Variablen festgelegt, die das Modell umfasst (*Kapitel 6.4.2*). Diese werden anschließend systematisch vorgestellt und Gründe für deren Einbezug dargelegt (*Kapitel 6.4.3-6.4.5*). Anschließend erfolgt die Spezifikation eines simultanen Mehrgleichungsmodells (*Kapitel 6.4.6*), das zunächst das Kriterum der Vollständigkeit erfüllen muss (*Kapitel 6.4.6.1*). Gilt dieses Kriterium als erfüllt, können die Einzelgleichungen des simultanen Mehrgleichungsmodells hergeleitet werden (*Kapitel 6.4.6.2*). Dies umfasst nicht nur die formale Darstellung der Einzelgleichungen. Es werden ergänzend jeweils theoretische und empirische Gründe angeführt, die den jeweiligen Einbezug von Variablen in die Einzelgleichungen rechtfertigen. Nach der Herleitung der Einzelgleichungen müssen diese weiterhin das Kriterium der Identifizierbarkeit erfüllen (*Kapitel 6.4.6.3*). Dessen Erfüllung wird bei jeder Einzelgleichung separat geprüft, da nicht-identifizierte Gleichungen in einem simultanen Mehrgleichungsmodell dazu führen würden, dass beispielsweise statistische System-Schätzverfahren, wie das in *Kapitel 6.4.7* vorgestellte 3SLS (Three Stage Least Squares) Verfahren, nicht durchführbar wären. Bei Verletzung dieses Kriteriums müsste eine Re-Spezifikation einzelner Gleichungen erfolgen. Zunächst erfolgt einführend eine Darstellung methodischer Grundlagen der ökonometrischen Modellierung auf deren Basis die Modellierung eines simultanen Mehrgleichungsmodells begründet wird.

6.4.1 Methodische Grundlagen ökonometrischer Modellierung

Bei der ökonometrischen Modellierung wird grundlegend zwischen dynamischen Zeitreihenmodellen, Einzelgleichungsmodellen und Mehrgleichungsmodellen unterschieden:

So unterstellen *Zeitreihenmodelle* keine kausalen Zusammenhänge zwischen den untersuchten Variablen, sondern versuchen, künftige Entwicklungen aus vergangenheitsorientierten Daten vorherzusagen. Ihre Eignung ist vor allem hervorzuheben, wenn keine theoretische Fundierung möglicher kausaler Zusammenhänge vorliegt und nur für eine begrenzte Anzahl von Variablen Daten vorliegen (vgl. Cuthbertson et al. 1992, S. 1f.). *Einzelgleichungsmodelle* hingegen unterstellen theoretische Zusammenhänge zwischen den Variablen. Dabei erfolgt die Modellierung so, dass eine zu erklärende Variable durch eine oder mehrere erklärende Variablen bestimmt wird, wobei das gesamte Modell nur aus einer Gleichung besteht (vgl. Frohn 1995, S. 13ff.). *Mehrgleichungsmodelle* wiederum kombinieren mehrere Einzelgleichungsmodelle. Dabei bestehen Interdependenzen zwischen den Gleichungen, d.h. eine endogene (simultan determinierte), abhängige Variable einer Gleichung kann in einer weiteren Gleichung des Modells als exogene (nicht-simultan determinierte), unabhängige Variable fungieren (vgl. Stewart 1991, S. 2ff.; Studenmund 2001, S. 488f.). Die Modellierung eines Mehrgleichungsmodells zur Überprüfung der Hypothesen H6 bis H9 wird wie folgt begründet:

Erstens basieren die zu überprüfenden Hypothesen H6 bis H9 im Vergleich zu Zeitreihenmodellen auf theoretisch fundierten, kausalen Zusammenhängen (*Kapitel 6.4.6.2*) und *zweitens* ermöglicht ein Mehrgleichungsmodell, verglichen mit einem Einzelgleichungsmodell, die Berücksichtigung von reversibler Kausalität zwischen der deklarierten Compliance zum DCGK, Transparenz der Corporate Governance Berichterstattung und Unternehmenserfolg. Einzelgleichungsmodelle würden aus ökonomischer Sicht eine deutliche Einschränkung darstellen (vgl. Schlichthorst 2007, S. 215), denn „die meisten als exogen angesehenen ökonomischen Variablen sind selbst erklärungsbedürftig“ (Hübler 2005, S. 181). Die im Rahmen der Untersuchung erhobenen Daten entstammen zwar einer Querschnittsbeobachtung. In der Literatur wird für die Verwendungsmöglichkeit von Querschnittsdaten für die ökonometrische Modellierung in der Corporate Governance Forschung allerdings unterstützend konstatiert, dass sich die unternehmensspezifische Corporate Governance im Zeitablauf nur in geringem Maße verändert (vgl. Werder/Talaulicar 2006, S. 855), was als *„sticky governance“* (Black et al. 2006b, S. 660) bezeichnet wird: „bestimmte Schätz- und Testverfahren (z.B. die 3-stufige Kleinstquadratmethode - 3SLS) und der Durbin/Wu/Hausman-Test auf Endogenität [erlauben] auch bei ... Querschnittbeobachtungen, wichtige Erkenntnisse über das kausale Zusammenwirken zwischen Corporate Governance und Unternehmensperformance zu gewinnen“ (Beiner et al. 2005, S. 33). Zudem sind Querschnittsdaten grundsätzlich zu bevorzugen, wenn, wie im vorliegenden Fall, „Unterschiede im Verhalten verschiedener Wirtschaftssubjekte oder -gruppen sowie systematische Zusammenhänge auf der Ebene der Wirtschaftssubjekte“ (Hübler 2005, S. 45) aufgedeckt werden sollen.

6.4.2 Festlegung der zu integrierenden Variablen bei der Modellspezifikation

Bislang existiert kein einheitliches Modell das Corporate Governance Mechanismen mit Erfolgsvariablen integriert. Stattdessen müssen Modelle aus separaten theoretischen und empirischen Erkenntnissen abgeleitet werden (*Kapitel 6.4.6.2*), die zudem statistischen Anforderungen genügen müssen (*Kapitel 6.4.6.1, 6.4.6.2, 6.4.6.4, 7.4.6.4*; Amemiya 1981, S. 1531). Dies erschwert die Spezifikation von Einzelgleichungen und belegt diese mit Unsicherheiten. Jede Gleichung sollte dabei eine ceteris paribus, kausale Interpretation aufweisen (vgl. Wooldridge 2009, S. 546f.). Zu Beginn der Spezifikation eines Mehrgleichungsmodells gilt es zunächst festzulegen, welche Variablen durch das Modell erklärt werden sollen und welche Variablen das Modell insgesamt umfassen soll (vgl. Hackl 2005, S. 333).

Simultane Mehrgleichungsmodelle bestehen aus *endogenen* und *exogenen* Variablen. Die in *Tabelle 18* dargestellten Untersuchungsvariablen gliedern sich inhaltlich in die zentral interessierenden Erfolgsvariablen, die deklarierte Compliance zum DCGK (C) und die Transparenz der Corporate Governance Berichterstattung (TD) auf der einen Seite. Diese bilden die *endogenen*, durch das System zu determinierenden Variablen. Auf der anderen Seite umfasst das Modell weitere *exogene*, außerhalb des Systems determinierte Variablen, die helfen, das Verhalten der endogenen Variablen zu erklären (vgl. Heck 1977, S. 28). Dabei wird der Empfehlung von Loderer und Martin gefolgt, die Anzahl an Variablen bewusst niedrig zu halten (vgl.

Loderer/Martin 1997, S. 235), um so die Gefahr einer *Multikollinearität* (vgl. Gujarati 2003, S. 341ff.) zwischen einzelnen Regressoren im noch zu entwickelnden und zu testenden simultanen Mehrgleichungsmodell (*Kapitel 6.4*) von Anfang an zu minimieren. Multikollinearität besteht, wenn in einem Regressionsmodell mehr als eine exakte Linearkombination zwischen zwei Regressoren besteht. Dadurch bleiben einzelne Regressionskoeffizienten statistisch unbestimmt und ihre Standardfehler werden unendlich (vgl. Gujarati 2003, S. 342ff.).

Tabelle 18: Endogene und exogene Variablen der Modellspezifikation

Kürzel	Definition
	ENDOGENE VARIABLEN
ROE	Return on Equity: Eigenkapitalrentabilität
ROA	Return on Assets: Gesamtkapitalrentabilität
Q	Tobin's Q
MTB	Market to Book Ratio of Equity: Marktwert-Buchwert Verhältnis des Eigenkapitals
TSR	Total Shareholder Return: Aktienrendite
C	Deklarierte Compliance mit den Regeln der Compliance-Scorecard
TD	Erfüllung der Kriterien der Transparency & Disclosure Scorecard
	EXOGENE KONTROLLVARIABLEN
SIZE	Unternehmensgröße gemessen durch Marktkapitalisierung in Mio. €
VOLA	Volatilität: Historische Volatilität 252 Handelstage (01.01.2007 - 31.12.2007)
BETA	Beta: Beta 252 Handelstage (01.01.2007 - 31.12.2007)
BLOCK	Largest Voting Rights Block: Größter Stimmrechtsanteil eines einzelnen Anteilseigners
FREEFLOAT	Free Float: Anteil des Aktienkapitals, das sich in Streubesitz befindet
CLOSEHELD	Closely-Held Shares: Anteil des Aktienkapitals, das sich in Besitz von Mitgliedern des Führungs- und Kontrollorgans und ihnen verbundenen Personen befindet
GROWTH	Umsatzwachstum (Jahresumsatz 31.12.2007 zu 31.12.2006)
LEV	Leverage: Verschuldungsgrad I
RD	Forschungs- und Entwicklungsintensität (01.01.2007 - 31.12.2007)
BDSIZE	Boardsize: Größe des Vorstandsorgans
INDUSTRY	Branche: 18 Branchen des Prime All Share-Index der Deutschen Börse
	EXOGENE DUMMYVARIABLEN
TAKEOVER	Takeover Activity: Übernahmeaktivitäten
TECDAX	Unternehmen in TecDAX
MDAX	Unternehmen in MDAX
SDAX	Unternehmen in SDAX

Ausschlaggebend zur Verwendung der relativen Gesamtscores zur deklarierten Compliance zum DCGK (C) und zur Transparenz der Corporate Governance Berichterstattung (TD) war vor allem der einzuhaltende Mindeststichprobenumfang, der in der Literatur mit ca. 10 Fällen je zu schätzender Variable angegeben wird (vgl. Friedrichs 1990, S. 146). Backhaus et al. geben für das in der vorliegenden Untersuchung verwendete iterative Schätzverfahren der kleinsten Quadrate (SLS) zur Testung des simultanen Mehrgleichungsmodells (*Kapitel 6.4.6.4*) einen Mindeststichprobenumfang von N > 100 an (vgl. Backhaus et al. 2006, S. 371).[89] Bei ma-

[89] Andere Quellen berichten ebenfalls von einem Mindeststichprobenumfang von $N \geq 100$ (vgl. Bagozzi/Yi 1988, S. 80), andere auch von N-q > 50, wobei q: Anzahl der zu schätzenden Parameter (vgl. Bagozzi 1981, S. 380).

ximal 15 zu schätzenden Parametern innerhalb einer Einzelgleichung des simultanen Mehrgleichungsmodells (vgl. *Kapitel 6.4.6.2*) sind die in der Literatur angegebenen Regeln für den Mindeststichprobenumfang erfüllt. Für eine weitere Erhöhung der zu schätzenden Parameter wäre allerdings die vorliegende Stichprobe nicht ausreichend, um hinreichend präzise Schätzergebnisse zu liefern (vgl. Bortz/Döring 2002, S. 422ff.). Die Bestimmung und Bedeutung der endogenen Variablen C und TD wurde bereits in *Kapitel 6.3* ausführlich erläutert. Die folgende Beschreibung der endogenen Variablen umfasst daher ausschließlich die Variablen für den Unternehmenserfolg.

6.4.3 Endogene Variablen für den Unternehmenserfolg

Die Auswahl der Variablen für den Unternehmenserfolg orientiert sich an der bisherigen Forschungstradition der noch jungen Corporate Governance Forschung (*Kapitel 2.5*) und soll dadurch die Vergleich- und Übertragbarkeit der Ergebnisse der vorliegenden Untersuchung zu bisherigen Erkenntnissen fördern. Ein Kritikpunkt an bisherigen Studien ist darin zu sehen, dass meist nur wenige oder nur eine Erfolgsvariable Verwendung finden (*Tabelle 4*). Die Verwendung eines Sets an unterschiedlichen Erfolgsvariablen soll daher eine generelle Aussage zum Zusammenhang zwischen Corporate Governance und Unternehmenserfolg ermöglichen. Dabei werden drei Arten von Erfolgsvariablen verwendet: Zwei *Bilanzielle Erfolgsvariablen* (Eigenkapitalrentabilität, Gesamtkapitalrentabilität), zwei *hybride Erfolgsvariablen* (Tobin's Q; Marktwert-Buchwert Verhältnis des Eigenkapitals) und eine *kapitalmarktorientierte Erfolgsvariable* (Aktienrendite).

6.4.3.1 Eigenkapitalrentabilität

Die *Eigenkapitalrentabilität*, im englischen Sprachgebrauch als Return on Equity (ROE) bekannt, weist für die Eigentümer des Unternehmens die Verzinsung ihres eingesetzten Kapitals und den „durch offene Thesaurierung im Unternehmen verbliebenen Gewinn" (Coenenberg 2001, S. 1007) aus. Die Eigenkapitalrentabilität eines Unternehmens i errechnet sich als (vgl. Copeland et al. 2008, S. 589f.):

$$ROE_i = \frac{(EBIT_i - k_b D_i)(1-T)}{BV(EK)_i}$$

k_b: Nominalzins des Fremdkapitals; D: Nennwert des Fremdkapitals; T: Steuersatz; BV(EK): Buchwert des Eigenkapitals; EBIT: Gewinn vor Zinsen und Steuern, jeweils zum Bilanzstichtag 31.12.2007. Die Werte für die Eigenkapitalrentabilität und die Gesamtkapitalrentabilität wurden von *Thomson Financial Datastream* und *Worldscope* bezogen.

6.4.3.2 Gesamtkapitalrentabilität

Die *Gesamtkapitalrentabilität* eines Unternehmens i, als wichtige Kennzahl für Eigen- und Fremdkapitalgeber, wird im Englischen auch als Return on Investment (ROI) oder Return on Assets (ROA) bezeichnet. Sie bezieht im Vergleich zur Eigenkapitalrentabilität auch zusätzlich den Zinsaufwand mit ein, der dem Fremdkapital zufließt, und errechnet sich über (vgl. Coenenberg 2001, S. 1017f.):

$$ROA_i = \frac{EBIT_i}{BV(GK)_i}$$

EBIT: Gewinn vor Zinsen und Steuern; BV(GK): Buchwert des Gesamtkapitals, jeweils zum Bilanzstichtag 31.12.2007. Mit höherer Eigenkapital- und Gesamtkapitalrentabilität wird aus Investorensicht im Vergleich zwischen Unternehmen ein größerer Unternehmenserfolg verbunden (vgl. Brealey et al. 2008, S. 797f.).

6.4.3.3 Tobin's Q

Tobin's Q (Q) wird in der Literatur als zukunftsgerichtetes Maß für die vom Kapitalmarkt bewerteten Wachstumschancen (vgl. Morck et al. 1988, S. 305) und der approximierten Investitionsmöglichkeiten eines Unternehmens betrachtet (vgl. Hayashi 1982, S. 213f.; Beiner et al. 2005, S. 36). Je höher Q, desto günstiger gestaltet sich für Unternehmen die Erhöhung des Eigenkapitals, da vom Kapitalmarkt ein höherer durchschnittlicher Kapitalertrag antizipiert wird (vgl. Gugler et al. 2004, S. 512ff.). Tobin's Q setzt den Marktwert eines Unternehmens i in Relation zu den Wiederbeschaffungskosten[90] seiner Vermögensgegenstände und wird errechnet über:

$$Q_i = \frac{[MV(EK)_i + BV(D)_i]}{[BV(EK)_i + BV(D)_i]}$$

Q_i: Tobin's Q eines Unternehmens i; MV: Marktwert; BV: Buchwert; EK: Eigenkapital; D: Verbindlichkeiten. Die Methodik der Berechnung von Tobin's Q geht auf Tobin selbst, Lindenberg und Ross, sowie Lang et al. zurück (vgl. Tobin 1969, S. 19f.; Lindenberg/Ross 1981, S. 12; Lang et al. 1994, S. 138). Ein Q größer als eins bedeutet, dass ein Unternehmen am Kapitalmarkt teurer gehandelt wird, als die Summe seiner Vermögensgegenstände ausmacht. Es verfügt über außerordentliche Investitionen und investiert in Projekte mit positivem Netto-

[90] Da die Wiederbeschaffungskosten der Vermögensgegenstände eines Unternehmens von außen eher relativ schwer bestimmt werden können (vgl. Ruhwedel 2003, S. 175), werden sie approximativ über den Buchwert des Gesamtkapitals bestimmt.

Barwert. Mögliche Gründe dafür wären, dass ein Unternehmen größere Erträge erwirtschaftet, als auf Grund des Wertes seiner Vermögensgegenstände erwartet werden könnte. Zudem könnten positive Erwartungen auf künftige Erträge bestehen, die den Marktwert eines Unternehmens in die Höhe treiben. Für Unternehmen mit einem Q kleiner als eins gilt der umgekehrte Zusammenhang. Die Rendite seiner Investitionsprojekte fällt geringer aus als die unternehmensspezifischen Kapitalkosten (vgl. Beiner et al. 2005, S. 36f.). Für Unternehmen mit guter Corporate Governance wird folglich ein höheres Q angenommen als für Unternehmen mit vergleichsweise schlechterer Corporate Governance (vgl. La Porta et al. 2002, S. 1152). In die Berechnungsformel gehen der Marktwert des Eigenkapitals, der Buchwert des Eigenkapitals und die Verbindlichkeiten zum Bilanzstichtag (31.12.2007) ein.

6.4.3.4 Marktwert-Buchwert Verhältnis des Eigenkapitals

Das *Marktwert-Buchwert Verhältnis des Eigenkapitals* eines Unternehmens i beschreibt den Wertzuwachs des durch die Eigentümer zur Verfügung gestellten Kapitals (inklusive einbehaltener Gewinne). Es stammt aus der anglo-amerikanischen Finanzanalyse (vgl. Coenenberg 2001, S. 961f.) und wird dort als Market-to-book Ratio oder Price-to-book Ratio bezeichnet (vgl. Brealey et al. 2008, S. 799). Es errechnet sich folgendermaßen:

$$\mathrm{MTB}_i = \frac{\mathrm{MV(EK)}_i}{\mathrm{BV(EK)}_i}$$

MV(EK): Marktwert des Eigenkapitals; BV(EK): Buchwert des Eigenkapitals. Ein MTB größer als eins bedeutet, dass das Unternehmen mehr wert ist, als ehemalige und aktuelle Eigentümer investiert haben. Ein MTB kleiner eins bedeutet entsprechend das Gegenteil. Für den Marktwert des Eigenkapitals wurden Daten der Deutschen Börse zum 31.12.2007 bezogen. Der Buchwert des Eigenkapitals wurde den Bilanzen der Unternehmen entnommen (Stichtag: 31.12.2007).

6.4.3.5 Aktienrendite

Da sich gute Corporate Governance laut Menz und Nelles häufig in überdurchschnittlichen *Aktienrenditen* (TSR) niederschlagen soll (vgl. Menz/Nelles 2009, S. 129), wurde diese als diejenige Rendite berechnet, die ein Aktionär beim Kauf einer Aktie des Unternehmens i am 01.01.2007 (bzw. erster Handelstag 2007 am 02.01.2007) und Verkauf derselben Aktie am 31.12.2007 (bzw. letzter Handelstag 2007 am 28.12.2007) erzielt. Dabei wird die in diesem Zeitraum gezahlte Dividende ebenso berücksichtigt, wie etwaige Veränderungen der Aktienanzahl (vgl. Chaganti/Damanpour 1991, S. 484):

$$TSR_i = \frac{p_{i,t1} Q_{i,t1}}{p_{i,t0} Q_{i,t0}} \frac{d_{i,t0}}{p_{i,t0}}$$

TSR: Aktienrendite; $p_{i,t0}$: Aktienkurs p eines Wertpapiers i zum Zeitpunkt 0; $p_{i,t0}$: Aktienkurs p eines Wertpapiers i zum Zeitpunkt 1; $Q_{i,t0}$: Anzahl Aktien zum Zeitpunkt 0; $Q_{i,t1}$: Anzahl Aktien zum Zeitpunkt 1; $d_{i,t0}$: im Untersuchungszeitraum gezahlte Dividende je Aktie. Eine höhere Aktienrendite wird im Allgemeinen mit größerem Unternehmenserfolg verbunden (vgl. z.B. Bauer et al. 2004). Die Jahresanfangs- und Schlusskurse und die Daten für die Anzahl der Aktien wurden von *Thomson Financial Datastream* bezogen. Die im Untersuchungszeitraum gezahlten Dividenden wurden aus den Geschäftsberichten entnommen.

6.4.4 Exogene Kontrollvariablen

6.4.4.1 Unternehmensgröße

Da zur Bestimmung der Unternehmensgröße (SIZE) keine einheitliche Kennzahl existiert, wird in der vorliegenden Untersuchung die in empirischen Corporate Governance Studien (auf Basis börsennotierter Gesellschaften) am häufigsten verwendete Kennzahl *Marktkapitalisierung* verwendet. Zur Vermeidung von zu erwartender Kollinearität (*Kapitel 6.4.2*) unterbleibt ein zusätzlicher Einbezug beispielsweise der Bilanzsumme oder der Mitarbeiterzahl, die in Corporate Governance Studien ebenfalls bereits als Proxy für die Unternehmensgröße eingesetzt wurden (vgl. z.B. Bassen et al. 2006c). In der wissenschaftlichen Literatur wurde bereits mehrfach ein sogenannter *Size-Effekt* der Unternehmensgröße auf den Erfolg eines Unternehmens nachgewiesen. So zeigten Untersuchungen von Banz und Reinganum und jüngst auch von Brailsford und O'Brien, dass kleinkapitalisiertere Unternehmen innerhalb eines Portfolios sich im Vergleich zu größeren Unternehmen durch höhere als durch das Capital-Asset-Pricing-Modell (CAPM) vorhergesagte Durchschnittsrenditen auszeichnen (vgl. Banz 1981; Reinganum 1981; Brailsford/O'Brien 2008). So wiesen Diaz und Sanchez jüngst nach, dass sich kleinere Unternehmen signifikant effizienter, weniger träge und bürokratisch (vgl. Wu 2006, S. 162) beim Ressourceneinsatz zeigen als größere Unternehmen (vgl. Diaz/Sanchez 2008), woraus ein *Size-Effekt* auch auf den bilanziellen Erfolg von Unternehmen abgeleitet werden kann (vgl. Papadagonas 2007). Mit größeren Unternehmen wird allerdings auch vielfach die Existenz von Skaleneffekten und Marktmacht und daraus abgeleitet höherer finanzieller Erfolg verbunden (vgl. Grant et al. 1988, S. 776; Robins/Wiersema 1995, S. 286), daher ist das zu erwartende Vorzeichen des möglichen Einflusses von SIZE auf den Unternehmenserfolg zunächst unbestimmt: „On the one hand, monitoring and agency costs can be greater in large firms, increasing desired managerial ownership. [On the other hand] large firms are likely to employ more skilled managers“ (Himmelberg et al. 1999, S. 364). Die *Marktkapitalisierung* (SIZE) eines Unternehmens i wurde berechnet über:

$SIZE_i = Q_{i,2007} * p_{i,2007}$

$Q_{i,2007}$: Anzahl der Aktien eines Unternehmens i am Ende des Börsenjahres 2007; $p_{i,2007}$: Jahresschlusskurs des Wertpapiers i im Börsenjahr 2007. Die relevanten Daten für die Berechnung der Variable Marktkapitalisierung wurden von der Deutschen Börse bezogen. Zur Vermeidung bzw. zur Kontrolle von Verzerrungswirkungen der Marktkapitalisierung (vgl. Eisele 2006, S. 134) auf den Unternehmenserfolg im simultanen Mehrgleichungsmodell durch eine stark asymmetrische Verteilung von SIZE - diese wird vor allem beim Vergleich der Marktkapitalisierung von TecDAX und DAX Unternehmen deutlich - geht diese Variable als natürlicher Logarithmus in die Berechnungen ein, da ein linearer Einfluss der Unternehmensgröße auf den Unternehmenserfolg wesentlich unwahrscheinlicher ist als ein logarithmischer (vgl. Altmann 2003, S. 182; Koch 2005, S. 154).

6.4.4.2 Risikomaße

Für Investoren ist es wichtig, ihre Entscheidungen auf Grundlage fundierter Informationen zur Risiko-Rendite Situation eines Unternehmens zu treffen (vgl. Nöth 2009, S. 46). In der Literatur haben sich dazu zwei zentrale Maße zu dem mit einem Unternehmen verbundenen Risiko entwickelt: Volatilität und Beta.

Mit der *Volatilität* (VOLA) wird das finanzielle Unternehmensrisiko gemessen, deren Veränderung negativ mit dem Kursgewinn korreliert, d.h. der Aktienkurs weist einen asymmetrischen Verlauf zu seiner Volatilität auf. Die gängige Erklärung dafür ist der sogenannte *Leverage-Effekt*, der greift, wenn sich das Risiko der Eigenkapitalposition bei sinkenden Aktienkursen erhöht und der Marktwert der Verbindlichkeiten konstant bleibt (vgl. Hafner/Wallmeier 2008, S. 147f.). Je höher die Schwankungsbreite, also der Wert für die Volatilität eines Wertpapiers, desto risikoreicher ist die Anlage in dieses Wertpapier. Nach der sogenannten *Volatility-Feedback Hypothesis* (vgl. Pindyck 1984, S. 347; French et al. 1987, S. 27f.) signalisiert die Ankunft sowohl guter als auch schlechter Nachrichten einen Anstieg der Volatilität, welche wiederum die Risikoprämie erhöht. Der Anstieg der Risikoprämie wiederum kompensiert Teile des positiven Effekts guter Nachrichten, aber vergrößert den negativen Effekt schlechter Nachrichten. Demzufolge sinken Aktienkurse stärker, wenn negative Informationen im Markt sind, als wenn positive Informationen vorhanden sind (vgl. Bae et al. 2006, S. 3003).

$$VOLA_{i,2007} = \sqrt{252} * \sigma_i$$

Die historische Volatilität jedes Wertpapiers im Börsenjahr 2007 wurde auf der Basis von 252

Handelstagen und nicht von Kalendertagen berechnet, da die Verwendung von Handelstagen für die Volatilitätsberechnung genauere Ergebnisse hervorbringt (vgl. Hull 2003, S. 239). Die historische Volatilität wurde über die Standardabweichung der logarithmierten Renditen σ für jedes Wertpapier i multipliziert mit der Wurzel aus der Anzahl der Handelstage errechnet (vgl. Danielsson/Zigrand 2005, S. 2). Die Kurswerte der betrachteten 252 Handelstage wurden von *Thomson Financial Datastream* bezogen und die historische Volatilität mit *MS Excel* berechnet.

Beta (BETA) misst die Sensitivität der Rendite eines Wertpapiers gegenüber systematischen Risiken und ist eine Risikokennzahl des CAPM (vgl. Fama/French 1996). Das Beta eines Wertpapiers i errechnet sich als Quotient aus der Kovarianz von Wertpapierrendite R_i und Marktrendite R_M und der Varianz der Marktrendite R_M (vgl. Buckley et al. 2000, S. 287, 308):

$$BETA_i = \frac{Cov(R_i, R_{M)}}{Var(R_M)} = \frac{\sigma_{i,M}}{\sigma_M^2}$$

Als relevanter Marktindex M (vgl. Frantzmann 2000, S. 68f.) wurde der CDAX ausgewählt.[91] Er enthält alle inländischen Unternehmen aus den Marktsegmenten Prime Standard und General Standard und repräsentiert daher einen sogenannten *All Share-(Performance)Index*. Der CDAX repräsentiert die gesamte Breite des deutschen Aktienmarktes und demgemäß dessen Performance[92]: Drummen und Zimmermann haben nachgewiesen, dass nationale Indizes gute Proxys für den jeweiligen nationalen Markt darstellen (vgl. Drummen/Zimmermann 1992). Weitere empirische Studien zeigen außerdem, dass eine Abhängigkeit zwischen Betafaktoren und der Fristigkeit verwendeter Renditen besteht, d.h. je längerfristig die Renditen berechnet werden, umso höher fallen die entsprechenden Beta-Schätzungen (vgl. Pogue/Solnik 1974; Cohen et al. 1983; Nowak 2000, S. 100f.) aus, was als *Intervalling-Effekt* (Frantzmann 1990, S. 69ff.) bezeichnet wird. Die Rangfolge betrachteter Wertpapiere hinsichtlich ihres Marktrisikos bleibt im Zeitablauf zwar nicht erhalten, zur Eingrenzung des Intervalling-Effekts wird der Verwendung von täglichen Renditen zur Schätzung von Beta jedoch die höchste stabilisierende Wirkung für die Rangfolge der Wertpapiere zugeschrieben (vgl. Frantzmann 1990, S. 82). Somit wurden aus *Thomson Financial Datastream* die täglichen Schlusskurse jedes Wertpapiers im Berechnungszeitraum 01.01.2007 - 31.12.2007 gezogen und daraus die täglichen Renditen errechnet. Der Berechnungszeitraum ist aus der Untersuchung begründet, welche das Kalenderjahr 2007 betrachtet (vgl. Nowak 2000, S. 100). Dorfleitner empfiehlt zudem die Verwendung von stetigen/logarithmierten Renditen und verweist auch auf schwerwiegende Konsequenzen hinsichtlich falscher Beta-Werte und suboptimaler Portfolioauswahl, wenn

91 Zum Problem der Indexauswahl vgl. Steiner/Kleeberg 1991; Lang 1993.

92 Es wurden für den Zeitraum 01.01.2008 - 31.12.2008 die täglichen Werte des Return Index (RI) für den CDAX GENERAL'PERF' INDEX (CDAXGEN) aus Thomson Financial Datastream gezogen.

stetige mit diskreten Renditen vermengt werden (vgl. Dorfleitner 2003, S. 73ff.). Die stetige Rendite jedes Wertpapiers und des CDAX wurden mit folgender Formel berechnet, wobei p_i den Kurs des Wertpapiers bzw. Wert des CDAX repräsentiert (vgl. Fischer 2001, S. 69):

$$R_{i,stetig} = \ln\left(\frac{p_{i,t}}{p_{i,t-1}}\right) = \ln(p_{i,t}) - \ln(p_{i,t-1})$$

Beta-Werte sind so zu interpretieren, dass ein Beta von Null ein risikoloses Wertpapier darstellt, während ein Beta von eins dem Risiko des Marktportfolios entspricht. Beta-Werte größer als eins weisen ein größeres Risiko als das Marktportfolio auf, während Beta-Werte kleiner als eins ein geringers Risiko als das Marktportfolio aufweisen (vgl. Copeland et al. 2008, S. 211). Die relevanten Kursdaten wurden analog zur Volatilität von *Thomson Financial Datastream* und *Worldscope* bezogen und die Renditen und Beta in *MS Excel* berechnet.

6.4.4.3 Eigentümerstruktur

Im Vergleich zu stark gestreuter Eigentümerstruktur wird die Existenz eines großen Mehrheitsaktionärs mit einer stärkeren Überwachung des Managements und einer größeren Durchsetzungsmacht zugunsten der Veränderung von Managementstrategien verbunden (vgl. Gorton/Kahl 2008, S. 938). Unternehmen mit hoher Eigentümerkonzentration wird ein höherer Unternehmenserfolg zugeschrieben, als vergleichbaren Unternehmen mit geringerer Eigentümerkonzentration (vgl. Hill/Snell 1989, S. 42). Über größere Interessenkontinuität wird ihr eine stabilisierende Wirkung zugeschrieben, die einen schnellen Ausstieg aus einem Unternehmen in der Regel verhindert, da dieser den Aktienkurs belasten und substanzielle finanzielle Verluste verursachen würde (vgl. Baysinger/Butler 1985, S. 106). Allerdings repräsentiert Anteilsbesitz abhängig von seiner Konzentration auch eine Machtquelle, die sowohl unterstützend als auch opponierend gegenüber dem Management eingesetzt werden kann (vgl. Salancik/Pfeffer 1980, S. 655). Somit lässt sich aus konzentriertem Anteilsbesitz (BLOCK) auch die Möglichkeit ableiten, dass sich die Unternehmensperformance durch einen anhaltenden Konflikt zwischen dem Management und einem Aktionär mit großem Stimmrechtsanteil auch verschlechtern könnte (vgl. Salancik/Pfeffer 1980, S. 655f.). Dies wird vor allem mit der Existenz institutioneller Investoren in Verbindung gebracht, für die eher kurzfristiges und opportunistisches Denken vermutet wird, das in Konflikt mit den langfristigen Zielen des Unternehmens geraten kann (vgl. Ingley/Walt 2004, S. 534). Der Einbezug der Variable BLOCK ist in der vorliegenden Untersuchung von Bedeutung, da das deutsche Corporate Governance System international häufig als System mit hoher Eigentümerkonzentration beschrieben wird (*Kapitel 4.2.4.3*). Die Daten zum größten Stimmrechtsanteil eines einzelnen Anteilseigners wurden von der Bundesanstalt für Finanzdienstleistungsaufsicht (BaFin) bezogen.

Einzelne Anteilseigner haben zwar einen Anreiz, das Management zu überwachen, das *Collective Action Problem* (*Kapitel 3.2.1*), verbunden mit *Freerider Problemen* (d.h. einzelne Anteilseigner beteiligen sich nicht an der Überwachung und partizipieren verglichen mit ihrem Einsatz übermäßig am Überwachungserfolg durch die Maßnahmen der anderen Anteilseigner) limitiert allerdings auch ihre Möglichkeiten zur Überwachung des Managements (vgl. Grossman/Hart 1988, S. 176). Diesen Freiraum kann das Management wiederum in opportunistischer Weise für sich nutzen (vgl. Letza et al. 2004, S. 247). Ein hoher Anteil des Aktienkapitals, der sich in Streubesitz befindet (FREEFLOAT), also der Anteil des Aktienkapitals, der frei gehandelt wird, definiert als „total shares outstanding excluding shares held by strategic investors such as governments, corporations, controlling shareholders, and management and board members“ (Chan et al. 2004, S. 180), wird daher im Allgemeinen mit geringerem Unternehmenserfolg verbunden (vgl. McGuinness/Ferguson 2005, S. 232). Entsprechend werden Länder wie die USA, mit traditionell hohem Streubesitz, auch mit höherem Investorenschutz in Verbindung gebracht (vgl. Ruiz-Mallorquí/Santana-Martín 2009, S. 238). Ein erhöhter Schutz von Minderheitsaktionären erhöht für Großaktionäre damit die Kosten für das Halten größerer Stimmrechtspakete in diesen Ländern tendenziell, da sie ihre Interessen nur mit erhöhtem Aufwand durchsetzen können (vgl. Becht et al. 2003, S. 17).

Abseits des negativen Effekts des Effizienzverlustes in der Unternehmenskontrolle durch hohen Streubesitz, ist hoher Streubesitz allerdings auch ein positiver Gradmesser für höhere Liquidität der Unternehmensanteile, sprich die Fähigkeit, Unternehmensanteile rasch zu niedrigen Kosten abzustoßen (vgl. Rojahn/Elschen 2009, S. 88). Illiquide Unternehmensanteile verursachen höhere Eigenkapitalkosten, was aufgrund von Risiken der Refinanzierung eine vorsichtigere Investitions- und Ausschüttungspolitik verursacht. Steigende Opportunitätskosten des Aktionärs führen hingegen zu höheren Renditeforderungen (vgl. Chan/Faff 2005, 429ff.). Für Unternehmen stellt sich daher die Frage der optimalen Aktionärsstruktur (vgl. Rojahn/Elschen 2009, S. 88). Die Freefloat-Marktkapitalisierung wurde von der Deutschen Börse bezogen und daraus der Freefloat-Anteil an der Marktkapitalisierung errechnet.

Mit *closely held shares* wird im angloamerikanischen Sprachgebrauch der Anteil des Aktienkapitals bezeichnet, der sich in Besitz von Mitgliedern des Führungs- und Kontrollorgans und ihnen verbundenen Personen befindet (CLOSEHELD). Eine Erhöhung des Anteilsbesitzes des Managements von einem niedrigen Ausgangswert soll den Unternehmenswert erhöhen, da dadurch sein Anreiz reduziert wird, zugestandene Verfügungsrechte über Ressourcen fehlerhaft einzusetzen (vgl. Himmelberg et al. 1999, S. 354). Dadurch können sich die Interessen des Management und der übrigen Eigentümer (vgl. McConnell/Servaes 1990, S. 597) nach der sogenannten *Convergence of Interests Hypothese* annähern (vgl. Jensen/Meckling 1976, S. 312ff.; Bennedsen/Wolfenzon 2000, S. 113). Eine Erhöhung des Anteilsbesitzes des Managements von einem hohen Ausgangswert hingegen wird mit stärkerer Verankerung des Managements mit dem Unternehmen verbunden, wobei der Kontrollmechanismus des Marktes für Unternehmenskontrolle, des Arbeitsmarktes für Manager und des Produktmarktes abgeschwächt wird. Eine dadurch vermutete konservative, besitzstandswahrende Unternehmenspolitik wird in der Folge mit geringerem Unternehmenswert verbunden, (vgl. Jensen/Ruback 1983, S. 29f.), die zu Lasten von Minderheitsaktionären bestimmt wird (vgl. Peasnell et al. 2003, S. 232). Die Daten zur Variable CLOSEHELD wurden ebenfalls von der BaFin bezogen.

6.4.4.4 Wachstum

Das *Wachstum* (GROWTH) eines Unternehmens i wird vielfach in empirischen Studien durch die Steigerung seines Umsatzes repräsentiert (vgl. z.B. Short/Keasey 1999, S. 89). Dieses berechnet sich in der vorliegenden Untersuchung nach dem jährlichen Umsatzwachstum:

$$\text{GROWTH}_i = \left(\frac{\text{Umsatz}_{01.01.2007-31.12.2007}}{\text{Umsatz}_{01.01.2006-31.12.2006}}\right)_i * 100$$

Das Wachstumsziel eines Unternehmens wird zunächst mit höherer Profitabilität eines Unternehmens verbunden, da sie beispielsweise aufgrund höheren Outputs auch schneller in neue Anlagen investieren müssen bzw. veraltete Anlagen ersetzen müssen, um ihr Wachstum im Wettbewerb mit Konkurrenten aufrecht zu erhalten (vgl. Singh/Whittington 1968, S. 189). Ein derartiger Innovationsgrad aufgrund von Wachstumszielen eines Unternehmens (vgl. Phlips 1998, S. 67) resultiert unweigerlich in hohem Finanzierungsbedarf (vgl. George et al. 1992. S. 101f.), der die internen Finanzierungsmöglichkeiten übersteigen kann (vgl. Groß 2007, S. 100). Um externe Finanzierungsmöglichkeiten zu nutzen, muss aber gleichzeitig hohes Wachstumspotenzial eines Unternehmens erkennbar sein. Die Rentabilitätsentwicklung eines Unternehmens ist daher für Kapitalgeber entscheidend, da diese nur mit der Aussicht auf eine hinreichend hohe Verzinsung ihres eingesetzten Kapitals bei dem zu berücksichtigenden Risiko bereit sind Kapital als Fremdkapitalgeber oder als neuer Eigenkapitalgeber zu investieren (vgl. George et al. 2002, S. 101). Daher wird mit einem höheren Wachstum eines Unternehmens auch eine höhere Unternehmensbewertung am Kapitalmarkt verbunden (vgl. Edwards/Weichenrieder 2004, S. 156).

6.4.4.5 Verschuldungsgrad

Mit der Variable LEV geht der *Verschuldungsgrad* eines Unternehmens i, genauer gesagt der Statische Verschuldungsgrad I (vgl. Coenenberg 2001, S. 915), in die Berechnungen ein:

$$LEV_i = \frac{BV(FK)_i}{BV(EK)_i}$$

BV(FK): Buchwert des Fremdkapitals; BV(EK): Buchwert des Eigenkapitals, jeweils zum Bilanzstichtag 31.12.2007. Eine Aussage über den optimalen Verschuldungsgrad und damit ein Rückschluss auf die finanzielle Stabilität eines Unternehmens (vgl. Coenenberg 2001, S. 916) kann nicht eindeutig getroffen werden (vgl. Härle 1961, S. 25f.). Vielmehr sind dabei die vom Unternehmen angestrebte Rentabilität und das damit verbundene Risiko entscheidende Faktoren. Die Rentabilität nimmt zwar grundsätzlich mit steigendem Verschuldungsgrad zu, gleichzeitig steigt aber das Risiko, dass die Investitionsrentabilität überproportional abnimmt oder das Zinsniveau überproportional ansteigt und die Eigenkapitalrentabilität unter Umständen unter die Gesamtkapitalrentabilität sinkt. Somit könnten dadurch entstehende Verluste einen Wertverzehr des Eigenkapitals verursachen (vgl. Coenenberg 2001, S. 917). Die Daten zur Berechnung des Statischen Verschuldungsgrades I wurden den Bilanzen der Unternehmen (Stichtag 31.12.2007) entnommen. Da auch hier eine asymmetrische Verteilung von LEV zu erwarten ist, denn vor allem Banken, Versicherer und Finanzdienstleister zeichnen sich durch einen überproportional hohen Fremdkapitalanteil aus, geht auch diese Variable als natürlicher Logarithmus in die Berechnungen ein (vgl. Koch 2005, S. 154).

6.4.4.6 Forschungs- und Entwicklungsintensität

Mit höherer *Forschungs- und Entwicklungsintensität* wird im Allgemeinen ein größerer Unternehmenserfolg verbunden (vgl. Reenen 1997, S. 494; O'Mahony/Vecchi 2009, S. 36). Unternehmen investieren in Forschung und Entwicklung um ihre Wettbewerbsfähigkeit und ihre Fähigkeit zur Renditeerzielung zu erhöhen (vgl. Heshmati/Lööf 2008, S. 269). Allerdings sind auch Entscheidungen im Bereich der Forschung & Entwicklung von opportunistischem Verhalten gekennzeichnet, was als sogenanntes *Horizon Problem* in die Managementliteratur eingegangen ist (vgl. Hellwig 2000, S. 119). Manager sind aufgrund kürzerer erwarteter Beschäftigung im Vergleich zum optimalen Investitionshorizont eher zu Investitionen in Projekte geneigt, die den Gewinn kurzfristig erhöhen, und gleichzeitig ihre persönliche erfolgsabhängige Vergütung maximieren (vgl. Kalyta 2009, S. 410): „Given that individuals spezialize in jobs, the personnel of some businesses will change over time. That is, a particular business may be developed by one person and managed by another later on“ (Holmes/Schmitz 1990, S. 268).

$$RD_i = \frac{\text{Forschungs- und Entwicklungs-Aufwendungen}_i}{UE_i}$$

Die Forschungs- und Entwicklungsintensität (RD) wird in der Literatur als Quotient aus den

Forschungs- und Entwicklungs-Aufwendungen und den Umsatzerlösen (UE) berechnet (vgl. Hansen/Hill 1991, S. 9; Datta/Guthrie 1994, S. 573). Das relevante Datenmaterial zur Berechnung von RD für das Jahr 2007 wurde aus den Gewinn- und Verlustrechnungen der Unternehmen extrahiert.

6.4.4.7 Größe des Vorstandsorgans

Die Bestimmung der optimalen *Größe des Vorstandsorgans* (BOARDSIZE) spielt für Unternehmen eine wichtige Rolle. Mit der Größe des Vorstandsorgans können nämlich unterschiedliche sogenannte *Boardsize Effekte* auftreten, die sich auf den Unternehmenserfolg auswirken.[93] Mit zunehmender Größe des Vorstandsorgans kann dessen Effizienz aufgrund Problemen bei Konsensfindung, Kommunikation und Koordination bei Entscheidungsprozessen einerseits abnehmen (vgl. Eisenberg et al. 1998, S. 37): „Prima facie, a directorial board of ten is an executive body and a board of over thirty a debating body" (Bates 1940, S. 85). Endgültige Entscheidungen von größeren Vorstandsorganen spiegeln somit ein mehr an Kompromissen wider und sind weniger extrem, als diejenigen von kleineren Vorstandsgremien, weshalb mit größeren Vorstandsorganen auch weniger starke Variabilität im Unternehmenserfolg verbunden wird (vgl. Cheng 2008, S. 157). Andererseits wird die Kontrolle durch den Aufsichtsrat, aber auch durch den Vorstandsvorsitzenden selbst, bei größeren Vorstandsorganen erschwert. Schwieriger überschaubare Prozesse im Vorstandsorgan und schwerer zu beobachtende Denkweisen einzelner Vorstandsmitglieder können so zu steigenden Agency-Kosten führen (vgl. Jensen 1993, S. 865; Eisenberg et al. 1998, S. 37). Aufkommende Agency-Probleme durch große Vorstandsorgane werden auch über kontraproduktive Verhaltensnormen erklärt. So bemängeln Lipton und Lorsch mangelnde Kritik am Vorstand und mangelnde Diskussion des Aufsichtsrates mit dem Vorstand, die mit steigender Organgröße des Vorstandes als tendenziell ausgeprägter angenommen werden. Dies wird dadurch erklärt, dass die Kosten einer nicht sachgemäßen Überwachung des Vorstandes für ein einzelnes Aufsichtsratsmitglied proportional zur Anzahl der Vorstandsmitglieder fallen (vgl. Lipton/Lorsch 1992). Bei einer zu geringen Größe des Vorstandsorgans kann allerdings die Präzision der Entscheidungsfindung abnehmen, da das einzelne Vorstandsmitglied aufgrund mangelnder Managementkapazität (vgl. Beiner et al. 2004, S. 328) mit zu vielen Kompetenzen überlastet sein könnte (vgl. Thomsen 2008, S. 73). Zudem könnte ein zu kleines Vorstandsorgan eine nicht ausreichende Grundlage für eine kritische Diskussion einzelner Themen bilden (vgl. Chiang 2005, S. 96). Die Größe des Vorstandsgremiums wird daher unmittelbar mit dem operativen Erfolg eines Unternehmens verbunden. Die Anzahl der Mitglieder des Vorstandsorgans wurde aus den Geschäftsberichten der Gesellschaften entnommen. Die dualistische Boardstruktur

[93] Mit Board wird in Untersuchungen für die USA und Großbritannien häufig das Board of Directors betrachtet, das die Funktionen des deutschen Vorstands und Aufsichtsrats auf sich im sogenannten Single Board-System (vgl. *Kapitel 2.1.2*) vereint.

des deutschen Corporate Governance Systems würde nun implizieren, auch auf die Größe des Aufsichtsratsorgans als separaten Governance Mechanismus zu testen. Dies wird als nicht sinnvoll erachtet, da sich die Größe des Aufsichtsratsorgans im vorliegenden Sample häufig nicht nach dem Ermessen des Unternehmens bestimmt, sondern gesetzliche Regeln bestimmte Mindestgrößen häufig vorgeben.[94]

6.4.4.8 Branche

In der wissenschaftlichen Literatur wird vielfach diskutiert, ob der Unternehmenserfolg langfristig branchenübergreifend auf einen einheitlichen Benchmark zurückzuführen ist (vgl. Fama/French 2000, S. 161; Ohlson/Juettner-Nauroth 2005, S. 159). Dies würde für einen langfristig orientierten Investor bedeuten, dass Branchenspezifika keine Rolle bei seiner Anlageentscheidung spielen sollten. Allerdings sind strukturelle Unterschiede in einzelnen Branchen und ihre Auswirkung auf den Erfolg eines Unternehmens nicht von der Hand zu weisen (vgl. Porter 1979; Rumelt 1991) und auch bereits empirisch nachgewiesen worden (vgl. Pedersen/ Thomsen 1998). Daher wurde in jüngster Zeit auch verstärkt diskutiert, ob industriespezifische Erfolgsanalysen gegenüber branchenübergreifenden Analysen vorteilhaft sind (vgl. Fairfield et al. 2009). Zur Kontrolle möglicher Brancheneffekte auf den Unternehmenserfolg wurde aus den 18 Branchen des Prime All Share-Index der Deutschen Börse die ordinale Variable INDUSTRY gebildet (vgl. DeVaus 2002, S. 57f.). Dabei wird vielfach auch eine Einteilung in neun sogenannte *Supersektoren* vorgenommen, wobei die 18 Branchen auf die neun Supersektoren verteilt werden (vgl. Deutsche Börse 2009, S. 9, 43ff., *Tabelle 19*).

Tabelle 19: 18 Branchen und ihre Verteilung auf neun Supersektoren

18 Branchen (Sektoren)	9 Supersektoren
AUTOMOBILE, CONSUMER, FOOD & BEVERAGE	CONSUMER GOODS
MEDIA, RETAIL	CONSUMER SERVICES
BANKS, INSURANCE, FINANCIAL SERVICES	FIRE
BASIC RESOURCES, CHEMICALS	BASIC MATERIALS
SOFTWARE, TECHNOLOGY	IT
TELECOMMUNICATION	TELECOMMUNICATION
INDUSTRIAL, CONSTRUCTION, TRANSPORTATION & LOGISTICS	INDUSTRIALS
PHARMA & HEALTHCARE	PHARMA & HEALTHCARE
UTILITIES	UTILITIES

Entsprechend dem Forschungsziel, der Analyse möglichen Einflusses von deklarierter Compliance zum DCGK und Transparenz der Corporate Governance Berichterstattung auf Erfolgsvariablen wurde aufgrund nicht vorwiegenden Interesses am Vergleich unterschiedlicher Gruppen von der Bildung von 17 Dummyvariablen abgesehen. Das beschriebene Vorgehen impliziert dadurch keinen Informationsverlust und vermindert außerdem durch eine bewusst

94 Vgl. hierzu die Regeln des Mitbestimmungsgesetzes, des Montanmitbestimmungsgesetzes, des Mitbestimmungsergänzungsgesetzes und des Drittelbeteiligungsgesetzes.

niedrig gehaltene Anzahl an Variablen die Gefahr von Redundanzen zwischen den Variablen (vgl. Loderer/Martin 1997, S. 235).

6.4.5 Exogene Dummyvariablen

Zusätzlich zu den exogenen Kontrollvariablen wurden vier weitere exogene Dummyvariablen erhoben. Diese umfassen mögliche Übernahmeaktivitäten, die Unternehmen ausführen oder denen sie ausgesetzt sind und drei Variablen zur Abbildung eines möglichen Einflusses der Zugehörigkeit der Unternehmen zu einem bestimmten Auswahlindex der Deutschen Börse.

6.4.5.1 Übernahmeaktivitäten

Übernahmeaktivitäten (obwohl sie in der Realität eher selten auftretende Ereignisse darstellen) gelten als starker Governance Mechanismus zur Disziplinierung des Managements. Übernahmeaktivitäten werden allerdings auch durch sogenannte *Anti-Takeover Gesetze* reglementiert, was die Verhandlungsmacht des Übernahmekandidaten und folglich seiner Eigentümer schützt (vgl. Becht et al. 2003, S. 50f.). Stulz bzw. Harris und Raviv finden Anzeichen dafür, dass das Management von Unternehmen in Situationen, in denen es von Übernahmeaktivitäten bedroht wird, eher opportunistisch entgegen den Erfolgszielen der Anteilseigner handelt (vgl. Stulz 1988; Harris/Raviv 1988) und beispielsweise versucht, seine Position im Unternehmen zu sichern. Dann und DeAngelo fanden entsprechend heraus, dass Unternehmen nach erfolgreich abgewehrten Übernahmeversuchen (beispielsweise infolge von sogenannten *Poison Pills* oder *Golden Parachutes*[95]), anschließend signifikant geringeren Erfolg aufwiesen als zuvor (vgl. Dann/DeAngelo 1988). Gleichsam wurden jüngst mit der bloßen Ankündigung von Übernahmeaktivitäten abnormale Renditen bei Zielunternehmen nachgewiesen (vgl. Brar et al. 2009, S. 449). Jüngste Forschungsergebnisse zeigen zudem, dass die Erfolgswirkung auf ein Unternehmen, das Übernahmeaktivitäten gegenüber einem Zielunternehmen durchführt, neben Synergieeffekten stark von der Bereitschaft der Anteilseigner des Zielunternehmens abhängt, Gewinne mit dem bietenden Unternehmen zu teilen (vgl. Bauguess et al. 2009, S. 48). Gleichzeitig profitieren Übernahmekandidaten tendenziell stärker von Übernahmeaktivitäten, wenn ihre Anteilseigner breiter gestreut sind (vgl. Donker/Zahir 2008, S. 107). Die Dummyvariable TAKEOVER ist folgendermaßen aufgebaut. Dem jeweiligen Unternehmen wird die Ausprägung „1" zugewiesen, wenn sie Übernahmeaktivitäten gegenüber anderen Unterneh-

[95] Poison Pills und Golden Parachutes stellen die aus der Literatur bekanntesten Möglichkeiten der Abwehr von Übernahmeversuchen dar. Poison Pills, auch bekannt als sogenannte Shareholder Rights Plans, sichern den bestehenden Aktionären Optionsrechte zum Kauf neuer Wertpapiere zu. Golden Parachutes (Goldener Fallschirm) sind Vertragsbedingungen in Verträgen von Führungskräften, welche diesen im Fall einer Zurückstufung oder Entlassung beträchtliche monetäre Zuwendungen zusichern (vgl. Bebchuk et al. 2009, S. 792f.). Dadurch wird eine mögliche Übernahme für die zur Übernahme willige Partei erheblich verteuert und kann womöglich zu deren Scheitern führen (vgl. Brickley et al. 1994, S. 372).

men durchführt, oder selbst mit Übernahmeaktivitäten durch ein anderes Unternehmen konfrontiert ist. Dem jeweiligen Unternehmen wird die Ausprägung „0“ zugewiesen, wenn mit ihm keine Übernahmeaktivitäten assoziiert werden. Die relevanten Daten wurden von der BaFin bezogen.

6.4.5.2 Auswahlindex

Bisherige Untersuchungen zur deklarierten Compliance zum DCGK und der Transparenz der Corporate Governance Berichterstattung wiesen im Indexvergleich im Mittel stark abweichende Ausprägungen der darin enthaltenen Unternehmen auf (vgl. Werder/Talaulicar 2008; Graf/Stiglbauer 2007, S. 288f.; Graf/Stiglbauer 2008a, S. 611f.), was sich auch im Bezug auf Erfolgsvariablen zeigte (vgl. Bassen et al. 2006c, S. 382). Dies gibt Anlass dazu, drei zusätzliche *Indexdummys* (TECDAX, MDAX, SDAX) aufzunehmen, die auf den vier Auswahlindizes DAX, TecDAX, MDAX, SDAX der Deutschen Börse basieren (Vektor m = k - 1 „Dummyvariable“; k Kategorien 1, …, 4; m = 3 Dummyvariable; vgl. Fahrmeir et al. 1999, S. 477). Für die Dummyvariable TECDAX gilt z.B., dass einem Unternehmen die Ausprägung „1“ zugewiesen wird, wenn es dem Auswahlindex TecDAX angehört, ansonsten erhält es die Ausprägung „0“. Entsprechend wird bei den Dummyvariablen MDAX und SDAX verfahren.

6.4.6 Spezifikation des simultanen Mehrgleichungsmodells

Nach der Festlegung der endogenen und exogenen Variablen des zu entwickelnden simultanen Mehrgleichungsmodells gilt es vor dessen Spezifikation zunächst zu beachten, dass dieses das Kriterium der Vollständigkeit erfüllen muss (*Kapitel 6.4.6.1*). Dieses Kriterium kann bereits vor der Bildung der Herleitung dessen Einzelgleichungen (vgl. *Kapitel 6.4.6.2*) berücksichtigt werden. Nach der Spezifikation eines simultanen Mehrgleichungsmodells muss zudem überprüft werden, ob seine Einzelgleichungen *identifizierbar* sind (*Kapitel 6.5.2.3*).

6.4.6.1 Gewährleistung des Kriteriums der Vollständigkeit

Vor der Spezifizierung eines simultanen Mehrgleichungsmodells gilt es nach der Festlegung der Variablen, die das Modell umfassen soll (*Kapitel 6.4.2*), zusätzlich festzulegen, wieviele Gleichungen das Modell enthalten soll. Die Anzahl an Gleichungen richtet sich nach den einzubeziehenden endogenen Variablen. Um das Kriterium der *Vollständigkeit* für Mehrgleichungsmodelle zu erfüllen, muss die Anzahl der endogenen Variablen mit der Anzahl der Gleichungen übereinstimmen (vgl. Hackl 2005, S. 333). Das Mehrgleichungsmodell umfasst die in *Tabelle 18* dargestellten sieben endogenen Variablen: Deklarierte Compliance zum DCGK (C), Transparenz der Corporate Goverance Berichterstattung (TD) und die fünf betrachteten Erfolgsvariablen (ROE, ROA, Q, MTB, TSR). Das herzuleitende Mehrgleichungsmodell umfasst daher sieben Einzelgleichungen und erfüllt somit das Kriterium der Vollständigkeit. Im Folgenden sollen die sieben Einzelgleichungen des Modells hergeleitet werden. Dieses umfasst insgesamt 22 Variablen (7 endogene und 15 exogene Variablen, *Tabelle 18*).

6.4.6.2 Herleitung der Einzelgleichungen des simultanen Mehrgleichungsmodells

Die sieben Einzelgleichungen sind so modelliert, dass jeweils eine der sieben endogenen Variablen als zu erklärende Variable auf der linken Seite einer Gleichung steht. Entsprechend der Konstruktionsbestimmung eines simultanen Mehrgleichungsmodells kann jede dieser endogenen Variablen von den jeweils übrigen endogenen und exogenen Variablen erklärt werden (*Kapitel 6.4.1*), was aus *Abbildung 19* ersichtlich wird.

Abbildung 19: Architektur des simultanen Mehrgleichungsmodells

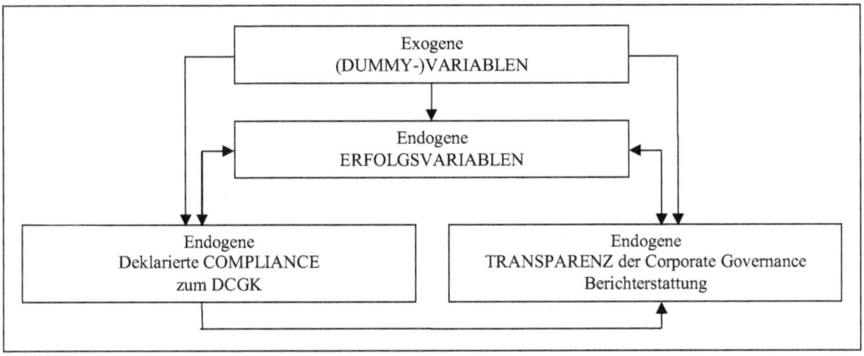

Fehlende erklärende Variablen (*Omitted Variables*) sind ein generelles Problem empirischer Corporate Governance Forschung (vgl. Börsch-Supan/Köke 2002, S. 313). Daher wird der Einbezug von Variablen in die Einzelgleichungen im Folgenden jeweils erläutert. Im Falle eines Nicht-Einbezugs von Variablen in einzelne Gleichungen konnte keine theoretische und empirische Fundierung für einen Einbezug gefunden werden. Auf eine separate Begründung für den Nicht-Einbezug wird daher in den folgenden Ausführungen verzichtet. Die sieben Einzelgleichungen des simultanen Mehrgleichungsmodells leiten sich wie folgt her. Die deklarierte Compliance zum DCGK (C) geht als endogene Variable in Gleichung (1) ein. Die fünf eigentlich endogenen Erfolgsvariablen gehen als exogene Variablen in die Gleichung ein.

Diese Form der Modellierung ist zur Testung von Hypothese H7 in den *Kapiteln 7.4.6.2* und *7.4.6.3* notwendig, die einen Einfluss des Unternehmenserfolgs auf C vermuten lässt. Mit steigendem Risiko eines Wertpapiers steigen tendenziell auch die Kosten (vgl. Adrian/Rosenberg

2008, S. 2997), ein undiversifiziertes Portfolio zu halten, das aus Unternehmen mit schlechter Corporate Governance besteht (vgl. Dyck/Zingales 2004), weshalb VOLA und BETA ebenfalls als exogene Variablen in Gleichung (1) eingehen. Mit der Aufnahme der drei vorgestellten Eigentümerstrukturen als exogene Variablen in Gleichung (1) wird ergänzend zu deren möglichem Einfluss auf den Unternehmenserfolg (*Kapitel 6.4.4.3*) davon ausgegangen, dass die Existenz eines Großaktionärs dazu führt, dass dieser womöglich über ausreichend Druckpotenzial verfügt, um eine Verbesserung der Corporate Governance Strukturen zu erzwingen. Streubesitz (FREEFLOAT) in Verbindung mit dem Collective Action Problem bietet diese Möglichkeit nur begrenzt. Über eigenen Anteilsbesitz (CLOSEHELD) wiederum könnte das Management Anreize haben, gute Corporate Governance Strukturen aus ganz eigennützigem Antrieb zu implementieren, um Wertsteigerungspotenziale des Unternehmens zu nutzen und daran auch privat zu partizipieren. Ein höherer Verschuldungsgrad I (LEVERAGE) wird mit besserer Corporate Governance verbunden, da diese Unternehmen vom Kapitalmarkt häufiger bewertet werden (vgl. Shleifer/Vishny 1997). Wie in den *Kapiteln 5.1* und *5.3* erläutert, besteht die Vermutung eines Einflusses der Branchen- und der Indexzugehörigkeit (vgl. Werder/Talaulicar 2005, S. 846; Graf/Stiglbauer 2008a, S. 614) auf die deklarierte Compliance zum DCGK. Für die weiteren Variablen konnte keine theoretische und empirische Evidenz für deren Einbezug in Gleichung (1) hergeleitet werden.

(1) $$C_i = \beta_0 + \beta_1 ROE_i + \beta_2 ROA_i + \beta_3 Q_i + \beta_4 MTB_i + \beta_5 TSR_i + \beta_6 VOLA_i + \beta_7 BETA_i + \beta_8 BLOCK_i + \beta_9 FREEFLOAT_i + \beta_{10} CLOSEHELD_i + \beta_{11} lnLEV_i + \beta_{12} INDUSTRY_i + \beta_{13} TECDAX_i + \beta_{14} MDAX_i + \beta_{15} SDAX_i + \varepsilon_i$$

Im Rahmen der Hypothesenherleitung von Hypothese H9 wurden bereits mögliche Gründe dafür thematisiert, dass die Transparenz der Corporate Governance Berichterstattung durch die betrachteten Erfolgsvariablen beeinflusst werden könnte. Daher geht die Transparenz der Corporate Governance Berichterstattung als endogene Variable in Gleichung (2) ein. Die eigentlich als endogen definierten fünf Erfolgsvariablen gehen als exogene Variablen in diese Gleichung ein. Die Herleitung von Hypothese H5 lässt einen Einfluss der deklarierten Compliance zum DCGK auf die Transparenz der Corporate Governance Berichterstattung vermuten und geht daher ebenfalls als exogene Variable in die Gleichung ein. Ferner gehen die Ausprägungen der Eigentümerstruktur als exogene Variablen in Gleichung (2) ein. Für den Einfluss der Anteilseignerkonzentration (BLOCK) auf die Transparenz der Corporate Governance Berichterstattung ergaben bisherige Studien ein gespaltenes Bild. Einerseits wurde ein negativer Einfluss festgestellt (vgl. Kelton/Yang 2008, S. 62; Laidroo 2009), der damit begründet wird, dass große Anteilseigner eher über unternehmensinterne Daten verfügen und ihre Unternehmenskontrolle die Kontrollaktivität von Finanzanalysten substituiert (vgl. Sabherval/Smith 2008, S. 562). Andererseits wurde in einer anderen Untersuchung auch ein positiver Einfluss festgestellt, der damit begründet wird, dass große Anteilseigner im Interesse von weiter zu steigerndem Erfolg mehr Corporate Governance Informationen offen legen, um günstigere Finanzierungskonditionen und eine höhere Bewertung am Kapitalmarkt zu erzielen (vgl. Li/Qi 2008, S. 360, 366). Für die Variable Streubesitz (FREEFLOAT) wird ein entsprechend zu BLOCK entgegengesetzter Einfluss auf die Transparenz der Corporate Governance Berichterstattung erwartet. Für CLOSEHELD wurde jüngst ein positiver Zusammenhang mit der Transparenz der Corporate Governance Berichterstattung nachgewiesen, was mit der *Convergence of Interests Hypothesis* erklärt wird (vgl. Li/Qi 2008, S. 360, 366). Danach könnte ein Vorstand oder Aufsichtsrat, der selbst am Unternehmen beteiligt ist, eher dazu geneigt sein, seine persönlichen Ziele mit denen des Unternehmens im Sinne des Unternehmenserfolgs in Einklang zu bringen, wenn er selbst am Unternehmenserfolg über die Entwicklung der von ihm gehaltenen Unternehmensanteile und die ausgeschüttete Dividende partizipiert. Ein positiver *Boardsize Effekt* auf die Offenlegung, z.B. der Managementvergütung, wurde bereits nachgewiesen, weshalb BDSIZE als exogene Variable in Gleichung (2) eingeht (vgl. Laksmana 2008, S. 1177). Entsprechend der Herleitung der Hypothesen H2.1 und H4 besteht die Vermutung eines Einflusses der Branchen- und der Indexzugehörigkeit auf die Transparenz der Corporate Governance Berichterstattung.

(2) $$TD_i = \beta_0 + \beta_1 ROE_i + \beta_2 ROA_i + \beta_3 Q_i + \beta_4 MTB_i + \beta_5 TSR_i + \beta_6 C_i + \beta_7 BLOCK_i + \beta_8 FREEFLOAT_i + \beta_9 CLOSEHELD_i + \beta_{10} BDSIZE_i + \beta_{11} INDUSTRY_i + \beta_{12} TECDAX_i + \beta_{13} MDAX_i + \beta_{14} SDAX_i + \varepsilon_i$$

In die Gleichungen (3) bis (7), mit den einzelnen Erfolgsvariablen als endogene Variablen, gehen entsprechend dem Forschungsfokus zur Beantwortung der Hypothesen H6 und H8 die Variablen C und TD jeweils als exogene Variablen ein. Für die restlichen Variablen erfolgt eine separate Erläuterung zu deren Einbezug. Entsprechend den Ausführungen in *Kapitel 6.4.4.1* geht die Unternehmensgröße (SIZE) in die Gleichungen (3) bis (7) als exogene Variable ein, die zudem bei der Berechnung von Q, MTB und TSR herangezogen wird. Die Eigentümerstruktur hat, wie in *Kapitel 6.4.4.3* gezeigt, einen (vom Vorzeichen her) unbestimmten Einfluss sowohl auf die fundamentale Performance als auch auf die Performance am Kapitalmarkt, die Bestandteil von Q und MTB ist. Daher gehen die drei Ausprägungen der Eigentümerstruktur in die Gleichungen (3) bis (7) als exogene Variablen ein. GROWTH geht in die Gleichungen (3) und (4) als exogene Variable ein, da die Umsatzentwicklung indirekt über den Gewinn in ROE und ROA einfließt.

(3) $$ROE_i = \beta_0 + \beta_1 C_i + \beta_2 TD_i + \beta_3 lnSIZE_i + \beta_4 BLOCK_i + \beta_5 FREEFLOAT_i + \beta_6 CLOSEHELD_i + \beta_7 GROWTH_i + \beta_8 lnLEV_i + \beta_9 RD_i + \beta_{10} BDSIZE_i + \beta_{11} INDUSTRY_i + \varepsilon_i$$

In die Gleichungen (5) bis (7) geht GROWTH als exogene Variable ein, da sie für den Kapitalmarkt Wachstumsmöglichkeiten repräsentiert, die eingepreist werden (vgl. Yermack 1996a, S. 244). Entsprechend der Begründung in *Kapitel 6.4.4.8* geht INDUSTRY in die Gleichungen (3) bis (7) ein. In die Gleichungen (3) und (4) mit ROE bzw. ROA als endogenen Variablen geht entsprechend den Ausführungen in den *Kapiteln 6.4.4.5-6.4.4.7* der Verschuldungsgrad I (LEV), die Forschungs- und Entwicklungsintensiät (RD) und die Größe des Vorstandsorgans (BDSIZE) als exogene Variable ein.

(4) $$ROA_i = \beta_0 + \beta_1 C_i + \beta_2 TD_i + \beta_3 lnSIZE_i + \beta_4 BLOCK_i + \beta_5 FREEFLOAT_i + \beta_6 CLOSEHELD_i + \beta_7 GROWTH_i + \beta_8 lnLEV_i + \beta_9 RD_i + \beta_{10} BDSIZE_i + \beta_{11} INDUSTRY_i + \varepsilon_i$$

Ein zusätzlicher Einbezug von LEV auch in die Gleichungen (5) bis (7) erfolgt einerseits aufgrund der Annahme, dass das Verhältnis von Fremd- zu Eigenkapital (und dessen Veränderung) für den Kapitalmarkt eine Information darstellt, die sich in der Bewertung von Unternehmens(anteilen) niederschlägt (vgl. Hull 1999, S. 33). Andererseits erfolgt ein Einbezug, da Fremdkapitalfinanzierung den Druck auf das Management erhöht, eine noch bessere Leistung zu erbringen, da die prioritäre Bedienung der Fremdkapitalinteressen freien Cash Flow reduziert, der dem Management anschließend nicht zur Verfügung steht, was als *Control Hypothesis* bezeichnet wird (vgl. Jensen 1986, S. 324). Ein höherer Verschuldungsgrad I wiederum kann sich auch in höheren Agency-Kosten niederschlagen, da sich die Interessen von Shareholdern und Fremdkapitalgebern stärker voneinander entfernen (vgl. Myers 1977, S. 148f.). Dies ist dadurch zu erklären, dass durch die prioritäre Bedienung eines größeren Umfangs an Fremdkapitalinteressen den Ausschüttungsbetrag für die Dividende verringert. Außerdem vermindern sich aufgrund eines geringeren aktuellen Cash Flows die Investitionsmöglichkeiten in Zukunftsprojekte, die einen höheren künftigen Cash Flow versprechen. Dies kann in der Folge die Bewertung des Unternehmens am Kapitalmarkt verringern. Der Einfluss des Verschuldungsgrades auf den Erfolg am Kapitalmarkt, der auch in die hybriden Erfolgsmaße eingeht bleibt (vom Vorzeichen) her also zunächst unbestimmt (vgl. Weill 2008, S. 251).

(5) $$Q_i = \beta_0 + \beta_1 ROE_i + \beta_2 ROA_i + \beta_3 C_i + \beta_4 TD_i + \beta_5 lnSIZE_i + \beta_6 VOLA_i + \beta_7 BETA_i + \beta_8 BLOCK_i + \beta_9 FREEFLOAT_i + \beta_{10} CLOSEHELD_i + \beta_{11} GROWTH_i + \beta_{12} lnLEV_i + \beta_{13} RD_i + \beta_{14} INDUSTRY_i + \beta_{15} TAKEOVER_i + \varepsilon_i$$

(6) $$MTB_i = \beta_0 + \beta_1 ROE_i + \beta_2 ROA_i + \beta_3 C_i + \beta_4 TD_i + \beta_5 lnSIZE_i + \beta_6 VOLA_i + \beta_7 BETA_i + \beta_8 BLOCK_i + \beta_9 FREEFLOAT_i + \beta_{10} CLOSEHELD_i + \beta_{11} GROWTH_i + \beta_{12} lnLEV_i + \beta_{13} RD_i + \beta_{14} INDUSTRY_i + \beta_{15} TAKEOVER_i + \varepsilon_i$$

Ein Einbezug von RD in die Gleichungen (5) und (7) erfolgt aufgrund gleich bleibend hoher Investment-Cash Flow Sensitivität gegenüber Investitionen in Forschung und Entwicklung (vgl. Bushman et al. 2004, S. 212; Brown/Petersen 2009, S. 971).

(7) $$TSR_i = \beta_0 + \beta_1 ROE_i + \beta_2 ROA_i + \beta_3 C_i + \beta_4 TD_i + \beta_5 lnSIZE_i + \beta_6 VOLA_i + \beta_7 BETA_i + \beta_8 BLOCK_i + \beta_9 FREEFLOAT_i + \beta_{10} CLOSEHELD_i + \beta_{11} GROWTH_i + \beta_{12} lnLEV_i + \beta_{13} RD_i + \beta_{14} INDUSTRY_i + \beta_{15} TAKEOVER_i + \varepsilon_i$$

In den Gleichungen (5) bis (7) werden ROA und ROE als endogene Variablen aufgenommen, da bereits gezeigt wurde, dass der operative Erfolg Einfluss auf den Unternehmenswert ausübt (vgl. Daines 2001, S. 527) und fundamentale Werte sich am Kapitalmarkt widerspiegeln (vgl. Reschreiter 2009, S. 433). Im Rahmen der vorliegenden Arbeit wurde desöfteren die Rolle des Risikos bei der Marktpreisbildung und erwarteter Kompensation für Risikofaktoren aufgezeigt: VOLA und BETA gehen daher als exogene Variablen in die Gleichungen (5) bis (7) ein. Wie in *Kapitel 6.4.5.1* erläutert, haben Übernahmeaktivitäten und deren Ankündigung (vgl. Hackbarth/Morellec 2008, S. 1214) Einfluss auf die Kapitalmarktperformance und dadurch (indirekt) über deren Berechnungsformel auch auf Q, MTB und TSR.

6.4.6.3 Gewährleistung des Kriteriums der Identifizierbarkeit

Nach der Modellierung eines simultanen Mehrgleichungsmodells ist zudem darauf zu achten, das Kriterium der *Identifizierbarkeit* zu erfüllen (vgl. Wooldridge 2009, S. 559f.), da sonst die in *Kapitel 6.4.7* erläuterten Schätzverfahren nicht gerechnet werden können (vgl. Studenmund 2001, S. 483). Eine Methode, ein Gleichungssystem auf Identifizierbarkeit zu testen, ist die Prüfung, ob die sogenannte *Abzähl- bzw. Ordnungsbedingung* und die *Rangbedingung* erfüllt sind (vgl. Stewart 1991, S. 252f., Studenmund 2001, S. 486f.).

Die *Abzähl- bzw. Ordnungsbedingung* wird auf die Einzelgleichungen eines Gleichungssystems angewendet. Basis der Berechnung ist die Anzahl der endogenen und der exogenen Variablen eines Gleichungssystems (hier: 7 endogene und 15 exogene Variablen). Die Abzählbedingung einer Einzelgleichung ist im vorliegenden Fall dann erfüllt, wenn auf Basis der 15 exogenen Variablen (EX) die Anzahl der in einer Einzelgleichung nicht vorkommenden exogenen Variablen EX_a mindestens so hoch ist, wie die Anzahl der endogenen Variablen auf der rechten Seite der Einzelgleichung (EN_r). Ist diese Anzahl kleiner, als die Anzahl der endogenen Variablen auf der rechten Seite der Einzelgleichung, dann ist die Einzelgleichung nach der Abzähl- bzw. Ordnungsbedingung *nicht identifiziert* (vgl. Wooldridge 2009, S. 559; Heck 1977, S. 30f.). Eine nicht identifizierte Gleichung liegt somit vor, wenn $EX_a < EN_r$.

Im Falle der Identifizierbarkeit existieren zwei Ausprägungen, die für die Entscheidung der anzuwendenden Schätzmethode des Mehrgleichungsmodells (*Kapitel 6.4.7*) noch von Bedeutung sein werden. Ist die Anzahl der ausgenommenen exogenen Variablen nämlich gleich der

Anzahl der endogenen Variablen auf der rechten Seite der Einzelgleichung (also $EX_a = EN_r$), so gilt eine Einzelgleichung als *exakt identifiziert*. Ist die Anzahl größer (also $EX_a > EN_r$), so ist eine Einzelgleichung *überidentifiziert* (vgl. Hackl 2005, S. 342). Die Testung der Einzelgleichungen nach der Abzähl- bzw. Ordnungsbedingung kommt zu dem Ergebnis, dass das Gleichungssystem identifizierbar ist (*Tabelle 20*).

Tabelle 20: Prüfung auf Identifizierbarkeit: Abzähl- bzw. Ordnungsbedingung

GLEICHUNG	$EX_a - EN_r$	IDENTIFIZIERBARKEIT
(1)	5 - 5 = 0	exakt identifizierbar
(2)	7 - 6 = 1	überidentifiziert
(3)	6 - 2 = 4	überidentifiziert
(4)	6 - 2 = 4	überidentifiziert
(5)	4 - 4 = 0	exakt identifizierbar
(6)	4 - 4 = 0	exakt identifizierbar
(7)	4 - 4 = 0	exakt identifizierbar

Zur Erfüllung der *Rangbedingung* einer Einzelgleichung dürfen ferner keine Variablen auftreten, die exakt linear abhängig sind (vgl. Hackl 2005, S. 342). Kann keine derartige Linearkombination gefunden werden, dann ist die Gleichung identifizierbar. Dieses Vorgehen ist aufgrund der Komplexität des vorliegenden Mehrgleichungsmodells manuell relativ aufwändig (vgl. Stewart 1991, S. 252ff.) und erfolgte daher unter Verwendung der kommandogesteuerten Statistik- und Ökonometriesoftware *Intercooled Stata 9.2*, die automatisch Variablen eliminiert, die exakt linear abhängig sind. Vergleichbar leistungsfähige Software für die Schätzung von Mehrgleichungsmodellen brechen den Iterations- und Schätzprozess automatisch ab (vgl. Hübler 2005, S. 200), z.B. meldet *QMS EViews 6* in diesem Falle lediglich „near singular matrix". Den Ergebnissen der Modellschätzung in den *Kapiteln 7.4.6.2* und *7.4.6.3* strukturell vorweggreifend, kann auch die Rangbedingung als erfüllt betrachtet werden, da keine Variable eliminiert wurde. Das Mehrgleichungsmodell kann dadurch als *identifiziert* angenommen werden.

6.4.7 Verfahren zur Schätzung des simultanen Mehrgleichungsmodells

Verfahren für die Schätzung von Einzelgleichungen, wie das OLS (Ordinary Least Squares) Verfahren liefern nur in bestimmten Sonderfällen effiziente, erwartungstreue und konsistente Schätzer (vgl. Haber 2000, S. 38; Hackl 2005, S. 332, 356; Studenmund 2001, S. 489): bei Geltung des klassischen Modells, wenn alle Störterme der einzelnen Gleichungen unabhängig sind und wenn keinerlei Interdependenzen auftreten (vgl. Heck 1977, S. 30; Gatignon 2003, S. 83). Sie werden daher im Allgemeinen für die Schätzung von Mehrgleichungsmodellen als ungeeignet betrachtet (vgl. Epstein 1989, S. 94; Chung/Pruitt 1996, S. 1150): „Direct application of OLS to each equation may result in estimates that are biased and inconsistent" (Heck

1977, S. 30).[96] Für die Schätzung simultaner Mehrgleichungsmodelle wurden daher spezielle Verfahren entwickelt. Dabei ist zwischen Verfahren zu unterscheiden, welche die einzelnen Modellparameter gleichungsweise oder die einzelnen Modellparameter aller Gleichungen gemeinsam, gleichungsübergreifend schätzen. Erstere werden als Verfahren bei beschränkter Information (*limited information methods*) bezeichnet, letztere gelten als Verfahren bei voller Information (*full information methods*) (vgl. Greene 2000, S. 677; Hackl 2005, S. 354).

Verfahren bei voller Information gelten in der Theorie im Vergleich zu Verfahren bei beschränkter Information bei korrekter Modellspezifikation als asymptotisch effizienter (vgl. Maronna/Yohai 1997, S. 234f.), da in Einzelgleichungen auch Informationen aus anderen Gleichungen einfließen und zu deren Erklärung beitragen (vgl. Wooldridge 2009, S. 560), wodurch ein endogenes System entsteht (vgl. Gatignon 2003, S. 83). Ein Nachteil von Verfahren bei beschränkter Information liegt somit in der nicht vollständigen Ausnutzung der existierenden Informationen in den Residuen (vgl. Haber 2000, S. 40). Aufgrund der in *Kapitel 6.4.2* beschriebenen Nicht-Existenz eines eindeutigen Corporate Governance Modells, was zu Unsicherheiten über die korrekte Modellspezifikation führt, wird in der vorliegenden Untersuchung allerdings mit dem 2SLS (Two Stage Least Squares) Verfahren sowohl ein Verfahren[97] bei beschränkter Information als mit dem 3SLS (Three Stage Least Squares) Verfahren auch das in der empirischen Wirtschaftsforschung gebräuchlichste Verfahren bei voller Information gerechnet (vgl. Hübler 2005, S. 197).

Während das 2SLS Verfahren Schätzer der Strukturparameter einer einzelnen Gleichung liefert (dazu werden alle vorherbestimmten Variablen des Modells als Instrumente herangezogen, vgl. Studenmund 2001, S. 473f.), baut das 3SLS Verfahren methodisch auf dem 2SLS Verfahren auf. Es verwendet simulierte Variablen, die in der letzten Rechenstufe als Instrumente Verwendung finden und die Einzelgleichungen zu einem *Supereingleichungssystem* (SUR) integriert (vgl. Hübler 2005, S. 197). In den beiden ersten Rechenstufen erfolgt eine Schätzung aller Einzelgleichungen mit 2SLS und die Residuen werden für die Berechnung der Varianz-Kovarianz-Matrix des Systems herangezogen. In der dritten Rechenstufe wird ein GLS (Generalized Least Squares) Schätzer auf das Gesamtsystem angewendet. 3SLS kann simultane Mehrgleichungsmodelle schätzen, die, wie im vorliegenden Fall, endogene Variablen auf der rechten Seite einer Gleichung enthält. Zudem können auch Korrelationen zwischen den Residuen bestehen (vgl. Lattemann 1997, S. 120). Im Allgemeinen ist die Varianz bei

---

96 Hierzu wurde der Durbin-Wu-Hausman-Test auf Endogenität durchgeführt (vgl. Hausman 1978). Danach kann H0, dass die Korrelation zwischen dem Störterm und den erklärenden Variablen gleich Null ist, auf dem 99%-Konfidenzniveau verworfen werden; d.h. die Durchführung von OLS würde keine erwartungstreuen Schätzer liefern. Zur Vermeidung verzerrter Ergebnisse, repräsentiert die Systemschätzung mittels 2SLS und 3SLS also die adäquaten Verfahren.

97 Das 2SLS Verfahren ist der FIML (Full Information Maximum Likelihood) Schätzung vorzuziehen, da es sich robuster gegenüber Missspezifikationen des Modells durch Nicht-Berücksichtigung von relevanten Regressoren und gegenüber Multikollinearität zeigt (vgl. Hackl 2005, S. 364).

Methoden mit voller Information geringer als bei Verfahren mit beschränkter Information (vgl. Haber 2000, S. 39ff.).

Beide Schätzverfahren sind grundsätzlich äquivalent, wenn erstens alle Einzelgleichungen voll identifiziert sind (vgl. Stewart 1991, S. 267ff.; Wooldridge 2009, S. 560) oder zweitens die Störgrößenkovarianzmatrix von diagonaler Gestalt ist (vgl. Hübler 2005, S. 198). *Kapitel 6.4.6.3* hat gezeigt, dass ersteres beim vorliegenden Mehrgleichungsmodell nicht der Fall ist. 3SLS wäre vorzuziehen, wenn das System überidentifiziert wäre, da es die Effizienz der Schätzung erhöhen würde (vgl. Beaver et al. 1997, S. 72). Da auch dies nicht der Fall ist, erscheint es somit zusätzlich zu den zuvor beschriebenen Unsicherheiten bei der Spezifikation des Modells erforderlich, beide Verfahren zu rechnen (vgl. Gatignon 2003, S. 93). Die *Kapitel 7.4.6.2* und *7.4.6.3* werden zeigen, ob eventuell letzteres zutrifft.

Eine allgemeingültige Aussage, welches der beiden Schätzverfahren besser geeignet ist, kann nicht getroffen werden (vgl. Beaver et al. 1997, S. 73). Theoretische Untersuchungen, die beide Schätzverfahren vergleichen, sind kaum existent (vgl. Maronna/Yohai 1997, S. 235). So ist beim Vergleich der beiden Verfahren ein „*klassischer Risk-Return Tradeoff*“ (Bress 2008, S. 153) einzugehen, da 3SLS zwar über eine höhere asymptotische Effizienz gegenüber 2SLS verfügt, wenn das Modell korrekt spezifiziert ist (vgl. Schmidt 1976, S. 210ff.). Fehlspezifikationen einzelner Gleichungen wirken sich in 3SLS aber gleichsam auf alle Koeffizientenschätzungen aus: „Errors in any part of the system are more likely to ramify through the entire system of equations“ (Blalock 1971, S. 285). 2SLS bringt allerdings nur in den fehlspezifizierten Gleichungen auch inkonsistente Schätzer hervor (vgl. Hübler 2005, S. 198; Holbert/Stephenson 2002, S. 535). Beide Schätzverfahren liefern allerdings unter der Voraussetzung der Identifizierbarkeit des Modells (gem. *Kapitel 6.4.6.3* gegeben) konsistente und asymptotisch normal-verteilte Schätzer (vgl. Hackl 2005, S. 359ff.), auch dann, wenn das zu berechnende Modell nicht vollständig spezifiziert ist, sprich der Rest des Corporate Governance Modells nicht bekannt ist (vgl. Lattemann 1997, S. 120).

7 Ergebnisse der Datenauswertung

> *„One wishes to decide whether or not some hypothesis that has been formulated is correct. The choice here lies between only two decisions: accepting or rejecting the hypothesis. A decision procedure for such a problem is called a test of the hypothesis in question"* (Lehmann/Romano 2005, S. 56).

Zur Testung der in *Kapitel 5* hergeleiteten Hypothesen wurden die Voraussetzungen für den Einsatz einzelner Testverfahren jeweils überprüft. Bei der Verletzung einzelner Voraussetzungen werden diese jeweils separat diskutiert und adäquate Lösungen für den Umgang mit den aufgezeigten Problemen angeboten. Die deskriptiven Statistiken, die grafische Aufbereitung und Testung der Hypothesen H1.1 bis H5 erfolgte mittels der Statistiksoftware *SPSS 16.0 für Windows*, der am weitesten verbreiteten Software zur Dateneingabe, Datentransformation, Datenanalyse und Ergebnispräsentation. Die zur Testung der Hypothesen H6 bis H9 eingesetzten Test- und Schätzverfahren wurden mittels der kommandogesteuerten Statistik- und Ökonometriesoftware *Intercooled Stata 9.2* gerechnet. Diese bietet verglichen mit *SPSS 16.0 für Windows* ein extrem breites Spektrum an Regressionsmodellen, insbesondere für heteroskedastizitätskonsistente Mehrgleichungsmodelle (vgl. White 1980). Vor der Testung der Hypothesen sollen dabei zunächst systematisch und übersichtlich die jeweiligen deskriptiven Statistiken, sprich die Merkmale in der Stichprobe beschrieben werden (vgl. Wirtz/Nachtigall 2004, S. 29).

7.1 Ergebnisse der Auswertung der Compliance Scorecard

7.1.1 Deklarierte Compliance zum Deutschen Corporate Governance Kodex

Für die inhaltsanalytisch mittels der Compliance Scorecard erhobene deklarierte Compliance zum DCGK ergaben sich die in *Tabelle 21* dargestellten Ergebnisse für das Gesamtinstrument. Um ein besseres Verständnis der erhobenen Daten zu gewährleisten, sprich das Zustandekommen der Gesamtscores nachvollziehbar zu machen, erfolgt auch eine knappe Charakterisierung und zusammenfassende Beschreibung der erhobenen Daten für die Hauptkategorien der Compliance Scorecard (vgl. Benninghaus 2007, S. 15), separat jeweils auch dargestellt für die einzelnen Auswahlindizes. Es ist erkennbar, dass die DAX Unternehmen im Mittel im Vergleich zu den Unternehmen des TecDAX, MDAX und SDAX einen Mindestabstand von 10,65% aufweisen und die TecDAX Unternehmen in der Ausprägung der deklarierten Compliance zum DCGK die größte Spannbreite zeigen, während die DAX Unternehmen die geringste Spannbreite aufweisen.

Tabelle 21: Deklarierte Compliance zum DCGK: Gesamtstichprobe und Auswahlindex, Deskriptive Statistik

	N	Minimum	Maximum	Mittelwert	Standard-abweichung	Varianz
I	113	,3750	1,0000	,693035	,1498182	,022
II	113	,2500	1,0000	,575832	,2283033	,052
III	113	,5880	1,0000	,901558	,0858526	,007
IV	113	,4470	1,0000	,783336	,1115014	,012
V	113	,6000	1,0000	,895239	,0973434	,009
VI	113	,7690	1,0000	,967319	,0606854	,004
C_Gesamt	113	,5850	1,0000	,815221	,0917125	,008
I	26	,6250	1,0000	,834154	,1611922	,026
II	26	,4440	1,0000	,786308	,2176568	,047
III	26	,7650	1,0000	,945769	,0620795	,004
IV	26	,7110	1,0000	,889192	,0976664	,010
V	26	,7000	1,0000	,952385	,0699989	,005
VI	26	1,0000	1,0000	1,000000	,0000000	,000
C_DAX	26	,7540	1,0000	,907731	,0821221	,007
I	20	,3750	1,0000	,656250	,1615865	,026
II	20	,3750	,8750	,550000	,2003287	,040
III	20	,6470	1,0000	,870550	,1019275	,010
IV	20	,4470	1,0000	,769900	,1255447	,016
V	20	,7000	1,0000	,905000	,0759155	,006
VI	20	,8460	1,0000	,965500	,0583443	,003
C_TecDAX	20	,5850	,9890	,801250	,0935487	,009
I	34	,3750	1,0000	,647059	,0947014	,009
II	34	,2500	1,0000	,500000	,1896967	,036
III	34	,5880	1,0000	,892647	,0885612	,008
IV	34	,6320	1,0000	,766176	,0708081	,005
V	34	,6000	1,0000	,876471	,0986540	,010
VI	34	,8460	1,0000	,970559	,0502058	,003
C_MDAX	34	,6810	1,0000	,794559	,0689247	,005
I	33	,5000	1,0000	,651515	,1116180	,012
II	33	,3750	1,0000	,503788	,1913277	,037
III	33	,5880	1,0000	,894697	,0787895	,006
IV	33	,5530	1,0000	,725758	,0926496	,009
V	33	,6000	1,0000	,863636	,1084498	,012
VI	33	,7690	1,0000	,939333	,0811190	,007
C_SDAX	33	,6810	,9470	,772091	,0680282	,005

Die ergänzende Darstellung der erzielten Ergebnisse im Boxplot illustrieren die angesprochene geringe Spannbreite der deklarierten Compliance zum DCGK über alle Unternehmen hinweg anschaulich, wobei sich im Indexvergleich deutliche Unterschiede hinsichtlich der Median- und Mittelwerte zwischen den DAX Unternehmen und den Unternehmen des TecDAX, MDAX und SDAX abzeichnen (*Abbildung 20*). Dies kann als erster Hinweis gewertet werden, dass sich, Bezug nehmend auf die Hypothesen H1.1 und H1.2, zumindest bei der deskriptiven Betrachtung Unterschiede zwischen den Auswahlindizes hinsichtlich der deklarierten Compliance zum DCGK ergeben, die in *Kapitel 7.4.1* auf Signifikanz zu testen sind. Die insgesamt zu verzeichnende geringe Spannbreite bei insgesamt hohem deklarierten Complianceniveau zum DCGK kann sich auch auf die Untersuchung zum Zusammenhang zwischen deklarierter Compliance zum DCGK und dem Unternehmenserfolg auswirken. So trifft je nach Spezifikation im Mehrgleichungsmodell eine größere Streuung bei den Erfolgsvariablen auf eine geringere Variation bei der deklarierten Compliance, was dazu führen könnte, dass eventuell keine Signifikanzen nachzuweisen wären.

Abbildung 20: Deklarierte Compliance zum DCGK: Boxplot Gesamtstichprobe und Auswahlindizes

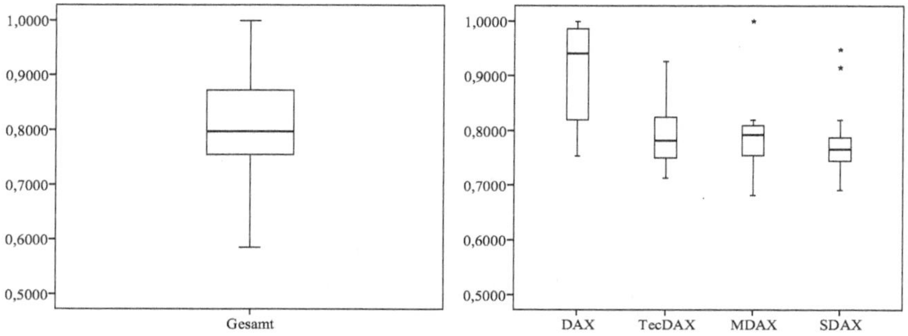

* Extremwert, der mehr als 1,5 Boxlängen von der Perzentilgrenze entfernt liegt.

7.1.2 Analyse kritischer Kodexempfehlungen

Die Analyse sogenannter *kritischer Kodexempfehlungen* stellte in vorangegangenen Untersuchungen eine interessante Facette deutscher Forschung zur Compliance zum DCGK dar (vgl. Werder/Talaulicar 2009, S. 690f.), deren Zusammenhang und mögliche Clusterung mittlerweile auch empirisch verstärkt beleuchtet wird (vgl. Talaulicar/Werder 2008). Zur Vergleichbarkeit der Ergebnisse mit bereits existierenden deutschen Corporate Governance Compliance Studien wurden auch im Rahmen der vorliegenden Untersuchung die kritischen Kodexempfehlungen analysiert. Diese definieren sich als die Kodexempfehlungen, bzw. die Compliance-Regeln mit Soll-Charakter mit ≤90% Zustimmungsquote (*Tabelle 22)* über alle Gesellschaften hinweg (vgl. Werder et al. 2003, S. 1859).

Von den 77 Empfehlungen der Compliance Scorecard ergaben sich 15 über alle Unternehmen hinweg als kritisch (19,48%). Diese Anzahl variiert allerdings bei der Betrachtung einzelner Auswahlindizes. Während sich im TecDAX 18 Empfehlungen (also beinahe jede vierte) als kritisch erwiesen, waren dies im DAX nur sechs Empfehlungen (also nicht einmal jede zehnte). Kritische Kodexempfehlungen fanden sich in den Indizes TecDAX, MDAX und SDAX vor allem in den Kategorien III und IV, sprich Regeln zum Vorstand und Aufsichtsrat, allerdings umfassen diese Kategorien auch prozentual mehr Empfehlungen als die anderen Kategorien. Dieses Ergebnis ist dennoch interessant und spiegelt auch den Kern der institutionalisierten deutschen Corporate Governance Problematik zwischen dem Vorstand als leitendem und dem Aufsichtsrat als dem überwachenden Organ im deutschen Dual Board-System wider (vgl. Zöllner 2007, S. 15; Werder 2008, S. 54).

Tabelle 22: Kritische Regeln der Compliance Scorecard, nur DCGK-Empfehlungen

COMPLIANCEREGEL	DAX	TecDAX	MDAX	SDAX	Gesamt
II.5	82,76	45,45	59,52	92,50	72,18
III.3	86,21	100,00	95,35	97,50	94,74
III.4	86,21	100,00	95,35	95,00	93,98
III.7	93,10	77,27	88,10	82,50	85,71
III.9	89,66	81,82	83,33	92,50	87,22
III.10	100,00	86,36	95,35	95,00	94,74
III.11	100,00	77,27	83,33	82,50	85,71
III.12	100,00	81,82	93,02	87,50	90,98
III.13	96,55	86,36	90,70	92,50	91,73
IV.5	93,10	81,82	88,37	75,00	84,96
IV.7	100,00	86,36	97,67	92,50	94,74
IV.11	100,00	86,36	100,00	72,50	89,47
IV.12	96,55	72,73	95,35	50,00	78,20
IV.13	100,00	86,36	100,00	72,50	89,47
IV.18	89,66	72,73	78,57	72,50	78,20
IV.22	93,10	86,36	95,35	95,00	93,23
IV.29	93,10	91,30	88,10	92,50	90,98
IV.30	89,66	72,73	76,19	57,50	72,93
IV.32	100,00	86,36	71,43	65,00	78,20
IV.33	100,00	95,65	85,71	82,50	89,47
V.4	93,10	95,65	85,71	85,00	88,72
V.5	96,55	95,65	90,70	87,50	91,73
V.6	100,00	95,65	90,70	77,50	89,47
VI.3	100,00	81,82	78,57	62,50	78,95
VI.4	100,00	77,27	88,10	95,00	90,98
Anzahl kritisch	6	18	13	15	15
% kritisch	7,79	23,38	16,88	19,48	19,48

Die Ergebnisse gehen dadurch in der Tendenz auch konform zur vom Zeitraum her mit unterschiedlicher Erhebungsmethodik (Fragebogen) und unterschiedlicher Anzahl an Empfehlungen (81 im Vergleich zu den hier identifizierten 77) durchgeführten Untersuchung von Werder und Talaulicar (vgl. Werder/Talaulicar 2007, S. 870). Aufgrund der unterschiedlichen Anzahl an Empfehlungen erfolgt hier eine Umrechung der Ergebnisse der angesprochenen Untersuchung in relative Werte. Dabei ergab sich ein prozentualer Anteil an kritischen Empfehlungen von 4,93% im DAX (29 Unternehmen), 32,10% im TecDAX (13 Unternehmen), 20,10% im MDAX (28 Unternehmen) und 37,04% im SDAX (30 Unternehmen) (vgl. Werder/Talaulicar 2007, S. 870). Die Ergebnisse sind zwar schwer zu vergleichen, da nicht bekannt ist, ob es sich bei den antwortetenden Unternehmen um dieselben Unternehmen handelt, wie in der vorliegenden Untersuchung. Allerdings kann durchaus konstatiert werden, dass der von den beiden Autoren angeführte mögliche Non-Response Bias (Unternehmen mit geringerer Compliance könnten weniger häufig an der Untersuchung teilnehmen, vgl. Werder/ Talaulicar 2007, S. 869) durch die vorliegende Untersuchung nicht bestätigt werden kann. (Den DAX ausgeklammert) wurden durch die Inhaltsanalyse (vom Antwortverhalten von Unternehmen unabhängig) sogar relativ gesehen weniger Empfehlungen als kritisch identifiziert. Besonders auffällig ist ein äußerst geringer Erfüllungsgrad über alle Unternehmen hinweg bei den Complianceregeln II.5 („Schließt die Gesellschaft für Vorstand und Aufsichtsrat eine D&O-Versicherung ab, so soll ein angemessener Selbstbehalt vereinbart werden.") und IV.30

(„Die Mitglieder des Aufsichtsrats sollen neben einer festen eine erfolgsorientierte Vergütung erhalten.") mit Erfüllungsquoten von unter 75%. Die Analyse der Begründungen für dieses häufige Abweichen ergab folgende Ergebnisse (*Tabelle 23*):

Tabelle 23: Abweichungsbegründung bei besonders kritischen Complianceregeln

COMPLIANCE-REGEL	Begründungen für Abweichung
II.5	- Internationaler Standard sieht Selbstbehalt nicht vor
	- Durch Selbstbehalt wird das Ziel der Gewinnung von (herausragenden) Persönlichkeiten für den Aufsichtsrat (aus In- und Ausland) als gefährdet angesehen
	- Selbstbehalt trägt nicht zu Steigerung von Motivation und Verantwortungsbewusstsein seitens der Organmitglieder bei, um Schaden von der Gesellschaft abzuwenden
IV.30	- Durch Festhalten an einer nicht mit Unternehmenserfolg verbundenen Vergütung des Aufsichtsrats soll jeder denkbare Interessenkonflikt mit Kontrollaufgaben des Aufsichtsrats vermieden werden
	- Aufsichtsratstätigkeit wird ohnehin mit Höchstmaß an Engagement und Leistungsbereitschaft sowie mit Blick auf langfristigen Unternehmenserfolg ausgeübt
	- Flexible Vergütungsform verbessert die Qualität der Überwachung durch den Aufsichtsrat nicht

Die vorliegende Untersuchung will die in Deutschland teils intensiv und größtenteils auch emotional geführte Diskussion zu leistungsabhängiger Vergütung (vgl. Ruess 2004; Kann/Just 2006) und unternehmerischer Verantwortung (vgl. Hülsmann/Cordes 2009) hier nicht fortführen, allerdings zeigt sich auch ein möglicher Handlungsbedarf des Gesetzgebers, den freiwilligen Enforcement-Mechanismus des DCGK in Teilbereichen, wie durch das VorstOG 2006 geschehen, durch gesetzliche Pflichtbestimmungen zu ersetzen. Jüngst wurde dies durch das am 05. August 2009 in Kraft getretene Gesetz zur Angemessenheit der Vorstandsvergütung (VorstAG) bekräftigt, das z.B. einen zwingenden Selbstbehalt bei D&O-Versicherungen vorsieht (vgl. Döring/Grau 2009, S. 2139). Die freiwillig abzugebende Compliance zu den Anregungen des DCGK weist erwartungsgemäß niedrigere Werte (*Anhang 5*). Es ergibt sich ein durchschnittliches Complianceniveau über alle 17 Anregungen von 26,23%.

7.1.3 Bivariate Analyse des Zusammenhangs einzelner Hauptkategorien

Eine Untersuchung, die bislang für Deutschland noch nicht durchgeführt wurde, ist die Analyse des Zusammenhangs zwischen den Hauptkategorien der Compliance Scorecard, respektive des DCGK. Dies ist interessant, da sich dadurch möglicherweise bestimmte Typen von Unternehmen auf Basis ihrer deklarierten Compliance zum DCGK bilden lassen. Eine entsprechend durchgeführte Untersuchung von Talaulicar und Werder, die lediglich die kritischen Kodexempfehlungen als Differenzierungskriterium heranzieht (vgl. Talaulicar/Werder 2008), wird dem Erkenntnisziel, die Gesamtheit des DCGK als Regulierungsinstrument zu betrachten, nicht gerecht. Die entsprechend durchgeführten Korrelationsberechnungen nach Pearson (vgl. Bühl 2008, S. 346f.) ergaben die in *Tabelle 24* dargestellten Ergebnisse.

Tabelle 24: Hauptkategorien der Compliance Scorecard, Korrelation

		I	II	III	IV	V	VI
I	Korrelation nach Pearson	1					
	Signifikanz (2-seitig)						
II	Korrelation nach Pearson	,832(**)	1				
	Signifikanz (2-seitig)	,000					
III	Korrelation nach Pearson	,359(**)	,381(**)	1			
	Signifikanz (2-seitig)	,000	,000				
IV	Korrelation nach Pearson	,808(**)	,814(**)	,483(**)	1		
	Signifikanz (2-seitig)	,000	,000	,000			
V	Korrelation nach Pearson	,475(**)	,563(**)	,324(**)	,526(**)	1	
	Signifikanz (2-seitig)	,000	,000	,000	,000		
VI	Korrelation nach Pearson	,209(*)	,156	,386(**)	,247(**)	,323(**)	1
	Signifikanz (2-seitig)	,027	,100	,000	,008	,000	
	N	113	113	113	113	113	113

**, * Korrelation ist auf dem Niveau von 0,01 (2-seitig) bzw. 0,05 (2-seitig) signifikant.

Beinahe sämtliche Hauptkategorien der Compliance Scorecard korrelieren untereinander hoch signifikant positiv. Dies führt unausweichlich zu der Folgerung, dass Unternehmen den Kodex als Ganzes betrachten und für sie in erster Linie nicht die Unterteilung in einzelne Hauptkategorien, sondern vielmehr der Inhalt einzelner Regeln entscheidend ist, was dafür spricht, dass Unternehmen kritisch mit dem Kodex umgehen und die Stimmigkeit einzelner Regeln für die unternehmensindividuellen Gegebenheiten intensiv prüfen. Dies wird durch die teils stark unterschiedlichen Erfüllungsquoten einzelner Regeln deutlich (*Kapitel 7.1.2*). Die Bildung eines Gesamtscores (später auch Aggregat genannt) zur deklarierten Compliance zum DCGK wird (neben dem Argument des Mindeststichprobenumfangs bei der vorliegenden Anzahl an Variablen, vgl. *Kapitel 6.4.1* und *6.4.2*) dadurch nachdrücklich gestützt, da die separate Regression der einzelnen Hauptkategorien in einem gemeinsamen Modell unabhängig vom gewählten Schätzverfahren zu einem erheblichen Multikollinearitätsproblem führen würde, das statistisch unpräzise Ergebnissen befördern würde (vgl. Greene 1993, S. 266ff.).

7.2 Ergebnisse der Auswertung der Transparency & Disclosure Scorecard

7.2.1 Transparenz der Corporate Governance Berichterstattung

Analog zur Compliance Scorecard wurde auch die Transparency & Disclosure Scorecard auf die Stichprobe angewendet. Dabei ergaben sich die in *Tabelle 25* dargestellten Ergebnisse für das Gesamtinstrument und die Einzelkategorien, separat jeweils auch dargestellt für die einzelnen Auswahlindizes. Die ergänzende Darstellung der erzielten Ergebnisse im Boxplot (*Abbildung 21*) zeugen ebenfalls von einer eher geringen Streubreite der Transparenz der Corporate Governance Berichterstattung über alle Unternehmen hinweg. Im Indexvergleich sind wiederum deutliche Unterschiede bei den Median- und Mittelwerten zwischen den DAX Unternehmen und den Unternehmen des TecDAX, MDAX und SDAX zu erkennen.

Tabelle 25: Transparenz der Corporate Governance Berichterstattung: Gesamtstichprobe und Auswahlindex, Deskriptive Statistik

	N	Minimum	Maximum	Mittelwert	Standard-abweichung	Varianz
I	113	,2860	1,0000	,766230	,1429214	,020
II	113	,0000	1,0000	,723894	,2319461	,054
III	113	,5000	1,0000	,792699	,1331990	,018
IV	113	,1250	1,0000	,676991	,1865494	,035
V	113	,0000	,8330	,418876	,2078951	,043
VI	113	,0000	1,0000	,380531	,2034780	,041
TD_Gesamt	113	,3950	,8680	,652319	,1019693	,010
I	26	,5710	1,0000	,824000	,1165792	,014
II	26	,4000	1,0000	,815385	,1689788	,029
III	26	,6250	1,0000	,855769	,1355189	,018
IV	26	,5000	1,0000	,788462	,1263390	,016
V	26	,1670	,8330	,512885	,1760198	,031
VI	26	,2500	,7500	,519231	,1720912	,030
TD_DAX	26	,6320	,8680	,740923	,0675781	,005
I	20	,2860	,8570	,673050	,1864825	,035
II	20	,0000	1,0000	,610000	,2552604	,065
III	20	,6250	1,0000	,806250	,1180642	,014
IV	20	,1250	1,0000	,681250	,2275260	,052
V	20	,1670	,8330	,449900	,1880993	,035
VI	20	,0000	1,0000	,312500	,2126741	,045
TD_TecDAX	20	,3950	,8680	,622450	,1045977	,011
I	34	,5710	1,0000	,789706	,1231406	,015
II	34	,4000	1,0000	,711765	,2099996	,044
III	34	,5000	1,0000	,808824	,1076404	,012
IV	34	,3750	,8750	,654412	,1540453	,024
V	34	,0000	,8330	,382324	,2191552	,048
VI	34	,0000	,7500	,389706	,1761453	,031
TD_MDAX	34	,4740	,8680	,648588	,0882353	,008
I	33	,5710	1,0000	,753000	,1252410	,016
II	33	,0000	1,0000	,733333	,2581989	,067
III	33	,5000	1,0000	,718182	,1348136	,018
IV	33	,2500	1,0000	,609848	,1970425	,039
V	33	,0000	,8330	,363667	,2101979	,044
VI	33	,0000	,7500	,303030	,1952320	,038
TD_SDAX	33	,4210	,8420	,604455	,0947936	,009

Die vorliegenden Erkenntnisse könnten sich auf die noch folgenden Berechnungen auswirken, die einen kausalen Zusammenhang zwischen der Transparenz der Corporate Governance Berichterstattung und Erfolgsvariablen nachzuweisen suchen. So könnten mit dem Aufeinandertreffen von größeren Streuungen bei den Erfolgsvariablen mit geringeren Spannbreiten bei der Transparenz der Corporate Governance Berichterstattung (verstanden als Aggregat TD) womöglich keine Signifikanzen nachgewiesen werden. Eine detaillierte Darstellung der Erfüllungsquoten sämtlicher Regeln der Transparency & Disclosure Scorecard (gesamt und indexspezifisch) ist *Anhang 6* zu entnehmen. Besonders auffällig sind die niedrigen Erfüllungsquoten von unter 25% bei den Transparency & Disclosure Regeln I.7 („Bezieht die Entsprechenserklärung auch freiwillig die Compliance zu den Kodexanregungen mit ein?“), III.4 („Steht der Corporate Governance Bericht separate zum Download zur Verfügung?“), V.3 („Wird die Teilnahme an Aufsichtsratssitzungen individuell für jedes Aufsichtsratsmitglied ausgewiesen?"), V.5 („Berichtet die Gesellschaft über die Höhe der Zuführung zu den Pensionsrückstellungen bzw. zu Pensionsfonds?"), VI.1 („Veröffentlicht die Gesellschaft einen unternehmensspezifischen Corporate Governance Kodex basierend auf dem DCGK?") und VI.3 („Berichtet die Gesellschaft über künftige geplante Maßnahmen zu Corporate Governance?").

Abbildung 21: Transparenz der Corporate Governance Berichterstattung: Boxplot Gesamtstichprobe und Auswahlindex

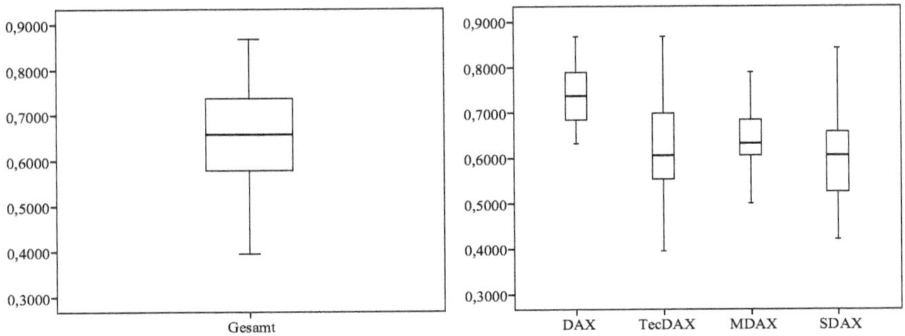

7.2.2 Bivariate Analyse des Zusammenhangs einzelner Hauptkategorien

Analog zu *Kapitel 7.1.3* wurden auch die Hauptkategorien der Transparency & Disclosure Scorecard auf Korrelation überprüft (*Tabelle 26*).

Dabei zeigt sich im Gegensatz zur Compliance Scorecard, dass die betrachteten Unternehmen statistisch weitaus differenzierter mit den Corporate Governance Informationen, die sie veröffentlichen und den zu deren Transport erforderlichen Instrumenten umgehen. Anders als bei der Compliance Scorecard korrelieren die Hauptkategorien der Transparency & Disclosure Scorecard aber eher punktuell miteinander. Dabei sind hoch signifikant positive Zusammenhänge zwischen den Kategorien Corporate Governance Bericht (II) und Corporate Governance Commitment und eigener Corporate Governance Kodex (VI), zwischen Corporate Governance Bericht (II) und Corporate Governance Internet Reporting (III), zwischen Corporate Governance Internet Reporting (III) und Vergütungssystem (IV) und zwischen Qualität, Unabhängigkeit und Integrität von Vorstand und Aufsichtsrat (V) und Corporate Governance Commitment und eigener Corporate Governance Kodex (VI) zu erkennen. Dies bietet für künftige Untersuchungen mit noch größeren Stichproben, die ebenfalls die Komplexität von Corporate Governance zu erfassen vermögen, die Möglichkeit, den Einfluss der Corporate Governance auf den Unternehmenserfolg für einzelne Kommunikationsinstrumente noch tiefgreifender zu untersuchen.

Tabelle 26: Hauptkategorien der Transparency & Disclosure Scorecard, Korrelation

		I	II	III	IV	V	VI
I	Korrelation nach Pearson	1					
	Signifikanz (2-seitig)						
II	Korrelation nach Pearson	,073	1				
	Signifikanz (2-seitig)	,444					
III	Korrelation nach Pearson	,102	,188(*)	1			
	Signifikanz (2-seitig)	,282	,046				
IV	Korrelation nach Pearson	,155	,278(**)	,214(*)	1		
	Signifikanz (2-seitig)	,102	,003	,023			
V	Korrelation nach Pearson	,142	,124	,276(**)	,148	1	
	Signifikanz (2-seitig)	,133	,190	,003	,117		
VI	Korrelation nach Pearson	,192(*)	,458(**)	,122	,165	,191(*)	1
	Signifikanz (2-seitig)	,042	,000	,198	,081	,042	
	N	113	113	113	113	113	113

**, * Korrelation ist auf dem Niveau von 0,01 (2-seitig) bzw. 0,05 (2-seitig) signifikant.

Dies ist statistisch durch die Auflage des Mindeststichprobenumfangs nicht ohne erheblichen Effizienzverlust in der Schätzung möglich. Das identifizierte, obwohl nicht in dem Maße, wie bei der Compliance Scorecard vorhandene Multikollinearitätsproblem birgt zusätzliche Herausforderungen für künftige Forschungsvorhaben.

7.3 Intendierte Komplexitätsreduktion mittels Korrespondenzanalyse

Ein Problem der Corporate Governance Forschung stellt die hohe Komplexität des Systems unterschiedlichster Steuerungs- und Kontrollmechanismen und deren wechselseitige Beeinflussung dar. Dies führt dazu, dass theoretische Analysen je nach Einbezug oder Nichteinbezug einzelner Mechanismen zu teils unterschiedlichen Aussagen führen (vgl. Hellwig, 1997, S. 236). Die „Deklarierte Compliance zum DCGK" und die „Transparenz der Corporate Governance Berichterstattung" zeichnen sich mit 94 beziehungsweise 38 Einzelkomponenten durch sehr hohe Komplexität aus. Ein Verfahren zur Vereinfachung und grafischen Veranschaulichung dieser beiden Komponenten und zum Aufdecken zugrunde liegender latenter Dimensionen auf Grundlage von Häufigkeiten qualitativer, nominal skalierter Merkmale stellt die in der Praxis bislang noch relativ gering verbreitete Korrespondenzanalyse dar. Aufgrund der grafischen Darstellung der Daten ist sie ein Strukturen entdeckendes Verfahren zur Beschreibung und Exploration von Daten. Während die Faktorenanalyse primär für metrische Daten angewendet wird, findet die Korrespondenzanalyse bei komplexen, nominalen Datenmengen Anwendung (vgl. Backhaus et al. 2006, S. 686ff.; Bortz/Döring 2006, S. 379, 517). Den anschließenden Untersuchungen vorgeschaltet wurde versucht, die Komponenten „Deklarierte Compliance zum DCGK" und „Transparenz der Corporate Governance Berichterstattung" mittels Korrespondenzanalyse um Komplexität zu reduzieren und einige zentrale, latente Strukturen innerhalb der Komponenten zu identifizieren. In SPSS wurden hierzu die Häufigkeiten der zwei Gruppen „Regel der Compliance Scorecard" und „Erfüllungsgrad" in einer Kreuz-Kontingenztabelle angeordnet und anschließend über die Analysefunktion „Dimensionsreduktion > Korrespondenzanalyse“ ausgewertet.[98] Analog zum dem Vorgehen bei den Compliance-Regeln wurden die Häufigkeiten der zwei Gruppen „Regel der Transparency & Disclosure Scorecard“ und „Erfüllungsgrad“ in einer Kreuztabelle angeordnet und über dieselbe Analysefunktion ausgewertet. Die *Abbildung 22* zeigt die Konfiguration der Compliance- und Transparency & Disclosure-Regeln jeweils zusammen mit der Konfiguration Erfüllungsgrad im Korrespondenzraum symmetrisch normalisiert.

Abbildung 22: Regeln der Compliance Scorecard bzw. der Transparency & Disclosure Scorecard und Erfüllungsgrad im Korrespondenzraum

Zeilenpunkte Regeln der Compliance Scorecard **Zeilenpunkte Regeln der Transparency & Disclosure Scorecard**

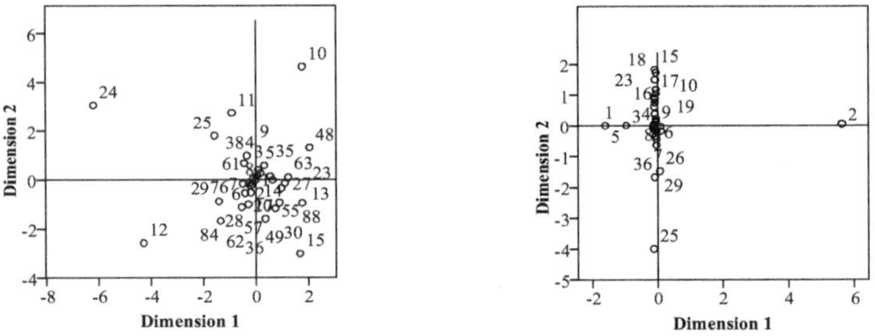

Bei den Regeln der Compliance Scorecard wird deutlich, dass Dimension 1 von den Regeln 10, 12, 13, 15, 24 und 48[99] besonders geprägt wird. Sie erklären zusammen 74,8% der Streuung in Dimension 1. Dimension 2 wird besonders von den Regeln 10, 11, 12, 15, 24, 25 und 84[100] geprägt, die zusammen 64,0% der Streuung in dieser Dimension erklären (*Anhang 7*). Hinsichtlich der Regeln der Transparency & Disclosure Scorecard wird deutlich, dass Dimension 1 von den Regeln 1, 2 und 5 geprägt wird, die zusammen 97,0% der Streuung in dieser Dimension erklären. Dimension 2 wird besonders von den Regeln 10, 15, 18, 23, 25, 26, 29 und 36 geprägt, die zusammen 81,4% der Streuung in dieser Dimension erklären (*Anhang 8*). Im Ergebnis lassen sich somit keine latenten Strukturen innerhalb der „Deklarierten Compliance zum DCGK“ und der „Transparenz der Corporate Governance Berichterstattung“ erkennen, die eine Komplexitätsreduktion ohne Verlust an Information zulassen. Die deklarierte Compliance zum DCGK und die Transparenz der Corporate Governance Berichterstattung gehen somit als vollständiger Gesamtscore (Aggregat) der 94 bzw. 38 Unterkategorien beider Instrumente, Compliance Scorecard und Transparency & Disclosure Scorecard, in die folgende Hypothesentestung ein.

[98] Zum exakten Vorgehen der Korrespondenztabellen vgl. die Ausführungen bei Weller/Romney 1990, S. 59ff.
[99] Dies entspricht den Kodexziffern 3.6 (1), 3.7 (3), 3.8 (2), 3.10 Satz 3, 4.2.3 (3) Satz 3 und 5.3.3 Satz 1.
[100] Dies entspricht den Kodexziffern 3.6 (1), 3.6 (2), 3.7 (3), 3.10 Satz 3, 4.2.3 (3) S3, 4.2.3 (3) S4 und 7.1.2 Satz 3, Halbsatz 1.

7.4 Ergebnisse der Hypothesentestung

7.4.1 Deklarierte Compliance zum DCGK und Auswahlindex

H1.1: Die Zugehörigkeit der untersuchten Unternehmen zu einem spezifischen Auswahlindex der Deutschen Börse AG (DAX, TecDAX, MDAX oder SDAX) hat einen Einfluss auf die Höhe der deklarierten Compliance zum DCGK

Zur Überprüfung von Hypothese H1.1 wurde die einfaktorielle Varianzanalyse (ANOVA) eingesetzt. Im Gegensatz zur Regressionsanalyse dürfen bei ihr zur Überprüfung der vermuteten Wirkungsrichtung die Variablen X_1, X_2, …, X_J, wie im vorliegenden Fall, nominal skaliert sein (vgl. Backhaus et al. 2006, S. 120f.). Vor der Durchführung der einfaktoriellen Varianzanalyse erfolgte zunächst die Überprüfung ihrer Anwendungsvoraussetzungen (vgl. Eckstein 2004, S. 126f.; Janssen/Laatz 2007, S. 358; Bortz 1993, S. 135). Es waren alle Voraussetzungen erfüllt. Einzige Ausnahme stellte die Normalverteilungsannahme der Kriteriumsvariablen „Deklarierte Compliance zum DCGK“ in der Grundgesamtheit dar. Der zur Prüfung auf Normalverteilung für Stichprobengrößen über 50 empfohlene Kolmogorov-Smirnov-Anpassungstest, der spezielle Signifikanzlevels nach Lilliefors benutzt (vgl. Janssen/Laatz 2007, S. 250), ergab, dass angesichts der asymptotischen Signifikanz ($0{,}000 < \alpha = 0{,}05$) und der extremsten Differenz ($0{,}209 > [(1{,}358 / \sqrt{N} = 0{,}128)]$[101]), die beobachtete Verteilung mit an Sicherheit grenzender Wahrscheinlichkeit nicht aus einer normalverteilten Grundgesamtheit stammt (*Tabelle 27*).

Da in der Literatur von einer übertrieben schematischen Anwendung des Normalverteilungstests abgeraten wird (vgl. Janssen/Laatz 2007, S. 251) und die Varianzanalyse zudem als robust gegenüber Verletzungen der Normalverteilungsannahme beurteilt wird (vgl. Maxwell/ Delaney 2004, S. 112; Hays 1980, S. 318), wurde im Rahmen der einfaktoriellen Varianzanalyse dennoch zunächst der parametrische F-Test als Signifikanztest durchgeführt. Als F-Wert ergibt sich 17,170. Bei Freiheitsgraden von $df_1 = 3$ und $df_2 = 109$ hat dieser F-Wert bei Geltung von H0 eine Wahrscheinlichkeit von 0,000 (*Tabelle 28*). Es liegt also ein hochsignifikanter Einfluss der Indexzugehörigkeit auf die deklarierte Compliance zum DCGK vor. H1.1 findet somit für den parametrischen F-Test Bestätigung. Um die Erklärungskraft des Faktors Indexzugehörigkeit für die deklarierte Compliance zum DCGK zu ermitteln, wurde zudem innerhalb der Funktion „Einfaktorielle ANOVA“ ein Mittelwertvergleich durchgeführt. Der daraus resultierende, relevante Wert für das Zusammenhangsmaß Eta-Quadrat beträgt 0,321 (Eta = 0,566). Beachtliche 32,1% der Varianz werden also durch den Faktor Indexzugehörigkeit erklärt.

[101] Kritischer Wert berechnet aus einer Tabelle kritischer Werte für den Kolmogorov-Smirnov-Test ($\alpha = 0{,}05$; $N > 35$), vgl. Sachs/Hedderich 2006, S. 338.

Tabelle 27: Kolmogorov-Smirnov-Anpassungstest: Deklarierte Compliance

		Compliance
N		113
Parameter der Normalverteilung(a,b)	Mittelwert	,815221
	Standardabweichung	,0917125
Extremste Differenzen	Absolut	,209
	Positiv	,209
	Negativ	-,093
Kolmogorov-Smirnov-Z		2,224
Asymptotische Signifikanz (2-seitig)		,000

a Die zu testende Verteilung ist eine Normalverteilung.

Tabelle 28: ANOVA: Deklarierte Compliance zum DCGK * Auswahlindex

Compliance * Index	Quadratsumme	df	Mittel der Quadrate	F	Signifikanz
Zwischen den Gruppen	,302	3	,101	17,170	,000
Innerhalb der Gruppen	,640	109	,006		
Gesamt	,942	112			

Um einer fälschlichen Annahme oder Ablehnung von H0 aufgrund der Verletzung der Normalverteilungsannahme vorzubeugen, wurde der nicht-parametrische Kruskal-Wallis H-Test gerechnet. Der aus einer Chi-Quadrat-Tabelle (df = 3; $\alpha = 0{,}05$) entnehmbare kritische Wert (7,815) (vgl. Fahrmeir et al. 1999, S. 567) ist kleiner als der Wert der approximativ chi-quadrat-verteilten Prüfgröße (34,231) bei einer asymptotischen Signifikanz von 0,000, welche kleiner als die vorgegebene Irrtumswahrscheinlichkeit von $\alpha = 0{,}05$ ausfällt. Der Kruskal-Wallis H-Test bestätigt somit die Ergebnisse des F-Tests (*Tabelle 29*).

Tabelle 29: Kruskal-Wallis H-Test: Gruppenvariable Auswahlindex

	Compliance
Chi-Quadrat	34,231
df	3
Asymptotische Signifikanz	,000

Da mit dem F-Test lediglich geprüft wird, ob sich beim Mittelwertvergleich mehrerer Vergleichsgruppen signifikante Differenzen zwischen mindestens einem der Vergleichspaare ergeben, kann über den Scheffé-Test[102] analysiert werden, zwischen welchen Vergleichspaaren signifikante Unterschiede bestehen (vgl. Janssen/Laatz 2007, S. 365) und folglich H1.2 getestet werden.

H1.2: DAX Unternehmen unterscheiden sich hinsichtlich der Höhe ihrer deklarierten Compliance zum DCGK von Unternehmen, die den Auswahlindizes TecDAX, MDAX und SDAX angehören, und sie weisen eine höhere deklarierte Compliance auf.

102 Der Scheffé-Test ist strenger als andere Tests für Mehrfachvergleiche, die Varianzhomogenität voraussetzen (z.B. Tukey, Duncan oder GT2 Hochberg) und ist sehr konservativ. Seine Werte sind zudem für ungleich große Vergleichsgruppen exakt (vgl. Janssen/Laatz 2007, S. 368).

Die durchgeführten Mehrfachvergleiche kommen zu einem eindeutigen Ergebnis. Über das Gesamtinstrument „Compliance Scorecard“ bilden die DAX Unternehmen im Vergleich zu den Unternehmen der Indizes TecDAX, MDAX und SDAX eine homogene Untergruppe. Die Unternehmen der Auswahlindizes TecDAX, MDAX und SDAX wiederum bilden ebenfalls eine homogene Untergruppe hinsichtlich der deklarierten Compliance zum DCGK. Es zeigt sich ein deutlich höherer Mittelwert der DAX Unternehmen im Bezug auf die deklarierte Compliance (0,908) (*Tabelle 30*). H1.2 kann dadurch bestätigt werden.

Tabelle 30: Scheffé-Prozedur für Auswahlindizes: Abhängige Variable Deklarierte Compliance zum DCGK

(I) INDEX	(J) INDEX	Mittlere Differenz (I-J)	Standard-fehler	Signifikanz	95%-Konfidenzintervall Obergrenze	Untergrenze
DAX	TecDAX	,1064808(*)	,0227858	,000	,041777	,171185
	MDAX	,1131719(*)	,0199589	,000	,056495	,169849
	SDAX	,1356399(*)	,0200895	,000	,078592	,192688
TecDAX	DAX	-,1064808(*)	,0227858	,000	-,171185	-,041777
	MDAX	,0066912	,0215889	,992	-,054614	,067996
	SDAX	,0291591	,0217097	,615	-,032489	,090807
MDAX	DAX	-,1131719(*)	,0199589	,000	-,169849	-,056495
	TecDAX	-,0066912	,0215889	,992	-,067996	,054614
	SDAX	,0224679	,0187210	,697	-,030694	,075629
SDAX	DAX	-,1356399(*)	,0200895	,000	-,192688	-,078592
	TecDAX	-,0291591	,0217097	,615	-,090807	,032489
	MDAX	-,0224679	,0187210	,697	-,075629	,030694

* Die Differenz der Mittelwerte ist auf dem Niveau .05 signifikant.

Indexzugehörigkeit	N	Untergruppe für Alpha = .05 2	1
SDAX	33	,772091	
MDAX	34	,794559	
TecDAX	20	,801250	
DAX	26		,907731
Signifikanz		,584	1,000

Die Mittelwerte für die in homogenen Untergruppen befindlichen Gruppen werden angezeigt. Die Gruppengrössen sind nicht identisch. Es wird das harmonische Mittel der Gruppengrößen verwendet. Fehlerniveaus des Typs I sind nicht garantiert. Verwendet wird ein harmonisches Mittel für die Stichprobengröße von 26,995.

7.4.2 Transparenz der Corporate Governance Berichterstattung und Auswahlindex

H2.1: Die Zugehörigkeit der untersuchten Unternehmen zu einem spezifischen Auswahlindex der Deutschen Börse (DAX, TecDAX, MDAX, SDAX) hat einen Einfluss auf die Höhe der Transparenz der Corporate Governance Berichterstattung.

Auch bei der Überprüfung der Hypothese H2.1 wurde die einfaktorielle Varianzanalyse bemüht. Deren Voraussetzungen wurden auch für den vorliegenden Fall geprüft und sind durchgängig erfüllt. Die einfaktorielle Varianzanalyse ist somit uneingeschränkt durchführbar. Der F-Test ergab einen Wert von 12,497. Bei Freiheitsgraden von $df_1 = 3$ und $df_2 = 109$ hat dieser F-Wert bei Geltung von H0 eine Wahrscheinlichkeit von 0,000 (*Tabelle 31*). Es liegt also ein hochsignifikanter Einfluss der Indexzugehörigkeit auf die Transparenz der Corporate Governance Berichterstattung vor. H2.1 findet somit Bestätigung.

Tabelle 31: ANOVA: Transparenz der Corporate Governance Berichterstattung * Auswahlindex

Transparenz der Corporate Governance Berichterstattung * Index	Quadratsumme	df	Mittel der Quadrate	F	Signifikanz
Zwischen den Gruppen	,298	3	,099	12,497	,000
Innerhalb der Gruppen	,867	109	,008		
Gesamt	1,165	112			

Um die Erklärungskraft des Faktors Indexzugehörigkeit für die Transparenz der Corporate Governance Berichterstattung zu ermitteln, wurde innerhalb der Funktion „Einfaktorielle ANOVA" zudem ein Mittelwertvergleich durchgeführt. Der daraus resultierende, relevante Wert für das Zusammenhangsmaß Eta-Quadrat beträgt 0,256 (Eta = 0,506). Beachtliche 25,6% der Varianz werden also durch den Faktor Indexzugehörigkeit erklärt. Zur Testung von Hypothese H2.2 wurden wiederum Scheffé-Tests durchgeführt (*Tabelle 32*).

H2.2: DAX Unternehmen unterscheiden sich hinsichtlich der Höhe der Transparenz ihrer Corporate Governance Berichterstattung von Unternehmen, die den Auswahlindizes TecDAX, MDAX und SDAX angehören, und sie weisen eine höhere Transparenz auf.

Tabelle 32: Scheffé-Prozedur für Auswahlindizes: Abhängige Variable Transparenz der Corporate Governance Berichterstattung

(I) INDEX	(J) INDEX	Mittlere Differenz (I-J)	Standard-fehler	Signifikanz	95%-Konfidenzintervall Obergrenze	Untergrenze
DAX	TecDAX	,1184731(*)	,0265186	,000	,043169	,193777
	MDAX	,0923348(*)	,0232286	,002	,026373	,158296
	SDAX	,1364685(*)	,0233806	,000	,070075	,202862
TecDAX	DAX	-,1184731(*)	,0265186	,000	-,193777	-,043169
	MDAX	-,0261382	,0251256	,781	-,097487	,045210
	SDAX	,0179955	,0252662	,917	-,053752	,089743
MDAX	DAX	-,0923348(*)	,0232286	,002	-,158296	-,026373
	TecDAX	,0261382	,0251256	,781	-,045210	,097487
	SDAX	,0441337	,0217878	,257	-,017737	,106004
SDAX	DAX	-,1364685(*)	,0233806	,000	-,202862	-,070075
	TecDAX	-,0179955	,0252662	,917	-,089743	,053752
	MDAX	-,0441337	,0217878	,257	-,106004	,017737

* Die Differenz der Mittelwerte ist auf dem Niveau .05 signifikant.

Indexzugehörigkeit	N	Untergruppe für Alpha = .05: 2	1
SDAX	33	,604455	
MDAX	34	,648588	
TecDAX	20	,622450	
DAX	26		,740932
Signifikanz		,351	1,000

Die Mittelwerte für die in homogenen Untergruppen befindlichen Gruppen werden angezeigt. Die Gruppengrössen sind nicht identisch. Es wird das harmonische Mittel der Gruppengrößen verwendet. Fehlerniveaus des Typs I sind nicht garantiert. Verwendet wird ein harmonisches Mittel für die Stichprobengröße von 26,995.

Auch hier bilden die Unternehmen des DAX, korrespondierend zu den Ergebnissen, die im Rahmen der Testung auf Gruppenunterschiede hinsichtlich der deklarierten Compliance zum DCGK erzielt wurden, eine homogene Untergruppe gegenüber den Unternehmen der Auswahlindizes TecDAX, MDAX und SDAX. Dabei zeigt sich ein deutlich höherer Mittelwert der DAX Unternehmen im Bezug auf die Transparenz der Corporate Governance Berichterstattung (0,741). H2.2 kann somit bestätigt werden. Die Unternehmen des DAX unterscheiden sich hinsichtlich der Transparenz ihrer Corporate Governance Berichterstattung signifikant von den Unternehmen der Auswahlindizes TecDAX, MDAX und SDAX, die wiederum selbst eine homogene Untergruppe hinsichtlich der Transparenz der Corporate Governance Berichterstattung bilden.

7.4.3 Deklarierte Compliance zum DCGK und Branche

7.4.3.1 Branchenzugehörigkeit der Unternehmen: Deskriptive Statistik

Zunächst soll die deskriptive Statistik Aufschluss über die Verteilung der betrachteten Unternehmen auf die einzelnen 18 Branchen und die 9 Supersektoren des Prime All Share-Index der Deutschen Börse geben. Es ist deutlich erkennbar, dass die Branchen Financial Services und Industrial in der Stichprobe stark überrepräsentiert sind (*Tabelle 33*). Gleiches gilt für die Supersektoren FIRE und Industrials. Die Branche Food & Beverage ist durch kein Unternehmen in der Stichprobe repräsentiert. Zusätzlich wird bei der Aufsplittung der Branchen auf die einzelnen Auswahlindizes ersichtlich, dass auch hier einzelne Branchen unterschiedlich stark repräsentiert sind. So ist die Verteilung der Branchen innerhalb des DAX noch relativ gleichmäßig, bei der Zusammenfassung zu Supersektoren sind allerdings FIRE und Consumer Goods überrepräsentiert. Im TecDAX ist die starke Repräsentanz der Branchen Industrial und Software und der Supersektoren Technology und Industrials auffällig. Im MDAX hingegen sind die Branche Industrial und die Supersektoren FIRE und Industrials am häufigsten vertreten. Im SDAX sind die Branchen Financial Services und Industrial und die Supersektoren FIRE und Industrials stark überrepräsentiert.

Dies kann sich auf die noch folgenden Untersuchungen auswirken. Die Unterrepräsentiertheit einer Branche (z.B. Telecommunication) bei gleichzeitig höherer bzw. niedrigerer Ausprägung von deklarierter Compliance zum DCGK oder Transparenz der Corporate Governance Berichterstattung im Vergleich zu stärker repräsentierten Branchen, deren Unternehmen über niedrigere bzw. höhere Ausprägung hinsichtlich dieser Kriterien verfügen, könnte dadurch Einfluss auf die Signifikanz der Ergebnisse hinsichtlich des Einflussfaktors Branche ausüben. Im Zusammenspiel mit dem Einflussfaktor Auswahlindex wird interessant sein, welcher Faktor (Branche oder Auswahlindex) im Mehrgleichungsmodell stärkeren Einfluss ausübt.

Tabelle 33: Verteilung der Stichprobe auf Branchen und Supersektoren (gesamt; indexspezifisch)

Branche	Häufigkeit gesamt	Prozent	DAX	Tec-DAX	MDAX	SDAX
AUTOMOBILE	7	6,2	4	0	1	2
BANKS	5	4,4	4	0	1	0
BASIC RESOURCES	2	1,8	0	0	1	1
CHEMICALS	9	8,0	3	0	4	2
CONSTRUCTION	5	4,4	0	0	3	2
CONSUMER	4	3,5	2	0	2	0
FINANCIAL SERVICES	16	14,2	1	0	4	11
FOOD & BEVERAGE	0	0,0	0	0	0	0
INDUSTRIAL	25	22,1	1	8	8	8
INSURANCE	4	3,5	2	0	2	0
MEDIA	5	4,4	0	0	2	3
PHARMA & HEALTHCARE	8	7,1	1	3	3	1
RETAIL	5	4,4	1	0	2	2
SOFTWARE	6	5,3	1	5	0	0
TECHNOLOGY	3	2,7	0	3	0	0
TELECOMMUNICATION	2	1,8	1	1	0	0
TRANSP. & LOGISTICS	5	4,4	3	0	1	1
UTILITIES	2	1,8	2	0	0	0
Gesamt	113	100,0	26	20	34	33

Supersektor	Häufigkeit gesamt	Prozent				
FIRE	25	22,1	7	0	7	11
CONSUMER GOODS	11	9,7	6	0	3	2
CONSUMER SERVICES	10	8,8	1	0	4	5
IT	9	8,0	1	8	0	0
TELECOMMUNICATION	2	1,8	1	1	0	0
BASIC MATERIALS	11	9,7	3	0	5	3
INDUSTRIALS	35	31,0	4	8	12	11
PHARMA & HEALTHCARE	8	7,1	1	3	3	1
UTILITIES	2	1,8	2	0	0	0
Gesamt	113	100,0	26	20	34	33

7.4.3.2 Deklarierte Compliance zum DCGK und Branche

H3: Die Zugehörigkeit eines Unternehmens zu einer spezifischen Branche nach der Klassifikation des Prime All Share Index der Deutschen Börse hat einen Einfluss auf die Höhe der deklarierten Compliance zum DCGK.

Vor der Testung der Hypothese H3 werden zunächst die Ausprägungen der deklarierten Compliance zum DCGK jeder Branche für das Gesamtinstrument und die Hauptkategorien der Compliance Scorecard betrachtet. Dabei ergeben sich im Branchenvergleich teils deutliche Unterschiede (*Tabelle 34*). Vor allem die Branche Transportation & Logistics zeigt sich hinsichtlich des Gesamtinstruments, als auch bei fast allen Hauptkategorien der Compliance Scorecard als diejenige mit der höchsten deklarierten Compliance zum DCGK. Hinsichtlich des Gesamtinstruments ergibt sich für den errechneten deklarierten Compliancegrad zum DCGK beispielsweise zwischen Transportation & Logistics und Basic Resources eine Differenz von 17,67%, wobei einschränkend wiederum auf die ungleichmäßige Verteilung der Unternehmen auf die einzelnen Branchen hinzuweisen ist. Auf dieser Grundlage wird die Hypothese H3 getestet. Der im Rahmen der einfaktoriellen Varianzanalyse errechnete F-Wert von 1,185 hat bei Freiheitsgraden von df_1 = 16 und df_2 = 96 bei Geltung von H0 eine Wahrscheinlichkeit von 0,294 (> α = 0,05) (*Tabelle 35*). Es besteht also kein signifikanter Einfluss der Branchenzugehörigkeit auf die Höhe der zu deklarierenden Compliance zum DCGK. Bei zusätzlich durchgeführten Scheffé-Tests kristallisieren sich ebenfalls keine homogenen Untergruppen heraus. H3 ist somit abzulehnen.

Tabelle 34: Deklarierte Compliance zum DCGK: Branchenmittelwerte

Branche	Gesamt	I	II	III	IV	V	VI
AUTOMOBILE	,858	,746	,661	,916	,827	,943	1,000
BANKS	,879	,745	,689	,916	,879	,952	1,000
BASIC RESOURCES	,745	,875	,625	,765	,803	,800	,885
CHEMICALS	,826	,736	,611	,915	,798	,900	,966
CONSTRUCTION	,773	,600	,475	,929	,726	,820	,954
CONSUMER	,816	,719	,594	,836	,809	,825	1,000
FINANCIAL SERVICES	,808	,695	,555	,919	,759	,906	,952
INDUSTRIAL	,798	,660	,525	,901	,763	,864	,963
INSURANCE	,872	,813	,719	,912	,842	,950	,981
MEDIA	,774	,550	,425	,929	,737	,900	,938
PH & HEALTHCARE	,790	,656	,516	,853	,760	,888	,972
RETAIL	,796	,675	,575	,871	,754	,900	,954
SOFTWARE	,834	,729	,646	,905	,790	,933	,974
TECHNOLOGY	,780	,625	,417	,863	,746	,900	1,000
TELECOMM.	,778	,563	,500	,853	,752	,900	,962
TRANSP. & LOGISTICS	,921	,849	,875	,965	,900	,960	,969
UTILITIES	,819	,625	,500	,941	,789	,900	1,000
Gesamt	,815	,693	,576	,902	,783	,895	,967

Tabelle 35: ANOVA: Deklarierte Compliance zum DCGK * Branche

Deklarierte Compliance * Branche	Quadratsumme	df	Mittel der Quadrate	F	Signifikanz
Zwischen den Gruppen	,155	16	,010	1,185	,294
Innerhalb der Gruppen	,787	96	,008		
Gesamt	,942	112			

Trotz der Feststellung eines nicht signifikanten Einflusses der Branchenzugehörigkeit auf die Höhe der deklarierten Compliance zum DCGK kann bei Betrachtung der Zusammenhangsmaße (Eta = 0,406; Eta-Quadrat = 0,165) festgehalten werden, dass immerhin 16,5% der Varianz durch den Faktor Branchenzugehörigkeit erklärt werden. Ein Einbezug der Branchen innerhalb des Mehrgleichungsmodells erscheint daher als sinnvoll. Eine analoge Berechnung mit den Supersektoren als Grundlage ergab einen weitaus schwächeren Einfluss auf die deklarierte Compliance zum DCGK (F = 0,549; df_1 = 8; df_2 = 124; Sig. = 0,818; Eta = 0,185; Eta-Quadrat = 0,034). Eine Zusammenfassung der Branchen zu Subsektoren erscheint daher als nicht sinnvoll, da sie zu Verlusten relevanter Brancheninformationen führt.

7.4.4 Transparenz der Corporate Governance Berichterstattung und Branche

Die Ausprägung der Transparenz der Corporate Governance Berichterstattung wird zunächst wiederum deskriptiv für das Gesamtinstrument und die Hauptkategorien der Transparency & Disclosure Scorecard für jede Branche separat dargestellt. Auch hier ergeben sich im Branchenvergleich teils deutliche Unterschiede (*Tabelle 36*). Hinsichtlich des Gesamtinstruments ergibt sich bei der errechneten Transparenz der Corporate Governance Berichterstattung zwischen Chemicals und Retail, als der Branche mit der zweitniedrigsten Ausprägung, eine Differenz von 13,42%.

Tabelle 36: Transparenz der Corporate Governance Berichterstattung: Branchenmittelwerte

Branche	Gesamt	I	II	III	IV	V	VI
AUTOMOBILE	,662	,775	,829	,696	,732	,405	,464
BANKS	,700	,857	,800	,850	,650	,467	,450
BASIC RESOURCES	,605	,857	,700	,563	,500	,584	,375
CHEMICALS	,713	,778	,800	,833	,750	,519	,472
CONSTRUCTION	,658	,685	,760	,775	,750	,367	,500
CONSUMER	,665	,750	,850	,813	,656	,375	,438
FINANCIAL SERVICES	,640	,839	,625	,794	,688	,396	,266
INDUSTRIAL	,643	,760	,760	,805	,635	,387	,360
INSURANCE	,697	,786	,750	,938	,719	,375	,438
MEDIA	,663	,800	,800	,700	,750	,367	,450
PH & HEALTHCARE	,618	,750	,700	,781	,625	,417	,250
RETAIL	,595	,657	,720	,725	,500	,467	,450
SOFTWARE	,680	,696	,700	,833	,667	,556	,500
TECHNOLOGY	,579	,524	,467	,833	,750	,389	,250
TELECOMM.	,658	,786	,700	,813	,750	,333	,375
TRANSP. & LOGISTICS	,637	,780	,560	,750	,725	,467	,300
UTILITIES	,671	,786	,600	,938	,813	,250	,375
Gesamt	,652	,766	,724	,793	,677	,419	,381

Bei der auf dieser Grundlage zu überprüfenden Hypothese H4

H4: Die Zugehörigkeit eines Unternehmens zu einer spezifischen Branche nach der Klassifikation des Prime All Share Index der Deutschen Börse hat einen Einfluss auf die Höhe der Transparenz der Corporate Governance Berichterstattung.

ergab sich trotz der im Mittel teils deutlichen Abstände zwischen den Branchen im Rahmen der einfaktoriellen Varianzanalyse ein F-Wert von 0,640, der bei Freiheitsgraden von $df_1 = 16$ und $df_2 = 96$ bei Geltung von H0 eine Wahrscheinlichkeit von 0,843 ($> \alpha = 0{,}05$) hat (*Tabelle 37*). Es besteht somit kein signifikanter Einfluss der Branchenzugehörigkeit auf die Höhe der Transparenz der Corporate Governance Berichterstattung (bei den zusätzlich durchgeführten Scheffé-Tests kristallisierten sich ebenfalls keinerlei homogene Untergruppen heraus). H4 ist somit abzulehnen. Bei Betrachtung der Zusammenhangsmaße (Eta = 0,311; Eta-Quadrat = 0,096) kann allerdings festgehalten werden, dass immerhin 9,6% der Varianz durch den Faktor Branchenzugehörigkeit erklärt werden. Eine analoge Berechnung mit den Supersektoren als Grundlage ergab einen bedeutend schwächeren Einfluss (F = 0,486; df_1 = 8; df_2 = 124; Sig. = 0,865; Eta = 0,174; Eta-Quadrat = 0,030). Die vorliegenden Ergebnisse geben somit analog zu den Ergebnissen zur Beziehung zwischen der deklarierten Compliance zum DCGK und der Branchenzugehörigkeit Anlass dazu, in der späteren Untersuchung trotz fehlender Signifikanz die Branchen als Dummyvariablen innerhalb der Regressionsberechnungen einzubeziehen und keine Zusammenfassung zu Supersektoren vorzunehmen.

Tabelle 37: ANOVA: Transparenz der Corporate Governance Berichterstattung * Branche

Transparenz der Corporate Governance Berichterstattung * Branche	Quadratsumme	df	Mittel der Quadrate	F	Signifikanz
Zwischen den Gruppen	,112	16	,007	,640	,843
Innerhalb der Gruppen	1,052	96	,011		
Gesamt	1,165	112			

7.4.5 Deklarierte Compliance und transparente Corporate Governance Berichterstattung

H5: Die deklarierte Compliance zum DCGK beeinflusst die Transparenz der Corporate Governance Berichterstattung positiv.

Zur Testung dieser Hypothese wurde folgendes lineare Eingleichungsmodell mit der Transparenz der Corporate Governance Berichterstattung (TD) als abhängige Variable und der deklarierten Compliance zum DCGK (C) als unabhängige Variable geprüft: $TD_i = \beta_0 + \beta_1 C_i + \varepsilon_i$.

Abbildung 23 zeigt die Wertepaare der beiden Variablen TD und C in einem Streudiagramm, das den linearen Zusammenhang zwischen den Variablen erkennen lässt, der sich durch folgende Regressionsgleichung ausdrücken lässt: TD = 0,136 + 0,634 * C. Nach dem korrigierten Bestimmtheitsmaß R-Quadrat werden 31,9% der Variation von TD durch den Regressor von C erklärt (*Tabelle 38*). Der F-Wert von 53,407 ist weit größer als der aus einer Tabelle für die F-Verteilung entnommene F-Wert für die Freiheitsgrade df_1=1 und df_2=111 von 3,94 (α = 0,05) (vgl. Sachs 1999, S. 219). Es besteht also ein hoch signifikant systematischer Zusammenhang von C und TD. Der Regressionskoeffizient Beta = 0,570 von C ist bei einem T-Wert von 7,308 größer als der aus einer Tabelle für die t-Verteilung entnommene Wert von 1,984 (vgl. Sachs 1999, S. 210) und bei einem Signifikanzniveau von 0,000 als signifikant zum Niveau α = 0,05 zu bezeichnen. Hypothese H5 kann daher bestätigt werden. Die deklarierte Compliance zum DCGK beeinflusst die Transparenz der Corporate Governance Berichterstattung signifikant positiv. Ob dies auch unter dem Einfluss weiterer Variablen im simultanen Mehrgleichungsmodell Bestand hat, werden die Schätzergebnisse für Gleichung (2) in den *Kapiteln 7.4.6.2* und *7.4.6.3* zeigen.

Abbildung 23: Streudiagramm: Deklarierte Compliance zum DCGK und Transparenz der Corporate Governance Berichterstattung

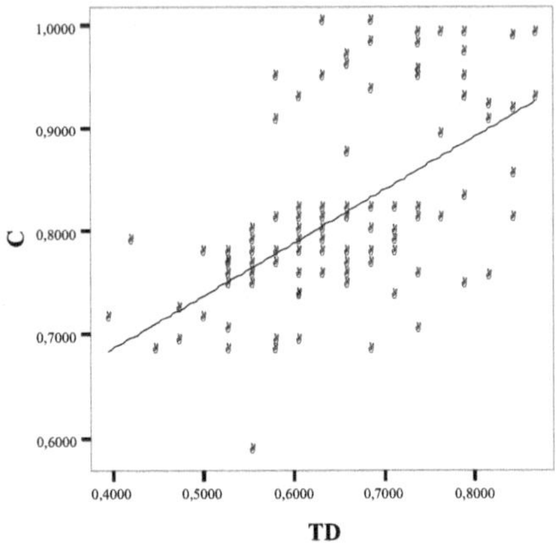

Tabelle 38: Modellschätzung zum Einfluss von deklarierter Compliance zum DCGK auf die Transparenz der Corporate Governance Berichterstattung

MODELLZUSAMMENFASSUNG

Modell	R	R-Quadrat	Korrigiertes R-Quadrat	Standardfehler des Schätzers
TD	,570(a)	,325	,319	,084

a Einflußvariablen: (Konstante), C

ANOVA(b)

Modell		Quadratsumme	df	Mittel der Quadrate	F	Sig.
	Regression	,378	1	,378	53,407	,000(a)
	Residuen	,786	111	,007		
	Gesamt	1,165	112			

a Einflußvariablen : (Konstante), C
b Abhängige Variable: TD

KOEFFIZIENTEN

Modell		Nicht standardisierte Koeffizienten		Standardisierte Koeffizienten	T	Sig.
		B	Standardfehler	Beta		
	(Konstante)	,136	,071		1,908	,059
	C	,634	,087	,570	7,308	,000

Abhängige Variable: TD

7.4.6 Compliance, Transparenz der Berichterstattung und Unternehmenserfolg

7.4.6.1 Deskriptive Statistik der Variablen des Mehrgleichungsmodells

Die deskriptive Statistik der Modellvariablen ist zunächst in *Tabelle 39* dargestellt. Die nur geringe Variabilität bei der deklarierten Compliance zum DCGK (,092) und der Transparenz der Corporate Governance Berichterstattung (,102) kann sich auf die Ergebnisse der Modellschätzung auswirken, da für C und TD als mögliche Einflussvariablen auf den Unternehmenserfolg (adressiert durch H6 und H8) bzw. für den Unternehmenserfolg als mögliche Einflussvariable auf C und TD (adressiert durch H7 und H9) eventuell keine Signifikanzen nachgewiesen werden können.

Tabelle 39: Variablen des Mehrgleichungsmodells: Deskriptive Statistik

	Min.	Max.	MW	Q (0,25)	Median	Q (0,75)	Std.Dev.	Extremes
ROE	-1,613	,672	,155	,098	,157	,244	,223	4 ≤ -,23; 4 ≥ ,49
ROA	-,258	,373	,068	,028	,064	,102	,075	4 ≤ -,09; 4 ≥ ,22
Q	,813	8,832	1,799	1,096	1,513	2,003	1,106	10 ≥ 3,4
MTB	,586	12,838	2,949	1,422	2,420	3,336	2,277	10 ≥ 6,7
TSR	-,610	2,021	,140	-,120	,017	,342	,478	6 ≥ 1,02
TD	,395	,868	,652	,579	,658	,737	,102	
C	,585	1,000	,815	,755	,797	,881	,092	
lnSIZE	5,060	11,480	7,706	6,495	7,370	8,860	1,631	
VOLA	,095	,563	,323	,251	,316	,374	,096	2 ≥ ,56
BETA	,264	2,257	1,086	,780	1,069	1,341	,396	1 ≥ 2,26
BLOCK	,030	,979	,285	,099	,167	,487	,246	
FREEFLOAT	,142	1,005	,707	,499	,711	,949	,243	
CLOSEHELD	,000	,884	,299	,105	,258	,497	,236	
GROWTH	-,189	1,130	,166	,039	,123	,242	,201	7 ≥ ,56
lnLEV	-1,177	3,940	,668	,070	,530	1,060	1,107	3 ≤ -1,7; 10 ≥ 2,7
RD	,000	,359	,0223	,000	,005	,026	,044	10 ≥ ,067
BDSIZE	2	11	4,43	3,00	4,00	5,00	1,837	5 ≥ 9,0

MW: Mittelwert; Q (0,25) bzw. Q (0,75): 25%- bzw. 75%-Quartil

7.4.6.2 Ergebnisse der Two Stage Least Squares (2SLS) Schätzung

Zur Testung der Hypothesen H6 bis H9 wurde das in *Kapitel 6.4.6.2* spezifizierte simultane Mehrgleichungsmodell zunächst mittels des Einzelgleichungs-Schätzverfahrens 2SLS, sprich jede Einzelgleichung des Modells wurde separat geschätzt und die Informationen der restlichen Gleichungen wurden nicht miteinbezogen.

H6: Die deklarierte Compliance eines Unternehmens zum DCGK beeinflusst seinen Erfolg.

H7: Der Erfolg eines Unternehmens beeinflusst seine deklarierte Compliance zum DCGK.

H8: Die Transparenz der Corporate Governance Berichterstattung eines Unternehmens beeinflusst seinen Erfolg.

H9: Der Erfolg eines Unternehmens beeinflusst die Transparenz seiner Corporate Governance Berichterstattung.

Dabei ergaben sich die in *Tabelle 40* dargestellten Ergebnisse. Bei den folgenden Ausführungen wird, entsprechend dem vorwiegenden Testzweck, bei den strikt exogenen Variablen jeder Gleichung, nur auf diejenigen Koeffizienten näher eingegangen, die mindestens auf dem

10%-Niveau signifikant sind.[103] Korrespondierend zu den Ergebnissen zu Hypothese H1.1 und H1.2 übt in Gleichung (1) mit C als endogener Variable die Indexzugehörigkeit einen hoch signifikant negativen Einfluss auf die Compliance zum DCGK aus. Für die Erfolgsvariablen ROE, ROA, Q, MTB und TSR ergibt sich kein signifikanter Einfluss auf die endogene Variable C. Gleichung (2) zeigt die Regression von TD als endogener Variable. Korrespondierend zum Ergebnis von Hypothese H5 übt der Koeffizient von C einen hoch signifikant positiven Einfluss auf TD aus. Die Koeffizienten der Dummyvariablen TECDAX und SDAX üben einen schwach signifikant negativen bzw. signifikanten Einfluss auf TD aus. Für die Erfolgsvariablen ergibt sich kein signifikanter Einfluss auf die endogene Variable TD. In den Gleichungen (3) und (4) mit ROE bzw. ROA als endogene Variable ist ein sogenannter *Size-Effekt* erkennbar. Die Marktkapitalisierung (SIZE) übt einen signifikant positiven Einfluss auf ROE bzw. einen hoch signifikant positiven Einfluss auf ROA aus. Ein signifikant negativer Einfluss kann für BDSIZE festgestellt werden. Dieser ist für ROE auf dem 10%-Niveau und für ROA auf dem 5%-Niveau signifikant. In keiner der Gleichungen ergeben sich signifikante Einflüsse der Koeffizienten von C und TD auf die endogenen Variablen ROE und ROA. Für Gleichung (4) ergibt sich zusätzlich ein hoch signifikant negativer Einfluss der Koeffizienten von LEV und INDUSTRY auf ROA.

Die Gleichungen (5) und (6) mit Q bzw. MTB als endogene Variablen übt der Koeffizient von ROE einen signifikant negativen Einfluss und die Koeffizienten von ROA, SIZE und VOLA jeweils einen signifikant positiven Einfluss auf Q bzw. MTB aus (alle mindestens zum 5%-Niveau). In Gleichung (6) kann zudem ein signifikant positiver Einfluss von LEV und ein schwach signifikant positiver Einfluss von INDUSTRY auf die endogene Variable MTB festgestellt werden. Für beide Gleichungen ist jeweils kein signifikanter Einfluss von C und TD auf die endogenen Variablen Q und MTB festzustellen. In Gleichung (7) mit TSR als endogener Variable ergibt sich ein hoch signifikant positiver Einfluss der Koeffizienten von SIZE und BETA und für VOLA ein schwach signifikant positiver Einfluss. Für die Koeffizienten von C und TD kann mit Hilfe der 2SLS-Schätzung kein signifikanter Einfluss auf die endogene Variable TSR festgestellt werden, obgleich sich für C ein negativer und TD ein positiver Einfluss ergibt. Als Testergebnis der Hypothesen H6 bis H9 lässt sich somit festhalten, dass die Modellschätzung mittels des 2SLS-Verfahrens mit beschränkter Information keine signifikanten Einflüsse weder bei der vorwiegend erwarteten Wirkungsrichtung von C und TD auf einzelne Erfolgsvariablen noch reversibel-kausal für die Erfolgsvariablen auf C und TD ergibt. Die Hypothesen H6 bis H9 werden nach durchgeführter 2SLS-Schätzung abgelehnt.

Die simultane Durchführung der 3SLS-System-Schätzung auf das Gesamtmodell wird zeigen, wie sich die Berücksichtigung voller Information und möglicher reversibler Kausalität durch

[103] Die durchgeführten *Kollinearitätsdiagnosen* ergaben weder bei 2SLS noch bei 3SLS Hinweise auf Kollinearitätsprobleme zwischen den unabhängigen Variablen [keiner der Variance Inflation Factors (VIF) (vgl. Groß 2007, S. 106) übersteigt den kritischen Wert von 10 (vgl. Chatterjee/Price 1977, S. 182)].

Instrumentalvariablen auf die Schätzungen in den Einzelgleichungen auswirkt. Dieser wird theoretisch eine erhöhte Effizienz zugeschrieben, da sie verstärkt die Komplexität eines (Corporate Governance) Systems zu erfassen vermag, bei einer gleichzeitig höheren Anfälligkeit für Fehlspezifikationen in der Modellstruktur.

Tabelle 40: Ergebnisse der Two Stage Least Squares (2SLS) Schätzung

	Endogene Variable						
	C (1)	TD (2)	ROE (3)	ROA (4)	Q (5)	MTB (6)	TSR (7)
C		0,476***	-0,126	-0,013	0,222	0,768	-0,761
		(0,000)	(0,671)	(0,881)	(0,820)	(0,757)	(0,153)
TD			0,058	-0,014	0,666	2,276*	0,635
			(0,817)	(0,847)	(0,428)	(0,288)	(0,167)
ROE	0,398	0,022			-1,990***	-3,401**	0,124
	(0,535)	(0,738)			(0,001)	(0,022)	(0,696)
ROA	-0,224	-0,079			13,500***	23,074***	-0,488
	(0,352)	(0,738)			(0,000)	(0,000)	(0,639)
Q	0,000	0,006					
	(0,998)	(0,701)					
MTB	0,007	0,001					
	(0,314)	(0,928)					
TSR	-0,017	0,021					
	(0,335)	(0,217)					
lnSIZE			0,043**	0,014***	0,134**	0,307**	0,148***
			(0,012)	(0,006)	(0,019)	(0,034)	(0,000)
VOLA	0,112				4,411***	11,027***	1,196*
	(0,407)				(0,000)	(0,000)	(0,078)
BETA	0,003				-0,309	-0,197	0,440***
	(0,919)				(0,232)	(0,764)	(0,002)
BLOCK	0,070	-0,015	0,172	0,036	-0,104	0,137	-0,058
	(0,159)	(0,771)	(0,230)	(0,392)	(0,829)	(0,911)	(0,825)
FREEFLOAT	0,040	-0,022	0,171	0,029	-1,070**	-1,961*	-0,004
	(0,439)	(0,689)	(0,247)	(0,512)	(0,029)	(0,117)	(0,987)
CLOSEHELD	-0,021	-0,051	0,097	0,053	-0,428	-1,146	0,472
	(0,761)	(0,493)	(0,630)	(0,375)	(0,524)	(0,503)	(0,198)
GROWTH			-0,050	-0,022	-0,064	-0,394	-0,040
			(0,631)	(0,485)	(0,858)	(0,667)	(0,840)
lnLEV	0,003		-0,017	-0,030***	0,009	0,554**	-0,071
	(0,801)		(0,443)	(0,000)	(0,922)	(0,015)	(0,141)
RD			0,108	0,002	1,708	3,251	0,466
			(0,830)	(0,988)	(0,319)	(0,456)	(0,618)
BSIZE		-0.000	-0,028*	-0,010**			
		(0,982)	(0,069)	(0,021)			
INDUSTRY	±	±	±	−**	+	+*	±
TAKEOVER					-0,461	-0,566	-0,190
					(0,131)	(0,467)	(0,255)
TECDAX	-0,122***	-0,061*					
	(0,000)	(0,056)					
MDAX	-0,117***	-0,032					
	(0,000)	(0,207)					
SDAX	-0,142***	-0,060**					
	(0,000)	(0,036)					
Adj. R-Sq	0,372	0,416	0,336	0,305	0,603	0,392	0,366
RMSE	0,072	0,078	0,210	0,062	0,694	1,768	0,379
Chi2	66,86	80,63	65,18	49,54	171,39	72,78	65,28
P(F-Value)	0,000	0,000	0,000	0,000	0,000	0,000	0,000

*, **, *** Signifikanter Einfluss auf dem Niveau von 0,10; 0,05 bzw. 0,01.

7.4.6.3 Ergebnisse der Three Stage Least Squares (3SLS) Schätzung

In *Tabelle 41* sind die Ergebnisse der gemeinsamen Schätzung der einzelnen Modellparameter aller Gleichungen des Mehrgleichungsmodells mittels 3SLS dargestellt. Der Vergleich der beiden Schätzungen (2SLS und 3SLS) zeigt, dass diese nicht allzu stark voneinander abweichen. Dies lässt allgemein auf eine *korrekte Spezifikation des Gesamtmodells* und dadurch auf eine höhere Effizienz der 3SLS Schätzung schließen (vgl. Hübler 2005, S. 200). Aufgrund der Nicht-Existenz eines eindeutigen Corporate Governance Modells ist 3SLS allerdings mit höherer Unsicherheit behaftet, weshalb 2SLS und 3SLS separat zu betrachten sind (vgl. Loderer/Martin 1997, S. 248).

Gleichung (1) mit C als endogener Variable und einem adjustierten R-Quadrat von 36,10%, das knapp unter dem der 2SLS-Schätzung liegt, zeigt einen schwach signifikant positiven Einfluss des Koeffizienten von MTB auf C: Unternehmen mit einer höheren Bewertung durch MTB nehmen (statistisch) eine Vorreiterrolle bei der deklarierten Compliance zum DCGK ein, da sie annehmen könnten, eine Steigerung bei der Compliance führe zu einem noch höheren MTB. Für die weiteren Erfolgsvariablen ergibt sich kein signifikanter Einfluss auf C. Der hoch signifikant negative Einfluss der Dummyvariablen TECDAX, MDAX und SDAX aus der 2SLS-Schätzung ist auch bei der 3SLS-Schätzung festzustellen. In Gleichung (2) mit TD als endogener Variable ergibt sich für den Koeffizienten von C, wie in der 2SLS-Schätzung, ein hoch signifikant positiver Einfluss auf TD. Die Koeffizienten von TECDAX und SDAX üben wie bei der 2SLS-Schätzung einen signifikant negativen Einfluss auf TD aus. Für die Koeffizienten der Erfolgsvariablen ROE, ROA, Q, MTB und TSR ergibt sich kein signifikanter Einfluss auf TD.

Bei den Gleichungen (3) und (4) mit ROE bzw. ROA als endogene Variablen übt analog zur Schätzung mit 2SLS der Koeffizient von SIZE jeweils einen hoch signifikant positiven Einfluss auf TD aus, während BDSIZE einen schwach signifikant negativen Einfluss auf ROE und einen signifikant negativen Einfluss auf ROA ausübt. In Gleichung (4) ergibt sich zusätzlich ein hoch signifikant negativer Einfluss auf ROA durch den Koeffizienten von LEV und ein signifikant negativer durch den Koeffizienten von INDUSTRY. Für die Koeffizienten der Variablen C und TD lässt sich weder in Gleichung (3) noch in Gleichung (4) ein signifikanter Einfluss feststellen. Für die Gleichung (5) mit Q als endogener Variable ergibt sich analog zur 2SLS Schätzung ein hoch signifikant negativer Einfluss für den Koeffizienten von ROE und ein hoch signifikant positiver Einfluss für ROA. Zudem übt der Koeffizient von SIZE einen schwach signifikant positiven und der Koeffizient von VOLA einen hoch signifikant positiven Einfluss auf Q aus. Für den Koeffizienten von FREEFLOAT ergibt sich ein signifikant negativer Einfluss auf Q. Für die Koeffizienten von C und TD kann kein signifikanter Einfluss auf Q festgestellt werden.

Tabelle 41: Ergebnisse der Three Stage Least Squares (3SLS) Schätzung

	Endogene Variable						
	C (1)	TD (2)	ROE (3)	ROA (4)	Q (5)	MTB (6)	TSR (7)
C		0,462***	-0,295	-0,059	0,597	2,267	-1,293**
		(0,000)	(0,318)	(0,501)	(0,539)	(0,360)	(0,015)
TD			0,136	-9,69e-08	1,126	3,230*	1,055**
			(0,589)	(1,000)	(0,179)	(0,067)	(0,021)
ROE	0,043	0,511			-2,017***	-3,480**	0,113
	(0,498)	(0,429)			(0,001)	(0,019)	(0,723)
ROA	-0,343	-0,181			13,743***	24,047***	-0,418
	(0,152)	(0,446)			(0,000)	(0,000)	(0,687)
Q	-0,001	0,011					
	(0,957)	(0,489)					
MTB	0,011*	0,000					
	(0,091)	(0,998)					
TSR	-0,032	0,032					
	(0,198)	(0,259)					
lnSIZE			0,045***	0,015***	0,110*	0,236	0,150***
			(0,008)	(0,004)	(0,053)	(0,102)	(0,000)
VOLA	0,081				4,274***	10,615***	1,234*
	(0,548)				(0,001)	(0,001)	(0,068)
BETA	0,011				-0,291	-0,138	0,426***
	(0,709)				(0,259)	(0,834)	(0,002)
BLOCK	0,071	-0,012	0,182	0,039	-0,142	-0,005	-0,030
	(0,154)	(0,820)	(0,206)	(0,360)	(0,769)	(0,997)	(0,909)
FREEFLOAT	0,046	-0,015	0,181	0,031	-1,110**	-2,101*	0,025
	(0,369)	(0,778)	(0,221)	(0,471)	(0,024)	(0,093)	(0,926)
CLOSEHELD	-0,008	-0,053	0,096	0,052	-0,384	-1,036	0,473
	(0,910)	(0,970)	(0,635)	(0,382)	(0,567)	(0,545)	(0,198)
GROWTH			-0,052	-0,022	-0,054	-0,367	-0,037
			(0,623)	(0,476)	(0,879)	(0,687)	(0,849)
lnLEV	-0,002		-0,015	-0,029***	0,006	0,553**	-0,064
	(0,840)		(0,497)	(0,000)	(0,942)	(0,015)	(0,187)
RD			0,125	0,007	1,682	3,168	0,489
			(0,804)	(0,961)	(0,325)	(0,466)	(0,600)
BSIZE		-0.000	-0,028**	-0,010**			
		(0,970)	(0,067)	(0,019)			
INDUSTRY	±	±	±	−**	+	+**	±
TAKEOVER					-0,451	-0,538	-0,188
					(0,138)	(0,488)	(0,257)
TECDAX	-0,124***	-0,063**					
	(0,000)	(0,047)					
MDAX	-0,118***	-0,033					
	(0,000)	(0,190)					
SDAX	-0,145***	-0,057**					
	(0,000)	(0,045)					
Adj. R-Sq	0,361	0,412	0,324	0,303	0,600	0,386	0,359
RMSE	0,073	0,078	0,210	0,062	0,694	1,777	0,381
Chi2	72,84	82,51	64,69	50,66	176,31	78,80	69,12
P(F-Value)	0,000	0,000	0,000	0,000	0,000	0,000	0,000

*, **, *** Signifikanter Einfluss auf dem Niveau von 0,10; 0,05 bzw. 0,01.

Bei der Analyse der Koeffizienten von Gleichung (6) lässt sich ein signifikant negativer Einfluss von ROE und ein hoch signifikant positiver Einfluss von ROA auf die endogene Variable MTB erkennen. Während für den Koeffizienten der Variable C kein signifikanter Einfluss festgestellt werden kann, übt der Koeffizient von TD einen schwach signifikant positiven Einfluss auf MTB aus. Weiterhin kann für VOLA zum 1%-Niveau und LEV und INDUSTRY jeweils zum 5%-Niveau ein signifikant positiver Einfluss auf MTB konstatiert werden. Der Koeffizient von FREEFLOAT übt einen schwach signifikant negativen Einfluss auf MTB aus. Die Betrachtung von Gleichung (7) ergibt für die Koeffizienten von SIZE und BETA einen hoch signifikant positiven Einfluss und für VOLA einen schwach signifikant positiven Einfluss auf die endogene Variable TSR. Der Koeffizient von C übt einen signifikant negativen Einfluss und der Koeffizient von TD einen signifikant positiven Einfluss auf TSR aus.

Zusammenfassend fällt aufgrund der beschriebenen Erkenntnisse die Beantwortung der getesteten Hypothesen H6 bis H9 differenziert aus: Die Hypothese H6 muss für alle fünf Erfolgsvariablen, außer für TSR verworfen werden. Auf TSR übt der Koeffizient von C einen signifikant negativen Einfluss aus. Die theoretisch ebenfalls denkbare Hypothese H7, möglicher reversibler Kausalität zwischen C und Unternehmenserfolg, kann für MTB bestätigt werden, deren Koeffizient einen schwach signifikant positiven Einfluss auf C ausübt. Für die weiteren Erfolgsvariablen muss H7 allerdings verworfen werden. Hypothese H8, dass die Transparenz der Corporate Governance Berichterstattung eines Unternehmens seinen Erfolg signifikant beeinflusst, muss für ROE, ROA und Q verworfen werden. Für MTB und TSR kann H8 hingegen bestätigt werden. Der Koeffizient von TD übt auf MTB bzw. TSR einen schwach signifikant positiven bzw. einen signifikant positiven Einfluss aus. Die Hypothese H9 hält trotz theoretisch-ökonomischer Plausibilität der Annahme eines möglichen signifikanten Einflusses von Erfolgsvariablen auf TD der ökonometrischen Überprüfung durch das 3SLS-Verfahren nicht stand und muss demnach für alle fünf Erfolgsvariablen verworfen werden (vgl. Graf/Stiglbauer 2009c). Die Ergebnisse der Hypothesentestung sind in *Abbildung 24* nochmals dargestellt (+ für angenommen; – für abgelehnt; ± für teilweise angenommen).

Abbildung 24: Ergebnisse der Hypothesentestung

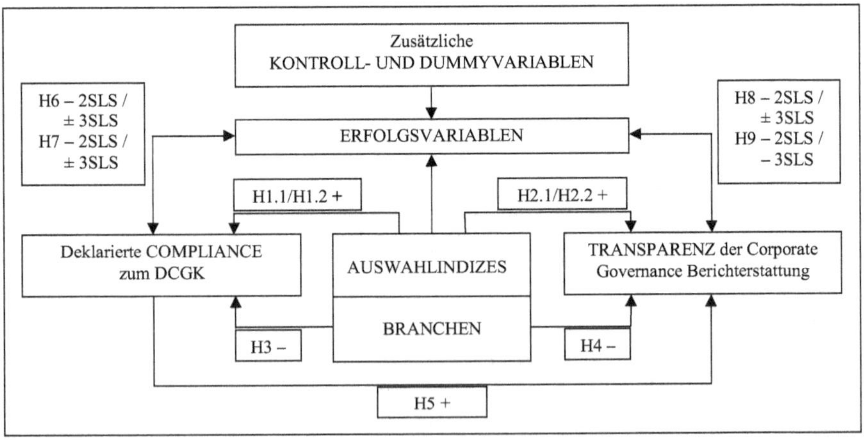

7.4.6.4 Beurteilung der Anpassungsgüte der theoretischen Modellstruktur

Durch das zugrundeliegende quantitative Verfahren wird festgelegt, welche Maße zur Beurteilung der Anpassungsgüte der theoretischen Modellstruktur an die empirischen Daten heranzuziehen sind. Wichtige *absolute Anpassungsmaße*[104] (vgl. Hu/Bentler 1985, S. 82) bei Kausalmodellen in Form simultaner Mehrgleichungsmodelle sind der *Chi Quadrat* (χ^2)-Wert und *Root-Mean-Square-Error of Approximation* (RMSEA) (vgl. Backhaus et al. 2006, S. 379ff.), denen „große Power" (Mohiyeddini et al. 2008, S. 121) bei der Beurteilung der Anpassungsgüte einer theoretischen Modellstruktur zugeschrieben wird. Durch die Berücksichtigung der Freiheitsgrade und somit der Komplexität eines Modells wird in der Literatur zudem empfohlen, diese Maße bei einer Entscheidung über die Modellgüte anderen Fitindikatoren, die Freiheitsgrade nicht berücksichtigen[105], vorzuziehen (vgl. Bollen/Long 1992, S. 129; Hu/Bentler 1995, S. 82). Zusätzlich werden entsprechend der Empfehlung von Amemiya weitere Maße zur Beurteilung der Anpassungsgüte der Modellstruktur herangezogen (vgl. Amemiya 1981, S. 1503). Bei der Berechnung des relevanten Quotienten aus:

$$\frac{\chi^2}{df}$$

df: Anzahl der Freiheitsgrade = N-J-1; N: Anzahl Beobachtungen, J: Anzahl an Regressoren einer Gleichung, wird jeweils ein empfohlener Wert von $\leq 2{,}5$ (vgl. Homburg/Baumgartner 1995, S. 172) erzielt (*Tabelle 42*). Für die Einzelgleichungsmodelle (1) bis (7) ist somit sowohl bei 2SLS als auch bei 3SLS ein *guter Modellfit* festzustellen. Zentral beim Heranziehen von Chi-Quadrat als Gütemaß ist allerdings ein ausreichend großer Stichprobenumfang, der angenommen werden kann, wenn der Stichprobenumfang über 100 liegt. Diese Voraussetzung ist im vorliegenden Fall bei einem Stichprobenumfang von 113 erfüllt. Da dieses Gütemaß also sensitiv auf den Stichprobenumfang reagiert und zudem nur den Fehler 1. Art abschätzen kann, ist der Modellfit hiermit eher vorsichtig zu interpretieren (vgl. Backhaus et al. 2006, S. 380, 417). Mit dem RMSEA wird daher ein weiteres Maß zur Beurteilung der Modellgüte herangezogen, das überprüft, ob sich der Approximationsfehler in einem tolerierbaren Bereich bewegt.

Der RMSEA von Browne und Cudeck prüft, inwiefern ein Modell die Realität hinreichend gut approximiert und wird berechnet als:

---

[104] Diese bewerten direkt, wie gut ein a priori Modell die Stichprobendaten abbildet. Im Gegensatz dazu stehen *inkrementale Anpassungsmaße*, welche die proportionale Verbesserung der Anpassung eines beschränkten Basismodells gegenüber einem Zielmodell berechnet (vgl. Hu/Bentler 1992, S. 82). Letztere finden hier keine Anwendung, da bislang kein eindeutiges Modell besteht, das Corporate Governance Mechanismen mit Erfolgsvariablen integriert (vgl. *Kapitel 6.4.2*).

[105] Zum Beispiel der Goodness-of-Fit-Index (vgl. Jöreskog 1969) oder der Normed-Fit-Index (vgl. Bentler/Bonnet 1980).

$$\text{RMSEA} = \sqrt{\frac{\chi^2 - df}{(N-g)\, df}}$$

df: Anzahl der Freiheitsgrade; N: Anzahl der Beobachtungen; g: Anzahl der Gruppen, die im Normalfall 1 beträgt (vgl. Backhaus et al. 2006, S. 382).[106] RMSEA Werte $\leq 0{,}05$ sprechen für einen *guten Modellfit* (vgl. Browne/Cudeck 1993, S. 136ff.). Die Schwelle von 0,05 wird in der vorliegenden Untersuchung von keiner Gleichung, weder in 2SLS noch in 3SLS, überschritten. Ein guter Modellfit aus der Betrachtung des Quotienten χ^2/df wird somit auch durch den RMSEA bestätigt. Aufgrund der Empfehlung, die Anzahl einfließender Variablen von Anfang an bewusst niedrig zu halten (vgl. Loderer/Martin 1997, S. 235), ist zudem zu beurteilen, inwiefern die geschätzten Modelle den Trade Off zwischen möglichst geringer Anzahl an Variablen und der Anpassungsgüte schaffen (vgl. Kennedy 2008, S. 101). Korrespondierend dazu regen Bollen und Long an, hierzu den *Komponentenfit* eines Modells, insbesondere das Bestimmtheitsmaß *R-Quadrat* aus der Regressionsanalyse zu betrachten, da trotz exzellenten Gesamt-Fitindizes die Ergebnisse einzelner *Modellkomponenten* (z.B. das Vorzeichen der Regressoren) zur Ablehnung eines Modells führen können (vgl. Bollen/Long 1980, S. 128; Hu/ Bentler 1995, S. 98).[107] Eines der Hauptprobleme von R-Quadrat ist, dass das Hinzufügen einer unabhängigen Variable niemals zu einer Verringerung von R-Quadrat führt, weshalb vielfach Modelle mit zu vielen Regressoren spezifiziert werden, um dadurch die Anpassungsgüte des Modells, gemessen durch R-Quadrat, zu maximieren (vgl. Gujarati 2003, S. 536). Eine Lösung dieses Problems liefert das *korrigierte* (adjusted) *R-Quadrat* ($\overline{R}^2$), das R-Quadrat um Freiheitsgrade korrigiert und in der Forschung mittlerweile nahezu ausnahmslos anstelle von R-Quadrat angegeben wird (vgl. Kennedy 2008, S. 79f.; Studenmund 2001, S. 51):

$$\overline{R}^2 = 1 - \frac{[TSS/(n-k-1)]}{[RSS/(n-1)]}$$

TSS: Summe der quadrierten Gesamtabweichungen; RSS: Summe der quadrierten Residuen; n: Anzahl Beobachtungen; k: Anzahl der Regressoren (inklusive dem Interzept bzw. der additiven Konstante β_0) (vgl. Wooldridge 2009, S. 200f.). Mit dem korrigierten R-Quadrat kann somit der Anteil an Varianz der abhängigen Variablen gemessen werden, der durch die Varianz in den unabhängigen Variablen erklärt wird. Für das korrigierte R-Quadrat existiert die theoretische Spannbreite [0;1] mit eins als maximaler Anpassungsgüte. Selten werden in der Realität allerdings Werte größer als 0,5 erzielt, selbst bei sehr gut spezifizierten Modellen (vgl. Dougherty 2007, S. 63). Aufgrund der in *Tabelle 42* aufgeführten Werte für das korri-

[106] Ist bei Einzelgleichungen, wie im vorliegenden Fall, df > χ^2, so wird konventionell der Zähler gleich Null gesetzt.

[107] Die Modellkomponenten werden in *Kapitel 8.2* beurteilt. Deren statistische Signifikanz wurde bereits in den *Kapiteln 7.4.6.2* und *7.4.6.3* beleuchtet.

gierte R-Quadrat, die größer als 0,3 ausfallen, kann ein guter Modellfit festgestellt werden (vgl. Wooldridge 2009, S. 41). Die Idee des korrigierten R-Quadrat, die Anzahl eingesetzter erklärender Variablen zu sanktionieren, fällt bei drei weiteren in der Literatur am häufigsten betrachteten Fitindikatoren weit strenger aus (vgl. Kennedy 2008, S. 13f., 79f.; Burnham/Anderson 2002, S. 271ff.; Judge 1980, S. 419ff.). So ist das *Akaike Informationskriterium* (AIC) eine relative Maßzahl des Informationsverlustes, wenn die Vorhersagekraft eines Modells beurteilt werden soll (vgl. Akaike 1974). Es bereinigt die statistische Anpassungsgüte eines Modells um die Anzahl der Modellparameter (vgl. Hu/Bentler 1995, S. 97):

$$AIC = e^{2k/n} \frac{RSS}{n}$$

e: Euler'sche Zahl; RSS: Summe der quadrierten Residuen; n: Anzahl der Beobachtungen; k: Anzahl der Regressoren (inklusive dem Interzept). Je niedriger AIC ausfällt, umso besser ist die Anpassungsgüte eines Modells (vgl. Gujarati 2003, S. 537). Noch strenger wird die Anzahl erklärender Variablen durch das *Schwarz Informationskriterium* (SIC) (vgl. Schwarz 1978) sanktioniert, das auch als *Bayes Informationskriterium* (BIC) (vgl. Janssen/Laatz 2007, S. 495) bezeichnet wird und vielfach wegen seiner bereits in Monte Carlo Studien gezeigten guten Performance als Fitindikator empfohlen wird (vgl. Mills/Prasad 1992):

$$SIC = n^{k/n} \frac{RSS}{n}$$

RSS: Summe der quadrierten Residuen; n: Anzahl der Beobachtungen; k: Anzahl der Regressoren (inklusive dem Interzept). SIC ist so zu interpretieren: je größer das Erklärungsvermögen eines Regressionsmodells ist, desto kleiner ist SIC (vgl. Hackl 2005, S. 77; Gujarati 2003, S. 538). Eine vergleichbar zu AIC und SIC bekannte Alternative zum korrigierten R-Quadrat stellt *Amemiya's Prediction Criterion* (APC) dar (vgl. Amemiya 1980):

$$APC = RSS \frac{(1 + k/n)}{(n - k)}$$

RSS: Summe der quadrierten Residuen; n: Anzahl der Beobachtungen; k: Anzahl der Regressoren (inklusive dem Interzept). Das APC basiert auf dem Prinzip der Minimierung des geschätzten mittleren quadratischen Vorhersagefehlers. APC ist AIC ähnlich und sanktioniert die Anzahl erklärender Variablen etwas strikter als AIC (vgl. Amemiya 1980, S. 322, 345). Auch für APC gilt: je kleiner APC, desto besser ist die Anpassungsgüte eines Modells (vgl. Kennedy 2008, S. 101).

Tabelle 42: Anpassungsgüte der Einzelgleichungen bei Two und Three Stage Least Squares

	GLEICHUNG						
	(1)	(2)	(3)	(4)	(5)	(6)	(7)
2SLS							
χ^2/df	0,689	0,823	0,645	0,490	1,767	0,750	0,673
RMSEA	0,000	0,000	0,000	0,000	0,001	0,000	0,000
Adj. R-Sq	0,372	0,416	0,336	0,305	0.603	0,392	0,366
AIC	0,738	0,673	0,978	0,761	0,467	0,714	0,744
SIC	1,086	0,972	0,306	1,016	0,680	1,051	1,095
APC	0,739	0,675	0,978	0,761	0,468	0,716	0,746
3SLS							
χ^2/df	0,751	0,842	0,640	0,502	1,818	0,812	0,713
RMSEA	0,000	0,000	0,000	0,000	0,001	0,000	0,000
Adj. R-Sq	0,361	0,412	0,324	0,303	0,600	0,386	0,359
AIC	0,751	0,679	0,981	0,763	0,470	0,721	0,753
SIC	1,104	0,975	1,310	1,019	0,692	1,061	1,108
APC	0,752	0,680	0,982	0,763	0,471	0,723	0,755

Für AIC, SIC und APC existieren keine Grenzwerte oder Schranken, auf deren Grundlage von einer guten oder schlechten Anpassungsgüte eines Modells gesprochen werden kann. Die Betrachtung der in *Tabelle 42* aufgeführten sehr niedrigen Werte der drei Maße sprechen allerdings für eine *sehr gute Anpassungsgüte* der Modelle, sowohl bei der 2SLS als auch bei der 3SLS Schätzung. Insgesamt kann somit nach der Betrachtung unterschiedlicher Maße zur Beurteilung der Anpassungsgüte der Modellstruktur des simultanen Mehrgleichungsmodells eine sehr gute Anpassungsgüte konstatiert werden, die für die Qualität der erzielten Schätzergebnisse spricht. Diese werden zusammen mit den erzielten Ergebnissen der vorhergehenden Berechnungen und Hypothesentestungen im folgenden Abschnitt im Detail diskutiert und bewertet.

8 Diskussion und Bewertung der Ergebnisse und Einschränkung der Aussagefähigkeit

„Not all information is used in the decision process: only information that is relevant and reliable will influence the market value. The association between information and share prices exists only when information is both reliable and relevant to the market" (Goncharov et al. 2006, S. 435).

Während branchenabhängig keine signifikanten Unterschiede sowohl bei deklarierter Compliance zum DCGK (C), als auch bei der Transparenz der Corporate Governance Berichterstattung (TD) festgestellt werden konnten, ergaben sich jedoch signifikante Unterschiede in Abhängigkeit der Zugehörigkeit zu einem bestimmten Auswahlindex der Deutschen Börse. Deren Gründe werden entsprechend der Reihenfolge der getesteten Hypothesen zunächst in den folgenden Ausführungen diskutiert und bewertet. Anschließend erfolgt eine ausführliche Interpretation der Ergebnisse der Schätzungen des simultanen Mehrgleichungsmodells. Den Abschluss bildet eine kritische Würdigung möglicher Einschränkungen in der vorliegenden Untersuchung, die für die Konzeption künftiger (Folge-)Untersuchungen vom Forscher als sehr wichtig erachtet werden (vgl. Bortz/Döring 2006, S. 89).

8.1 Indexspezifisch unterschiedliche Corporate Governance Berichterstattung

8.1.1 Indexspezifisch deklarierte Compliance zum DCGK

Bei der Betrachtung der Ergebnisse zur deklarierten Compliance zum DCGK ist zunächt festzustellen, dass die vorliegenden Befunde trotz unterschiedlicher Erhebungsmethodik die Ergebnisse der jährlichen Untersuchungen des BCCG im Grundsatz bestätigen (vgl. Werder/ Talaulicar 2007/2008). Bei allgemein hoher deklarierter Erfüllungsquote von 81,52% über alle Auswahlindizes hinweg, sind dennoch teils deutliche Unterschiede zwischen den DAX Unternehmen und den Unternehmen der Auswahlindizes TecDAX, MDAX und SDAX zu erkennen, die sich bei der in dieser Form in Deutschland erstmalig durchgeführten varianzanalytischen Testung in *Kapitel 7.4.1* als statistisch hoch signifikant erweisen. So sind zwar im DAX nur vereinzelte, über alle Empfehlungen hinweg gestreute deklarierte Abweichungen erkennbar (insgesamt erweisen sich lediglich 6 Empfehlungen des DCGK als kritisch, *Kapitel 7.1.2*), bei den Unternehmen des TecDAX, MDAX und SDAX ist allerdings im Mittel eine weitaus stärkere Bündelung an Abweichungen von den Empfehlungen des DCGK festzustellen, was sich in einer weitaus höheren Anzahl an kritischen Kodexempfehlungen widerspiegelt (DAX 6, TecDAX 18, MDAX 13, SDAX 15). Die Zielsetzung und Ausgestaltung des DCGK impliziert zwar, dass sich Abweichungen im Einzelfall als durchaus sinnvoll erweisen mögen, wenn konkrete Bedingungen des Unternehmens es erfordern (vgl. Werder 2002, S. 810; Haberer 2003, S. 84). Die Varianz der Einzelabweichungen im DAX legt eine Begründung über unternehmensbedingte Motive für die Nichtbefolgung einzelner Soll-Empfehlungen durchaus nahe. In den weiteren Auswahlindizes ist diese Ursache aufgrund einer deutlich erkennbaren Clusterung kritischer Empfehlungen allerdings nicht anzunehmen (*Kapitel 7.1.2*). So ergab auch eine Studie für das Kalenderjahr 2006 von Graf und Stiglbauer zu den von zahlreichen TecDAX Unternehmen genannten Abweichungsursachen überwiegend keine spezifischen, unternehmensbedingten Gründe, sondern vielmehr Gründe einer systematischen Abweichung von Kodexempfehlungen aufgrund ihrer für diese Unternehmen nicht adäquaten Ausgestaltung. Dazu zählte beispielsweise die Bildung qualifizierter Ausschüsse durch den Aufsichtsrat (Regel IV.11), die aufgrund einer zu geringen Größe des Aufsichtsratsorgans häufig von kleineren Unternehmen als nicht sinnvoll erachtet wird (vgl. Graf/Stiglbauer 2007, S. 289f.).

Die Anregungen spielen über alle Auswahlindizes hinweg kommunikatorisch eine nur untergeordnete Rolle im Vergleich zu den Empfehlungen (*Anhang 4*). Dabei ist ein noch deutlicherer Unterschied in der deklarierten Compliance zu den Anregungen zwischen den Unternehmen des DAX und denen des TecDAX, MDAX und SDAX festzustellen, als bei den Empfehlungen, was aber nicht mit der tatsächlichen Umsetzung gleichgesetzt werden sollte (vgl. Akkermans et al. 2007, S. 1115). Vielmehr könnte dies ein Ausdruck mangelnder Bereitschaft zur freiwilligen Bereitstellung dieser Informationen bzw. mangelndes Bewusstsein einer möglichen Relevanz dieser Informationen im Vergleich zu den Unternehmen des DAX sein. Dabei ergab sich eine durchschnittlich deklarierte Compliance über alle 17 Anregungen von 26.23%. Dies weicht bedeutend von den Ergebnissen der Fragebogenerhebung von Werder und Talaulicar für denselben Untersuchungszeitraum ab, die eine Compliancequote über alle Anregungen von 57,5% festgestellt haben (vgl. Werder/Talaulicar 2008, S. 826). Somit könnte sich zum einen die Vermutung bestätigen, dass Unternehmen mit guter Corporate Governance im Sinne von hoher Compliance zum DCGK häufiger an der jährlichen Untersuchung des BCCG teilnehmen, als schlechtere Unternehmen. Zum anderen könnte dies aber auch ein Indiz dafür sein, dass die Deklaration zur Compliance zu den Anregungen des DCGK von den Unternehmen vielfach unterschätzt wird. Angenommen, die deklarierte Compliance zu den Anregungen des DCGK entspräche tatsächlich dieser höheren Quote, könnte dies, da inhaltsanalytisch für das einzelne Unternehmen nicht erfassbar, von Analysten und Investoren mit einer Nicht-Erfüllung gleichgesetzt werden (vgl. Milgrom 1981). Der Argumentation, dass hier ein bloßer Verlass auf die Marktkräfte nicht ausreichend Druck für eine umfassende Deklaration zur Umsetzung der Anregungen bietet, könnte möglicherweise auch entgegengesetzt werden, dass die Anregungen für den Kapitalmarkt nur eine untergeordnete Rolle in seinem Bewertungskalkül spielen. Für den deutschen Gesetzgeber könnte es dennoch sinnvoll sein, zu überdenken, die Compliance zu den Kodexanregungen in der Entsprechenserklärung mit den Empfehlungen hinsichtlich der Deklarationspflicht auf eine Ebene zu stellen (vgl. Bassen et al. 2006c, S. 397). So könnte zwischen den Unternehmen eine vergleichbare Basis hergestellt werden (vgl. Graf/Stiglbauer 2008b, S. 274). Die stark unterschiedlich deklarierte Compliance zu den Empfehlungen und Anregungen des DCGK und die verschiedenartige Verteilung der Abweichungen in den Auswahlindizes (*Kapitel 7.1.1* und *7.1.2*) liefern interessante Ansatzpunkte für Schlussfolgerungen zur deklarierten Compliance zum DCGK und werden im Folgenden ohne Anspruch auf Vollständigkeit kritisch reflektiert:

Angesichts der ungleich höheren Quoten der deklarierten Compliance zum DCGK in den DAX Unternehmen im Vergleich zu den Unternehmen der anderen Auswahlindizes ist tatsächlich anzunehmen, dass der Kodex „vor dem Hintergrund, dass das Leitbild des Kodex große, am internationalen Kapitalmarkt notierte Aktiengesellschaften sind" (Oser et al. 2004, S. 1125) bereits in seiner Entwicklungsphase stärker auf Belange und Bedürfnisse großer Unternehmen mit langfristig gewachsenen Leitungs- und Kontrollstrukturen abgestimmt wurde. Dafür spricht zum einen, dass verschiedene DAX Unternehmen in ihrem Corporate Governance Bericht betonen, Corporate Governance auch bereits vor Einführung des DCGK hohen Stellenwert zugemessen zu haben. Exemplarische Aussagen von Unternehmen anderer Auswahlindizes, dass verstärkt von solchen Empfehlungen abgewichen wird, „die zu stark auf die Führung und Kontrolle großer Konzerne zugeschnitten sind und zu wenig die Situation schlanker, unternehmerisch geprägter Aktiengesellschaften berücksichtigen" (QSC AG 2005, S. 12) und dass „bereits die Struktur kleinerer und mittlerer Unternehmen … unausweichlich zu Abweichungen" (Oser/Bloß 2005, S. 340) führt, untermauern diese These.[108] Ein Hinweis für die Plausibilität dieser These kann auch in der Zusammensetzung des Gremiums der Kodex-(Weiter)Entwickler gefunden werden, in dem Vertreter jüngerer und kleinerer Unternehmen stark unterrepräsentiert sind.[109] Eine geringere Umsetzungsquote kann zum anderen aber auch den Hintergrund haben, dass in noch sehr jungen, kleineren Unternehmen das organische Wachstum der Kontroll- und Verwaltungsstrukturen im Verhältnis zum Fortschritt in Produktion und Technologie vernachlässigt wurde bzw. mit diesem nicht Schritt halten konnte (vgl. Graf/Stiglbauer 2007, S. 293f.). Weiterhin wäre auch eine stärkere Verbreitung der Kodexregeln innerhalb der DAX Unternehmen durch eine stärkere finanzielle und personelle Verflechtung *(interlocking directorates)* (vgl. Werder 2008, S. 10) der Unternehmen möglich, indem sich Standards guter Unternehmensführung quasi „fortpflanzen".[110]

---

108 Als Beispiel hierfür wäre eine fehlende Ausschussbildung im Aufsichtsrat aufgrund einer Organgröße von lediglich drei Mitgliedern zu nennen, die häufig zu beobachten ist.

109 http://www.corporate-governance-code.de/ger/mitglieder/index.html.

110 Die Entflechtung dieser auch als „Deutschland AG" bezeichneten Unternehmenskonzentration schreitet zwar fort, dennoch ist die personelle und finanzielle Verflechtung im Vergleich zum TecDAX vielfach höher (vgl. Monopolkommission 2006, S. 209ff.). So dürften im DAX Management- und Kontrollpraktiken, die der DCGK vorgibt, einer vielfach höheren Diffusion unterliegen als bei kleineren Unternehmen des Tec DAX, MDAX und SDAX.

Das häufig angeführte Argument, dass die Anpassungs- und laufenden Befolgungskosten an und für Corporate Governance Standards mit steigender Unternehmensgröße abnehmen und so eine mögliche Begründung für einen geringeren Grad der deklarierten Umsetzung der Regeln des DCGK liefern, wird angesichts empirischer Untersuchungen hier nicht geteilt. Diese weisen nämlich darauf hin, dass die jährliche Umsetzung und Weiterentwicklung von Corporate Governance Standards bei 87,5% der DAX Unternehmen 50 Tsd. € übersteigen, während 85,7% der TecDAX Unternehmen im Bereich zwischen 10 Tsd. und 25 Tsd. € liegen (72,8% der MDAX Unternehmen in der Spanne [10 Tsd.-50 Tsd.] € und 66,7% der SDAX Unternehmen ebenfalls in der Spanne [10 Tsd.-50 Tsd.] €) (vgl. Martin/Schulz 2005, S. 33). Dies dürfte eher für größere Unternehmen eine nennenswerte und überzeugende Belastung darstellen, deren verhältnismäßig höhere Kosten dadurch entstehen, dass sie auch ausländischen Corporate Governance Standards gerecht werden müssen (vgl. Glaum et al. 2006), beispielsweise durch das Listing an einer ausländischen Börse (vgl. Ferris et al. 2009, S. 343).

8.1.2 Indexspezifische Transparenz der Governance Berichterstattung

Anknüpfend an die thematisierte finanzielle Belastung, die mit der Installation von Corporate Governance Standards verbunden wird, wirken die teils beträchtlichen Berichterstattungskosten, die bei Aktiengesellschaften mit einem Umsatz von 100 Mio. € mit 1-2% des Umsatzes angenommen werden, während sie im DAX relativ gesehen lediglich mit 1-2‰ des Umsatzes ins Gewicht fallen (vgl. Claussen/Bröcker 2002, S. 1200), als weitaus überzeugenderes Argument für finanziell weniger potente Unternehmen, nicht sämtliche Kommunikationskanäle zu bedienen. Größere Unternehmen des DAX, die auch an ausländischen Börsen notiert sind[111] werden im Falle der New York Stock Exchange durch die US-Börsenaufsicht US Securities and Exchange Commission (SEC) dazu gezwungen, ihre Corporate Governance transparent offenzulegen, was mit erhöhten Kosten für diese Unternehmen verbunden ist und teilweise auch die höheren Budgets dieser Unternehmen für ihre Investor Relations Abteilungen erklärt: „Without strict enforcement by some regulator, such as the SEC, the crosslisting firm cannot credibly claim that it has been effectively bonded to a higher standard of governance" (Ferris et al. 2009, S. 343). Neuere Untersuchungen zur Budgetzuweisung für ihre Abteilung Finanzkommunikation bei Unternehmen des DAX, MDAX, SDAX und TecDAX bestätigen diese Größenangaben als durchaus realistisch (vgl. Königs/Schiereck 2006, S. 377). Aufgrund der Bedeutungssteigerung und Kosteneffizienz elektronischer Medien dürfte diese Belastung etwas abgefedert werden (vgl. Fard-Yazdani 2002, S. 77ff.; Prengel 2003, S. 109).

Wie die Ergebnisse zu Hauptkategorie I der Transparency & Dislcosure Scorecard zeigen, scheint sich eine geringere Budgetausstattung bei kleineren Unternehmens in MDAX, SDAX und TecDAX allerdings nicht auf die Transparenz der Entsprechenserklärung auszuwirken.

111 Zum Zeitpunkt der vorliegenden Untersuchung (Kalenderjahr 2007) z.B. Daimler, BASF und Bayer an der New York Stock Exchange (NYSE).

Diese ist im Schnitt zu 76,62% über die Gesamtstichprobe hinweg erfüllt wird. Abweichungen von Kodexempfehlungen werden bei fast allen Unternehmen, wenn auch nicht durchgängig, in der Entsprechenserklärung, aber in jedem Falle im Corporate Governance Bericht, auch erläutert bzw. begründet und im Großen und Ganzen uneingeschränkt transparent und dezidiert dargestellt. Eine diesbezügliche Basis zur Reduzierung von Informationsasymmetrien und zur Einsparung von Agency-Kosten wird dadurch grundsätzlich gelegt. Somit scheint die Vermutung aus der Literatur bestätigt, dass es für Unternehmen aufgrund des Drucks der Öffentlichkeit und der Erwartungshaltung des Kapitalmarktes praktisch unerlässlich erscheint, Einzelbegründungen für die Nichtbefolgung von Kodex-Empfehlungen abzugeben (vgl. Ulmer 2002, S. 172). Mangelnde oder gar fehlende Begründung von Abweichungen bzw. fehlender Hinweis auf diese Empfehlungen substituierende Schutzmaßnahmen wirkt scheinbar dem Informationsbedürfnis von Share- und Stakeholdern und der Anlegeröffentlichkeit entgegen (vgl. Seibt 2002, S. 252), was auch durch die vorliegenden Erkenntnisse zur Wirkung transparenter Corporate Governance Berichterstattung unterstrichen wird (*Kapitel 7.4.6.2* und *7.4.6.3*). Erwähnenswert ist in diesem Zusammenhang, wie auch bereits in einer Untersuchung von Graf und Stiglbauer für das Kalenderjahr 2006 festgestellt (vgl. Graf/Stiglbauer 2007, S. 289), dass entgegen früherer Untersuchungen (vgl. z.B. Bassen et al. 2004, S. 530) die Begründung/Erläuterung des Abweichens von Empfehlungen des DCGK (Ziffer II.6 der Compliance Scorecard) keine kritische Soll-Empfehlung mehr darstellt (*Tabelle 22*). Dies könnte von zunehmender, intensiverer Auseinandersetzung mit dem DCGK und einem offeneren, aktiverem Umgang mit Kodexabweichungen zeugen.

Ein differenzierteres Bild muss bei der Betrachtung der Kodexanregungen gezeichnet werden. Wiederum weisen die DAX Unternehmen im Vergleich zu den Unternehmen der anderen Auswahlindizes eine deutlich häufigere, inhaltsanalytisch bewertbare Bezugnahme auf Kodexanregungen (obgleich nicht in der Entsprechenserklärung, *Anhang 5*, Regel I.7) auf (*Anhang 3*), was auch bereits in früheren Untersuchungen bestätigt wurde (vgl. Graf/Stiglbauer 2008a, S. 613). DAX Unternehmen scheinen ihr Augenmerk somit verstärkt auf den gesamten DCGK zu richten. Aus Investorenperspektive ist die Beschränkung der Unternehmen der anderen Auswahlindizes auf die erkennbare Erfüllung der gesetzlichen Vorschriften, wonach nur zu den Empfehlungen Stellung genommen werden muss, kritisch zu betrachten. Die durch transparente Selbstdarstellung bei den Kodex-Empfehlungen bereits gelegte Basis zur Reduzierung von Agency-Kosten bleibt bei zahlreichen Unternehmen des TecDAX, MDAX und SDAX hinsichtlich der Kodex-Anregungen somit leider ungenutzt. Dabei ist jedoch anzunehmen, dass ein interessierter (ausländischer) Investor kaum Unterschiede zwischen Empfehlungen und Anregungen macht (vgl. Graf/Stiglbauer 2007, S. 296; *Kapitel 6.3.6.2*).

Unter Hinzuziehung der Ergebnisse der vollständigen Transparency & Disclosure Scorecard sollten gerade (jüngere, technologiegetriebene) Wachstumsunternehmen Informationsasymmetrien zwischen Investoren und der Unternehmensleitung abbauen - ist und war doch die Transparenz ein wesentlicher Hintergrund der Reformdiskussion zu Corporate Governance (vgl. Dörner/Orth 2005, S. 20f.). Gerade die den Unternehmen der Auswahlindizes TecDAX, MDAX und SDAX zugeschriebene höhere Informationsasymmetrie im Vergleich zu DAX Unternehmen, teilweise als Konsequenz von Innovationsgrad und höherem Wachstum, teils aber auch aufgrund von Unsicherheit bei der Bewertung der Marktstellung dieser Unternehmen durch Investoren (vgl. Achleitner et al. 2001a, S. 32), ließe eine stärkere Bereitschaft zur Offenlegung qualitativer Aspekte wie unternehmensspezifische Corporate Governance Praktiken vermuten (vgl. Bassen et al. 2006c, S. 378; Smith jr./Watts 1992, S. 275). Angesichts hohen Kapitalbedarfs könnten so gerade in Wachstumsphasen, bei gleichzeitig geringeren Cash Flows, günstige Finanzierungskonditionen erzielt werden (vgl. Achleitner et al. 2001a, S. 30ff., 138). Die Ergebnisse implizieren daher gerade für kleinere Unternehmen, die weniger im Fokus (internationaler) Anlegern stehen (vgl. Achleitner et al. 2005, S. 262), einen verstärkten Abbau von Informationsasymmetrien zur Beurteilung dieser Unternehmen, wenn es zu Wertsteigerungen und einer Senkung der Kapitalkosten kommen soll (vgl. Kötzle/Niggemann 2001, S. 634). Dabei gilt es die Informationskosten der Investoren bei annahmegemäß konstantem Informationsnutzen zu minimieren. Somit bleibt zu resümieren, dass der Druck seitens des Kapitalmarktes scheinbar noch nicht hinreichend groß ist, um verstärkte Transparenz der unternehmensspezifischen Corporate Governance nach außen zu gewährleisten (vgl. Graf/Stiglbauer 2007, S. 295f.; Kötzle/Niggemann 2001, S. 636f.). Es ist ferner festzuhalten, dass die „Transparenz als Kernpostulat" (Behr 1995, S. 1017) der Corporate Governance in den betrachteten Auswahlindizes durchgängig noch nicht ausreichend gegeben ist und zahlreiche Unternehmen verschiedene Aspekte eines pro-aktiven Corporate Governance Erwartungsmanagements nicht ausschöpfen.

8.1.3 Indexspezifischer Zusammenhang zwischen deklarierter Compliance zum DCGK und Transparenz der Corporate Governance Berichterstattung

Unter Verweis auf die Ergebnisse von Hypothese H5 bestätigt sich der erwartet hochsignifikant positive Einfluss von C auf TD (vgl. Ho et al. 2008). Unternehmen mit besserer Corporate Governance, im Sinne einer höheren deklarierten Compliance zum DCGK, nutzen auch stärker das Potenzial, durch transparente Corporate Governance Berichterstattung Informationsasymmetrien abzubauen, als Unternehmen mit schlechterer Corporate Governance. Unternehmen mit einer höheren deklarierten Compliance zum DCGK, die ihre Agency-Konflikte scheinbar bereits besser gelöst haben, verfügen statistisch gesehen auch über eine transparentere Corporate Governance Berichterstattung (vgl. Aksu/Kosedag 2006).

Dabei nutzen größere Unternehmen des DAX im Vergleich zu kleineren Unternehmen des TecDAX, MDAX und SDAX dieses Potenzial in stärkerem Maße. Es kann folglich davon ausgegangen werden, dass bezogen auf das vorgestellte theoretische Wirkungskonzept (*Kapitel 4.1.4*), deutliche Unterschiede in der Zuverlässigkeit (vgl. Kiener 1990, S. 9f.; 27) der Risiko-Rendite Abschätzung des Kapitalmarktes zwischen Unternehmen mit guter Corporate Governance und schlechter Corporate Governance und zwischen großen und kleinen Unternehmen begründet sind. Die Erwartungen der Financial Community an die Wertentwicklung von Unternehmen werden dadurch zuverlässiger, da zunächst die externen Voraussetzung für eine nachhaltigere Wertsteigerung geschaffen wird (vgl. Achleitner et al. 2001a, S. 11). Dennoch nehmen selbst Unternehmen mit sehr hoher deklarierter Compliance zum DCGK die Vorteile einer transparenten Corporate Governance Berichterstattung zum Abbau von Informationsasymmetrien nicht hinreichend gut wahr (vgl. Graf/Stiglbauer 2008a, S. 614). Dies findet in der vorliegenden Untersuchung seinen Ausdruck bei der durchschnittlichen Erfüllungsquote der Compliance Scorecard von 81,52% im Vergleich zu den durchschnittlichen 65,23% bei der Transparency & Disclosure Scorecard. Ein Erklärungsansatz für intransparentere Corporate Governance Berichterstattung könnte im Entscheidungskalkül liegen, sich durch Überrenditen Kapital zugunsten schnellerem Wachstum oder für eine Erholung zu beschaffen und sich so von kapitalmarktseitigen Transparenzerwartungen „freizukaufen". Dazu existieren zwar tatsächlich Untersuchungen, die zeigen, dass Intransparenz Unternehmen vor allem in Krisenzeiten einen gewissen Schutz bietet, gleichzeitig vergeben diese Unternehmen im Erholungsfall aber auch Chancen die positive Unternehmensentwicklung vollständig nach außen wirken zu lassen (vgl. Perotti/Thadden 2003, S. 83).

8.2 Multivariate Betrachtung der Variablen des simultanen Mehrgleichungsmodells

8.2.1 Erfolgsrelevanz der deklarierten Compliance zum DCGK

> *„Wer sich nicht an den Kodex hält, den straft der Kapitalmarkt?"*
> (Cromme 2001, S. 13).

Die diesem Kapitel vorangestellte und in eine Frage umformulierte Aussage von Cromme ist auf Grundlage der vorangegangenen empirischen Ergebnisse in den *Kapiteln 7.4.6.2* und *7.4.6.3* unabhängig vom Schätzverfahren eindeutig zu beantworten. Es kann entgegen der Untersuchungen, die Datenmaterial in einem engeren Zeitkorridor von maximal drei Jahren nach der Einführung des DCGK analysieren, auf Grundlage des Untersuchungsjahres 2007 nicht davon ausgegangen werden, dass die deklarierte Compliance zum DCGK weiterhin eine von der Kodexkommission angenommene signifikant positive Relevanz auf dem Kapitalmarkt aufweist (vgl. Drobetz et al. 2004). Festgestellt wurde nämlich teilweise sogar das Gegenteil: Der von den Kodexentwicklern proklamierte positive Einfluss der unternehmensspezifisch deklarierten Compliance zum DCGK (C) auf den Unternehmenserfolg stellt sich in der 3SLS Schätzung im Bezug auf die Aktienrendite (TSR) nämlich als signifikant negativ heraus (bei

2SLS ist diese Richtung ebenso festzustellen, allerdings nur auf dem Niveau von 0,15). Das *Barwert-Bewertungsmodell* würde bei positivem Zusammenhang eigentlich einen negativen Zusammenhang zwischen der Anteilsbewertung und der erwarteten Rendite implizieren, was zu höheren realisierten Renditen und somit höherer Bewertung führen würde (vgl. Drobetz et al. 2004, S. 15). Dies kann für den Einfluss der deklarierten Compliance zum DCGK hier nicht bestätigt werden. Die deklarierte Compliance zum DCGK vermittelt nach den hier vorliegenden Ergebnissen aber scheinbar relevante Informationen zu Corporate Governance, die Investoren befähigen, eine verbesserte Risikoeinschätzung durchzuführen und bei positiver (negativer) Beurteilung einen niedrigeren (höheren) Risikoaufschlag zu fordern (vgl. Nowak et al. 2005, S. 261), was sich folglich auf die Kapitalkosten eines Unternehmens auswirkt.

Investoren scheinen aber gerade gegenüber einer allzu hohen deklarierten Compliance eher skeptisch zu sein. Fünf Jahre nach der Kodexeinführung scheinen sie bei besonders hoher Compliance eher zu antizipieren, dass Unternehmen dies im Sinne von Impression Management ausnutzen (vgl. Westphal/Zajac 1998, S. 128f.), um erwartet niedrigere Cash Flows zu relativieren (vgl. Goncharov et al. 2006, S. 435). Unternehmen mit einem geringeren Erfolg könnten dadurch sogar zu einer höheren Entsprechung verleitet werden, indem sie beispielsweise größere Auslegungsspielräume, die ihnen die Semantik des DCGK nachgewiesenermaßen bietet, ausnutzen (vgl. Bauer et al. 2004, S. 102; Graf/Stiglbauer 2008b, S. 274). Dies könnte konform zu den Erkenntnissen von Bassen et al. den hier nachgewiesenen (obgleich nicht signifikanten) negativen Zusammenhang zwischen hoher deklarierter Compliance zum DCGK und den fundamentalen Erfolgsmaßen ROE und ROA erklären (vgl. Bassen et al. 2006c). Es scheint sich dadurch die Vermutung von Peltzer zu bestätigen, dass der Kodex lediglich als Public Relations-Instrument im Kampf um die Gunst der Aktionäre gelten wird, das jedoch relativ schnell abflacht, wenn aufgrund eines mangelnden Neuheitseffektes des DCGK wieder verstärkt wirtschaftliche Gesichtspunkte in der Vordergrund rücken (vgl. Peltzer 2002, S. 594). Das Ausnutzen eines Signaling Effekts durch eine möglichst hohe deklarierte Compliance zum DCGK seitens Unternehmen (selbst, wenn dies der realen Umsetzung entspricht) läuft dadurch ins Leere. Die Verbindung des DCGK mit der durch das Aktiengesetz geregelten Entsprechenserklärung, die eigentlich legitimierend wirken soll, stellt auf Grundlage der hier vorgestellten empirischen Ergebnisse, für Unternehmen damit kein geeignetes Instrument dar, um die Qualität ihrer Corporate Governance zu kommunizieren (vgl. Bassen et al. 2006c, S. 396).

In *Kapitel 8.1* wurde erläutert, dass sich Kodexabweichungen unternehmensspezifisch als durchaus sinnvoll erweisen können. Die deklarierte Compliance zum DCGK an sich ist folglich keine exogene Variable, als die sie im simultanen Mehrgleichungsmodell folglich auch nicht definiert wurde (vgl. Goncharov et al. 2006, S. 438). Der Freefloat-Anteil des Aktienkapitals (FREEFLOAT) als möglicher Proxy für den Druck seitens des Marktes zu einer höheren deklarierten Compliance zum DCGK weist zwar den erwartet positiven Einfluss auf C auf (vgl. Goncharov et al. 2006, S. 439), der allerdings nicht signifikant ausfällt. Der Kapitalmarkt scheint somit die Regeln des DCGK als grundsätzlich positiv anzuerkennen, allerdings einen unternehmensspezifischen, kritischeren Umgang mit dem DCGK (mit womöglich zahlreicheren Abweichungen bei individueller Anpassung der Regeln) einer vollständigen Compliance zum DCGK vorzuziehen. Die Skepsis gegenüber besonders hohen veröffentlichten Compliance Quoten könnte so zu erhöhten Such- und Monitoringkosten führen, was höhere (als die erwarteten) Kosten verursacht (vgl. Drobetz et al. 2004, S. 21). Dies kann sich, wie gezeigt, in einem signifikant niedrigeren TSR niederschlagen kann (vgl. Hirth/Callsen-Bracker 2008, S. 521): „Investoren werden solche Kosten [aber] nur akzeptieren, wenn sie mit ihrer Hilfe Überrenditen erzielen können" (Kötzle/Niggemann 2001, S. 636). Durch intensives Monitoring aufgedeckte signifikante Corporate Governance Fehlsteuerungen in einzelnen Unternehmen helfen also scheinbar, eine Bewertungslücke zu schließen (vgl. Davis 2002, S. 203f.). Allerdings scheint auch seitens des Kapitalmarktes auf Unternehmen noch nicht ausreichend Druck erzeugt zu werden, der einen kritischeren Umgang mit den Regeln des DCGK befördert bzw. es scheinen zahlreiche Unternehmen diese Wirkung bislang zu unterschätzen. Zur Quantifizierung der diskutierten Monitoring-Kosten beweist ein Blick auf den operativen Erfolg, hier gemessen durch ROE und ROA, dass bessere Corporate Governance im Sinne einer höheren Befolgung der Regeln des DCGK (angenommen die deklarierte Compliance entspricht der tatsächlichen) sich auch nicht in geringeren Agency-Kosten bei den betrachteten Gesellschaften ausdrückt. Im Gegenteil scheinen Unternehmen, die womöglich andere, tiefgreifendere Regeln und Steuerungsinstrumente einsetzen, um Agency-Konflikte zu lösen, erfolgreicher zu sein, als Unternehmen, die über den Mindeststandard des DCGK nicht hinausgehen und diese unreflektiert in ihre internen Regeln integrieren.

8.2.2 Erfolgsrelevanz transparenter Corporate Governance Berichterstattung

> *„No news sind ... [im Falle der Corporate Governance Berichterstattung] wohl eben eher bad news"* (Mühlemann 1995, S. 1050).

Die vorliegende Untersuchung kann transparenter Corporate Governance Berichterstattung für den Kapitalmarkt Relevanz und scheinbar auch eine zugewiesene Glaubwürdigkeit und Zuverlässigkeit (vgl. Barth et al. 2001, S. 79) bescheinigen (*Kapitel 1.2*). Diese übt einen signifikant positiven Einfluss auf den Market to Book Value und die Aktienrendite aus. Dies kann durch eine Reduktion zusätzlicher Kosten für die Informationsbeschaffung (durch das freiwillige Signaling von Unternehmen verkleinert sich die Informationslücke) bei sinkendem, wahrgenommenem Investitionsrisiko, durch eine verbesserte Einschätzbarkeit der wirtschaftlichen Gegebenheiten eines Unternehmens erklärt werden (vgl. Toksal 2004, S. 134; Barth/Schipper 2008, S. 179). Transparenter Berichterstattung wird dadurch ein Potential zugeschrieben, das Ausmaß adverser Selektion im Aktienhandel zu verringern (vgl. Diamond/Verrecchia 1991, S. 1325; Healy/Palepu 2001, S. 408). Dazu wiesen jüngst Lambert et al. nach, dass die Qualität der Investoren zur Verfügung stehenden Informationen, direkt die Eigenkapitalkosten beeinflusst, da sie die durchschnittliche Bewertungsgenauigkeit zukünftiger Cash Flows verbessert (vgl. Lambert et al. 2008). So liefern Untersuchungen von Healy et al. Belege dafür, dass erwartete Eigenkapitalkosten negativ mit dem Grad an freiwilliger transparenter Berichterstattung zusammenhängen (vgl. Healy et al. 1999), die Barth et al. mit realisierten abnormalen Aktienrenditen in Verbindung bringen (vgl. Barth et al. 2007).

Im bisherigen Verlauf der Untersuchung wurde sehr sorgsam darauf geachtet, die Ergebnisdarstellung und die in diesem Kapitel weiterführende Ergebnisinterpretation strikt zu trennen (vgl. Bortz/Döring 2002, S. 94). Diese strikte Trennung muss im Folgenden kurzzeitig aufgegeben werden, da dadurch aus der Sicht des Forschers eine noch höhere Aussagekraft und ein noch besseres Verständnis für die erzielten Ergebnisse gewährleistet wird (vgl. Homburg et al. 2009, S. 175). BETA kann nämlich im CAPM als Proxy zur Messung des Investitionsrisikos[112] und der Eigenkapitalkosten verwendet werden (vgl. Toksal 2004, S. 135). Eine separat durchgeführte lineare Einfachregression von TD auf BETA[113] ergab einen standardisierten Beta-Koeffizienten von -,173, der sich auf dem Niveau von ,074 als schwach signifikant herausstellt.[114] Dies spricht für eine statistisch nachweisbare Reduktion der Eigenkapitalkosten durch ein höheres TD, wodurch obige Vermutung für die vorliegende Untersuchung bestätigt werden kann.

Interessant erscheint für die Bewertung der Ergebnisse der vorliegenden Untersuchung auch die Studie von Botosan, die zunächst wiederum belegt, dass transparentere Berichterstattung mit geringeren Eigenkapitalkosten einhergeht, dies aber insbesondere bei Unternehmen mit geringerer Analysten Coverage nachgeweist (vgl. Botosan 1997). Eine geringere Analysten Coverage der Unternehmen der Indizes TecDAX, MDAX und SDAX gegenüber den Unternehmen des DAX (vgl. Achleitner et al. 2005, S. 262) bei gleichzeitig geringerer Transparenz ihrer Corporate Governance Berichterstattung (*Kapitel 7.2.1*) gibt gerade für kleinere Unternehmen Anlass dazu, verstärkt Informationen zu ihrer Corporate Governance bereitzustellen (vgl. Achleitner et al. 2001a, S. 32, 138), die sich in der vorliegenden Untersuchung als relevant für den Kapitalmarkt erwiesen haben (vgl. Hirth/Callsen-Bracker 2008, S. 521): „A rational buyer interprets withheld information as information that is unfavorable about the asset's value or quality" (Verrechia 2001, S. 141). Durch die gezielte Reduktion von Informationsasymmetrien könnten sie so die von ihnen im Allgemeinen höhere zu entrichtende Risiko-

---

112 Die Volatilität VOLA stellt keinen geeigneten Proxy zur Messung des Investitionsrisikos dar, da sie als absolute Maßzahl keinen Vergleich mit dem Marktportfolio ermöglicht.

113 $BETA_i = \beta_0 + \beta_1 TD_i + \varepsilon_i$

114 Diese Argumentation unterstützend, wirkt sich in der vorliegenden Untersuchung ein höheres systematisches Unternehmensrisiko BETA (obgleich nicht signifikant) negativ auf Q und MTB aus.

prämie im Vergleich zu größeren Unternehmen verringern und dadurch gleichzeitig ihre im Vergleich zu größeren Unternehmen deutlich geringere Analysten Coverage teilweise kompensieren (vgl. Brennan et al. 1993, S. 821f.; Eisele 2006, S. 134).

Die Messung der Transparenz von Berichterstattung stellt zwar eine offene Frage dar und könnte sicherlich auch im vorliegenden Fall anhand der Transparency & Disclosure kritisch diskutiert werden (*Kapitel 8.3.3*). Allerdings fanden jüngst Beretta und Bozzolan heraus, dass die Messung qualitativer Merkmale der Berichterstattung mit dem Ziel, externe Nutzer in ihrer Einschätzung des vergangenen und künftigen Erfolgs eines Unternehmens zu unterstützen, auch positiv mit der Genauigkeit und negativ mit der Streuung der Gewinnvorhersagen von Analysten korreliert (vgl. Beretta/Bozzolan 2008). Erhöhte Qualität und Transparenz in der Berichterstattung wird nämlich eine Verminderung von Informationsrisiken zugeschrieben, indem nicht-diversifizierbare Risiken vermindert werden, die durch Informationsasymmetrien zwischen Investoren entstehen (vgl. Ahmed et al. 2009, S. 223f.). Weiterhin verhilft dies zu einer höheren durchschnittlichen Präzision der Bestimmung des künftigen Cash Flows von Unternehmen durch Analysten (vgl. Barth/Schipper 2008, S. 173). Entsprechend befinden auch Frankel et al., dass Unternehmen in einem aktiven Prozess[115] versuchen, Informationsasymmetrien durch eine qualitative Erhöhung ihrer freiwilligen Berichterstattungsmerkmale im Sinne von Erwartungssteuerung abzubauen, um Zugang zum Kapitalmarkt zu erlangen (vgl. Frankel et al. 1995). Diese Zielerfüllung wird einer rein quantitativen Erhöhung von Berichterstattungsmerkmalen weniger zugeschrieben (vgl. Beattie et al. 2004). Es konnte keine theoretisch denkbare reversible Kausalität zwischen der Transparenz der Corporate Governance Berichterstattung und Erfolgsvariablen belegt werden. Dies könnte durch die Finanzausstattung der Investor Relations Abteilungen von Unternehmen der betrachteten Auswahlindizes, die für die hier gemessenen Berichterstattungs-Kategorien ausreichend vorhanden zu sein scheint, erklärt werden (vgl. Königs/Schiereck 2006).

Der Transparenzgrad der Corporate Governance Berichterstattung scheint also wesentlich am grundsätzlichen Willen der Unternehmen zu liegen, mehr und bessere Corporate Governance Informationen zur Verfügung zu stellen (vgl. Lang/Lundholm 1993). Dies geht konform mit traditionellen Modellen zu freiwilliger Berichterstattung (vgl. Verrecchia 2001, S. 141ff.), die annehmen, dass Unternehmen, sofern sie sich zur Veröffentlichung von Informationen entschließen, in der Regel auch zutreffende Informationen veröffentlichen (vgl. Langberg/Sivaramakrishnan 2008, S. 79). Dies bestätigt auch eine Untersuchung von Lang und Lundholm. Diese findet für Unternehmen im Zusammenhang mit einer angestrebten Attraktivitätssteigerung ihrer Aktie heraus, dass Unternehmen die Offenlegung von Informationen drastisch zu den Informationen erhöhen, die normalerweise am schwierigsten von extern einsehbar sind

115 Dies geht über die Definition der Transparenz der Offenlegung von Unternehmensinformationen, als bloße Fähigkeit zur Bereitstellung von Informationen in *Kapitel 2.4.1*, hinaus.

(vgl. Lang/Lundholm 2000, S. 623), was sich positiv auf deren Aktienperformance auswirkt und dem Abbau von Informationsasymmetrie zugeschrieben wird. Zugleich zeigen die Autoren, dass Unternehmen, die eine stetigere Berichterstattung fahren, weitaus weniger Preisschwankungen unterliegen. Daraus kann die Empfehlung abgeleitet werden, einen gleichmäßig hohen Level an freiwilliger transparenter Berichterstattung aufrecht zu erhalten (vgl. Healy/Palepu 2001, S. 408), der eine höhere Bewertung von Unternehmen nach sich zieht, als nur eine zeitweilige Erhöhung, für die bei enttäuschten Erwartungen ein weitaus größerer Rückgang der Aktienperformance diagnostiziert wurde (vgl. Lang/Lundholm 2000, S. 627ff.; *Kapitel 4.1.3*).

8.2.3 Bewertung weiterer Variablen des simultanen Mehrgleichungsmodells

Neben der Erfolgswirkung von Compliance und Transparenz werden im Folgenden die Ergebnisse der weiteren Variablen des Mehrgleichungsmodells bewertet. Die Ergebnisse bestätigen zunächst auch im Mehrgleichungsmodell den nicht signifikanten Einfluss der Branche auf C und TD, der sich bereits bei der Testung von H3 und H4 ergab. Allerdings werden, wie erwartet, branchenabhängig (teils signifikante) unterschiedliche Erfolgsraten (vgl. Wurgler 2000, S. 187f.) bestätigt. Dadurch kann der Einbezug der Branche als Kontrollvariable auch in künftigen Untersuchungen angeregt werden.

8.2.3.1 Identifizierung von Size Effekten

Diese Anregung gilt auch für die Unternehmensgröße, gemessen über die Marktkapitalisierung. Entgegen der in *Kapitel 6.4.4.1* angeführten negativen Size Effekte bei größeren Unternehmen konnten allerdings in der vorliegenden Untersuchung größtenteils (hoch) signifikant positive *Size Effekte* dergestalt identifiziert werden, dass größere Unternehmen durch eine höhere Ausprägung ihrer Erfolgsvariablen gekennzeichnet sind (vgl. auch Keim 1986), was Loderer und Peyer über eine allgemein höhere nominale Liquidität größerer Unternehmen erklären, die Investments zulassen könnten, die einen höheren Cash Flow induzieren (vgl. Loderer/Peyer 2002, S. 184). Ein weiterer Erklärungsansatz für die festgestellten positiven Size Effekte könnte auch im gleichzeitigen Listing größerer Unternehmen (*Kapitel 8.1.2*) an ausländischen Börsen (*Cross Listing*) liegen, in der Ferris et al. eine Attraktivitätssteigerung für das jeweilige Unternehmen sehen (*Reputational Bonding*), wenn diese sich entscheiden anschließend neues Kapital zu akquirieren (vgl. Ferris et al. 2009, S. 347). Durch die zusätzliche Adaption ausländischer Corporate Governance Standards[116], die in der vorliegenden Untersuchung nicht erfasst wurde, könnten Unternehmen eine noch bessere Corporate Governance signalisieren, als Unternehmen, die nur an der heimischen Börse notiert sind. Zusätzlich kann

116 Beispielsweise der US amerikanische Sarbanes Oxley Act.

es durch Cross Listing zu einer Senkung der Monitoringkosten dieser Unternehmen für Analysten und Investoren kommen, da einerseits zusätzliches Monitoring an ausländischen Kapitalmärkten durch weitere Marktteilnehmer stattfindet und andererseits zusätzliche ausländische gesetzliche Vorschriften das Monitoring dieser Unternehmen verstärken (*Legal Bonding*) (vgl. Coffee jr. 1999; Stulz 1999). Dies kann eine Möglichkeit bieten, Kapital zu günstigeren Konditionen zu akquirieren und den Wert derartiger Unternehmen zu steigern (vgl. Doidge et al. 2004, S. 519).

8.2.3.2 Verschuldungsgrad, Volatilität und Wachstum

In *Kapitel 6.4.4.5* wurde bereits auf den theoretischen Zusammenhang zwischen Verschuldungsgrad und Volatilität eingegangen. Da es auch Erkenntnisse gibt, die das Wachstum in Verbindung mit dem Verschuldungsgrad und dem finanziellen Unternehmensrisiko bringen, werden die Variablen hier gemeinsam diskutiert.

Für den Verschuldungsgrad LEV vermutet Jensen, er diszipliniere das Management, freien Cash Flow nicht zu verschwenden. Er nennt diese Vermutung „*Control Hypothesis for Debt Creation*" (Jensen 1986, S. 324): Durch Fremdkapitalaufnahme könnten Manager ihr Versprechen bindend machen, dass sie künftige Cash Flows ausbezahlen und diese nicht in Projekte investieren, die einen schlechten Barwert versprechen (vgl. Maksimovic/Zechner 1991, S. 1621). Fremdkapital könnte dadurch ein effektives Substitut für Dividendenzahlungen sein. Die aufzuwendenden Fremdkapitalzinsen und deren gerichtliche Durchsetzbarkeit könnten Agency-Kosten vermindern, indem sie die Entscheidungsfreiheit des Managements über künftige Cash Flows reduziert. Zusätzlich könnte dadurch seitens des Managements ein Signal gesetzt werden, sich von Fremdkapitalgebern (teilweise) kontrollieren zu lassen (vgl. Beiner et al. 2006, S. 256), wobei, bezogen auf die deklarierte Compliance zum DCGK (C), im Verschuldungsgrad (LEV), entgegen den Ergebnissen von Black et al. (vgl. Black et al. 2006a, S. 401), kein Substitut für gute Corporate Governance im Sinne des DCGK identifiziert wird.

Für die vorliegende Stichprobe ergibt sich ausgenommen der Unternehmen des Supersektors FIRE (Banken, Versicherungen und Finanzdienstleister), die aufgrund extrem hoher Fremdkapitalanteile für erhebliche Verzerrungen sorgen würden (*Kapitel 6.4.4.5*), ein Mittelwert der nicht-logarithmierten Variable LEV von 1,95. Die These von Hellwig, dass die Fremdfinanzierung als disziplinierender Mechanismus bei zahlreichen (großkapitalisierten) Gesellschaften aufgrund hoher Selbstfinanzierungsquoten in den Hintergrund rückt (vgl. Hellwig 2000, S. 116), kann hier widerlegt werden. Eine (um Ausreißer bereinigte) Berechnung von LEV für den DAX ergab einen Mittelwert von 2,37 (der sogar über dem Durchschnitt von 1,95 liegt). Entsprechend bestätigt die vorliegende Untersuchung die Ergebnisse von McConnell und Servaes und Morey et al., die für einen höheren Leverage einen positiven Einfluss auf die Unternehmensbewertung finden (hier gemessen durch MTB), wenn Investitionschancen spärlich vorhanden sind (vgl. McConnell/Servaes 1995, S. 153; Morey et al. 2009, S. 259).

Andererseits demonstriert Myers aber auch, dass ein zu hoher Leverage dazu führen kann, dass das Management zu sehr im Interesse von Anteilseignern handelt und daher Projekte mit einem positiven Barwert vorbeiziehen lässt. Dieses Phänomen ist konsistent mit den Ergebnissen der vorliegenden Untersuchung, das sich einerseits im negativen Zusammenhang zwischen LEV und ROE bzw. ROA ausdrückt (vgl. Coenenberg 2001, S. 917). Andererseits kann es teilweise auch den negativen Zusammenhang zwischen LEV und TSR erklären, da bei stark verschuldeten Gesellschaften erwirtschafteter Cash Flow eher in den Schuldendienst fließt als über die Dividende in die Aktienrendite (TSR) (vgl. Myers 1977, S. 159f.). Bei der Betrachtung der Schätzergebnisse zu Gleichung (5) mit Q als endogener Variable ergibt sich unabhängig vom Schätzverfahren ein hoch signifikant negativer Einfluss für den Koeffizienten von ROE und ein hoch signifikant positiver Einfluss für ROA. Der hohe Fremdfinanzierungsanteil zahlreicher Unternehmen scheint hier dafür zu sorgen, dass ein Wertverzehr des Eigenkapitals verursacht wird (vgl. Coenenberg 2001, S. 917). Dies geht konform mit den Ergebnissen von Beiner et al. (vgl. Beiner et al. 2005, S. 44).

Aufgrund höherer Insolvenzgefahr durch einen höheren Verschuldungsgrad LEV steigt allerdings das mit einem Unternehmen verbundene Risiko. Dies drückt sich in einer höheren Volatilität VOLA eines Wertpapiers aus (vgl. Drees/Eckwert 2000). Unternehmen mit einer höheren VOLA fallen am Kapitalmarkt in der Regel aber auch durch eine bessere Performance auf, da mit höherem Risiko auch höhere künftige Ertragserwartungen verbunden sind (vgl. Kohl 2009, S. 127). Für das höher eingegangene Risiko wird wiederum auch eine höhere Entschädigung im Sinne einer höheren Dividende gefordert (vgl. Himmelberg et al. 2004, S. 2). Zu derselben Erkenntnis kommt die vorliegende Untersuchung und bestätigt damit bisherige Forschungsergebnisse (vgl. Chaudhry et al. 2004) auch für den deutschen Aktienmarkt.

Der inverse Zusammenhang von GROWTH und LEV (vgl. Beiner et al. 2006, S. 273) im Bezug auf ihren Einfluss auf MTB wiederum ist über die sogenannte *Pecking Order Theorie* zu erklären (vgl. Myers 1984). Diese besagt, dass Unternehmen grundsätzlich die Selbstfinanzierung der Fremdfinanzierung vorziehen. Höhere erzielte Cash Flows von Unternehmen führen demnach dazu, dass diese zunächst eher für Finanzierungszwecke verwendet werden und erst, wenn diese erschöpft sind, auf Fremdfinanzierung zurückgegriffen wird. Dies wird von Hellwig vereinfacht dadurch erklärt, dass Gewinne von Managementteams effektiver reinvestiert werden, die auch autonomer entscheiden können und weniger stark von Fremdkapitalgebern beeinflusst werden (vgl. Hellwig 2000, S. 101). Zur Verstärkung dieser Autonomie verbinden Chung und Pruitt wiederum höheres erwartetes Wachstum mit größerem Anteilsbesitz des

Managements (als Teil von CLOSEHELD), da das Band zwischen Unternehmen und Management verstärkt wird und so Anreiz entsteht, angesichts eines höheren persönlichen Risikos, verstärkt im Sinne des Unternehmens zu wirtschaften (vgl. Chung/Pruitt 1996, S. 1138). Für Unternehmen, die weniger Cash Flow durch geringes Wachstum generieren, gilt hingegen die Annahme, dass diese folglich auch mehr Fremdkapital aufnehmen (vgl. McConnell/Servaes 1995, S. 154).

8.2.3.3 Freefloat, Blockholding und Closely held shares

Bei der Betrachtung der Variablen der Eigentümerstruktur bestätigen der bei 2SLS als auch bei 3SLS festgestellte signifikant negative Einfluss des Koeffizienten des Freefloat-Anteils des Aktienkapitals (FREEFLOAT) auf Tobin's Q bei 2SLS und 3SLS und der schwach signifikant negative Einfluss von FREEFLOAT auf das Marktwert-Buchwert Verhältnis des Eigenkapitals (MTB) bei 3SLS (nahezu schwach signifikant auch bei 2SLS) für die vorliegende Untersuchung die von Shleifer und Vishny aufgestellte These. Diese besagt, dass unkonzentriertes Eigentum tendenziell die Überwachungs- und Kontrollkosten erhöht und sich dadurch negativ auf die Unternehmensbewertung auswirkt (vgl. Shleifer/Vishny 1986). Durch diesen negativen *Monitoring-Effekt* auf die Unternehmensbewertung könnten Großaktionäre eher abgeneigt sein, in solche Unternehmen zu investieren (vgl. Beiner et al. 2005, S. 33). Andererseits bestätigen die Ergebnisse auch die Vermutung von Goncharov et al., dass sich das deutsche Corporate Governance System verstärkt von einem bankenbasierten hin zu einem marktbasierten System nach anglo-amerikanischem Vorbild bewegt (vgl. Goncharov et al. 2006, S. 433). Dabei gestaltet sich der Einfluss von FREEFLOAT auf ROE und ROA weder bei 2SLS noch bei 3SLS signifikant, aber dennoch positiv, was die These von Hackethal et al. widerlegt, dass der Kapitalmarkt in Deutschland trotz Annäherung an das amerikanische System weiterhin keine disziplinierende Rolle einnimmt (vgl. Hackethal et al. 2005, S. 397).

Entgegen der Vermutung (vgl. Laidroo 2009; Kelton/Yang 2008, S. 62) konnte für den größten Stimmrechtsanteil eines einzelnen Anteilseigners kein signifikant negativer Einfluss von BLOCK auf die Transparenz der Corporate Governance Berichterstattung (TD), weder mit 2SLS noch mit 3SLS nachgewiesen werden. Ein die Kontrollaktivität von Finanzanalysten substituierender Mechanismus großer Anteilseigner, die eher über unternehmensinterne Daten verfügen dürften und dadurch stärkere Unternehmenskontrolle ausüben könnten, kann für das vorliegende Sample somit nicht bestätigt werden (vgl. Sabherval/Smith 2008, S. 562). Zudem ist für BLOCK keine statistisch signifikante, aber dennoch eine positive disziplinierende Wirkung auf das Management nachzuweisen. Anteilseignerkonzentration wirkt sich beim vorliegenden Sample deutscher Unternehmen aber nicht notwendigerweise in signifikant messbarer höherer Profitabilität (ROE und ROA) aus (vgl. auch Lehmann/Weigand 2000). Diese Nicht-Signifikanz für das vorliegende Sample könnte in der in *Kapitel 8.1.1* beschriebenen Entflechtung der Deutschland AG begründet sein, denn der extensive Rückzug von Banken und Versicherungen könnte teilweise ein Kontrollvakuum hinterlassen haben, das nicht gleichsam schnell durch Marktkontrolle ersetzt wurde (vgl. Goncharov et al. 2006, S. 432f.).

Die Ergebnisse bestätigen aber dennoch bestehende Erkenntnisse (die meist von anglo-amerikanischen Unternehmen abgeleitet werden), dass mit einem konzentrierteren Anteilsbesitz (BLOCK) die hinreichend große Bereitschaft von Großaktionären verbunden ist, auch höhere Kosten zu tragen, um die Entscheidungsfreiheit von Managern zu beschränken, Agency-Kosten zu reduzieren und dadurch den Unternehmenserfolg unabhängig vom Anteilsbesitz des Managements (vgl. McConnell/Servaes 1990, S. 598) zu steigern (vgl. Stiglitz 1985; Shleifer/ Vishny 1986). Dies wird auch einem längeren Investitionshorizont von Großaktionären zugeschrieben, der einer potenziellen Kurzfristorientierung des Managements entgegenwirkt (vgl. Anderson/Reeb 2003, S. 1305f.). Weiterhin finden Dahya et al. in einer jüngsten Studie Anzeichen dafür, dass Großaktionäre eher die Berufung unabhängiger Aufsichtsräte vorantreiben, die ohne opportunistisches Eigeninteresse das Hauptziel der langfristigen Wertsteigerung des Unternehmens verfolgen (vgl. Dahya et al. 2009).

Auch in der Variable CLOSEHELD, sprich dem Anteil des Aktienkapitals, der sich in Besitz von Mitgliedern des Führungs- und Kontrollorgans und ihnen verbundenen Personen befindet, kann in der vorliegenden Untersuchung keine signifikant anreizkompatible Form der Managementkompensation identifiziert werden. Es können durch den als positiv nachgewiesenen Einfluss von CLOSEHELD auf ROE und ROA allerdings bisherige empirische Erkenntnisse bestätigt werden, die von einer Senkung der Agency-Kosten durch die disziplinierende Wirkung eines höheren Anteils an closely held shares ausgehen (vgl. Diamond/Verrecchia 1982; Holmström/Tirole 1993). Je höher nämlich der Aktienbesitz des Managements ausfällt, desto stärker ist sein Anreiz, effizient im Sinne des Unternehmens zu arbeiten, da seine Entscheidungen auch direkt seine finanzielle Situation durch das Nutzen von Investitionschancen beeinflussen (vgl. Chung/Pruitt 1996, S. 1137). Trotz offensichtlicher Agency-Kosten, die durch eine teilweise Abschottung und dadurch erschwerte Kontrollierbarkeit und Einflussnahme auf Entscheidungen durch CLOSEHELD verursacht werden, wirkt sich der Abgleich der Leistungsanreize interner Anteilseigner positiv, obgleich nicht signifikant (TSR), auch für die anderen Anteilseigner des Unternehmens aus (vgl. Hillier/McColgan 2008, S. 603). Dies konnte auch in einer jüngsten Untersuchung von Fahlenbrach und Stulz für US-amerikanische Unternehmen bestätigt werden konnte (vgl. Fahlenbrach/Stulz 2009) und kann dadurch erklärt werden, dass die Mitglieder des Führungs- und Kontrollorgans durch das Halten von Aktien des eigenen Unternehmens in der Regel an einer möglichst positiven Entwicklung des Aktienkurses interessiert sind und dadurch auch eher einer höheren Dividendenausschüttung zustimmen könnten, da sie unmittelbar selbst daran partizipieren (vgl. Peasnell et al. 2003, S. 232) und zudem auch die Kosten von möglichen Agency-Konflikten verstärkt mittragen müssen (vgl.

Morck et al. 1988, S. 293). Um das wahrgenommene höhere Risiko einer in *Kapitel 6.4.4.3* thematisierten Umverteilung von Überschüssen zugunsten des Managements und zu Lasten der anderen Anteilseigner bei hohem Anteilsbesitz des Managements zu verringern, könnte dieses glaubwürdig, z.B. über die Offenlegung der Vorstandsvergütung, nach außen signalisieren, dass eine derartige Umverteilung im Unternehmen nicht stattfindet (vgl. Denis/Denis 1994, S. 91ff.; Holderness/Sheehan 1991, S. 325ff.).

Der negative, nicht signifikante Einfluss von CLOSEHELD auf Q und MTB würde hingegen die These bestätigen, dass Analysten die Unternehmen negativer bewerten, die mehr Anreiz haben, Informationen bewusst zurückzuhalten (vgl. Boubacer/Labégorre 2008, S. 972), was auch empirisch bei Untersuchungen in US-amerikanischen Unternehmen bestätigt werden konnte (vgl. Boubacer/Labégorre 2008; Piotroski/Roulstone 2004). Dazu wurde für die vorliegende Stichprobe separat die Korrelation nach Pearson zwischen CLOSEHELD und TD berechnet. Diese fällt mit -,261 (Sig. ,005) auf dem Niveau von 0,01 zweiseitig signifikant aus und bestätigt somit obige These. Unternehmen, die einen höheren Anteil an closely held shares aufweisen, kann dadurch statistisch ein schlechteres Corporate Governance Informationsumfeld nachgewiesen werden, sprich eine (un)bewusste Informationszurückhaltung und dadurch geringere Einsicht in ihre Führung und Kontrolle, was zu Bewertungsabschlägen führt (vgl. auch Morck et al. 1988).

8.2.3.4 Identifizierung von Boardsize Effekten

Für ein größeres Vorstandsorgan werden in der vorliegenden Untersuchung entsprechend jüngster Untersuchungen für Großbritannien (vgl. Guest 2009) signifikant negative sogenannte *Boardsize Effekte* identifiziert, da mit zunehmender Größe des Vorstandsorgans dessen Effizienz aufgrund schwierigerer Konsensfindung und Koordination zwischen den Beteiligten an den Entscheidungsprozessen abnimmt (Collective Action Problem) (vgl. Yermack 1996b) und die Kontrolle durch die zuständigen Organe und den Vorstandsvorsitzenden erschwert werden kann (vgl. Eisenberg et al. 1998, S. 37): „When boards get beyond seven or eight people they are less likely to function effectively and are easier for the CEO to control" (Jensen 1993, S. 865). Dadurch kann sich die Qualität von Entscheidungen verschlechtern (vgl. Beiner et al. 2005, S. 36) und die Empfänglichkeit für bewusst in Kauf genommene Unregelmäßigkeiten oder für betrügerische Handlungen bei einzelnen Vorstandsmitgliedern erhöhen (vgl. Uzun et al. 2004, S. 36f.). Ein bereits nachgewiesener positiver Zusammenhang zwischen der Höhe der Vergütung von Chief Executive Officers (CEO's) und der Größe des anglo-amerikanischen Single-Boards bei gleichzeitig negativem Zusammenhang mit der Effektivität dieser Unternehmen spricht für eine gewisse Selbstbedienungsmentalität bei größeren Leitungsorganen (vgl. Core et al. 1999).

Iskander und Chamlou schlagen entgegen Jensen, ebenfalls bezogen auf das anglo-amerikanische Single-Board System, eine Zahl von 15 Mitgliedern vor, die das sogenannte *Board of Directors*, das Vorstand und Aufsichtsrat auf sich vereint, nicht überschreiten soll (vgl. Iskander/Chamlou 2000, S. 20). Eine konkretere Empfehlung für die Größe des Vorstandsorgans kann auf Grundlage der vorliegenden Untersuchung hier zwar nicht abgegeben werden, allerdings soll diese den Komplexitätsgrad des Unternehmens widerspiegeln. Unternehmen sollen Extrema vermeiden (vgl. Baysinger/Butler 1985, S. 110) und die optimale Größe ihres Vorstandsorgans in einem sinnvollen Tradeoff zwischen Spezialisierungsvorteilen durch die Aufteilung in unterschiedliche Vorstandsressorts einerseits und deren Koordination im Sinne der übergreifenden Zielsetzung des Unternehmens andererseits bestimmen (vgl. De Andres et al. 2005, S. 199; Graf/Stiglbauer 2009, S. 43). Dies ist für Unternehmen von großer Bedeutung, damit das Vorstandsorgan bei steigender Größe nicht nur symbolischen Charakter erhält, sondern vielmehr einen aktiven Part im Managementprozess übernimmt (vgl. Hermalin/Weisbach 1993, S. 13).

8.2.3.5 Übernahmeaktivitäten

Soll ein Unternehmen besonders attraktiv erscheinen, so ist das Management angehalten, den Wert des Unternehmens besonders hoch zu halten. Je stärker nämlich die positive Korrelation zwischen Managementleistung und dem Aktienkurs ist und je schlechter die Performance der Unternehmensleitung bewertet wird, desto stärker sinkt der Aktienkurs bei ineffizientem Ressourceneinsatz oder Managementfehlleistungen. Je niedriger aber wiederum der Aktienkurs im Vergleich zum potentiell möglichen Aktienkurs ist, desto stärker werden Übernahmekandidaten auf die Aktie aufmerksam werden, da sie, bei aus ihrer Sicht effizienterer Führung, einen positiven Übernahme-Gewinn erwarten. Für das Management des betroffenen Unternehmens bedeutet dies, dass sie Gefahr laufen, durch ein neues Management ersetzt zu werden (vgl. Easterbrook/Fischel 1991, S. 171ff.).

Wie in *Kapitel 6.4.5.1* ausgeführt, sind Übernahmeaktivitäten ein in der Realität eher selten anzutreffender Governance Mechanismus, über dessen Erfolgsrelevanz, sowohl auf das übernehmende bzw. das übernahmewillige als auch auf das einer Übernahmeaktivät ausgesetzte Unternehmen, unbestimmt ist (vgl. Franks/Harris 1989, S. 225; Dutta/Jog 2009, S. 1400). Die Seltenheit spiegelt sich auch in der vorliegenden Stichprobe wider. Auf Basis von Daten der BaFin konnten nur sechs Unternehmen mit Übernahmeaktivitäten in Verbindung gebracht werden. So konnte bei der vorliegenden Stichprobe zwar kein signifikant negativer aber dennoch ein negativer Einfluss von Übernahmeaktivitäten auf Q, MTB und TSR, sowohl bei der 2SLS als auch bei der 3SLS Schätzung festgestellt werden, der allerdings aufgrund der geringen Anzahl an betroffenen Unternehmen weiterer Untersuchungen bedarf, um generelle Aussagen treffen zu können.

Dennoch können einige allgemeine Aussagen getroffen werden, welche die vorliegenden Ergebnisse stützen. Das deutsche Gesellschafts- und Mitbestimmungsrecht, sowie die kurzfristig nicht mögliche Abberufung alter Vorstandsmitglieder der Zielgesellschaft, behindern grundsätzlich feindliche Übernahmen. Durch die Beteiligung der Arbeitnehmer im Aufsichtsrat sinkt zusätzlich der direkte Einfluss der Anteilseigner. Die Vorstellung von Kampfabstimmungen und Meinungsverschiedenheiten im Aufsichtsrat und dadurch längere Entscheidungsfindung und möglicher öffentlicher Imageschaden, aber auch notwendige Hauptversammlungsmehrheiten von 75% zur Abberufung eines Aufsichtsrats-Mitgliedes oder zur Kapitalerhöhung und Kapitalherabsetzung, mindern die Attraktivität von feindlichen Übernahmen in Deutschland (vgl. Dietl 1998, S. 117f.; Höpner/Jackson 2001, S. 548f.) bzw. können sie erheblich verteuern. Zu dieser Erkenntnis gelangt auch eine jüngste Untersuchung von Dutta und Jog, die beim Vergleich der ökonomischen Erfolgswirkung von Übernahmeaktivitäten in den USA und Kanada, für Kanada ebenfalls weniger strikte Anti-Takeover und Anti-Trust Regeln identifizieren (vgl. Dutta/Jog 2009, S. 1400f., 1410), die Übernahmen in Kanada langfristig wesentlich erfolgreicher machen als in den USA (vgl. Agrawal et al. 1992).

Aus den gewonnenen Erkenntnissen der vorliegenden Untersuchung wird die Komplexität von Corporate Governance und deren schwierige Modellierung im Rahmen eines Forschungsvorhabens deutlich aufgrund einer Vielzahl an teils interdependenten Einflussvariablen. Nicht vernachlässigt werden darf die Komplexität der Erwartungshaltung und Entscheidungsfindung seitens Investoren, die, obgleich sie in der vorliegenden Arbeit nicht berücksichtigt werden konnten, einen erheblichen Einfluss auf die Berichterstattung, als auch auf den Unternehmenserfolg haben. Für Unternehmen ist es daher schwierig, Corporate Governance Mechanismen zu gestalten, die es ihnen ermöglichen, unterschiedliche Interessen und Ziele sowohl unternehmensintern als auch extern zu erfüllen oder gegensätzliche Ziele zu integrieren.

8.3 Einschränkungen der Aussagefähigkeit und Vergleichbarkeit der Ergebnisse

Den Abschluss dieses Kapitels soll eine „kritische Reflexion der Grenzen … und Einschränkungen der [vorliegenden Untersuchung]" (Bortz/Döring 2006, S. 89) bilden, welche die Aussagekraft der gewonnenen Ergebnisse beeinflussen könnten. Dies soll die Konzeption künftiger Corporate Governance-Performance Studien verbessern sowie den Vergleich mit und die Einordnung der vorliegenden Untersuchung in bisherige Forschungsarbeiten erleichtern.

8.3.1 Stichprobenauswahl

Eine erste Einschränkung der Untersuchung betrifft die Stichprobenauswahl. Diese umfasst ausschließlich die Unternehmen der Auswahlindizes DAX, TecDAX, MDAX und SDAX, welche die Topsegmente des deutschen Aktienmarktes abbilden und von Analysten auch am intensivsten beobachtet werden (hohe Coverage) (vgl. Achleitner et al. 2005, S. 262). Die Analysten Coverage umfasst dabei vielfach auch persönliche Kontakte, One-on-One Interviews etc. (vgl. Prengel 2003, S. 21; Achleitner/Pietzsch 2005, S. 383), weshalb die von der Compliance und der Transparency & Disclosure Scorecard erfassten Informationen eventuell zum Abbau von Informationsasymmetrien von zweitrangiger bzw. nicht von der ihnen zugeschriebenen Relevanz sind (vgl. Bassen et al. 2006c, S. 395). Wie die vorangegangene Analyse zeigt, trifft dies zumindest auf die erfassten Aspekte der Transparency & Disclosure Scorecard nicht zu. Zu bedenken ist allerdings, dass durch die Erweiterung der Stichprobe über die vier Auswahlindizes hinaus eine Evaluation des Untersuchungsgegenstandes zu anderen Befunden führen und deren Repräsentativität erhöhen könnte (vgl. Bress 2008, S. 194). Dies betrifft in erster Linie die geringe Spannbreite bei der Compliance und der Transparency & Disclosure Scorecard. Deren mögliche Erhöhung aufgrund einer größeren Heterogenität in der Stichprobe könnte mitunter von dieser Untersuchung abweichende Zusammenhänge zwischen deklarierter Compliance zum DCGK und Transparenz der Corporate Governance Berichterstattung auf der einen Seite und Unternehmenserfolg auf der anderen Seite ergeben.

8.3.2 Durchführung einer Querschnittsbeobachtung

Die vorliegende Untersuchung wurde als Querschnittsbeobachtung durch Isolierung des Kalenderjahres 2007 durchgeführt, für die zunächst unterstützend auf die Ausführungen in *Kapitel 6.4.1* verwiesen wird. Corporate Governance wird allerdings vielfach eine Wirkung erst in der Langfristbetrachtung unterstellt (vgl. Bassen et al. 2006c, S. 395), die durch das vorliegende Untersuchungsdesign nicht nachzuweisen wäre. Eine beträchtliche Stationarität der Corporate Governance (vgl. Black et al. 2006b, S. 661ff.), die auch bereits von Bress nachgewiesen wurde (vgl. Bress 2008, S. 162) entkräftet dieses Argument teilweise für die Ergebnisse der Compliance Scorecard. Fünf Jahre nach der Einführung des DCGK scheint nicht „nur ein Teil der langfristigen Wirkung erfasst" (Bassen et al. 2006c, S. 395), wie es der teils hoch signifikante Einfluss der deklarierten Compliance zum DCGK und der Transparenz der Corporate Governance Berichterstattung auf einzelne Erfolgsvariablen vermuten lässt.

Branson vermutet ergänzend, dass ein Zusammenhang zwischen Corporate Governance und Unternehmenserfolg womöglich eher in weniger guten Börsenjahren festzustellen wäre, da Investoren gute Corporate Governance angesichts schlechter Kapitalmarktperformance eher würdigen könnten, sprich selektiver vorgehen (vgl. Branson 2004, S. 275). Für das vorliegende Untersuchungsjahr 2007 ist für den All-Share Index CDAX, der auch bei der Bestimmung von BETA als Marktindex herangezogen wurde, eine Wertentwicklung von +20,42% vom 01.01.2007 bis 31.12.2007 festzustellen. Dadurch stellt es ein exzeptionelles Jahr mit hohen Aktienkurssteigerungen dar (vgl. Bassen et al. 2006c, S. 395). Der teils hoch signifikante Einfluss von C und TD auf MTB und TSR, welche die vorweggenommene langfristige Fundamentalperformance eines Unternehmens einbeziehen, legitimiert dadurch nachhaltig die Aussagekraft der vorliegenden Querschnittsbeobachtung auch im Vergleich zu Paneldaten (vgl. Hübler 2005, S. 45), für die möglicherweise noch stärkere Effekte nachgewiesen werden könnten. Eine Übertragbarkeit der Ergebnisse auf andere Untersuchungsjahre muss aber dennoch offen bleiben (vgl. Bress 2008, S. 194).

8.3.3 Bestandteile des Instrumentariums und qualitatives Datenmaterial

Compliance Scorecard und Transparency & Disclosure Scorecard wurden gemäß dem in *Kapitel 6.3.2* beschriebenen inhaltsanalytischen Ablaufmodell zur deduktiv-induktiven Kategorienbildung entwickelt. Dabei gestaltete sich die Entwicklung der Compliance Scorecard relativ unproblematisch, da sie auf der DCGK Version 2006 beruht. Wie allerdings bereits in *Kapitel 6.3.5.1* angemerkt, unterscheiden sich in der Vergangenheit durchgeführte Untersuchungen hinsichtlich der Anzahl betrachteter Empfehlungen und (falls einbezogen) Anregungen des DCGK. Eine vollständige Vergleichbarkeit mit anderen Untersuchungen, nicht zuletzt auch aufgrund der jährlichen Anpassung des DCGK, ist somit nicht gegeben. Die Transparency & Disclosure Scorecard konzentriert sich unter Berücksichtigung von bestehendem Instrumentarium (*Kapitel 6.3.6.2*) auf ausgewählte, relativ (Signalkosten-)günstige Medien und Inhalte (vgl. Graf/Stiglbauer 2008a, S. 615). Dies wird dadurch begründet, den Aufbau einer Legitimationsfassade für mangelhafte Corporate Governance Berichterstattung mit dem Argument geringerer finanzieller Mittelausstattung eines Unternehmens für seine Investor Relations Abteilung weitestgehend zu verhindern. So zeigt Verrecchia, dass es mit der Zielsetzung, die aktuelle Marktkapitalisierung zu erhöhen, angesichts vorhandener Berichterstattungskosten bestimmte Gleichgewichtszustände gibt, in denen Informationen, die zieladäquat sind, veröffentlicht werden, während nicht-zieladäquate Informationen bewusst zurückgehalten werden (vgl. Verrecchia 2001).

Vor diesem Hintergrund kann aus der eingenommenen Perspektive eines informierten Investors (vgl. Bassen et al. 2006c, S. 383; *Kapitel 6.3.3.2*) auch nicht ausgeschlossen werden, dass einzelne Investoren auch andere Informationen zur Einschätzung von Unternehmen heranziehen (vgl. Kohl 2009, S. 92). Genauso wenig kann dadurch auf die tatsächliche Reaktion einzelner Investoren auf die untersuchten Informationsquellen geschlossen werden oder eine Einschätzung erfolgen, ob alle Investoren zu gleichen Teilen an diesen Informationen partizipieren - diesen Ziel- und Erklärungsanspruch erhebt die vorliegende Untersuchung auch nicht. Aus Sicht des Forschers bietet der gewählte Rahmen allerdings die Möglichkeit, Datenmaterial mit einem einheitlichen Maßstab unter Wahrung größtmöglicher Objektivität zu bewerten (vgl. Graf/Stiglbauer 2007, S. 284).

8.3.4 Deklarierte Compliance zum DCGK und reale Umsetzung

Ein weiterer einschränkungswürdiger Aspekt betrifft die deklarierte Compliance zum DCGK und dadurch den Rückschluss auf die praktizierte Umsetzung in den Unternehmen (vgl. Laufer 2006, S. 240). Dabei ist zu beachten, dass die zu deklarierende Compliance zum DCGK durch die Unternehmen trotz haftungsrechtlicher Exkulpationsmöglichkeiten bei unzutreffenden Entsprechenserklärungen (vgl. Werder/Talaulicar 2003b, S. 29f.) nicht zuletzt durch bestehende Auslegungsspielräume (vgl. Bauer et al. 2004, S. 102) nicht mit der tatsächlichen Entsprechung gleichzusetzen ist (vgl. Akkermans et al. 2007, S. 1115; Westphal/Zajac 1998, S. 128f.). So kritisieren auch Kühne und Fuss das geringe Risiko, dass Manager oder Board-Mitglieder für die Veröffentlichung falscher oder irreführender Informationen haftbar gemacht werden können (vgl. Kühne/Fuss 2003, S. 230). Im Sinne der Prinzipal-Agent-Theorie könnten somit Manager durch die deklarierte Compliance zum DCGK eine informatorische Legitimationsfassade aufbauen, die Kapitalgeber über die tatsächliche Managementpraxis innerhalb des Unternehmens täuscht, ihr Risikomanagement negativ beeinflusst (vgl. Deane 2006, S. 13f.) und so suboptimales Investitionsverhalten und Portfoliomanagement auf Seiten der Kapitalgeber fördert (vgl. Young 2007, S. 13). Aussagen zur tatsächlichen Umsetzung des DCGK können mit den vorliegenden Befunden nicht getroffen werden, da im Fokus der Untersuchung die einem interessierten Investor öffentlich zugänglichen Informationen waren. Da zahlreiche Unternehmen zu den Anregungen keinen freiwilligen Bezug in ihrer Corporate Governance Berichterstattung nehmen, obgleich eine Veröffentlichung zur Umsetzung der Anregungen des DCGK als Investitionskriterium immer wieder angeregt wird (vgl. Bassen et al. 2006c, S. 396), ist ein Rückschluss auf die tatsächliche Umsetzung der Anregungen in den untersuchten Unternehmen mit der verwendeten Methodik der Inhaltsanalyse nur eingeschränkt möglich (vgl. Akkermans et al. 2007, S. 1115).

8.3.5 Verwendung von Corporate Governance Aggregaten

Die Verwendung von in internationalen Studien gebräuchlichen Corporate Governance Aggregaten, welche durch die erfolgte, ungewichtete Zusammenfassung der Einzelscores zu Gesamtscores bei der Compliance und der Transparency & Disclosure Scorecard entstehen, impliziert einerseits, dass allen Regeln in der Realität von Adressaten der Corporate Governance Berichterstattung die gleiche Wichtigkeit zugemessen wird. Ob dem tatsächlich so ist, kann aufgrund mangelnder empirischer Befunde weder bestätigt noch negiert werden. Durch die vorgenommene Gleichgewichtung der Unterkategorien könnten die Aggregate somit mit einem Bias belegt sein. Wie in *Kapitel 6.3.4.1* ausgeführt, wäre eine ungleiche Gewichtung ohne empirische Belege allerdings aus Sicht des Forschers als weitaus willkürlicher zu bewerten (vgl. Bruno/Claessens 2006, S. 4).

Dies betrifft andererseits auch die nicht vorgenommene Differenzierung zwischen Empfehlungen und Anregungen des DCGK. Bislang wurden empirisch weitestgehend nur die Empfehlungen des DCGK betrachtet und nur vereinzelt zwischen Empfehlungen und Anregungen differenziert, was keine eindeutigen Erkenntnisse hervorbrachte, die eine unterschiedliche Gewichtung rechtfertigen (vgl. Bassen et al. 2006c, S. 395). Angenommen werden kann zudem, dass ein (ausländischer) Investor kaum Unterschiede zwischen Empfehlungen und Anregungen macht (vgl. Graf/Stiglbauer 2007, S. 296; *Kapitel 6.3.6.2*). Die Gewichtung bei der Konstruktion der beiden Scorecards hingegen ist einfach und transparent (vgl. Beiner et al. 2005, S. 30). In Anbetracht der hierzu bestehenden Lücke, sind allerdings weitere Untersuchungen angebracht, die eine möglicherweise zu berücksichtigende Differenzierung zwischen Empfehlungen und Anregungen des DCGK in künftigen Corporate Governance-Performance Studien beleuchten.

8.3.6 Risk-Return Tradeoff zwischen den gewählten Schätzverfahren

Wie in *Kapitel 6.4.6.2* beschrieben, besteht bei Mehrgleichungssystemen, die versuchen, die Komplexität von Corporate Governance zu erfassen und diese zusätzlich mit Erfolgsvariablen in Verbindung bringen, die grundsätzliche Gefahr von Fehlspezifikationen oder fehlenden erklärenden Variablen (Omitted Variables). Dieser Einschränkung unterliegt auch das vorliegende System, obwohl es einen, angesichts der hohen Komplexität, sehr hohen Erklärungsgehalt aufweist (*Kapitel 7.4.6.4*): „Unfortunately, no specification can ever be proven correct“ (Loderer/Martin 1997, S. 248). Dadurch unterliegt die Beurteilung der Ergebnisse einem klassischen Risk-Return Tradeoff zwischen den gewählten Schätzverfahren 2SLS und 3SLS (*Kapitel 6.4.7*). Deren Ergebnisvergleich lässt zwar grundsätzlich auf eine korrekte Spezifikation des Gesamtmodells (vgl. *Kapitel 7.4.6.3*) und dadurch eine höhere Effizienz der 3SLS Schätzung bei voller Information schließen (vgl. Loderer/Martin 1997, S. 248f.). Eine Überprüfung der vorliegenden Ergebnisse anhand eines größeren Stichprobenumfangs (das Problem des Mindeststichprobenumfangs wurde in *Kapitel 6.4.2* beschrieben) könnte den einzugehenden Risk-Return Tradeoff durch den Einbezug weiterer Variablen wahrscheinlich deutlich verringern (vgl. Bress 2008, S. 185ff.). Hier wird wiederum der Mangel eines allgemeingültigen Corporate Governance Modells (vgl. Bress 2008, S. 194) deutlich und es bedarf weiterer Anstrengungen der Corporate Governance Forschung hinsichtlich der Spezifikation simultaner Mehrgleichungsmodelle, um gute Corporate Governance und deren Erfolgswirkung bei unterschiedlichen empirischen Untersuchungen vergleichbar zu gestalten.

9 Abschließende Betrachtung

„Signals are things one does that are visible and that are in part designed to communicate" (Spence 2002, S. 434).

Zusammenfassend kann die vorliegende Untersuchung die Erfolgsrelevanz transparenter Corporate Governance Berichterstattung für den Kapitalmarkt bestätigen, die einen signifikant positiven Einfluss auf den Market to Book Value und die Aktienrendite ausübt. Es konnte kein signifikanter Einfluss der Transparenz der Corporate Governance Berichterstattung auf den operativen Erfolg der betrachteten Unternehmen und auch keine theoretisch denkbare reversible Kausalität belegt werden. Die positive Erfolgswirkung transparenter Corporate Governance Berichterstattung unterstützt als Implikation für die (internationale) Unternehmenspraxis, dass es sich für Unternehmen lohnt, in Corporate Governance Signale für den Kapitalmarkt zu investieren, um so Wertsteigerungen und günstigere Finanzierungskonditionen für künftiges Wachstum zu erzielen, denn die Bereitstellung einer mittleren Transparenz wird für den Kapitalmarkt als nicht informationseffizient angesehen (vgl. Hirth/Callsen-Bracker 2008, S. 521).

Die Konzentration der Untersuchung auf Merkmale, die mit vergleichsweise geringem finanziellem Aufwand erreicht werden können, relativieren die in der Literatur angeführten enormen relativen Berichterstattungskosten gerade für kleinere Unternehmen (vgl. Claussen/Bröcker 2002, S. 1200). Dies ist insbesondere von Bedeutung, da es sich für kleinere Aktiengesellschaften zunehmend als schwierig erweisen dürfte, mit den wachsenden Budgets für die Kommunikationsabteilungen, vor allem bei den größeren Unternehmen des DAX, mitzuhalten. Da von kleineren Unternehmen, z.B. im TecDAX oder SDAX, aber gleichzeitig gefordert wird, umfassend(er) zu informieren (vgl. Gohlke et al. 2006, S. 3), erscheint es für sie sinnvoll, ihre Corporate Governance Berichterstattung auf die Kommunikationsmittel zu konzentrieren, denen, so zeigt es die vorliegende Untersuchung, besondere Außenwirkung auf dem Kapitalmarkt zugeschrieben wird (vgl. Prengel 2003, S. 109; Martin/Schulz 2005, S. 37).

Da Best Practices internationaler Guidelines (z.B. OECD Principles) nur unzureichend nationale Spezifika von Corporate Governance Systemen berücksichtigen, wurden zunächst im Rahmen einer ausführlichen Literaturstudie bereits bei zahlreichen Corporate Governance Ratings Mängel an Transparenz hinsichtlich nicht offengelegter Ratingkriterien festgestellt. Zudem wurde offensichtlich, dass diese Ratings größtenteils ein reines box-ticking im Sinne der ausschließlichen Betrachtung der Empfehlungen des DCGK darstellen, die allerdings, dies zeigen die vorliegenden Erkenntnisse, nicht alle relevanten Informationen abdecken, die der Kapitalmarkt zur Bewertung der untersuchten Unternehmen erwartet. Diese Lücke wurde durch die Aufnahme auch der Anregungen des DCGK und die Integration weiterer Aspekte in der Transparency & Disclosure Scorecard adressiert, denen sich die Corporate Governance Berichterstattung widmen sollte. Das hier entwickelte und vorgestellte Ratingverfahren bietet insofern praktischen Nutzen, da es relativ einfach anzuwenden ist[117] und ein beträchtliches Maß an Transparenz bei der Prüfung und Bewertung seiner Kategorien aufweist. Die nachgewiesen positive Erfolgsrelevanz der Kriterien der Transparency & Disclosure Scorecard für den Erfolg börsennotierter Gesellschaften am Kapitalmarkt macht sie zu einem Gradmesser für Unternehmen, an dem sich deren Investor Relations Abteilungen orientieren können.

Zusätzlich können die Adressaten der Investor Relations die Transparency & Disclosure Scorecard als standardisiertes Instrumentarium verwenden, um Unternehmen mit guter von Unternehmen mit schlechter Corporate Governance zu separieren (vgl. Kley 2004, S. 274). Daher sollten Unternehmen mit guter Corporate Governance aufgrund der vorliegenden Ergebnisse angehalten sein, durch transparente Corporate Governance Berichterstattung zu vermeiden, mit Unternehmen mit schlechter Corporate Governance gleichgestellt zu werden. Diese Gefahr bestünde allerdings bei intransparenter Corporate Governance Berichterstattung, da die wahre Führungs- und Kontrollqualität des Unternehmens für den Kapitalmarkt aufgrund mangelnder Signalisierung seitens des Unternehmens nicht erkennbar wäre (vgl. Gerke 2005, S. 263). Somit würden gute Unternehmen in einem *Pooling-Gleichgewicht* unterbewertet, während schlechte Unternehmen überproportional profitierten (*Kapitel 4.1.2*). Die „freiwillige Erweiterung der gesetzlichen Unternehmenspublizität und die analystenspezifische Gestaltung von [Corporate Governance] Kommunikationsangeboten und -instrumenten stellen somit wesentliche Pfeiler effektive[r] Investor Relations dar“ (Achleitner/Pietzsch 2005, S. 384). Die Transparency & Disclosure Scorecard stellt auf relativ günstig zu produzierende Corporate Governance Signale ab. Für gute Unternehmen sollte es daher möglich sein Corporate Governance Signale zu günstigeren Kosten zu produzieren, als der geforderte Zuschlag[118] im gepoolten Markt (vgl. Akerlof 1970; *Kapitel 4.1.2*). Für schlechtere Unternehmen wäre es in der Folge nicht lohnend, das Pooling-Gleichgewicht aufrecht zu erhalten (vgl. Kley 2004, S. 274). Unternehmen mit guter Corporate Governance könnten durch die Produktion von Corporate Governance Signalen folglich ein *Trenn-Gleichgewicht*, sprich gute sind von schlechten Unternehmen separiert, erzielen (*Kapitel 4.1.2*), da Analysten und Investoren ihre bessere Corporate Governance auch erkennen können (vgl. Kley 2004, S. 274; Gerke 2005, S. 263).

Vor diesem Hintergrund bleibt als Implikation für die Forschung allerdings auch festzuhalten, weitere Anstrengungen zu unternehmen, verstärkt einzelne Elemente, die transparente Corporate Governance Berichterstattung ausmachen, auf ihre Erfolgswirksamkeit hin zu überprüfen (vgl. Bassen et al. 2006c, S. 397), um Unternehmen noch dezidiertere Hinweise zu geben, auf

[117] Die Datenauswahl und -analyse hingegen gestaltet sich angesichts größtenteils freier Gestaltbarkeit und des zu berücksichtigenden enormen Umfangs des qualitativen Datenmaterials umso aufwändiger.

[118] Dieser Zuschlag repräsentiert den potenziellen Nutzen aus der Signalproduktion und der anschließenden Separierung (Trennung) des Marktes (vgl. Kley 2004, S. 274).

welche Elemente ihrer Corporate Governance Berichterstattung sie sich noch stärker konzentrieren könnten. Dies bedürfte aber einer beträchtlichen Ausweitung der Stichprobe, um auch die Komplexität von Corporate Governance, analog zur vorliegenden Untersuchung, zu modellieren. Dies könnte ferner dazu beitragen, das bislang nicht einheitlich existierende Corporate Governance Modell für Deutschland weiter zu spezifizieren (vgl. Bress 2008, S. 194f.). Hinsichtlich einer angedachten Ausweitung der Stichprobe, lässt sich allerdings als Implikation für die hier angewandte komplexe Methodik der Inhaltsanalyse (vgl. Ohnesorge 2004, S. 123) auch konstatieren, dass dies nur über einen noch größeren Einsatz an Ressourcen zu bewerkstelligen wäre (vgl. Harris 1996, S. 459). Dies scheint mitunter auch ein Grund zu sein, weshalb zahlreiche Forscher immer noch (trotz dessen mangelnder wissenschaftlicher Fundierung, *Kapitel 4.2.1.1* und *6.3.3.1*) auf vorhandenes Ratingmaterial kommerzieller Anbietern zurückgreifen, um dadurch möglichst große Stichprobenumfänge zu erzielen (vgl. z.B. Brown/Caylor 2009).

Die vorliegende Untersuchung hat nämlich gezeigt, dass die Entwicklung eines derartigen Instrumentariums nicht trivial ist. Dies ist insofern zu betonen, wenn das Instrumentarium wissenschaftlichen und wie hier auch inhaltsanalytischen Gütekriterien genügen soll, was als bedeutende Schwäche zahlreicher bislang in der Corporate Governance Forschung eingesetzter Ratingverfahren identifiziert wurde. Durch die Dokumentation der Berücksichtigung wissenschaftlicher Gütekriterien wurde der gesamte Prozess der Instrumentenentwicklung nachvollziehbar offengelegt. Das vorgestellte Instrumentarium bietet daher einen bedeutenden alternativen Ratingansatz zur Bewertung deutscher unternehmensspezifischer Corporate Governance. Unternehmen können dadurch ein noch stärkeres Bewusstsein für Kriterien entwickeln, die für Investoren bei der Bewertung ihrer Corporate Governance von Interesse sind. Außerdem kann es Unternehmen helfen, ihre Corporate Governance Berichterstattung auf den Prüfstand zu stellen und deren Qualität zu verbessern. Entgegen vorhandener Kritik an Unsolicited Ratings (vgl. Behr/Güttler 2008) hat das vorliegende Instrumentarium zudem großes Potenzial bewiesen, Informationsasymmetrien am Kapitalmarkt zu identifizieren und für seinen Anwender Informationsasymmetrien auch zu reduzieren (vgl. Daily et al. 2003, S. 379). Dieses Ziel haben internationale, privatwirtschaftliche Corporate Governance Ratings bislang nur stark eingeschränkt erfüllt (*Kapitel 4.2.1.1* und *6.3.3.1*), weshalb das vorliegende Instrumentarium der allgemeinen Entwicklung hin zu einer objektiveren Bewertung von Corporate Governance durch Solicited Ratings unterstreicht.

Dies wird durch die anzuwendende Methode der Inhaltsanalyse unterstrichen, die auch im vorliegenden Fall ohne primäre Inferenzabsichten allein zur Beschreibung und Strukturierung des Medienangebots im Kontext der Textbestandteile bzw. zum Vergleich bestimmter latenter Inhaltsstrukturen durchgeführt wurde (vgl. Früh 1998, S. 47). Dadurch wurde zudem der Solicited Ratings zugeschriebene Mangel einer möglicherweise zu positiven Darstellung der unternehmensspezifischen Corporate Governance adressiert, wenn der Ratingprozess z.B. Face-to-Face durch Interviews durchgeführt wird (vgl. Achleitner/Pietzsch 2005, S. 383). Bereits das Wissen darüber, dass das eigene Unternehmen Gegenstand der Betrachung ist, kann unter Umständen dazu führen, falsche, verfälschte oder beschönigende Angaben zum Unternehmen zu tätigen. Die hier angewandte Methodik der Inhaltsanalyse wird, da ihr dieser Mangel nicht anhaftet, daher auch als nicht-reaktives Verfahren bezeichnet (vgl. Holsti 1969, S. 15) und kann deshalb auch zusätzliche (ursprünglich nicht vorhandene) Informationen generieren, die beispielsweise durch bloße Fragebogenerhebungen nicht erfasst werden könnten (vgl. De Wever et al. 2006, S. 7). Diese sind rein vom Antwortverhalten von Unternehmen abhängig.

Fünf Jahre nach seiner Einführung (2002-2007) kann entgegen früherer Studien, die Datenmaterial in einem Zeitkorridor von maximal drei Jahren nach der Einführung des DCGK betrachten, für die deklarierte Compliance zum DCGK keine positive Erfolgsrelevanz auf dem Kapitalmarkt mehr nachgewiesen werden. Ein Erklärungsansatz für den signifikant negativen Einfluss einer hohen Compliance zum DCGK auf die Aktienrendite könnte in der gesetzlich verpflichtenden Entsprechenserklärung zur Einhaltung der Empfehlungen des DCGK liegen. Unternehmen mit geringerem Erfolg könnte diese zur Abgabe einer Entsprechenserklärung mit höherem deklarierten Compliance Niveau verleiten, um rein symbolisch die Erwartungen ihrer Stakeholder zu befriedigen, ohne dabei womöglich den DCGK im Unternehmen tatsächlich in der vorgegebenen Höhe umzusetzen (vgl. Wade et al. 1997, S. 641f.). Die in *Kapitel 4.2.3.6* und *8.3.4* angeführten Auslegungsspielräume, die der DCGK bietet, könnten von Unternehmen mit geringerem Erfolg dazu genutzt werden, unter relativ (Signalkosten-)günstigen Bedingungen zu versuchen, am Kapitalmarkt besser bewertet zu werden: „Dieser Signaling-Effekt ist besonders geeignet, den negativen ... Zusammenhang zwischen DCGK-Erfüllung und fundamentalen Erfolgsmaßen [ROE und ROA] zu erklären" (Bassen et al. 2006c, S. 396). Analysten und Anleger scheinen gegenüber hoher deklarierter Compliance zum DCGK, bei gleichzeitig eher schwacher fundamentaler Performance mittlerweile aber relativ misstrauisch, was in der Folge zu höheren Such- und Monitoring-Kosten für diese Unternehmen führt (vgl. Hirth/Callsen-Bracker 2008, S. 521f.). Dies könnte sich, so belegen es zumindest die vorliegenden Ergebnisse, signifikant negativ auf die Aktienrendite auswirken. Dieses Misstrauen und dadurch erzeugte Skepsis und Wachsamkeit (vgl. Lewicki 2006, S. 1002f.) könnte sich womöglich verstärken, wenn Fälle von unternehmerischem Fehlverhalten, wie jüngst bei Siemens (vgl. Verschoor 2007), öffentlich werden, also „der Vertrauensgeber den Vertrauensnehmer in einer Weise wahrnimmt, dass dieser seine Erwartungen [an gute Corporate Governance] unübersehbar nicht erfüllt" (Auer-Rizzi 2007, S. 124), die er durch eine hohe deklarierte Compliance zum DCGK eigentlich vermittelt (hat). Dies wiegt umso schwerer, wenn der Vertrauensnehmer die Erwartungen nicht erfüllen wollte (persönliches Verschulden), als wenn er sie nicht erfüllen konnte (äußere Umstände) (vgl. Elangovan et al. 2007).

Als Implikation für die Unternehmenspraxis soll dies im Umkehrschluss nun nicht bedeuten, dass Unternehmen künftig dem DCGK bewusst ablehnend gegenüberstehen sollten, denn gerade Unternehmen die bereits einen höheren Market to Book Value und ein höheres Tobin's Q aufweisen, scheinen verstärkt in die Erreichung einer höheren Umsetzungsquote des DCGK zu investieren. Da vor allem aber auch schlechter bewertete Unternehmen ihre Strukturen (tatsächlich) verbessern sollten, um diese dem Markt signalisieren zu können, sprechen die gezeigten Ergebnisse nicht für den DCGK als tatsächliches Regulierungsinstrument auf breiter Ebene (vgl. Akkermans et al. 2007, S. 1115). Die Installation des DCGK scheint daher ihren intendierten Effekt der Standardisierung noch nicht erreicht zu haben, obwohl weiterhin angenommen werden kann, dass sich Grundsätze ordnungsgemäßer Unternehmensleitung durch Standardsetzung und Regulierung schneller und mit niedrigeren Kosten etablieren lassen (*Ordnungsfunktion*, vgl. Schüppen 2002a, S. 1117f.; Kirchner 2002, S. 108). Da Kodexregeln im Allgemeinen nur als *gut* zu bezeichnen sind, wenn sie helfen, Agency-Kosten durch den Ausgleich divergierender Interessen und den Abbau von Informationsasymmetrien (*Kapitel 3.1.1.3*) zu minimieren (vgl. Zöllner 2007, S. 4; Menz/Nelles 2006, S. 629), kann dies für den DCGK in der bisherigen Form seiner Durchsetzungskraft (*Enforcement*) und seiner Regelungsphilosophie (vgl. Werder 2008, S. 15) des *comply or declare* (*Kapitel 2.2.2.3*) bislang nicht bestätigt werden: „There is a growing belief, ..., that Germany's Codex approach may be too passive and further changes are needed" (Daucourt 2009, S. 60). Diese Entwicklung hin zu mangelndem Differenzierungspotenzial der (Pflicht-)Berichterstattung zum DCGK über die Entsprechenserklärung gerade für Unternehmen mit guter Corporate Governance scheint jüngst auch der deutsche Gesetzgeber erkannt zu haben. Über das Bilanzrechtsmodernisierungsgesetz (BilMoG) in § 289a HGB (*Tabelle 43*) schafft er erweiterte Pflichten für die Corporate Governance Berichterstattung.

Tabelle 43: Erklärung zur Unternehmensführung im neuen § 289a HGB

	Beschreibung
neuer § 289a HGB	Erklärung zur Unternehmensführung (1) Börsennotierte Aktiengesellschaften sowie Aktiengesellschaften, die ausschließlich andere Wertpapiere als Aktien zum Handel an einem organisierten Markt im Sinne des § 2 Abs. 5 des Wertpapierhandelsgesetzes ausgegeben haben und deren ausgegebene Aktien auf eigene Veranlassung über ein multilaterales Handelssystem im Sinn des § 2 Abs. 3 Satz 1 Nr. 8 des Wertpapierhandelsgesetzes gehandelt werden, haben eine Erklärung zur Unternehmensführung in ihren Lagebericht aufzunehmen, die dort einen gesonderten Abschnitt bildet. Sie kann auch auf der Internetseite der Gesellschaft öffentlich zugänglich gemacht werden. In diesem Fall ist in den Lagebericht eine Bezugnahme aufzunehmen, welche die Angabe der Internetseite enthält. (2) In die Erklärung zur Unternehmensführung sind aufzunehmen 1. die Erklärung gemäß § 161 des Aktiengesetzes; 2. relevante Angaben zu Unternehmensführungspraktiken, die über die gesetzlichen Anforderungen hinaus angewandt werden, nebst Hinweis, wo sie öffentlich zugänglich sind; 3. eine Beschreibung der Arbeitsweise von Vorstand und Aufsichtsrat sowie der Zusammensetzung und Arbeitsweise von deren Ausschüssen; sind die Informationen auf der Internetseite der Gesellschaft öffentlich zugänglich, kann darauf verwiesen werden."

Dies zeigt, dass er die Herausbildung von Systemen der Corporate Governance Berichterstattung nicht nur dem Marktgeschehen überlassen will, sondern aktiv auch einen regulatorischen Rahmen vorgeben möchte, der die Kanalisierung marktlicher Prozesse unterstützen soll (vgl. Werder 2008, S. 10f.). Die unternehmensspezifische Corporate Governance wird dadurch verstärkt zum Gegenstand der Rechnungslegung (vgl. Müller 2008, S. 43). Danach sind Abweichungen von Empfehlungen des DCGK in der Entsprechenserklärung künftig im Sinne eines echten *comply or explain* auch konkret zu begründen (vgl. Paetzmann 2009, S. 65). Die auffallend offen gehaltene Formulierung des § 289a (2) Ziffer 2 und 3 HGB kann für Unternehmen ein formal standardisiertes Instrumentarium ähnlich der Entsprechenserklärung schaffen, das mit zahlreichen Informationen zur unternehmensspezifischen Corporate Governance, z.B. die Darstellung von unternehmensspezifischen Corporate Governance Standards (vgl. Regel 35 der Transparency & Disclosure Scorecard) für Unternehmen Differenzierungspotenzial bietet, das die eher simple Entsprechenserklärung nach § 161 AktG wesentlich erweitert.

Die vorliegenden Erkenntnisse zur Wirkung der deklarierten Compliance zum DCGK können für die Regierungskommission Corporate Governance zudem Anlass geben, zu überdenken, den DCGK um weitere, spezifischere, für Unternehmen ausreichend wertrelevantes Differenzierungspotenzial bietende, theoretisch und empirisch noch fundiertere Regeln (vgl. Daily et al. 2003, S. 378; Thomsen 2006, S. 845) zu erweitern (z.B. durch die Integration von Regeln der vorliegenden Transparency & Disclosure Scorecard, die auch Regeln der DVFA Scorecard aufgreift), die mit der gängigen jährlichen Anpassungspraxis einhergehen könnte. Dies würde zumindest die gezeigte Wertrelevanz transparenter Corporate Governance Berichterstattung am Kapitalmarkt implizieren. Fraglich bleibt allerdings, ob dieser künftig ausreichend Druck für Unternehmen erzeugen kann, in stärkerem Maße Corporate Governance Informationen bereitzustellen. Dies gilt auch für die zu deklarierende Compliance zum DCGK, denn „an den angelsächsischen Kapitalmärkten scheinen die Investoren stark genug zu sein, mittels Kodizes ihre Erwartungen und Interessen gegenüber den Unternehmen durchzusetzen. Es drängt sich aber „[auch weiterhin] die berechtigte Frage auf, ob ein freiwilliger Enforcement-Mechanismus, wie er für die Funktionsweise des Kodex implizit vorausgesetzt wird, auch für das deutsche Zivilrechtssystem geeignet ist“ (Nowak et al. 2005, S. 259). Die Kodex-Einhaltung unterliegt keiner Börsenzulassungsregel und unterliegt gegenständlich nicht der Kontrolle durch die BaFin. Nicht ganz zu Unrecht wird das deutsche Corporate Governance System als eines mit hohem Gläubigerschutz bei gleichzeitig relativ geringem Investorenschutz beschrieben (vgl. La Porta et al. 2000, S. 3ff.; Nowak et al. 2005, S. 256ff.). Entwicklungen, wie die zuvor angesprochene erweiterte Veröffentlichungspflicht durch den künftigen § 289a HGB, das Gesetz zur Angemessenheit der Vorstandsvergütung (VorstAG) von 2009 mit dem Hauptziel, des „Schutz[es] der Anteilseigner … vor überhöhter Vergütung des Vorstands und den Folgen einer nicht auf Langfristigkeit angelegten Incentive-Struktur“ (Döring/ Grau 2009, S. 2139) oder das bereits 2005 verabschiedete Vorstandsvergütungs-Offenlegungsgesetz (VorstOG), das bis dahin gültige (und zu dieser Zeit teils auch kritische) Kodexempfehlungen[119] ersetzte, sprechen eher gegen die Wirksamkeit dieses freiwilligen Enforcement-Mechanismus (vgl. Akkermans et al. 2007, S. 1115).

Die empirischen Ergebnisse der vorliegenden Untersuchung lassen als Implikation jedenfalls darauf schließen, dass das Ziel, „das Vertrauen der internationalen und nationalen Anleger … in die Leitung und Überwachung deutscher börsennotierter Aktiengesellschaften [zu] fördern" (DCGK 2006, S. 1) durch die zu deklarierende Compliance zum DCGK (vgl. Werder 2008, S. 16) bislang nicht erreicht wurde. Es gilt somit seitens der Unternehmen weiterführende Anstrengungen zu unternehmen, „Asymmetrien [hinsichtlich ihrer Corporate Governance Güte] … wenn es zu Wertsteigerungen, zu einer Senkung der Kapitalkosten" (Kötzle/Niggemann 2001, S. 634) kommen soll, durch eine transparente Corporate Governance Berichterstattung abzubauen.

[119] Ab der in der vorliegenden Untersuchung verwendeten Kodexversion 2006 verloren die ehemaligen Kodexempfehlungen 4.2.3 Abs. 3 Satz 1, 4.2.3 Abs. 3 Satz 2, 4.2.3 Abs. 4, 4.2.4 Satz 4 und 5.4.7 Abs. 4 Satz 1 (vgl. DCGK 2005) durch das VorstOG und die §§ 285 Nr. 9a, 289 II Nr. 5 HGB ihren Empfehlungscharakter (vgl. Graf/Stiglbauer 2007, S. 287).

Anhang

Anhang 1: Kodierbuch

PROJEKT

Analyse der deklarierten Compliance zum DCGK und Transparenz der Corporate Governance Berichterstattung deutscher börsennotierter Gesellschaften des DAX, TecDAX, MDAX und SDAX im Kalenderjahr 2007

EINLEITUNG

Die vorliegende Untersuchung will die deklarierte Compliance zum DCGK und die Transparenz der Corporate Governance Berichterstattung deutscher börsennotierter Gesellschaften des DAX, TecDAX, MDAX und SDAX im Kalenderjahr 2007 anhand aller einem informierten Investor zugänglichen Unternehmensinformationen durch die vorliegenden Kategoriensysteme erfassen und diese anschließend in quantitatives Material transformieren, die kombiniert mit anderen Corporate Governance Mechanismen auf ihre Erfolgswirksamkeit getestet werden.

KODIERERNUMMERN

Compliance Scorecard
01 Markus Stiglbauer
02 nicht namentlich genannte Studentische Hilfskraft

Transparency & Disclosure Scorecard
04 Markus Stiglbauer
05 nicht namentlich genannte Studentische Hilfskraft

KODIERSCHULUNG

Vertrautmachung mit dem vom Forscher (= Kodierer 01 bzw. Kodierer 04) entwickelten Kategoriensystem und Vertrautmachung mit den allgemeinen Kodieranweisungen des Kodierbuches. Ausführliche Besprechung der Kodierregeln im Kodierteam. Abschließend quantitative Gültigkeits- und Verlässlichkeitskontrolle (Validitäts- bzw. Reliabilitätstest) anhand eines vorher bestimmten Schulungsmaterials.

SCHULUNGSMATERIAL (Zufallsauswahl)

Anschauungsfall: Medion
Gemeinsam zu bearbeitende Fälle: Commerzbank. Aareal, SGL Carbon
Einzeln zu bearbeitende Fälle: Aixtron, Deutz, Curanum

ALLGEMEINE KODIERANWEISUNGEN

1	Suchen Sie bitte das folgende Material nach Inhalten ab, aus denen Information hervorgeht, die Antwort auf eine der Kategorien des Ihnen vorliegenden Kategoriensystems gibt.
2	Bewerten Sie beide Scorecards unabhängig voneinander und vergeben Sie bei Erfüllung einer Unterkategorie den Wert 1, bei Nicht-Erfüllung einer Kategorie den Wert 0.
3	Bewerten Sie im Zweifelsfall eine Kategorie als „nicht erfüllt“: Maßgabe einer möglichst zurückhaltenden Beurteilung der Erfüllung einzelner Kategorien.
4	Kodieren Sie selbstbewusst und kritisch und fällen Sie Entscheidungen aufgrund Ihres Verständnisses des Ihnen vorliegenden Kategoriensystems.
5	Ziehen Sie keine Schlüsse der Bewertung einer Kategorie auf eine andere, sondern bewerten Sie jede Kategorie separat.
6	Dokumentieren Sie strittige Sachverhalte möglichst genau und erläutern Sie kurz das aufgetretene Problem. Legen Sie bei häufigeren Zweifeln mögliche Ankerbeispiele fest anhand derer Sie ihre Entscheidungssystematik begründen. Gerade strittige Sachverhalte können dazu beitragen, das Kategoriensystem weiter zu verbessern
7	Nehmen Sie während des Kodierprozesses möglichst keinen Kontakt mit dem/n anderen Kodierer/n auf. Dies gilt nicht bei schwerwiegenden Problemen und grundsätzlichen Zweifeln am Kategoriensystem. Hier sollten Sie möglichst schnell Rücksprache mit dem/n anderen Kodierer/n halten.
8	Die Kodierergebnisse werden gemeinsam diskutiert und Zweifelsfälle gemeinsam erläutert.
9	Eine Auswertung wird nur als Nicht-Übereinstimmung gewertet, wenn ein Kodierer den anderen Kodierer davon überzeugen kann, seine Auswertung nicht gemäß dem Material oder den aufgestellten Kodierregeln vorgenommen zu haben.
10	Versuchen Sie das auszuwertende Material um Komplexität zu reduzieren, indem Sie es hinsichtlich des Auswertungsmaterials vorstrukturieren (nötig aufgrund des großen Umfangs und der weitestgehend freien Gestaltbarkeit für Unternehmen). Lassen Sie dabei aber dennoch keine für die Bewertung der Kategorien relevanten Informationen unberücksichtigt (sorgfältiger Umgang mit dem Material).
11	Die Überprüfung der Transparency & Disclosure Scorecard umfasst lediglich den Grad der Offenlegung einzelner Merkmale und keine inhaltliche Bewertung (beispielsweise, welches Vergütungssystem besser ist).

KATEGORIENSYSTEME

1 Compliance Scorecard	2 Transparency & Disclosure Scorecard

KODIERBOGEN

1 Compliance Scorecard	Kategorie	erfüllt	nicht erfüllt
	X.x	☐	☐
	...	☐	☐
2 Transparency & Disclosure Scorecard	X.x	☐	☐
	...	☐	☐

(Quelle: formale Gestaltung in Anlehnung an die Empfehlungen von Früh 1998, S. 150ff.)

Anhang 2: Deutscher Corporate Governance Kodex (Fassung vom 12. Juni 2006)

1. PRÄAMBEL
Der vorliegende Deutsche Corporate Governance Kodex (der "Kodex") stellt wesentliche gesetzliche Vorschriften zur Leitung und Überwachung deutscher börsennotierter Gesellschaften (Unternehmensführung) dar und enthält international und national anerkannte Standards guter und verantwortungsvoller Unternehmensführung. Der Kodex soll das deutsche Corporate Governance System transparent und nachvollziehbar machen. Er will das Vertrauen der internationalen und nationalen Anleger, der Kunden, der Mitarbeiter und der Öffentlichkeit in die Leitung und Überwachung deutscher börsennotierter Aktiengesellschaften fördern. Der Kodex verdeutlicht die Rechte der Aktionäre, die der Gesellschaft das erforderliche Eigenkapital zur Verfügung stellen und das unternehmerische Risiko tragen.
Deutschen Aktiengesellschaften ist ein duales Führungssystem gesetzlich vorgegeben:
Der Vorstand leitet das Unternehmen in eigener Verantwortung. Die Mitglieder des Vorstands tragen gemeinsam die Verantwortung für die Unternehmensleitung. Der Vorstandsvorsitzende koordiniert die Arbeit der Vorstandsmitglieder. Der Aufsichtsrat bestellt, überwacht und berät den Vorstand und ist in Entscheidungen, die von grundlegender Bedeutung für das Unternehmen sind, unmittelbar eingebunden. Der Aufsichtsratsvorsitzende koordiniert die Arbeit im Aufsichtsrat.
Die Mitglieder des Aufsichtsrats werden von den Aktionären in der Hauptversammlung gewählt. Bei Unternehmen mit mehr als 500 bzw. 2000 Arbeitnehmern im Inland sind auch die Arbeitnehmer im Aufsichtsrat vertreten, der sich dann zu einem Drittel bzw. zur Hälfte aus von den Arbeitnehmern gewählten Vertretern zusammensetzt. Bei Unternehmen mit mehr als 2000 Arbeitnehmern hat der Aufsichtsratsvorsitzende, der praktisch immer ein Vertreter der Anteilseigner ist, ein die Beschlussfassung entscheidendes Zweitstimmrecht. Die von den Aktionären gewählten Anteilseignervertreter und die Arbeitnehmervertreter sind gleichermaßen dem Unternehmensinteresse verpflichtet.
Das auch in anderen kontinentaleuropäischen Ländern etablierte duale Führungssystem und das international verbreitete System der Führung durch ein einheitliches Leitungsorgan (Verwaltungsrat) bewegen sich wegen des intensiven Zusammenwirkens von Vorstand und Aufsichtsrat in der Praxis aufeinander zu und sind gleichermaßen erfolgreich. Die Rechnungslegung deutscher Unternehmen ist am True-and-fair-view-Prinzip orientiert und vermittelt ein den tatsächlichen Verhältnissen entsprechendes Bild der Vermögens-, Finanz- und Ertragslage des Unternehmens.
Empfehlungen des Kodex sind im Text durch die Verwendung des Wortes "Soll" gekennzeichnet. Die Gesellschaften können hiervon abweichen, sind dann aber verpflichtet, dies jährlich offen zu legen. Dies ermöglicht den Gesellschaften die Berücksichtigung branchen- oder unternehmensspezifischer Bedürfnisse. So trägt der Kodex zur Flexibilisierung und Selbstregulierung der deutschen Unternehmensverfassung bei. Ferner enthält der Kodex Anregungen, von denen ohne Offenlegung abgewichen werden kann; hierfür verwendet der Kodex Begriffe wie "Sollte" oder "Kann". Die übrigen sprachlich nicht so gekennzeichneten Teile des Kodex betreffen Bestimmungen, die als geltendes Gesetzesrecht von den Unternehmen zu beachten sind.
In Regelungen des Kodex, die nicht nur die Gesellschaft selbst, sondern auch ihre Konzernunternehmen betreffen, wird der Begriff "Unternehmen" statt "Gesellschaft" verwendet. Der Kodex richtet sich in erster Linie an börsennotierte Gesellschaften. Auch nicht börsennotierten Gesellschaften wird die Beachtung des Kodex empfohlen. Der Kodex wird in der Regel einmal jährlich vor dem Hintergrund nationaler und internationaler Entwicklungen überprüft und bei Bedarf angepasst.

2. AKTIONÄRE UND HAUPTVERSAMMLUNG
2.1 AKTIONÄRE
2.1.1 Die Aktionäre nehmen ihre Rechte in der Hauptversammlung wahr und üben dort ihr Stimmrecht aus.
2.1.2 Jede Aktie gewährt grundsätzlich eine Stimme. Aktien mit Mehrstimmrechten oder Vorzugsstimmrechten ("golden shares") sowie Höchststimmrechte bestehen nicht.

2.2 HAUPTVERSAMMLUNG
2.2.1 Der Vorstand legt der Hauptversammlung den Jahresabschluss und den Konzernabschluss vor. Sie entscheidet über die Gewinnverwendung sowie die Entlastung von Vorstand und Aufsichtsrat, wählt die Anteilseignervertreter im Aufsichtsrat und in der Regel den Abschlussprüfer. Darüber hinaus entscheidet die Hauptversammlung über die Satzung und den Gegenstand der Gesellschaft, über Satzungsänderungen und über wesentliche unternehmerische Maßnahmen wie insbesondere Unternehmensverträge und Umwandlungen, über die Ausgabe von neuen Aktien und von Wandel- und Optionsschuldverschreibungen sowie über die Ermächtigung zum Erwerb eigener Aktien.
2.2.2 Bei der Ausgabe neuer Aktien haben die Aktionäre grundsätzlich ein ihrem Anteil am Grundkapital entsprechendes Bezugsrecht.
2.2.3 Jeder Aktionär ist berechtigt, an der Hauptversammlung teilzunehmen, dort das Wort zu Gegenständen der Tagesordnung zu ergreifen und sachbezogene Fragen und Anträge zu stellen.
2.2.4 Der Versammlungsleiter sorgt für eine zügige Abwicklung der Hauptversammlung. Dabei sollte er sich davon leiten lassen, dass eine ordentliche Hauptversammlung spätestens nach 4 bis 6 Stunden beendet ist.

2.3 EINLADUNG ZUR HAUPTVERSAMMLUNG, STIMMRECHTSVERTRETER
2.3.1 Die Hauptversammlung der Aktionäre ist vom Vorstand mindestens einmal jährlich unter Angabe der Tagesordnung einzuberufen. Aktionärsminderheiten sind berechtigt, die Einberufung einer Hauptversammlung und die Erweiterung der Tagesordnung zu verlangen. Der Vorstand soll die vom Gesetz für die Hauptversammlung verlangten Berichte und Unterlagen einschließlich des Geschäftsberichts nicht nur auslegen und den Aktionären auf Verlangen übermitteln, sondern auch auf der Internet-Seite der Gesellschaft zusammen mit der Tagesordnung veröffentlichen.
2.3.2 Die Gesellschaft soll allen in- und ausländischen Finanzdienstleistern, Aktionären und Aktionärsvereinigungen, die dies vor nicht länger als einem Jahr verlangt haben, die Einberufung der Hauptversammlung mitsamt den Einberufungsunterlagen mitteilen, auf Verlangen auch auf elektronischem Wege.
2.3.3 Die Gesellschaft soll den Aktionären die persönliche Wahrnehmung ihrer Rechte erleichtern. Auch bei der Stimmrechtsvertretung soll die Gesellschaft die Aktionäre unterstützen. Der Vorstand soll für die Bestellung eines Vertreters für die weisungsgebundene Ausübung des Stimmrechts der Aktionäre sorgen; dieser sollte auch während der Hauptversammlung erreichbar sein.
2.3.4 Die Gesellschaft sollte den Aktionären die Verfolgung der Hauptversammlung über moderne Kommunikationsmedien (z.B. Internet) ermöglichen.

3. ZUSAMMENWIRKEN VON VORSTAND UND AUFSICHTSRAT
3.1 Vorstand und Aufsichtsrat arbeiten zum Wohle des Unternehmens eng zusammen.
3.2 Der Vorstand stimmt die strategische Ausrichtung des Unternehmens mit dem Aufsichtsrat ab und erörtert mit ihm in regelmäßigen Abständen den Stand der Strategieumsetzung.
3.3 Für Geschäfte von grundlegender Bedeutung legen die Satzung oder der Aufsichtsrat Zustimmungsvorbehalte zugunsten des Aufsichtsrats fest. Hierzu gehören Entscheidungen oder Maßnahmen, die die Vermögens-, Finanz- oder Ertragslage des Unternehmens grundlegend verändern.

3.4 Die ausreichende Informationsversorgung des Aufsichtsrats ist gemeinsame Aufgabe von Vorstand und Aufsichtsrat.
Der Vorstand informiert den Aufsichtsrat regelmäßig, zeitnah und umfassend über alle für das Unternehmen relevanten Fragen der Planung, der Geschäftsentwicklung, der Risikolage und des Risikomanagements. Er geht auf Abweichungen des Geschäftsverlaufs von den aufgestellten Plänen und Zielen unter Angabe von Gründen ein. Der Aufsichtsrat soll die Informations- und Berichtspflichten des Vorstands näher festlegen. Berichte des Vorstands an den Aufsichtsrat sind in der Regel in Textform zu erstatten. Entscheidungsnotwendige Unterlagen, insbesondere der Jahresabschluss, der Konzernabschluss und der Prüfungsbericht, werden den Mitgliedern des Aufsichtsrats möglichst rechtzeitig vor der Sitzung zugeleitet.
3.5 Gute Unternehmensführung setzt eine offene Diskussion zwischen Vorstand und Aufsichtsrat sowie in Vorstand und Aufsichtsrat voraus. Die umfassende Wahrung der Vertraulichkeit ist dafür von entscheidender Bedeutung. Alle Organmitglieder stellen sicher, dass die von ihnen eingeschalteten Mitarbeiter die Verschwiegenheitspflicht in gleicher Weise einhalten.
3.6 In mitbestimmten Aufsichtsräten sollten die Vertreter der Aktionäre und der Arbeitnehmer die Sitzungen des Aufsichtsrats jeweils gesondert, gegebenenfalls mit Mitgliedern des Vorstands, vorbereiten.
Der Aufsichtsrat sollte bei Bedarf ohne den Vorstand tagen.
3.7 Bei einem Übernahmeangebot müssen Vorstand und Aufsichtsrat der Zielgesellschaft eine begründete Stellungnahme zu dem Angebot abgeben, damit die Aktionäre in Kenntnis der Sachlage über das Angebot entscheiden können. Der Vorstand darf nach Bekanntgabe eines Übernahmeangebots keine Handlungen außerhalb des gewöhnlichen Geschäftsverkehrs vornehmen, durch die der Erfolg des Angebots verhindert werden könnte, wenn er dazu nicht von der Hauptversammlung ermächtigt ist oder der Aufsichtsrat dem zugestimmt hat. Bei ihren Entscheidungen sind Vorstand und Aufsichtsrat an das beste Interesse der Aktionäre und des Unternehmens gebunden. In angezeigten Fällen sollte der Vorstand eine außerordentliche Hauptversammlung einberufen, in der die Aktionäre über das Übernahmeangebot beraten und gegebenenfalls über gesellschaftsrechtliche Maßnahmen beschließen.
3.8 Vorstand und Aufsichtsrat beachten die Regeln ordnungsgemäßer Unternehmensführung. Verletzen sie die Sorgfalt eines ordentlichen und gewissenhaften Geschäftsleiters bzw. Aufsichtsratsmitglieds schuldhaft, so haften sie der Gesellschaft gegenüber auf Schadensersatz. Schließt die Gesellschaft für Vorstand und Aufsichtsrat eine D&O-Versicherung ab, so soll ein angemessener Selbstbehalt vereinbart werden.
3.9 Die Gewährung von Krediten des Unternehmens an Mitglieder des Vorstands und des Aufsichtsrats sowie ihre Angehörigen bedarf der Zustimmung des Aufsichtsrats.
3.10 Vorstand und Aufsichtsrat sollen jährlich im Geschäftsbericht über die Corporate Governance des Unternehmens berichten (Corporate Governance Bericht). Hierzu gehört auch die Erläuterung eventueller Abweichungen von den Empfehlungen dieses Kodex. Dabei kann auch zu den Kodexanregungen Stellung genommen werden. Die Gesellschaft soll nicht mehr aktuelle Entsprechenserklärungen zum Kodex fünf Jahre lang auf ihrer Internetseite zugänglich halten.

4. VORSTAND
4.1 AUFGABEN UND ZUSTÄNDIGKEITEN
4.1.1 Der Vorstand leitet das Unternehmen in eigener Verantwortung. Er ist dabei an das Unternehmensinteresse gebunden und der Steigerung des nachhaltigen Unternehmenswertes verpflichtet.
4.1.2 Der Vorstand entwickelt die strategische Ausrichtung des Unternehmens, stimmt sie mit dem Aufsichtsrat ab und sorgt für ihre Umsetzung.
4.1.3 Der Vorstand hat für die Einhaltung der gesetzlichen Bestimmungen zu sorgen und wirkt auf deren Beachtung durch die Konzernunternehmen hin.
4.1.4 Der Vorstand sorgt für ein angemessenes Risikomanagement und Risikocontrolling im Unternehmen.

4.2 ZUSAMMENSETZUNG UND VERGÜTUNG
4.2.1 Der Vorstand soll aus mehreren Personen bestehen und einen Vorsitzenden oder Sprecher haben. Eine Geschäftsordnung soll die Geschäftsverteilung und die Zusammenarbeit im Vorstand regeln.
4.2.2 Das Aufsichtsratsplenum soll auf Vorschlag des Gremiums, das die Vorstandsverträge behandelt, über die Struktur des Vergütungssystems für den Vorstand beraten und soll sie regelmäßig überprüfen.
Die Vergütung der Vorstandsmitglieder wird vom Aufsichtsrat unter Einbeziehung von etwaigen Konzernbezügen in angemessener Höhe auf der Grundlage einer Leistungsbeurteilung festgelegt. Kriterien für die Angemessenheit der Vergütung bilden insbesondere die Aufgaben des jeweiligen Vorstandsmitglieds, seine persönliche Leistung, die Leistung des Vorstands sowie die wirtschaftliche Lage, der Erfolg und die Zukunftsaussichten des Unternehmens unter Berücksichtigung seines Vergleichsumfelds.
4.2.3 Die Gesamtvergütung der Vorstandsmitglieder umfasst die monetären Vergütungsteile, die Versorgungszusagen, die sonstigen Zusagen, insbesondere für den Fall der Beendigung der Tätigkeit, Nebenleistungen jeder Art und Leistungen von Dritten, die im Hinblick auf die Vorstandstätigkeit zugesagt oder im Geschäftsjahr gewährt wurden.
Die monetären Vergütungsteile sollen fixe und variable Bestandteile umfassen. Die variablen Vergütungsteile sollten einmalige sowie jährlich wiederkehrende, an den geschäftlichen Erfolg gebundene Komponenten und auch Komponenten mit langfristiger Anreizwirkung und Risikocharakter enthalten. Sämtliche Vergütungsbestandteile müssen für sich und insgesamt angemessen sein.
Als variable Vergütungskomponenten mit langfristiger Anreizwirkung und Risikocharakter dienen insbesondere Aktien der Gesellschaft mit mehrjähriger Veräußerungssperre, Aktienoptionen oder vergleichbare Gestaltungen (z.B. Phantom Stocks). Aktienoptionen und vergleichbare Gestaltungen sollen auf anspruchsvolle, relevante Vergleichsparameter bezogen sein. Eine nachträgliche Änderung der Erfolgsziele oder der Vergleichsparameter soll ausgeschlossen sein. Für außerordentliche, nicht vorhergesehene Entwicklungen soll der Aufsichtsrat eine Begrenzungsmöglichkeit (Cap) vereinbaren. Der Vorsitzende des Aufsichtsrats soll die Hauptversammlung über die Grundzüge des Vergütungssystems und deren Veränderung informieren.
4.2.4 Die Gesamtvergütung jedes Vorstandsmitglieds wird, aufgeteilt nach erfolgsunabhängigen, erfolgsbezogenen und Komponenten mit langfristiger Anreizwirkung, unter Namensnennung offengelegt, soweit nicht die Hauptversammlung mit Dreiviertelmehrheit anderweitig beschlossen hat.
4.2.5 Die Offenlegung soll in einem Vergütungsbericht erfolgen, der als Teil des Corporate Governance Berichts auch das Vergütungssystem für die Vorstandsmitglieder in allgemein verständlicher Form erläutert.
Die Darstellung der konkreten Ausgestaltung eines Aktienoptionsplans oder vergleichbarer Gestaltungen für Komponenten mit langfristiger Anreizwirkung und Risikocharakter soll deren Wert umfassen. Bei Versorgungszusagen soll jährlich die Zuführung zu den Pensionsrückstellungen oder Pensionsfonds angegeben werden.
Der wesentliche Inhalt von Zusagen für den Fall der Beendigung der Tätigkeit als Vorstandsmitglied ist anzugeben, wenn die Zusagen in ihrer rechtlichen Ausgestaltung von den den Arbeitnehmern erteilten Zusagen nicht unerheblich abweichen. Der Vergütungsbericht soll auch Angaben zur Art der von der Gesellschaft erbrachten Nebenleistungen enthalten.

4.3 INTERESSENKONFLIKTE
4.3.1 Vorstandsmitglieder unterliegen während ihrer Tätigkeit für das Unternehmen einem umfassenden Wettbewerbsverbot.
4.3.2 Vorstandsmitglieder und Mitarbeiter dürfen im Zusammenhang mit ihrer Tätigkeit weder für sich noch für andere Personen von Dritten Zuwendungen oder sonstige Vorteile fordern oder annehmen oder Dritten ungerechtfertigte Vorteile gewähren.

4.3.3 Die Vorstandsmitglieder sind dem Unternehmensinteresse verpflichtet. Kein Mitglied des Vorstands darf bei seinen Entscheidungen persönliche Interessen verfolgen und Geschäftschancen, die dem Unternehmen zustehen, für sich nutzen.
4.3.4 Jedes Vorstandsmitglied soll Interessenkonflikte dem Aufsichtsrat gegenüber unverzüglich offen legen und die anderen Vorstandsmitglieder hierüber informieren. Alle Geschäfte zwischen dem Unternehmen einerseits und den Vorstandsmitgliedern sowie ihnen nahe stehenden Personen oder ihnen persönlich nahe stehenden Unternehmungen andererseits haben branchenüblichen Standards zu entsprechen. Wesentliche Geschäfte sollen der Zustimmung des Aufsichtsrats bedürfen.
4.3.5 Vorstandsmitglieder sollen Nebentätigkeiten, insbesondere Aufsichtsratsmandate außerhalb des Unternehmens, nur mit Zustimmung des Aufsichtsrats übernehmen.

5. AUFSICHTSRAT
5.1 AUFGABEN UND ZUSTÄNDIGKEITEN
5.1.1 Aufgabe des Aufsichtsrats ist es, den Vorstand bei der Leitung des Unternehmens regelmäßig zu beraten und zu überwachen. Er ist in Entscheidungen von grundlegender Bedeutung für das Unternehmen einzubinden.
5.1.2 Der Aufsichtsrat bestellt und entlässt die Mitglieder des Vorstands. Er soll gemeinsam mit dem Vorstand für eine langfristige Nachfolgeplanung sorgen. Der Aufsichtsrat kann die Vorbereitung der Bestellung von Vorstandsmitgliedern einem Ausschuss übertragen, der auch die Bedingungen des Anstellungsvertrages einschließlich der Vergütung festlegt. Bei Erstbestellungen sollte die maximal mögliche Bestelldauer von fünf Jahren nicht die Regel sein. Eine Wiederbestellung vor Ablauf eines Jahres vor dem Ende der Bestelldauer bei gleichzeitiger Aufhebung der laufenden Bestellung soll nur bei Vorliegen besonderer Umstände erfolgen. Eine Altersgrenze für Vorstandsmitglieder soll festgelegt werden.
5.1.3 Der Aufsichtsrat soll sich eine Geschäftsordnung geben.

5.2 AUFGABEN UND BEFUGNISSE DES AUFSICHTSRATSVORSITZENDEN
Der Aufsichtsratsvorsitzende koordiniert die Arbeit im Aufsichtsrat, leitet dessen Sitzungen und nimmt die Belange des Aufsichtsrats nach außen wahr. Der Aufsichtsratsvorsitzende soll zugleich Vorsitzender der Ausschüsse sein, die die Vorstandsverträge behandeln und die Aufsichtsratssitzungen vorbereiten. Den Vorsitz im Prüfungsausschuss (Audit Committee) sollte er nicht innehaben.
Der Aufsichtsratsvorsitzende soll mit dem Vorstand, insbesondere mit dem Vorsitzenden bzw. Sprecher des Vorstands, regelmäßig Kontakt halten und mit ihm die Strategie, die Geschäftsentwicklung und das Risikomanagement des Unternehmens beraten. Der Aufsichtsratsvorsitzende wird über wichtige Ereignisse, die für die Beurteilung der Lage und Entwicklung sowie für die Leitung des Unternehmens von wesentlicher Bedeutung sind, unverzüglich durch den Vorsitzenden bzw. Sprecher des Vorstands informiert. Der Aufsichtsratsvorsitzende soll sodann den Aufsichtsrat unterrichten und erforderlichenfalls eine außerordentliche Aufsichtsratssitzung einberufen.

5.3 BILDUNG VON AUSSCHÜSSEN
5.3.1 Der Aufsichtsrat soll abhängig von den spezifischen Gegebenheiten des Unternehmens und der Anzahl seiner Mitglieder fachlich qualifizierte Ausschüsse bilden. Diese dienen der Steigerung der Effizienz der Aufsichtsratsarbeit und der Behandlung komplexer Sachverhalte. Die jeweiligen Ausschussvorsitzenden berichten regelmäßig an den Aufsichtsrat über die Arbeit der Ausschüsse.
5.3.2 Der Aufsichtsrat soll einen Prüfungsausschuss (Audit Committee) einrichten, der sich insbesondere mit Fragen der Rechnungslegung und des Risikomanagements, der erforderlichen Unabhängigkeit des Abschlussprüfers, der Erteilung des Prüfungsauftrags an den Abschlussprüfer, der Bestimmung von Prüfungsschwerpunkten und der Honorarvereinbarung befasst. Der Vorsitzende des Prüfungsausschusses soll über besondere Kenntnisse und Erfahrungen in der Anwendung von Rechnungslegungsgrundsätzen und internen Kontrollverfahren verfügen. Er sollte kein ehemaliges Vorstandsmitglied der Gesellschaft sein.
5.3.3 Der Aufsichtsrat kann weitere Sachthemen zur Behandlung in einen oder mehrere Ausschüsse verweisen. Hierzu gehören u. a. die Strategie des Unternehmens, die Vergütung der Vorstandsmitglieder, Investitionen und Finanzierungen.
5.3.4 Der Aufsichtsrat kann vorsehen, dass Ausschüsse die Sitzungen des Aufsichtsrats vorbereiten und darüber hinaus auch anstelle des Aufsichtsrats entscheiden.

5.4 ZUSAMMENSETZUNG UND VERGÜTUNG
5.4.1 Bei Vorschlägen zur Wahl von Aufsichtsratsmitgliedern soll darauf geachtet werden, dass dem Aufsichtsrat jederzeit Mitglieder angehören, die über die zur ordnungsgemäßen Wahrnehmung der Aufgaben erforderlichen Kenntnisse, Fähigkeiten und fachlichen Erfahrungen verfügen. Dabei sollen die internationale Tätigkeit des Unternehmens, potenzielle Interessenkonflikte und eine festzulegende Altersgrenze für Aufsichtsratsmitglieder berücksichtigt werden.
5.4.2 Um eine unabhängige Beratung und Überwachung des Vorstands durch den Aufsichtsrat zu ermöglichen, soll dem Aufsichtsrat eine nach seiner Einschätzung ausreichende Anzahl unabhängiger Mitglieder angehören. Ein Aufsichtsratsmitglied ist als unabhängig anzusehen, wenn es in keiner geschäftlichen oder persönlichen Beziehung zu der Gesellschaft oder deren Vorstand steht, die einen Interessenkonflikt begründet. Dem Aufsichtsrat sollen nicht mehr als zwei ehemalige Mitglieder des Vorstands angehören. Aufsichtsratsmitglieder sollen keine Organfunktion oder Beratungsaufgaben bei wesentlichen Wettbewerbern des Unternehmens ausüben.
5.4.3 Wahlen zum Aufsichtsrat sollen als Einzelwahl durchgeführt werden. Ein Antrag auf gerichtliche Bestellung eines Aufsichtsratsmitglieds soll bis zur nächsten Hauptversammlung befristet sein. Kandidatenvorschläge für den Aufsichtsratsvorsitz sollen den Aktionären bekannt gegeben werden.
5.4.4 Der Wechsel des bisherigen Vorstandsvorsitzenden oder eines Vorstandsmitglieds in den Aufsichtsratsvorsitz oder den Vorsitz eines Aufsichtsratsausschusses soll nicht die Regel sein. Eine entsprechende Absicht soll der Hauptversammlung besonders begründet werden.
5.4.5 Jedes Aufsichtsratsmitglied achtet darauf, dass ihm für die Wahrnehmung seiner Mandate genügend Zeit zur Verfügung steht. Wer dem Vorstand einer börsennotierten Gesellschaft angehört, soll insgesamt nicht mehr als fünf Aufsichtsratsmandate in konzernexternen börsennotierten Gesellschaften wahrnehmen.
5.4.6 Durch die Wahl bzw. Neuwahl von Aufsichtsratsmitgliedern zu unterschiedlichen Terminen und für unterschiedliche Amtsperioden kann Veränderungserfordernissen Rechnung getragen werden.
5.4.7 Die Vergütung der Aufsichtsratsmitglieder wird durch Beschluss der Hauptversammlung oder in der Satzung festgelegt. Sie trägt der Verantwortung und dem Tätigkeitsumfang der Aufsichtsratsmitglieder sowie der wirtschaftlichen Lage und dem Erfolg des Unternehmens Rechnung. Dabei sollen der Vorsitz und der stellvertretende Vorsitz im Aufsichtsrat sowie der Vorsitz und die Mitgliedschaft in den Ausschüssen berücksichtigt werden.
Die Mitglieder des Aufsichtsrats sollen neben einer festen eine erfolgsorientierte Vergütung erhalten. Die erfolgsorientierte Vergütung sollte auch auf den langfristigen Unternehmenserfolg bezogene Bestandteile enthalten. Die Vergütung der Aufsichtsratsmitglieder soll im Corporate Governance Bericht individualisiert, aufgegliedert nach Bestandteilen ausgewiesen werden. Auch die vom Unternehmen an die Mitglieder des Aufsichtsrats gezahlten Vergütungen oder gewährten Vorteile für persönlich erbrachte Leistungen, insbesondere Beratungs- und Vermittlungsleistungen, sollen individualisiert im Corporate Governance Bericht gesondert angegeben werden.
5.4.8 Falls ein Mitglied des Aufsichtsrats in einem Geschäftsjahr an weniger als der Hälfte der Sitzungen des Aufsichtsrats teilgenommen hat, soll dies im Bericht des Aufsichtsrats vermerkt werden.

5.5 INTERESSENKONFLIKTE
5.5.1 Jedes Mitglied des Aufsichtsrats ist dem Unternehmensinteresse verpflichtet. Es darf bei seinen Entscheidungen weder persönliche Interessen verfolgen noch Geschäftschancen, die dem Unternehmen zustehen, für sich nutzen.
5.5.2 Jedes Aufsichtsratsmitglied soll Interessenkonflikte, insbesondere solche, die auf Grund einer Beratung oder Organfunktion bei Kunden, Lieferanten, Kreditgebern oder sonstigen Geschäftspartnern entstehen können, dem Aufsichtsrat gegenüber offen legen.
5.5.3 Der Aufsichtsrat soll in seinem Bericht an die Hauptversammlung über aufgetretene Interessenkonflikte und deren Behandlung informieren. Wesentliche und nicht nur vorübergehende Interessenkonflikte in der Person eines Aufsichtsratsmitglieds sollen zur Beendigung des Mandats führen.
5.5.4 Berater- und sonstige Dienstleistungs- und Werkverträge eines Aufsichtsratsmitglieds mit der Gesellschaft bedürfen der Zustimmung des Aufsichtsrats.

5.6 EFFIZIENZPRÜFUNG
Der Aufsichtsrat soll regelmäßig die Effizienz seiner Tätigkeit überprüfen.

6. TRANSPARENZ
6.1 Der Vorstand wird Insiderinformationen, die die Gesellschaft unmittelbar betreffen, unverzüglich veröffentlichen, soweit er nicht im Einzelfall von der Veröffentlichungspflicht befreit ist.
6.2 Sobald der Gesellschaft bekannt wird, dass jemand durch Erwerb, Veräußerung oder auf sonstige Weise 5, 10, 25, 50 oder 75 % der Stimmrechte an der Gesellschaft erreicht, über- oder unterschreitet, wird dies vom Vorstand unverzüglich veröffentlicht.
6.3 Die Gesellschaft wird die Aktionäre bei Informationen gleich behandeln. Sie soll ihnen unverzüglich sämtliche neuen Tatsachen, die Finanzanalysten und vergleichbaren Adressaten mitgeteilt worden sind, zur Verfügung stellen.
6.4 Zur zeitnahen und gleichmäßigen Information der Aktionäre und Anleger soll die Gesellschaft geeignete Kommunikationsmedien, wie etwa das Internet, nutzen.
6.5 Informationen, die die Gesellschaft im Ausland aufgrund der jeweiligen kapitalmarktrechtlichen Vorschriften veröffentlicht, sollen auch im Inland unverzüglich bekannt gegeben werden.
6.6 Erwerb oder Veräußerung von Aktien der Gesellschaft oder von sich darauf beziehenden Finanzinstrumenten, insbesondere Derivaten, durch Vorstands- und Aufsichtsratsmitglieder der Gesellschaft oder sonstige Personen mit Führungsaufgaben, die regelmäßig Zugang zu Insiderinformationen der Gesellschaft haben und zu wesentlichen unternehmerischen Entscheidungen befugt sind, sowie durch bestimmte mit ihnen in einer engen Beziehung stehende Personen werden von diesen unverzüglich der Gesellschaft mitgeteilt. Mitteilungspflichtig sind Erwerbs- und Veräußerungsgeschäfte über 5.000,- EURO im Kalenderjahr. Die Gesellschaft veröffentlicht die Mitteilung unverzüglich. Der Besitz von Aktien der Gesellschaft oder sich darauf beziehender Finanzinstrumente, von Vorstands- und Aufsichtsratsmitgliedern soll angegeben werden, wenn er direkt oder indirekt größer als 1 % der von der Gesellschaft ausgegebenen Aktien ist. Übersteigt der Gesamtbesitz aller Vorstands- und Aufsichtsratsmitglieder 1 % der von der Gesellschaft ausgegebenen Aktien, soll der Gesamtbesitz getrennt nach Vorstand und Aufsichtsrat angegeben werden.
Sämtliche vorstehenden Angaben sollen im Corporate Governance Bericht enthalten sein.
6.7 Im Rahmen der laufenden Öffentlichkeitsarbeit sollen die Termine der wesentlichen wiederkehrenden Veröffentlichungen (u. a. Geschäftsbericht, Zwischenberichte, Hauptversammlung) in einem "Finanzkalender" mit ausreichendem Zeitvorlauf publiziert werden.
6.8 Von der Gesellschaft veröffentlichte Informationen über das Unternehmen sollen auch über die Internetseite der Gesellschaft zugänglich sein. Die Internetseite soll übersichtlich gegliedert sein. Veröffentlichungen sollten auch in englischer Sprache erfolgen.

7. RECHNUNGSLEGUNG UND ABSCHLUSSPRÜFUNG
7.1 RECHNUNGSLEGUNG
7.1.1 Anteilseigner und Dritte werden vor allem durch den Konzernabschluss informiert. Sie sollen während des Geschäftsjahres durch Zwischenberichte unterrichtet werden. Der Konzernabschluss und die Zwischenberichte sollen unter Beachtung international anerkannter Rechnungslegungsgrundsätze aufgestellt werden. Für gesellschaftsrechtliche Zwecke (Ausschüttungsbemessung, Gläubigerschutz) werden Jahresabschlüsse nach nationalen Vorschriften (HGB) aufgestellt, die auch Grundlage für die Besteuerung sind.
7.1.2 Der Konzernabschluss wird vom Vorstand aufgestellt und vom Abschlussprüfer sowie vom Aufsichtsrat geprüft. Zusätzlich sind die Prüfstelle für Rechnungslegung bzw. die Bundesanstalt für Finanzdienstleistungsaufsicht befugt, die Übereinstimmung des Konzernabschlusses mit den maßgeblichen Rechnungslegungsvorschriften zu überprüfen (Enforcement). Der Konzernabschluss soll binnen 90 Tagen nach Geschäftsjahresende, die Zwischenberichte sollen binnen 45 Tagen nach Ende des Berichtszeitraums, öffentlich zugänglich sein.
7.1.3 Der Corporate Governance Bericht soll konkrete Angaben über Aktienoptionsprogramme und ähnliche wertpapierorientierte Anreizsysteme der Gesellschaft enthalten.
7.1.4 Die Gesellschaft soll eine Liste von Drittunternehmen veröffentlichen, an denen sie eine Beteiligung von für das Unternehmen nicht untergeordneter Bedeutung hält. Handelsbestände von Kredit- und Finanzdienstleistungsinstituten, aus denen keine Stimmrechte ausgeübt werden, bleiben hierbei unberücksichtigt. Es sollen angegeben werden: Name und Sitz der Gesellschaft, Höhe des Anteils, Höhe des Eigenkapitals und Ergebnis des letzten Geschäftsjahres.
7.1.5 Im Konzernabschluss sollen Beziehungen zu Aktionären erläutert werden, die im Sinne der anwendbaren Rechnungslegungsvorschriften als nahe stehende Personen zu qualifizieren sind.

7.2 ABSCHLUSSPRÜFUNG
7.2.1 Vor Unterbreitung des Wahlvorschlags soll der Aufsichtsrat bzw. der Prüfungsausschuss eine Erklärung des vorgesehenen Prüfers einholen, ob und ggf. welche geschäftlichen, finanziellen, persönlichen oder sonstigen Beziehungen zwischen dem Prüfer und seinen Organen und Prüfungsleitern einerseits und dem Unternehmen und seinen Organmitgliedern andererseits bestehen, die Zweifel an seiner Unabhängigkeit begründen können. Die Erklärung soll sich auch darauf erstrecken, in welchem Umfang im vorausgegangenen Geschäftsjahr andere Leistungen für das Unternehmen, insbesondere auf dem Beratungssektor, erbracht wurden bzw. für das folgende Jahr vertraglich vereinbart sind. Der Aufsichtsrat soll mit dem Abschlussprüfer vereinbaren, dass der Vorsitzende des Aufsichtsrats bzw. des Prüfungsausschusses über während der Prüfung auftretende mögliche Ausschluss- oder Befangenheitsgründe unverzüglich unterrichtet wird, soweit diese nicht unverzüglich beseitigt werden.
7.2.2 Der Aufsichtsrat erteilt dem Abschlussprüfer den Prüfungsauftrag und trifft mit ihm die Honorarvereinbarung.
7.2.3 Der Aufsichtsrat soll vereinbaren, dass der Abschlussprüfer über alle für die Aufgaben des Aufsichtsrats wesentlichen Feststellungen und Vorkommnisse unverzüglich berichtet, die sich bei der Durchführung der Abschlussprüfung ergeben.
Der Aufsichtsrat soll vereinbaren, dass der Abschlussprüfer ihn informiert bzw. im Prüfungsbericht vermerkt, wenn er bei Durchführung der Abschlussprüfung Tatsachen feststellt, die eine Unrichtigkeit der von Vorstand und Aufsichtsrat abgegebenen Erklärung zum Kodex ergeben.
7.2.4 Der Abschlussprüfer nimmt an den Beratungen des Aufsichtsrats über den Jahres- und Konzernabschluss teil und berichtet über die wesentlichen Ergebnisse seiner Prüfung.

Anhang 3: Compliance Scorecard basierend auf dem DCGK 2006 mit verbaler Beschreibung

	COMPLIANCE SCORECARD mit verbaler Beschreibung
I	AKTIONÄRE UND HAUPTVERSAMMLUNG
I.1	Er [der Versammlungsleiter] sollte sich davon leiten lassen, dass eine ordentliche Hauptversammlung spätestens nach 4 bis 6 Stunden beendet ist.
I.2	Sind die durch das Gesetz für die Hauptversammlung verlangten Berichte und Unterlagen (inkl. Geschäftsbericht) zusammen mit der Tagesordnung auch auf der Internet-Seite der Gesellschaft veröffentlicht?
I.3	Die Gesellschaft soll allen in- und ausländischen Finanzdienstleistern, Aktionären und Aktionärsvereinigungen, die dies vor nicht länger als einem Jahr verlangt haben, die Einberufung der Hauptversammlung mitsamt den Einberufungsunterlagen mitteilen, auf Verlangen auch auf elektronischem Wege.
I.4	Die Gesellschaft soll den Aktionären die persönliche Wahrnehmung ihrer Rechte erleichtern.
I.5	Auch bei der Stimmrechtsvertretung soll die Gesellschaft die Aktionäre unterstützen.
I.6	Der Vorstand soll für die Bestellung eines Vertreters für die weisungsgebundene Ausübung des Stimmrechts der Aktionäre sorgen.
I.7	Dieser [der Vertreter] sollte auch während der Hauptversammlung erreichbar sein.
I.8	Die Gesellschaft sollte den Aktionären die Verfolgung der Hauptversammlung über moderne Kommunikationsmedien (z.B. Internet) ermöglichen.
II	ZUSAMMENWIRKEN VON VORSTAND UND AUFSICHTSRAT
II.1	Der Aufsichtsrat soll die Informations- und Berichtspflichten des Vorstands näher festlegen.
II.2	In mitbestimmten Aufsichtsräten sollten die Vertreter der Aktionäre und der Arbeitnehmer die Sitzungen des Aufsichtsrates jeweils gesondert, gegebenenfalls mit Mitgliedern des Vorstands, vorbereiten.
II.3	Der Aufsichtsrat sollte bei Bedarf ohne den Vorstand tagen.
II.4	In angezeigten Fällen sollte der Vorstand eine außerordentliche Hauptversammlung einberufen, in der die Aktionäre über das Übernahmeangebot beraten und gegebenenfalls über gesellschaftsrechtliche Maßnahmen beschließen.
II.5	Schließt die Gesellschaft für Vorstand und Aufsichtsrat eine D&O-Versicherung ab, so soll ein angemessener Selbstbehalt vereinbart werden.
II.6	Berichten Vorstand und Aufsichtsrat jährlich im Geschäftsbericht über die Corporate Governance des Unternehmens (Corporate Governance Bericht) und werden dabei auch eventuelle Abweichungen von den Empfehlungen erläutert?
II.7	Wird im Corporate Governance Bericht auch zu den Kodexanregungen Stellung genommen?
II.8	Werden die Entsprechenserklärungen bis zu fünf Jahren auf der Internetseite der Gesellschaft zugänglich gemacht?
III	VORSTAND
III.1	Der Vorstand soll aus mehreren Personen bestehen und einen Vorsitzenden oder Sprecher haben.
III.2	Eine Geschäftsordnung soll die Geschäftsverteilung und die Zusammenarbeit im Vorstand regeln.
III.3	Das Aufsichtsratsplenum soll auf Vorschlag des Gremiums, das die Vorstandsverträge behandelt, über die Struktur des Vergütungssystems für den Vorstand beraten.
III.4	Das Aufsichtsratsplenum soll [die Vorstandsverträge] regelmäßig überprüfen.
III.5	Die monetären Vergütungsteile sollen fixe und variable Bestandteile umfassen.
III.6	Die variablen Vergütungsteile sollten einmalige sowie jährlich wiederkehrende, an den geschäftlichen Erfolg gebundene Komponenten und auch Komponenten mit langfristiger Anreizwirkung und Risikocharakter enthalten.
III.7	Aktienoptionen und vergleichbare Gestaltungen sollen auf anspruchsvolle, relevante Vergleichsparameter bezogen sein.
III.8	Eine nachträgliche Änderung der Erfolgsziele oder der Vergleichsparameter soll ausgeschlossen sein.
III.9	Für außerordentliche, nicht vorhergesehene Entwicklungen soll der Aufsichtsrat eine Begrenzungsmöglichkeit (Cap) vereinbaren.
III.10	Der Vorsitzende des Aufsichtsrats soll die Hauptversammlung über die Grundzüge des Vergütungssystems und deren Veränderung informieren.
III.11	Die Offenlegung soll in einem Vergütungsbericht erfolgen, der als Teil des Corporate Governance Berichts auch das Vergütungssystem für die Vorstandsmitglieder in allgemein verständlicher Form erläutert.
III.12	Die Darstellung der konkreten Ausgestaltung eines Aktienoptionsplans oder vergleichbarer Gestaltungen für Komponenten mit langfristiger Anreizwirkung und Risikocharakter soll deren Wert umfassen.
III.13	Bei Versorgungszusagen soll jährlich die Zuführung zu den Pensionsrückstellungen oder Pensionsfonds angegeben werden.
III.14	Der Vergütungsbericht soll auch Angaben zur Art der von der Gesellschaft erbrachten Nebenleistungen enthalten.
III.15	Jedes Vorstandsmitglied soll Interessenkonflikte dem Aufsichtsrat gegenüber unverzüglich offen legen und die anderen Vorstandsmitglieder hierüber informieren.
III.16	Wesentliche Geschäfte [zwischen dem Unternehmen einerseits und den Vorstandsmitgliedern sowie ihnen nahe stehenden Personen oder ihnen persönlich nahe stehenden Unternehmungen andererseits] sollen der Zustimmung des Aufsichtsrats bedürfen.
III.17	Vorstandsmitglieder sollen Nebentätigkeiten, insbesondere Aufsichtsratsmandate außerhalb des Unternehmens, nur mit Zustimmung des Aufsichtsrats übernehmen.
IV	AUFSICHTSRAT
IV.1	Er [der Aufsichtsrat] soll gemeinsam mit dem Vorstand für eine langfristige Nachfolgeplanung sorgen.
IV.2	Der Aufsichtsrat kann die Vorbereitung der Bestellung von Vorstandsmitgliedern einem Ausschuss übertragen, der auch die Bedingungen des Anstellungsvertrages einschließlich der Vergütung festlegt.
IV.3	Bei Erstbestellungen [von Vorstandsmitgliedern] sollte die maximal mögliche Bestelldauer von 5 Jahren nicht die Regel sein.
IV.4	Eine Wiederbestellung vor Ablauf eines Jahres vor dem Ende der Bestelldauer bei gleichzeitiger Aufhebung der laufenden Bestellung soll nur bei Vorliegen besonderer Umstände erfolgen.
IV.5	Eine Altersgrenze für Vorstandsmitglieder soll festgelegt werden.
IV.6	Der Aufsichtsrat soll sich eine Geschäftsordnung geben.
IV.7	Der Aufsichtsratsvorsitzende soll zugleich Vorsitzender der Ausschüsse sein, die die Vorstandsverträge behandeln und die Aufsichtsratssitzungen vorbereiten.

IV.8	Den Vorsitz im Prüfungsausschuss (Audit Committee) sollte er [der Aufsichtsratsvorsitzende] nicht innehaben.
IV.9	Der Aufsichtsratsvorsitzende soll mit dem Vorstand, insbesondere mit dem Vorsitzenden bzw. Sprecher des Vorstands, regelmäßig Kontakt halten und mit ihm die Strategie, die Geschäftsentwicklung und das Risikomanagement des Unternehmens beraten.
IV.10	Der Aufsichtsratsvorsitzende soll sodann [nach Eintreten wichtiger Ereignisse] den Aufsichtsrat unterrichten und erforderlichenfalls eine außerordentliche Aufsichtsratssitzung einberufen.
IV.11	Der Aufsichtsrat soll abhängig von den spezifischen Gegebenheiten des Unternehmens und der Anzahl seiner Mitglieder fachlich qualifizierte Ausschüsse bilden.
IV.12	Der Aufsichtsrat soll einen Prüfungsausschuss (Audit Commitee) einrichten, der sich insbesondere mit Fragen der Rechnungslegung und des Risikomanagements, der erforderlichen Unabhängigkeit des Abschlussprüfers, der Erteilung des Prüfungsauftrags an den Abschlussprüfer, der Bestimmung von Prüfungsschwerpunkten und der Honorarvereinbarung befasst.
IV.13	Der Vorsitzende des Prüfungsausschusses soll über besondere Kenntnisse und Erfahrungen in der Anwendung von Rechnungslegungsgrundsätzen und internen Kontrollverfahren verfügen.
IV.14	Er [der Vorsitzende des Prüfungsausschusses] sollte kein ehemaliges Vorstandsmitglied der Gesellschaft sein.
IV.15	Der Aufsichtsrat kann weitere Sachthemen zur Behandlung an einen oder mehrere Ausschüsse verweisen.
IV.16	Der Aufsichtsrat kann vorsehen, dass Ausschüsse die Sitzungen des Aufsichtsrats vorbereiten und darüber hinaus auch anstelle des Aufsichtsrats entscheiden.
IV.17	Bei Vorschlägen zur Wahl von Aufsichtsratsmitgliedern soll darauf geachtet werden, dass dem Aufsichtsrat jederzeit Mitglieder angehören, die über die zur ordnungsgemäßen Wahrnehmung der Aufgaben erforderlichen Kenntnisse, Fähigkeiten und fachlichen Erfahrungen verfügen.
IV.18	Dabei sollen die internationale Tätigkeit des Unternehmens, potenzielle Interessenkonflikte und eine festzulegende Altersgrenze für Aufsichtsratsmitglieder berücksichtigt werden.
IV.19	Um eine unabhängige Beratung und Überwachung des Vorstands durch den Aufsichtsrat zu ermöglichen, soll dem Aufsichtsrat ein nach seiner Einschätzung ausreichende Anzahl unabhängiger Mitglieder angehören.
IV.20	Dem Aufsichtsrat sollen nicht mehr als zwei ehemalige Mitglieder des Vorstands angehören.
IV.21	Aufsichtsratsmitglieder sollen keine Organfunktion oder Beratungsfunktion bei wesentlichen Wettbewerbern des Unternehmens ausüben.
IV.22	Wahlen zum Aufsichtsrat sollen als Einzelwahl durchgeführt werden.
IV.23	Ein Antrag auf gerichtliche Bestellung eines Aufsichtsratsmitglieds soll bis zur nächsten Hauptversammlung befristet sein.
IV.24	Kandidatenvorschläge für den Aufsichtsratsvorsitz sollen den Aktionären bekannt gegeben werden.
IV.25	Der Wechsel des bisherigen Vorstandsvorsitzenden oder eines Vorstandsmitglieds in den Aufsichtsratsvorsitz oder den Vorsitz eines Aufsichtsratsausschusses soll nicht die Regel sein.
IV.26	Eine entsprechende Absicht [Bezug auf 5.4.4 S1] soll der Hauptversammlung besonders begründet sein.
IV.27	Wer dem Vorstand einer börsennotierten Gesellschaft angehört, soll insgesamt nicht mehr als fünf Aufsichtsratsmandate in konzernexternen börsennotierten Gesellschaften wahrnehmen.
IV.28	Durch die Wahl bzw. Neuwahl von Aufsichtsratsmitgliedern zu unterschiedlichen Terminen und für unterschiedliche Amtsperioden kann Veränderungserfordernissen Rechnung getragen werden.
IV.29	Dabei [Vergütung der Aufsichtsratsmitglieder] sollen der Vorsitz und der stellvertretende Vorsitz im Aufsichtsrat sowie der Vorsitz und die Mitgliedschaft in den Ausschüssen berücksichtigt werden.
IV.30	Die Mitglieder des Aufsichtsrats sollen neben einer festen eine erfolgsorientierte Vergütung erhalten.
IV.31	Die erfolgsorientierte Vergütung sollte auch auf den langfristigen Unternehmenserfolg bezogene Bestandteile enthalten.
IV.32	Die Vergütung der Aufsichtsratsmitglieder soll im Corporate Governance Bericht individualisiert, aufgegliedert nach Bestandteilen ausgewiesen werden.
IV.33	Auch die vom Unternehmen an die Mitglieder des Aufsichtsrats gezahlten Vergütungen oder gewährten Vorteile für persönlich erbrachte Leistungen, insbesondere Beratungs- und Vermittlungsleistungen, sollen individualisiert im Corporate Governance Bericht gesondert angegeben werden.
IV.34	Falls ein Mitglied des Aufsichtsrats in einem Geschäftsjahr an weniger als der Hälfte der Sitzungen des Aufsichtsrats teilgenommen hat, soll dies im Bericht des Aufsichtsrats vermerkt werden.
IV.35	Jedes Aufsichtsratsmitglied soll Interessenkonflikte, insbesondere solche, die aufgrund einer Beratung oder Organfunktion bei Kunden, Lieferanten, Kreditgebern oder sonstigen Geschäftspartnern entstehen können, dem Aufsichtsrat gegenüber offen legen.
IV.36	Der Aufsichtsrat soll in seinem Bericht an die Hauptversammlung über aufgetretene Interessenkonflikte und deren Behandlung informieren.
IV.37	Wesentliche und nicht nur vorübergehende Interessenkonflikte in der Person eines Aufsichtsratsmitglieds sollen zur Beendigung des Mandats führen.
IV.38	Der Aufsichtsrat soll regelmäßig die Effizienz seiner Tätigkeit prüfen.
V	TRANSPARENZ
V.1	Sie [die Gesellschaft] soll ihnen [den Aktionären] unverzüglich sämtliche neuen Tatsachen, die Finanzanalysten und vergleichbare Adressaten mitgeteilt worden sind, zur Verfügung stellen.
V.2	Zur zeitnahen und gleichmäßigen Information der Aktionäre soll die Gesellschaft geeignete Kommunikationsmedien, wie etwa das Internet, nutzen.
V.3	Informationen, die die Gesellschaft im Ausland aufgrund der jeweiligen kapitalmarktrechtlichen Vorschriften veröffentlicht, sollen auch im Inland unverzüglich bekannt gegeben werden.
V.4	Der Besitz von Aktien der Gesellschaft oder sich darauf beziehender Finanzinstrumente, von Vorstands- und Aufsichtsratsmitgliedern soll angegeben werden, wenn er direkt oder indirekt größer als 1% der von der Gesellschaft ausgegebenen Aktien ist.
V.5	Übersteigt der Gesamtbesitz aller Vorstands- und Aufsichtsratsmitglieder 1% der von der Gesellschaft ausgegebenen Aktien, soll der Gesamtbesitz getrennt nach Vorstand und Aufsichtsrat angegeben werden.
V.6	Sämtliche vorstehenden Angaben sollen im Corporate Governance Bericht enthalten sein.
V.7	Im Rahmen der laufenden Öffentlichkeitsarbeit sollen die Termine der wesentlichen wiederkehrenden Veröffentlichungen (unter anderem Geschäftsbericht, Zwischenberichte, Hauptversammlung) in einem "Finanzkalender" mit ausreichendem Zeitvorlauf publiziert werden.
V.8	Von der Gesellschaft veröffentlichte Informationen über das Unternehmen sollen auch über die Internetseite der Gesellschaft

	zugänglich sein.
V.9	Die Internetseite soll übersichtlich gegliedert sein.
V.10	Veröffentlichungen sollten auch in englischer Sprache erfolgen.
VI	RECHNUNGSLEGUNG UND ABSCHLUSSPRÜFUNG
VI.1	Sie [Anteilseigner und Dritte] sollen während des Geschäftsjahres durch Zwischenberichte unterrichtet werden.
VI.2	Der Konzernabschluss und die Zwischenberichte sollen unter Beachtung international anerkannter Rechnungslegungsgrundsätze aufgestellt werden.
VI.3	Der Konzernabschluss soll binnen 90 Tagen nach Geschäftsjahresende öffentlich zugänglich sein.
VI.4	Die Zwischenberichte sollen binnen 45 Tagen nach Ende des Berichtszeitraums öffentlich zugänglich sein.
VI.5	Der Corporate Governance Bericht soll konkrete Abgaben über Aktienoptionsprogramme und ähnliche wertpapiererorientierte Anreizsysteme der Gesellschaft enthalten.
VI.6	Die Gesellschaft soll eine Liste von Drittunternehmen veröffentlichen, an denen sie eine Beteiligung von für das Unternehmen nicht untergeordneter Bedeutung hält.
VI.7	Es sollen angegeben werden: Name und Sitz der Gesellschaft, Höhe des Anteils, Höhe des Eigenkapitals und Ergebnis des letzten Geschäftsjahres.
VI.8	Im Konzernabschluss sollen Beziehungen zu Aktionären erläutert werden, die im Sinne der anwendbaren Rechnungslegungsvorschriften als nahe stehende Personen zu qualifizieren sind.
VI.9	Vor Unterbreitung des Wahlvorschlags soll der Aufsichtsrat bzw. der Prüfungsausschuss eine Erklärung des vorgesehenen Prüfers einholen, ob und ggf. welche geschäftlichen, finanziellen, persönlichen oder sonstigen Beziehungen zwischen dem Prüfer und seinen Organen und Prüfungsleitern einerseits und dem Unternehmen und seinen Organmitgliedern andererseits bestehen, die Zweifel an seiner Unabhängigkeit begründen können.
VI.10	Die Erklärung soll sich auch darauf erstrecken, in welchem Umfang im vorausgegangenen Geschäftsjahr andere Leistungen für das Unternehmen, insbesondere auf dem Beratungssektor, erbracht wurden bzw. für das folgende Jahr vertraglich vereinbart wird.
VI.11	Der Aufsichtsrat soll mit dem Abschlussprüfer vereinbaren, dass der Vorsitzende des Aufsichtsrats bzw. des Prüfungsausschusses über während der Prüfung auftretende mögliche Ausschuss- und Befangenheitsgründe unverzüglich unterrichtet wird, soweit dies nicht unverzüglich beseitigt wird.
VI.12	Der Aufsichtsrat soll vereinbaren, dass der Abschlussprüfer über alle für die Aufgaben des Aufsichtsrats wesentlichen Feststellungen und Vorkommnisse unverzüglich berichtet, die sich bei der Durchführung der Abschlussprüfung ergeben.
VI.13	Der Aufsichtsrat soll vereinbaren, dass der Abschlussprüfer ihn informiert bzw. im Prüfungsbericht vermerkt, wenn er bei Durchführung der Abschlussprüfung Tatsachen feststellt, die eine Unrichtigkeit der von Vorstand und Aufsichtsrat abgegebenen Erklärung zum Kodex ergeben.

Anhang 4: Regeln der Compliance Scorecard mit formativer Reliabilität unter 0,7 bzw. 0,8

3 Reliabilitätskoeffizienten < 0,70	π	κ	α
I.1	0,654	0,655	0,545
I.3	0,657	0,658	0,000
I.7	0,653	0,656	0,471
I.8	0,660	0,662	0,522
II.2	0,688	0,690	0,547
II.3	0,692	0,694	0,541
II.4	0,692	0,694	0,541
III.6	0,690	0,692	0,547
IV.2	0,615	0,620	0,382
IV.3	0,690	0,692	0,547
IV.8	0,615	0,620	0,388
IV.14	0,615	0,620	0,393
IV.15	0,538	0,541	0,396
IV.16	0,538	0,544	0,305
IV.28	0,650	0,656	0,442
IV.31	0,675	0,680	0,465
V.5	0,657	0,658	0,000
Mind. 1 Reliabilitätskoeffizient < 0,80			
II.7	0,731	0,731	0,618
III.8	0,458	0,461	0,783
III.9	0,789	0,789	0,868
III.10	0,729	0,731	1,000
IV.7	0,790	0,790	0,490
IV.12	0,812	0,812	0,566
IV.26	0,657	0,658	1,000
IV.32	0,729	0,731	1,000
V.10	0,731	0,731	0,698

Anhang 5: Deklarierte Umsetzung der Regeln der Compliance Scorecard (nur Anregungen des DCGK)

REGEL	DAX	TecDAX	MDAX	SDAX	Gesamt
I.1	68,97	22,73	16,67	17,50	29,32
I.7	58,62	22,73	14,29	12,50	24,81
I.8	44,83	13,64	04,76	10,00	16,54
II.2	55,17	22,73	14,29	22,50	27,07
II.3	65,52	27,27	14,29	22,50	30,08
II.4	65,52	27,27	16,67	40,00	36,09
II.7	68,97	27,27	19,05	22,50	32,33
III.6	58,62	22,73	14,29	12,50	24,81
IV.2	65,52	22,73	16,76	15,00	27,82
IV.3	58,62	22,73	14,29	17,50	26,32
IV.8	62,07	22,73	16,76	17,50	27,82
IV.14	58,62	22,73	16,76	10,00	24,81
IV.15	62,07	22,73	16,76	10,00	25,56
IV.16	65,52	22,73	16,76	10,00	26,32
IV.28	31,03	22,73	09,52	12,50	17,29
IV.31	41,38	22,73	11,90	10,00	19,55
V.10	65,52	27,27	14,29	20,00	29,32

Anhang 6: Erfüllung der Unterkategorien der Transparency & Disclosure Scorecard

REGEL	DAX	TecDAX	MDAX	SDAX	Gesamt
I.1	84,61	80,00	97,06	90,91	89,38
I.2	100,00	85,00	94,12	84,85	91,15
I.3	100,00	85,00	100,00	93,94	95,58
I.4	100,00	65,00	97,06	100,00	92,92
I.5	92,23	75,00	94,12	87,88	88,50
I.6	80,76	75,00	55,88	48,48	62,83
I.7	19,23	10,00	14,71	21,21	16,81
II.1	100,00	90,00	100,00	93,94	96,46
II.2	92,31	35,00	100,00	93,94	84,96
II.3	84,62	70,00	58,82	60,61	67,26
II.4	69,23	85,00	64,71	72,73	71,68
II.5	57,69	25,00	32,35	45,45	40,71
III.1	80,76	90,00	91,18	75,76	84,07
III.2	100,00	95,00	97,06	93,94	96,46
III.3	100,00	65,00	88,24	63,64	79,64
III.4	46,15	30,00	17,65	12,12	24,78
III.5	65,38	65,00	55,88	48,48	57,52
III.6	96,15	100,00	100,00	100,00	99,12
III.7	96,15	100,00	100,00	100,00	99,12
III.8	100,00	100,00	97,06	81,82	93,81
IV.1	80,77	65,00	64,71	78,79	72,57
IV.2	100,00	90,00	97,06	93,94	95,58
IV.3	100,00	60,00	76,47	63,64	75,22
IV.4	96,15	55,00	76,47	63,64	73,45
IV.5	80,77	65,00	58,82	81,82	71,68
IV.6	46,15	55,00	44,12	33,33	43,36
IV.7	92,31	80,00	76,47	45,45	71,68
IV.8	34,61	75,00	29,41	27,27	38,05
V.1	84,61	30,00	35,29	33,33	45,13
V.2	76,92	75,00	47,06	63,64	63,72
V.3	00,00	40,00	14,71	18,18	16,81
V.4	92,31	75,00	82,35	54,55	75,22
V.5	19,23	20,00	05,88	24,24	16,81
V.6	34,62	30,00	47,06	24,24	34,51
VI.1	23,08	05,00	17,65	03,03	12,39
VI.2	100,00	90,00	88,24	84,85	90,27
VI.3	19,23	10,00	08,82	12,12	12,39
VI.4	65,38	20,00	41,18	21,21	37,17

Anhang 7: Koordinaten der Zeilenpunkte im Korrespondenzraum, Symmetrische Normalisierung: Dimensionen dominierende Regeln der Compliance Scorecard

		Wert in Dimension			Beitrag des/der				
				Übersicht über	Punktes an der Trägheit der Dimension		Dimension an der Trägheit des Punktes		
Regel	Masse	1	2	Trägheit	1	2	1	2	Gesamtübersicht
10	,011	1,775	4,630	,989	,034	,228	,034	,230	,264
11	,011	-,908	2,749	,989	,009	,080	,009	,081	,090
12	,011	-4,296	-2,583	,989	,196	,071	,198	,072	,270
13	,011	1,769	-,957	,989	,033	,010	,034	,010	,043
15	,011	1,681	-3,023	,989	,030	,097	,030	,098	,129
24	,011	-6,209	3,063	,989	,410	,100	,415	,101	,515
25	,011	-1,588	1,796	,989	,027	,034	,027	,035	,062
48	,011	2,056	1,306	,989	,045	,018	,045	,018	,064
84	,011	-1,347	-1,684	,989	,019	,030	,020	,030	,050

Anhang 8: Koordinaten der Zeilenpunkte im Korrespondenzraum, Symmetrische Normalisierung: Dimensionen dominierende Regeln der Transparency & Disclosure Scorecard

		Wert in Dimension			Beitrag des/der				
				Übersicht über	Punktes an der Trägheit der Dimension		Dimension an der Trägheit des Punktes		
Regel	Masse	1	2	Trägheit	1	2	1	2	Gesamtübersicht
1	,026	-1,610	,000	,474	,068	,000	,144	,000	,144
2	,026	5,629	,059	,974	,834	,000	,856	,000	,856
5	,026	-1,610	,000	,474	,068	,000	,144	,000	,144
10	,026	-,050	1,175	,974	,000	,036	,000	,037	,037
15	,026	-,079	1,829	,974	,000	,088	,000	,090	,091
18	,026	-,047	1,727	,974	,000	,078	,000	,081	,081
23	,026	-,074	1,496	,974	,000	,059	,000	,060	,061
25	,026	-,118	-4,000	,974	,000	,421	,000	,433	,433
26	,026	,074	-1,485	,474	,000	,058	,000	,122	,123
29	,026	,074	-1,485	,474	,000	,058	,000	,122	,123
36	,026	-,086	-1,679	,974	,000	,074	,000	,076	,076

Literaturverzeichnis

Abdelsalam, O. H./Bryant, S. M./Street, D. L. (2007): An examination of the comprehensiveness of corporate internet reporting provided by London-listed companies. In: *Journal of International Accounting Research*, 6(2), S. 1-33.

Achleitner, A.-K./Bassen, A. (2001): Konzeptionelle Einführung in die Investor Relations am Neuen Markt. In: Achleitner, A.-K./Bassen, A. (Hrsg.): *Investor Relations am Neuen Markt*, Stuttgart, S. 3-20.

Achleitner, A.-K./Pietzsch, L. (2005): Investor Relations - Kommunikation und Erwartungsmanagement. In: Hungenberg, H./Meffert, J. (Hrsg.): *Handbuch Strategisches Management*, 2. Aufl., Wiesbaden, S. 374-394.

Achleitner, A.-K./Bassen, A./Pietzsch, L. (2001a): *Kapitalmarktkommunikation von Wachstumsunternehmen*, Stuttgart.

Achleitner, A.-K./Bassen, A./Pietzsch, L. (2001b): Empirische Studien zu Investor Relations in Deutschland. Eine kritische Analyse und Auswertung des Forschungsstandes. In: Achleitner, A.-K./Bassen, A. (Hrsg.): *Investor Relations am Neuen Markt*, Stuttgart, S. 23-59.

Achleitner, A.-K./Groth, T./Pietzsch, L. (2005): Bestimmungsfaktoren der Analystenabdeckung. In: *Finanz Betrieb*, 7(4), S. 261-272.

Adams, R. B./Ferreira, D. (2005): *A theory of friendly boards*, ECGI - Finance Working Paper No. 100.

Adrian, T./Rosenberg, J. (2008): Stock returns and volatility: Pricing the short-run and long-run components of market risk. In: *Journal of Finance*, 63(6), S. 2997-3030.

Aggarwal, R./Williamson, R. G. (2006): *Did new regulations target the relevant corporate governance attributes?*, Working Paper, Georgetown University Washington.

Agrawal, A./Jaffe, J. F./Mandelker, G. N. (1992): The post-merger performance of acquiring firms: A re-examination of an anomaly. In: *Journal of Finance*, 47(4), S. 1605-1621.

Agrawal, A./Knoeber, C. R. (1996): Firm performance and mechanisms to control agency problems between managers and shareholders. In: *Journal of Financial and Quantitative Analysis*, 31(3), S. 377-398.

Aguilera, R. V./Cuervo-Cazurra, A. (2009): Codes of corporate governance. In: *Corporate Governance: An International Review*, 17(3), S. 376-387.

Aguilera, R. V./Jackson, G. (2003): The cross-national diversity of corporate governance: Dimensions and determinants. In: *Academy of Management Review*, 28(3), S. 447-465.

Ahmed, A. S./Song, M./Stevens, D. E. (2009): Earnings characteristics and analysts' differential interpretation of earnings announcements: An empirical analysis. In: *Accounting & Finance*, 49(2), S. 223-246.

Akaike, H. (1974): A new look at the statistical model identification. In: *IEEE Transactions on Automatic Control*, 19(6), S. 716-723.

Akerlof, G. A. (1970): The market for lemons: Quality uncertainty and the market mechanism. In: *Quarterly Journal of Economics*, 84(3), S. 488-500.

Akkermans, D./Ees, H. van/Hermes, N./Hooghiemstra, R./Laan, G. van der/Postma, T./Witteloostuijn, A. van (2007): Corporate governance in the Netherlands: an overview of the application of the Tabaksblat Code in 2004. In: *Corporate Governance: An International Review*, 15(6), S. 1106-1118.

Aksu, M./Kosedag, A. (2006): Transparency and disclosure scores and their determinants in the Istanbul Stock Exchange. In: *Corporate Governance: An International Review*, 14(4), S. 277-296.

Alchian A. A./Demsetz, H. (1972): Production, information costs, and economic organization. In: *American Economic Review*, 62(5), S. 777-795.

Alchian, A. A./Woodward, S. (1988): The firm is dead; long live the firm. In: *Journal of Economic Literature*, 26(1), S. 65-79.

Allen, F. (2005): Corporate governance in emerging economies. In: *Oxford Review of Economic Policy*, 21(2), S. 164-177.

Altmann, G. (2003): *Unternehmensführung und Innovationserfolg: Eine empirische Untersuchung im Maschinenbau*, Wiesbaden.

Alves, C./Mendes, V. (2004): Corporate governance policy and company performance: the Portuguese case. In: *Corporate Governance: An International Review*, 12(3), S. 290-301.

Ambachtsheer, J. (2006): A change of climate. In: *Global Investor*, 194, S. 63-64.

Amemiya, T. (1980): Selection of regressors. In: *International Economic Review*, 21(2), S. 331-354.

Amemiya, T. (1981): Qualitative response models: A survey. In: *Journal of Economic Literature*, 19(4), S. 1483-1536.

Amstutz, M. D. (2007): *Macht und Ohnmacht des Aktionärs*, Zürich.

Anderson, R. C./Lee, D. S. (1997): Ownership studies: the data source does matter. In: *Journal of Financial and Quantitative Analysis*, 32(3), S. 311-329.

Anderson, R. C./Reeb, D. M. (2003): Founding-family ownership and firm performance: Evidence from the S&P 500. In: *Journal of Finance*, 58(3), S. 1301-1328.

Arbeitskreis „Externe Unternehmensrechnung" (AKEU) der Schmalenbach-Gesellschaft, Köln (2006): Externe Corporate Governance-Berichterstattung. In: *Der Betrieb*, 59(20), S. 1069-1071.

Argyris, C. (1964): *Integrating the individual and the organization*, New York.

Arnsfeld, T./Growe, S. (2006): Corporate Governance-Ratings in Deutschland. In: *Finanz Betrieb*, 8(11), S. 715-720.

Atteslander, P. (2003): *Methoden der empirischen Sozialforschung*, 10. Aufl., Berlin.

Auer-Rizzi, W. (2007): Vertrauen. In: Auer-Rizzi, W./Blazejewski, S./Dorow, W./Reber, G. (Hrsg.): *Unternehmenskulturen in globaler Interaktion*, Wiesbaden, S. 115-129.

Backhaus, K./Erichson, B./Plinke, W./Weiber, R. (2006): *Multivariate Analysemethoden*, 11. Aufl., Berlin et al.

Bae, K.-H./Lim, C./Wei, K. C. J. (2006): Corporate governance and conditional skewness in the world's stock markets. In: *Journal of Business*, 79(6), S. 2999-3028.

Baetge, J./Schewe, G./Schulz, R./Solmecke, H. (2007): Unternehmenskultur und Unternehmenserfolg: Stand der empirischen Forschung und Konsequenzen für die Entwicklung eines Messkonzeptes. In: *Journal für Betriebswirtschaft*, 57(3-4), S. 183-219.

Baetge, J./Brembt, T. (2008): Compliance in der Finanzberichterstattung. In: *Zeitschrift Führung + Organisation*, 77(3), S. 153-155.

Bagozzi, R. P. (1981): Evaluating structural equation models with unobservable variables and measurement error: A comment. In: *Journal of Marketing Research*, 18(3), S. 375-381.

Bagozzi, R. P./Yi, Y. (1988): On the evaluation of structural equation models. In: *Journal of the Academy of Marketing Science*, 16(1), S. 74-94.

Bakeman, R./Gottman, J. M. (1986): *Observing interaction*, Cambridge et al.

Ballwieser, W. (1997): Grenzen des Vergleichs von Rechnungslegungssystemen - dargestellt anhand von HGB, US-GAAP und IAS. In: Forster, K.-H./Grunewald, B./Lutter, M./Semler, J. (Hrsg.): *Aktien- und Bilanzrecht*, Düsseldorf, S. 371-391.

Ballwieser, W. (2009): Shareholder Value als Element von Corporate Governance. In: *Zeitschrift für betriebswirtschaftliche Forschung*, 61(2), S. 93-101.

Banghøj, J./Plenborg, T. (2008): Value relevance of voluntary disclosure in the annual report. In: *Accounting & Finance*, 48(2), S. 159-180.

Bannier, C. E./Tyrell, M. (2005): *Modelling the role of credit rating agencies - Do they spark off a virtuous cycle?* Finance and Accounting Working Paper, 160, J. W. Goethe-University Frankfurt a. M.

Banz, R. W. (1981): The relationship between return and market value of common stocks. In: *Journal of Financial Economics*, 9(1), S. 3-18.

Barako, D. G./Hancock, P./Izan, H. Y. (2006): Factors influencing voluntary corporate disclosure by Kenyan companies. In: *Corporate Governance: An International Review*, 14(2), S. 107-125.

Barber, B. M./Lyon, J. D. (1997): Detecting long-run abnormal stock returns: The empirical power and specifications of test statistics. In: *Journal of Financial Economics*, 43(3), S. 341-372.

Barbour, R. (2008): *Introducing qualitative research*, Los Angeles et al.

Barnea, A./Haugen, R. A./Senbet, L. W. (1981): Market imperfections, agency problems, and capital structure: A review. In: *Financial Management*, 10(3), S. 7-22.

Barth, M. E./Beaver, M./Landsman, W. (2001): The relevance of the value relevance literature for financial accounting standard setting: Another view. In: *Journal of Accounting and Economics*, 31(1-3), S. 77-104.

Barth, M. E./Konchitchki, Y./Landsman, W. (2007): *Cost of capital and financial statement transparency*, Working Paper, Stanford University.

Barth, M. E./Schipper, K. (2008): Financial reporting transparency. In: *Journal of Accounting, Auditing & Finance*, 23(2), S. 173-190.

Bartov, E./Givoly, D./Hayn, C. (2002): The rewards to meeting or beating earnings expectations. In: *Journal of Accounting and Economics*, 33(2), S. 173-204.

Bassen, A./Frank, R. (2007): Environmental, Social & Governance: Neue Einblicke in Unternehmen. In: *Die Bank*, 2007(6), S. 26-30.

Bassen, A./Frank, R./Levermann, S./Plümer, M. (2006a): Messung des Erfolgs von Finanzkommunikation mit Perception Profiles der DVFA. In: *Finanz Betrieb*, 8(11), S. 689-695.

Bassen, A./Klein, R./Zöllner, C. (2006b): Ratingsysteme der Corporate Governance: Eine kritische Bestandsanalyse. In: *Zeitschrift Führung + Organisation*, 75(2), S. 81-87.

Bassen, A./Kleinschmidt, M./Prigge, S./Zöllner, C. (2006c): Deutscher Corporate Governance Kodex und Unternehmenserfolg. In: *Die Betriebswirtschaft*, 66(4), S. 375-401.

Bassen, A./Kleinschmidt, M./Zöllner, C. (2004): Corporate Governance Quality Study 2004. In: *Finanz Betrieb*, 6(7-8), S. 527-533.

Bassen, A./Pupke, D./Zöllner, C. (2006d): Corporate Governance Rating auf Basis der DVFA-Scorecard. In: *Finanz Betrieb*, 8(9), S. 551-557.

Bassen, A./Prigge, S./Zöllner, C. (2009): Behind broad corporate governance aggregates: A first look at single provisions of the German Corporate Governance Code. In: *Corporate Ownership & Control*, 6(3), S. 388-406.

Bates, G. E. (1940): The board of directors. In: *Harvard Business Review*, 19(1), S. 72-82.

Bauer, R./Frijns, B./Otten, R./Tourani-Rad, A. (2008): The impact of corporate governance on corporate performance: Evidence from Japan. In: *Pacific-Basin Finance Journal*, 16(3), S. 236-251.

Bauer, R./Günster, N./Otten, R. (2004): Empirical evidence on corporate governance in Europe - The effect on stock returns, firm value and performance. In: *Journal of Asset Management*, 5(2), S. 91-104.

Bauguess, S. W./Moeller, S. B./Schlingemann, F. P./Zutter, C. J. (2009): Ownership structure and target returns. In: *Journal of Corporate Finance*, 15(1), S. 48-65.

Baums, T. (1995): Der Aufsichtsrat - Aufgaben und Reformfragen. In: *Zeitschrift für Wirtschaftsrecht*, 16(1), S. 11-17.

Bauwhede, H. van der/Willekens, M. (2008): Disclosure on corporate governance in the European Union. In: *Corporate Governance: An International Review*, 16(2), S. 101-115.

Baysinger, B. D./Butler, H. N. (1985): Corporate governance and the board of directors: Performance effects of changes in board composition. In: *Journal of Law, Economics and Organization*, 1(1), S. 101-124.

Bearden, W. D./Teel, J. E. (1983): Selected determinants of customer satisfaction and complaint reports. In: *Journal of Marketing Research*, 20(1), S. 21-28.

Beattie, V. A./McInnes, B./Fearnley, S. (2004): A methodology for analysing and evaluating narratives in annual reports: A comprehensive description profile and metrics for disclosure quality attributes. In: *Accounting Forum*, 28(3), S. 205-236.

Beaver, W. H./McAnally, M. L./Stinson, C. H. (1997): The information content of earnings and prices: A simultaneous equations approach. In: *Journal of Accounting and Economics*, 23(1), S. 53-81.

Bebchuk, L. A./Fried, J. M. (2006): Pay without performance: Overview of the issues. In: *Academy of Management Perspectives*, 20(1), S. 5-24.

Bebchuk, L. A./Cohen, A./Ferrell, A. (2009): What matters in corporate governance? In: *Review of Financial Studies*, 22(2), S. 783-827.

Beccerra, M./Gupta, A. K. (1999): Trust within the organization: Integrating the trust literature with agency theory and transaction cost economics. In: *Public Administration Quarterly*, 23(2), S. 177-203.

Becht, M./Bolton, P./Röell, A. (2003): Corporate governance and control. In: Constantinides, G. M./Harris, M./Stulz, R. M. (Hrsg.): *Handbook of the economics of finance*, Volume 1A, S. 1-109.

Becht, M./Röell, A. (1999): Blockholdings in Europe: An international comparison. In: *European Economic Review*, 43(4-6), S. 1049-1056.

Beeks, W./Brown, P. (2006): Do better-governed Australian firms make more informative disclosures? In: *Journal of Business Finance & Accounting*, 33(3-4), S. 422-450.

Behr, G. (1995): Corporate Governance - Schlagwort oder Trendwende? In: *Der Schweizer Treuhänder*, 69(12), S. 1017-1020.

Behr, P./Güttler, A. (2008): The informational content of unsolicited ratings. In: *Journal of Banking & Finance*, 32(4), S. 587-599.

Behrens, P. (1998): Corporate Governance. In: Basedow, J. (Hrsg.): *Festschrift für Ulrich Drobnig zum siebzigsten Geburtstag*, Tübingen, S. 491-506.

Beiner, S./Drobetz, W./Schmid, F./Zimmermann, H. (2004): Is board size an independent corporate governance mechanism? In: *Kyklos*, 57(3), S. 327-356.

Beiner, S./Drobetz, W./Schmid, M./Zimmermann, H. (2005): Corporate Governance, Unternehmensbewertung und Wettbewerb. Eine Untersuchung für die Schweiz. In: Franz, W./ Ramser, H. J./Stadler, M. (Hrsg.): *Funktionsfähigkeit und Stabilität von Finanzmärkten*, Tübingen, S. 27-53.

Beiner, S./Drobetz, W./Schmid, M. M./Zimmermann, H. (2006): An Integrated Framework of Corporate Governance and Firm Valuation. In: *European Financial Management*, 12(2), S. 249-283.

Bennedsen, M./Wolfenzon, D. (2000): The balance of power in closely held corporations. In: *Journal of Financial Economics*, 58(1-2), S. 113-139.

Benninghaus, H. (2007): *Deskriptive Statistik*, 11. Aufl., Wiesbaden.

Bentler, P. M./Bonett, D. B. (1980): Significance tests and goodness of fit in the analysis of covariance structures. In: *Psychological Bulletin*, 88(3), S. 588-606.

Benz, A. (2004): *Governance - Regieren in komplexen Regelsystemen*, Wiesbaden.

Benz, A./Lütz, S./Schimank, U./Simonis, G. (2007): *Handbuch Governance*, Wiesbaden.

Berelson, B. (1971): *Content analysis in communication research*, Nachdruck der Ausgabe von 1952, New York.

Beretta, S./Bozzolan, S. (2008): Quality versus quantity: The case of forward-looking disclosure. In: *Journal of Accounting, Auditing & Finance*, 23(3), S. 333-375.

Berg, S./Stöcker, M. (2002): Anwendungs- und Haftungsfragen zum Deutschen Corporate Governance Kodex. In: *Wertpapiermitteilungen - Zeitschrift für Wirtschafts- und Bankrecht*, 56(31), S. 1569-1582.

Berghe, L. A. A. van den/Levrau, A. (2003): Measuring the quality of corporate governance: In search of a tailormade approach? In: *Journal of General Management*, 28(3), S. 71-86.

Berglöf, E./Pajuste, A. (2005): What do firms disclose and why? Enforcing corporate governance and transparency in Central and Eastern Europe. In: *Oxford Review of Economic Policy*, 21(2), S. 178-197.

Berglöf, E./Thadden, E.-L. von (1999): *The changing corporate governance paradigm*, Lausanne.

Berle, A. A./Means, G. C. (1932): *The modern corporation and private property*, New York.

Berrar, C. (2001): *Die Entwicklung der Corporate Governance in Deutschland im internationalen Vergleich*, Baden-Baden.

Bhagat, S./Black, B. (2002): The non-correlation between board independence and long-term firm performance. In: *Journal of Corporation Law*, 27(2), S. 231-273.

Bhagat, S./Bolton, B. (2008): Corporate governance and firm performance. In: *Journal of Corporate Finance*, 14(3), S. 257-273.

Bhat, G./Hope, O.-K./Kang, T. (2006): Does corporate governance transparency affect the accuracy of analyst forecasts? In: *Accounting & Finance*, 46(5), S. 715-732.

Bilandzic, H./Koschel, F./Scheufele, B. (2001): Theoretisch-heuristische Segmentierung im Prozess der empiriegeleiteten Kategorienbildung. In: Wirth, W./Lauf, E. (Hrsg.): *Inhaltsanalyse: Perspektiven, Probleme, Potenziale*, Köln, S. 98-116.

Black, B./Jang, H./Kim, W. (2006a): Does corporate governance predict firms' market values? Evidence from Korea. In: *Journal of Law, Economics, and Organization*, 22(2), S. 366-413.

Black, B./Jang, H../Kim, W. (2006b): Predicting firms' corporate governance choices: Evidence from Korea. In: *Journal of Corporate Finance*, 12(3), S. 660-691.

Blair, M. M. (1995): *Ownership and control, rethinking corporate governance for the twenty-first century*, Washington.

Blair, M. M. (2003): Shareholder value, corporate governance, and corporate performance. In: Cornelius, P. K./Kogut, B. (Hrsg.): *Corporate governance and capital flows in a global economy*, Oxford, New York, S. 53-82.

Blair, M. M./Stout, L. A. (1999): A team production theory of corporate law. In: *Virginia Law Review*, 85(2), S. 247-328.

Blalock, H. M. jr. (1971): *Causal models in the social sciences*, Chicago.

Börsch-Supan, A./Köke, J. (2002): An applied econometricians' view of empirical corporate governance studies. In: *German Economic Review*, 3(3), S. 295-326.

Börsig, C. (2008): Die Publikumsgesellschaft im Spannungsfeld zwischen Kapitalmarktregulierung und effizienter Unternehmensführung. In: Küting, K./Pfitzer, N./Weber, C.-P. (Hrsg.): *Bilanz als Informations- und Kontrollinstrument*, Stuttgart, S. 101-113.

Bøhren, Ø./Ødegaard, B. A. (2006): Governance and performance revisited. In: Ali, P. U./ Gregoriou, G. N. (Hrsg.): *International corporate governance after Sarbanes-Oxley*, Hoboken/NJ, S. 27-64.

Bollen, K. A./Long, J. S. (1992): Tests for structural equation models. In: *Sociological Methods & Research*, 21(2), S. 123-131.

Bortz, J. (1993): *Statistik für Sozialwissenschaftler*, 4. Aufl., Berlin et al.

Bortz, J. (2005): *Statistik für Human- und Sozialwissenschaftler*, 6. Aufl., Heidelberg.

Bortz, J./Döring, N. (2002): *Forschungsmethoden und Evaluationen für Human- und Sozialwissenschaftler*, 3. Aufl., Heidelberg.

Bortz, J./Döring, N. (2006): *Forschungsmethoden und Evaluationen für Human- und Sozialwissenschaftler*, 4. Aufl., Heidelberg.

Bortz, J./Lienert, G. A./Boehnke, K. (2008): *Verteilungsfreie Methoden in der Biostatistik*, 3. Aufl., Heidelberg.

Botosan, C. A. (1997): Disclosure level and the cost of equity capital. In: *Accounting Review*, 72(3), S. 323-349.

Botosan, C. A./Plumlee, M. A./Xie, Y. (2004): The role of private information precision in determining cost of equity capital. In: *Review of Accounting Studies*, 9(2-3), S. 233-259.

Boubaker, S./Labégorre, F. (2008): Ownership structure, corporate governance and analyst following: A study of French listed firms. In: *Journal of Banking & Finance*, 32(6), S. 961-976.

Boulding, W./Kalra, A./Staelin, R./Zeithaml, V. A. (1993): A dynamic process model of service quality. From expectations to behavioral intentions. In: *Journal of Marketing Research*, 30(1), S. 7-27.

Brailsford, T./O'Brien, M. A. (2008): Disentangling size from momentum in Australian stock returns. In: *Australian Journal of Management*, 32(3), S. 463-484.

Brancato, C. K. (1997): *Institutional investors and corporate governance*, Chicago et al.

Branson, D. M. (2004): The very uncertain prospects of 'global' convergence in corporate governance. In: Clarke, T. (Hrsg.): *Theories of corporate governance*, London et al., S. 259-286.

Brar, G./Giamouridis, D./Liodakis, M. (2009): Predicting European takeover targets. In: *European Financial Management*, 15(2), S. 430-450.

Brealey, R. A./Myers, S. C. (2003): *Financing and risk management*, New York et al.

Brealey, R. A./Myers, S. C./Allen, F. (2008): *Principles of corporate finance*, 9. Aufl., Boston et al.

Brennan, M. J./Jegadeesh, N./Swaminathan, B. (1993): Investment analysis and the adjustment of stock prices to common information. In: *Review of Financial Studies*, 6(4), S. 799-824.

Bress, S. (2008): *Corporate Governance in Deutschland*, Köln.

Brett, J. M./Shapiro, D. L./Lytle, A. L. (1998): Breaking the bonds of reciprocity in negotiations. In: *Academy of Management Journal*, 41(4), S. 410-424.

Brickley, J. A./Coles, J. L./Terry, R. L. (1994): Outside directors and the adoption of poison pills. In: *Journal of Financial Economics*, 35(3), S. 371-390.

Brönnimann, T. (2003): *Corporate Governance und die Organisation des Verwaltungsrates*, Bern et al.

Brosius, H.-B./Koschel, F./Haas, A. (2008): *Methoden der empirischen Kommunikationsforschung*, 4. Aufl., Wiesbaden.

Brotte, J. (1997): *US-amerikanische und deutsche Geschäftsberichte*, Wiesbaden.

Brown, D. M./Laverick, S. (1994): Measuring corporate performance. In: *Long Range Planning*, 27(4), S. 89-98.

Brown, J. L./Petersen, B. C. (2009): Why has the investment-cash flow sensitivity declined so sharply? Rising R&D and equity market developments. In: *Journal of Banking & Finance*, 33(5), S. 971-948.

Brown, L. D./Caylor, M. L. (2006): Corporate governance and firm valuation. In: *Journal of Accounting and Public Policy*, 25(4), S. 409-434.

Brown, L. D./Caylor, M. L. (2009): Corporate governance and firm operating performance. In: *Review of Quantitative Finance and Accounting*, 32(2), S. 129-144.

Brown, S. J./Warner, J. B. (1980): Measuring security price performance. In: *Journal of Financial Economics*, 8(3), S. 205-258.

Browne, M. W./Cudeck, R. (1993): Alternative ways of assessing equation model fit. In: Bollen, K. A./Long, J. S. (Hrsg.): *Testing structural equation models*, Newbury Park, S. 136-162.

Brühl, R./Buch, S. (2006): *Einheitliche Gütekriterien in der empirischen Forschung? - Objektivität, Reliabilität und Validität in der Diskussion*, ESCP-EAP Working Paper, No. 20.

Bruhn, M. (2000): Kundenerwartungen - Theoretische Grundlagen, Messung und Managementkonzept. In: *Zeitschrift für Betriebswirtschaft*, 70(9), S. 1031-1054.

Bruhn, M./Georgi, D. (2000): Kundenerwartungen als Steuerungsgröße. In: *Marketing - Zeitschrift für Forschung und Praxis*, 22(3), S. 185-196.

Bruno, V. G./Claessens, S. (2006): *Corporate governance and regulation: Can there be too much of a good thing?* ECGI - Finance Working Paper No. 142.

Buckley, A./Ross, S. A./Westerfield, R. W./Jaffe, J. F. (2000): *Finanzmanagement europäischer Unternehmen*, London et al.

Burg, T. van der/Prinz, A. (2006): Empowering small shareholders: a comparison of three instruments. In: *Corporate Governance: An International Review*, 14(5), S. 406-417.

Burnham, K. P./Anderson, D. R. (2002): *Model selection and multimodel inference*, 2. Aufl., New York et al.

Burkart, M./Gromb, D./Panunzi, F. (1997): Large shareholders, monitoring and the value of the firm. In: *Quarterly Journal of Economics*, 112(3), S. 693-728.

Bushman, R. M./Smith, A. J. (2003): Transparency, financial accounting information, and corporate governance. In: *Economic Policy Review*, 9(1), S. 65-87.

Bushman, R. M./Piotroski, J. D./Smith, A. J. (2004): What determines corporate transparency? In: *Journal of Accounting Research*, 42(2), S. 207-252.

Buß, E./Fink-Heuberger, U. (2000): *Image-Management*, Frankfurt a. M.

Byrd, J. W./Hickman, K. A. (1992): Do outside directors monitor managers? In: *Journal of Financial Economics*, 32(2), S. 195-221.

Cadbury Committee Report (1992): *Financial aspects of corporate governance*, London.

Cai, C. X./Keasey, K./Short, H. (2006): Corporate governance and information efficiency in security markets. In: *European Financial Management*, 12(5), S. 763-787.

Cain, K. (2003): Survey: New efforts to strengthen corporate governance: Why use SRO Listing Standards? In: *Columbia Business Law Review*, 2003(3), S. 619-659.

Carver, J. (2007): The promise of governance theory: beyond codes and best practices. In: *Corporate Governance: An International Review*, 15(6), S. 1030-1037.

CEPS (1995): *Bericht des Centre of European Policy Studies (CEPS): Working Paper Report*, 12.

Chaganti, R./Damanpour, F. (1991): Institutional ownership, capital structure, and firm performance. In: *Strategic Management Journal*, 12(7), S. 479-491.

Chakravarthy, B. S. (1986): Measuring strategic performance. In: *Strategic Management Journal*, 7(7), S. 437-458.

Chan, H. W./Faff, R. W. (2005): Asset pricing and the illiquidity premium. In: *Financial Review*, 40(4), S. 429-458.

Chan, K./Chan, Y.-C./Fong, W.-M. (2004): Free float and market liquidity: A study of Hong Kong government intervention. In: *Journal of Financial Research*, 27(2), S. 179-197.

Chang, C.-Y./Chou, H.-Y./Wang, M.-T. (2006): Characterizing the corporate governance of UK listed construction companies. In: *Construction Management & Economics*, 24(6), S. 647-656.

Chatterjee, S./Price, B. (1977): *Regression analysis by example*, New York et al.

Chaudhry, M. K./Maheshwari, S./Webb, J. R. (2004): REITs and idiosyncratic risk. In: *Journal of Real Estate Research*, 26(2), S. 207-222.

Cheng, C. S. A./Collins, D./Huang, H. H. (2006): Shareholder rights, financial disclosure and the cost of equity capital. In: *Review of Quantitative Finance and Accounting*, 27(2), S. 175-204.

Cheng, C. S. A./Collins, D./Huang, H. H. (2008): The market response to the Standard & Poors transparency & disclosure rankings. In: *Corporate Ownership & Control*, 5(2), S. 244-254.

Cheng, S. (2008): Board size and the variability of corporate performance. In: *Journal of Financial Economics*, 87(1), S. 157-176.

Chen, K. C. W./Chen, Z./Wei, K. C. J. (2003): *Disclosure, corporate governance, and the cost of equity capital: Evidence from Asia's emerging markets*, Working Paper, Hong Kong University of Science and Technology.

Chiang, H. (2005): An empirical study of corporate governance and corporate performance. In: *Journal of American Academy of Business, Cambridge*, 6(1), S. 95-101.

Cho, M.-H. (1998): Ownership structure, investment and the corporate value: An empirical analysis. In: *Journal of Financial Economics*, 47(1), S. 103-121.

Cho, I.-K./Kreps, D. M. (1987): Signaling games and stable equilibria. In: *Quarterly Journal of Economics*, 102(2), S. 179-221.

Chung, K. H./Pruitt, S. W. (1996): Executive ownership, corporate value, and executive compensation: A unifying framework. In: *Journal of Banking & Finance*, 20(7), S. 1135-1159.

Clarke, T. (2004): Cycles of crisis and regulation: the enduring agency and stewardship problems of corporate governance. In: *Corporate Governance: An International Review*, 12(2), S. 153-161.

Clarke, T. (2005): Accounting for Enron: shareholder value and stakeholder interests. In: *Corporate Governance: An International Review*, 13(5), S. 598-612.

Clarke, T. (2007): *International corporate governance*, London, New York.

Claussen, C. P. (1996): Aktienrechtsreform 1997. In: *Die Aktiengesellschaft*, 41(11), S. 481-494.

Claussen, C. P./Bröcker, N. (2002): Der Corporate Governance Kodex aus der Perspektive der kleinen und mittleren Börsen-AG. In: *Der Betrieb*, 55(23), S. 1199-1206.

Clemm, H. (1995): Der Abschlussprüfer als Krisenwarner und der Aufsichtsrat. In: Lanfermann, J. (Hrsg.): *Internationale Wirtschaftsprüfung: Festschrift zum 65. Geburtstag von Hans Havermann*, Düsseldorf, S. 83-107.

Coase, R. C. (1937): The nature of the firm. In: *Economica*, 4(16), S. 386-405.

Coase, R. H. (1960): The problems of social costs. In: *Journal of Law and Economics*, 3(1), S. 1-40.

Coase, R. H. (1984): The new institutional economics. In: *Journal of Institutional and Theoretical Economics*, 140(1), S. 229-231.

Coffee jr, J. C. (1999): The future as history: The prospects for global convergence in corporate governance and its implications. In: *Northwestern University Law Review*, 93(2), S. 641-707.

Coffee jr., J. C./Berle, A. A. (1999): *The future as history: The prospects for global convergence in corporate governance and its implications*, Columbia Law School, Center for Law and Economic Studies, Working Paper No. 144.

Cohen, J. (1960): A coefficient of agreement for nominal scales. In: *Educational and Psychological Measurement*, 30(1), S. 37-46.

Cohen, K. J./Hawawini, G. A./Maier, S. F./Schwartz, R. A./Whitcomb, D. K. (1983): Estimating and adjusting for the intervalling-effect bias in beta. In: *Management Science*, 29(1), S. 135-148.

Collett, T./Hrasky, S. (2005): Voluntary disclosure of corporate governance practices by listed Australian companies. In: *Corporate Governance: An International Review*, 13(2), S. 188-196.

Collier, P./Zaman, M. (2005): Convergence in European corporate governance: the audit committee concept. In: *Corporate Governance: An International Review*, 13(6), S. 753-768.

Conger, A. J./Ward, D. G. (1984): Agreement among 2×2 agreement indices. In: *Educational and Psychological Measurement*, 44(2), S. 301-314.

Conner, R. F./Altman, D. G./Jackson, C. (1984): A brave new world for evaluation. In: Conner, R. F./Altman, D. G./Jackson, C. (Hrsg.): *Evaluation studies review annual: Vol. 9*, Beverly Hills/CA, S. 13-22.

Conyon, M. J./Peck, S. I. (1998): Board size and corporate performance: evidence from European countries. In: *European Journal of Finance*, 4(3), S. 291-304.

Conyon M. J./Schwalbach, J. (2000): European differences in executive pay and corporate governance. In: *Zeitschrift für Betriebswirtschaft*, 70(1), S. 146-157.

Coombes, P./Watson, M. (2000): Three surveys on corporate governance. In: *McKinsey Quarterly*, 2000(4), S. 74-77.

Copeland, T. E./Weston, J. F./Shastri, K. (2008): *Finanzierungstheorie und Unternehmenspolitik*, 4. Aufl., München.

Core, J. E./Holthausen, R. W./Larcker, D. F. (1999): Corporate governance, chief executive officer compensation, and firm performance. In: *Journal of Financial Economics*, 51(3), S. 371-406.

Cormier, D./Ledoux, M.-J./Magnan, M. (2009): The use of web sites as a disclosure platform for corporate performance. In: *International Journal of Accounting Information Systems*, 10 (1), S. 1-24.

Corrado, C. J. (1989): A nonparametric test for abnormal security-price performance in event studies. In: *Journal of Financial Economics*, 23(2), S. 385-395.

Creswell, J. W. (1999): Mixed-method research: Introduction and application. In: Cizek, G. J. (Hrsg.): *Handbook of educational policy*, San Diego et al., S. 455-472.

Creswell, J. W. (2003): *Research design: Qualitative, quanititative, and mixed method approaches*, 2. Aufl., Thousand Oaks.

Creswell, J. W./Plano Clark, V. L. (2007): *Designing and conducting mixed methods research*, Thousand Oaks.

Cromme, G. (2001): Wer sich nicht an den Kodex hält, den straft der Kapitalmarkt. In: *Frankfurter Allgemeine Zeitung*, 295, 19. Dezember 2001, S. 13.

Cromme, G. (2002): *Ausführungen anlässlich der Pressekonferenz nach Übergabe des Deutschen Corporate Governance-Kodex*, 26.02.2002.

Cromme, G. (2005): Corporate governance in Germany and the German Corporate Governance Code. In: *Corporate Governance: An International Review*, 13(3), S. 362-367.

Cromme, G. (2007): Corporate Governance - Zwischenbilanz und aktuelle Entwicklungen. In: Cromme, G. (Hrsg.): *Corporate Governance Report 2007*, Stuttgart, S. 23-36.

Cuthbertson, K./Hall, S. G./Taylor, M. P. (1992): *Applied econometric techniques*, New York et al.

Dahya, J./Dimitrov, O./McConnell, J. J. (2009): Does board independence matter in companies with a controlling shareholder? In: *Journal of Applied Corporate Finance*, 21(1), S. 67-78.

Daily, C. M./Dalton, D. R./Cannella, A. A. (2003): Corporate governance: Decades of dialogue and data. In: *Academy of Management Review*, 28(3), S. 371-382.

Daines, R. (2001): Does Delaware law improve firm value? In: *Journal of Financial Economics*, 62(3), S. 525-558.

Dallas, G. S. (2004): Methodological overview: Perspective of an external analyst. In: Dallas, G. S. (Hrsg.): *Governance and risk*, New York, S. 20-38.

Danielsson, J./Zigrand, J.-P. (2005): *On time-scaling of risk and the square-root-of-time rule*, EFA 2004 Maastricht Meetings Paper No. 5339.

Dann, L. Y./DeAngelo, H. (1988): Corporate financial policy and corporate control: A study of defensive adjustments in asset and ownership structure. In: *Journal of Financial Economics*, 20(1-2), S. 87-127.

Datta, D. K./Guthrie, J. P. (1994): Executive succession: Organizational antecedents of CEO characteristics. In: *Strategic Management Journal*, 15(7), S. 569-577.

Daucourt, T. (2009): The changing German landscape. In: *Risk Management*, 56(5), S. 60.

Davis, E. P. (2002): Institutional investors, corporate governance and the performance of the corporate sector. In: *Economic Systems*, 26(3), S. 203-229.

Davis, J. H./Schoorman, D. F./Donaldson, L. (1997): Toward a stewardship theory of management. In: *Academy of Management Review*, 22(1), S. 20-47.

DCGK (2002): *Deutscher Corporate Governance Kodex in der Fassung vom 26. Februar 2002 (gültig bis 7. November 2002)*, Düsseldorf.

DCGK (2005): *Deutscher Corporate Governance Kodex in der Fassung vom 02. Juni 2005 (gültig bis 23. Juli 2006)*, Düsseldorf.

DCGK (2006): *Deutscher Corporate Governance Kodex in der Fassung vom 12. Juni 2006 (gültig bis 19. Juli 2007)*, Düsseldorf.

DCGK (2007): *Deutscher Corporate Governance Kodex in der Fassung vom 14. Juni 2007*, Düsseldorf.

De Andres, P./Azofra, V./Lopez, F. (2005): Corporate boards in OECD countries: size, composition, functioning and effectiveness. In: *Corporate Governance: An International Review*, 13(2), S. 197-210.

De Vaus, D. (2001): *Research design in social research*, London et al.

De Vaus, D. (2002): *Analyzing social science data*, London et al.

De Wever, B./Schellens, T./Valcke, M./Keer, H. van (2006): Content analysis schemes to analyze transcripts of online asynchronous discussion groups: A review. In: *Computers & Education*, 46(1), S. 6-28.

Deakin, S. (2005): The coming transformation of shareholder value. In: *Corporate Governance: An International Review*, 13(1), S. 11-18.

Deane, S. (2006): Corporate governance: From compliance obligation to business imperative. In: *Corporate Governance Advisor*, 14(4), S. 13-20.

DeAngelo, L. E. (1981): Auditor size and audit quality. In: *Journal of Accounting and Economics*, 3(3), S. 183-199.

DeFond, M. L./Jiambalvo, J. (1994): Debt covenant violation and manipulation of accruals. In: *Journal of Accounting and Economics*, 17(1-2), S. 145-176.

Del Brio, E. B./Maia-Ramires, E./Perote, J. (2006): Corporate governance mechanisms and their impact on firm value. In: *Corporate Ownership & Control*, 4(1), S. 25-36.

Deminor Rating (2004): *The global corporate governance benchmark applied to Europe*, Brüssel.

Demsetz, H. (1983): The structure of ownership and the theory of the firm. In: *Journal of Law and Economics*, 26(2), S. 375-390.

Demsetz, H./Lehn, K. (1983): The structure of corporate ownership: Causes and consequences. In: *Journal of Political Economy*, 93(6), S. 1155-1177.

Demsetz, H./Villalonga, B. (2001): Ownership structure and corporate performance. In: *Journal of Corporate Finance*, 7(3), S. 209-233.

Denis, D. J./Denis, D. K. (1994): Majority ownership-managers and organizational efficiency. In: *Journal of Corporate Finance*, 1(1), S. 91-118.

Dentchev, N. A./Heene, A. (2003): *Reputation management: Sending the right signal to the right stakeholder*, Working paper Ghent University, Department of Management and Organization.

Denzin, N. K./Lincoln, Y. S. (1994): *Handbook of qualitative research*, Thousand Oaks.

Deutsche Börse (2009): *Leitfaden zu den Aktienindizes der Deutschen Börse*, Version 6.11, April 2009, Frankfurt a. M.

Diamond, D. W./Verrecchia, R. E. (1983): Optimal managerial contracts and equilibrium security prices. In: *Journal of Finance*, 37(2), S. 275-287.

Diamond, D. W./Verrecchia, R. E. (1991): Disclosure, liquidity, and the cost of capital. In: *Journal of Finance*, 46(4), S. 1325-1359.

Diaz, M. A./Sanchez, R. (2008): Firm size and productivity in Spain: a stochastic frontier analysis. In: *Small Business Economics*, 30(3), S. 315-323.

Diekmann, H./Merkner, A. (2002): Deutscher Corporate Governance Kodex und Entwicklung unternehmenseigener Corporate Governance Kodices. In: Achleitner, A.-K./Thoma, G. F. (Hrsg.): *Handbuch Corporate Finance*, 2. Aufl., 6. Ergänzungslieferung, Köln, S. 1-26.

DiPiazza, S. A./Eccles, R. G. (2003): *Vertrauen durch Transparenz*, 1. Aufl., Weinheim.

Dietl, H. M. (1998): *Capital markets and corporate governance in Japan, Germany and the United States*, London et al.

Dimitrakopoulos, D./Spahr, R. (2003): Ablauf eines Ratingverfahrens bei internationalen Ratingagenturen. In: Achleitner, A.-K./Everling, O. (Hrsg.): *Rating Advisory*, Wiesbaden, S. 151-162.

Döring, R./Grau, T. (2009): Anwendbarkeit der Änderungen durch das VorstAG auf die paritätisch mitbestimmte GmbH. In: *Der Betrieb*, 62(40), S. 2139-2142.

Dörner, D. (1995): Der Abschlussprüfer als Überwachungsorgan. In: Scheffler, E. (Hrsg.): *Corporate Governance*, Wiesbaden, S. 171-207.

Dörner, D./Orth, C. (2005): Bedeutung der Corporate Governance für Unternehmen und Kapitalmärkte. In: Pfitzer, N./Oser, P./Orth, C. (Hrsg.): *Deutscher Corporate Governance Kodex. Ein Handbuch für Entscheidungsträger*, 2. Aufl., S. 3-22.

Doidge, C. (2004): US crosslistings and the private benefits of control: Evidence from dual-class firms. In: *Journal of Financial Economics*, 72(3), S. 519-553.

Doidge, C./Karolyi, G. A./Stulz, R. M. (2004): Why are foreign firms listed on the US worth more? In: *Journal of Financial Economics*, 71(2), S. 205-238.

Doidge, C./Karolyi, G. A./Stulz, R. M. (2007): Why do countries matter so much for corporate governance? In: *Journal of Financial Economics*, 86(1), S. 1-39.

Donaldson, L./Davis, J. H. (1991): Stewardship theory or agency theory: CEO governance and shareholder returns. In: *Australian Journal of Management*, 16(1), S. 49-64.

Donaldson, T./Preston, L. E. (1995): The stakeholder theory of the corporation: Concepts, evidence and implications. In: *Academy of Management Review*, 20(1), S. 65-91.

Donker, H./Zahir, S. (2008): Takeovers, corporate control, and return to target shareholders. In: *International Journal of Corporate Governance*, 1(1), S. 106-134.

Dorfleitner, G. (2003): Why the return notion matters. In: *International Journal of Theoretical & Applied Finance*, 6(1), S. 73-86.

Dougherty, C. (2007): *Introduction to econometrics*, 3. Aufl., Oxford et al.

Drees, B./Eckwert, B. (2000): Leverage and the price volatility of equity shares in equilibrium. In: *Quarterly Review of Economics and Finance*, 40(2), S. 155-167.

Drobetz, W./Schillhofer, A./Zimmermann, H. (2004): Ein Corporate Governance Rating für deutsche Publikumsgesellschaften. In: *Zeitschrift für Betriebswirtschaft*, 74(1), S. 5-25.

Druckman, D./Hopmann, T. (2002): Content analysis. In: Kremenyuk, V. A. (Hrsg.): *International negotiation: Analysis, approaches, issues*, San Francisco, S. 288-314.

Drukarczyk, J. (1993): *Theorie und Politik der Finanzierung*, 2. Aufl., München.

Drummen, M./Zimmermann, H. (1992): The structure of European stock returns. In: *Financial Analysts Journal*, 48(4), S. 15-26.

Du Plessis, J. J./Saenger, I. (2007): An overview of the corporate governance debate in Germany. In: Du Plessis, J. J./Großfeld, B./Luttermann, C./Saenger, I./Sandrock, O. (Hrsg.): *German corporate governance in international and European context*, Berlin et al., S. 9-36.

Dühnfort, A. M./Klein, C./Lampenius, N. (2008): Theoretical foundations of corporate governance revisited: A critical review. In: *Corporate Ownership & Control*, 6(2), S. 424-433.

Durisin, B./Puzone, F. (2009): Maturation of corporate governance research, 1993-2007: An assessment. In: *Corporate Governance: An International Review*, 17(3), S. 266-291.

Durnev, A./Kim, E. H. (2005): To steal or not to steal: Firm attributes, legal environment, and valuation. In: *Journal of Finance*, 60(3), S. 1461-1493.

Dutta, S./Jog, V. (2009): The long-term performance of acquiring firms: A re-examination of an anomaly. In: *Journal of Banking & Finance*, 33(8), S. 1400-1412.

Dutzi, A. (2005): *Der Aufsichtsrat als Instrument der Corporate Governance*, Wiesbaden.

DVFA (2006): *Scorecard for German corporate governance*, Dreieich.

Dyck A./Zingales, L. (2004): Private benefits of control: An international comparison. In: *Journal of Finance*, 59(2), S. 537-600.

Dyllick, T. (1984): Das Anspruchsgruppen-Konzept: Eine Methodik zum Erfassen der Umweltbeziehungen der Unternehmung. In: *Academy of Management Review*, 53(2), S. 74-78.

Easterbrook, F. H./Fischel, D. R. (1991): *The economic structure of corporate law*, Cambridge/MA.

Eberhartinger, M. (2005): Der Österreichische Corporate Governance Kodex vor dem Hintergrund europäischer und nationaler Entwicklungen. In: Haller, A. (Hrsg.): *Wirtschaftsprüfung und Corporate Governance in Österreich*, Wien, S. 67-90.

Eberle, D. (2007): Corporate Governance. In: Benz, A./Lütz, S./Schimank, U./Simonis, G. (Hrsg.): *Handbuch Governance*, Wiesbaden, S. 378-389.

Ebers, M./Gotsch, W. (1999): Institutionenökonomische Theorien der Organisation. In: Kieser, A. (Hrsg.): *Organisationstheorien*, 3. Aufl., Stuttgart et al.

Eccles, R. G./Weibel, P. F. (2002): Wertsteigerung durch Reporting: Lücken in der Berichterstattung am Schweizer Kapitalmarkt. In: Siegwart, H./Mahari, J./Ruffner, M. (Hrsg.): *Corporate governance, shareholder value & finance*, 9, S. 695-717.

Eckstein, P. P. (2004): *Angewandte Statistik mit SPSS*, 4. Aufl., Berlin.

Edwards, J. S. S./Weichenrieder, A. J. (2004): Ownership concentration and share valuation: Evidence from Germany. In: *German Economic Review*, 5(2), S. 143-171.

Ees, H. van/Gabrielsson, J./Huse, M. (2009): Toward a behavioral theory of boards and corporate governance. In: *Corporate Governance: An International Review*, 17(3), S. 307-319.

Eisele, F. (2006): *Going private in Deutschland*, Wiesbaden.

Eisenberg, T./Sundgren, S./Wells, M. T. (1998): Larger board size and decreasing firm value in small firms. In: *Journal of Financial Economics*, 48(1), S. 35-54.

Eisenhardt, K. M./Graebner, M. E. (2007): Theory building form cases: Opportunities and challenges. In: *Academy of Management Journal*, 50(1), S. 25-32.

Elangovan, A. R./Auer-Rizzi, W./Szabo, E. (2007): Why don't I trust you now? An attributional approach to erosion of trust. In: *Journal of Managerial Psychology*, 22(1), S. 4-24.

Eldomiaty, T. I./Choi, C. J. (2006): Corporate governance and strategic transparency: East Asia in the international business systems. In: *Corporate Governance: International Journal of Business in Society*, 6(3), S. 281-295.

Eng, L. L./Mak, Y. T. (2003): Corporate governance and voluntary disclosure. In: *Journal of Accounting and Public Policy*, 22(4), S. 325-345.

Epps, R. W./Cereola, S. J. (2008): Do Institutional Shareholder Services (ISS) corporate governance ratings reflect a company's operating performance? In: *Critical Perspectives on Accounting*, 19(8), S. 1135-1148.

Epstein, R. J. (1989): The fall of OLS in structural estimation. In: *Oxford Economic Papers*, 41(1), S. 94-107.

Ernst, E./Gassen, J./Pellens, B. (2005): *Verhalten und Präferenzen deutscher Aktionäre*. Studien des Deutschen Aktieninstituts, 29, Frankfurt a. M.

Fahlenbrach, R./Stulz, R. M. (2009): Managerial ownership dynamics and firm value. In: *Journal of Financial Economics*, 92(3), S. 342-361.

Fahrmeir, L./Künstler, R./Pigeot, I./Tutz, G. (1999): *Statistik*, 2. Aufl., Berlin et al.

Fairfield, P. M./Ramnath, S./Yohn, T. L. (2009): Do industry-level analyses improve forecasts of financial performance? In: *Journal of Accounting Research*, 47(1), S. 147-178.

Fama, E. F. (1980): Agency problems and the theory of the firm. In: *Journal of Political Economy*, 88(2), S. 288-317.

Fama, E. F./French, K. R. (1993): Common risk factors in the returns of stocks and bonds. In: *Journal of Financial Economics*, 33(1), S. 3-56.

Fama, E. F./French, K. R. (1996): The CAPM is wanted, dead or alive. In: *Journal of Finance*, 51(5), S. 1947-1959.

Fama, E. F./French, K. R. (1998): Value versus growth: The international evidence. In: *Journal of Finance*, 53(6), S. 1975-1999.

Fama, E. F./French, K. R. (2000): Forecasting profitability and earnings. In: *Journal of Business*, 73(2), S. 161-175.

Fard-Yazdani, D. (2002): Die Internetseiten als IR-Instrument einer guten Corporate Governance. In: Sommer, H. K. (Hrsg.): *Being public*, Heidelberg, S. 77-97.

Fernández-Rodríguez, E./Gómez-Ansón, S./Cuervo-García, Á. (2004): The stock market reaction to the introduction of best practices codes by Spanish firms. In: *Corporate Governance: An International Review*, 12(1), S. 29-46.

Ferris, S. P./Kim, K. A./Noronha, G. (2009): The effect of crosslisting on corporate governance: A review of the international evidence. In: *Corporate Governance: An International Review*, 17(3), S. 338-352.

Fischer, B. R. (2001): *Performanceanalyse in der Praxis*, 2. Aufl., München, Wien.

Fischer, J./Holzkämper, H. (2005): Die Rolle des Rating Advisors. In: Everling, O./Schmidt-Bürgel, J. (Hrsg.): *Kapitalmarktrating*, Wiesbaden, S. 73-91.

Fleiss, J. L. (1975): Measuring the agreement between two raters on the presence or absence of a trait. In: *Biometrics*, 31(3), S. 651-659.

Fleiss, J. L./Cohen, J. (1973): The equivalence of weighted kappa and the intraclass correlation coefficient as measures of reliability. In: *Educational and Psychological Measurement*, 33(3), S. 613-619.

Flick, U. (2007): *Qualitative Sozialforschung*, Reinbek bei Hamburg.

Forster, K.-H. (1998): Zur Teilnahme des Abschlussprüfers an der Bilanzsitzung des Aufsichtsrats und zur Berichterstattung in der Sitzung. In: Matschke, M. J./Schildbach, T. (Hrsg.): *Unternehmensberatung und Wirtschaftsprüfung. Festschrift für Prof. Dr. Günter Sieben zum 65. Geburtstag*, Stuttgart, S. 375-386.

Frank, R. (2005): Corporate Governance in Deutschland. In: *GoingPublic*, 9(12), S. 44-45.

Franke, G./Hax, H. (2004): *Finanzwirtschaft des Unternehmens und Kapitalmarkt*, Berlin et al.

Frankel, R./McNichols, M./Wilson, G. P. (1995): Discretionary disclosure and external financing. In: *Accounting Review*, 70(1), S. 135-150.

Franks, J. R./Harris, R. S. (1989): Shareholder wealth effects of corporate takeovers: The U.K. experience 1955-1985. In: *Journal of Financial Economics*, 23(2), S. 225-249.

Frantzmann, H.-J. (2000): Zur Messung des Marktrisikos deutscher Aktien. In: *Zeitschrift für betriebswirtschaftliche Forschung*, 52(1), S. 67-83.

French K. R./Schwert G. W./Stambaug, R. F. (1987): Expected stock returns and volatility. In: *Journal of Financial Economics*, 19(1), S. 3-29.

Frentrop, P. (2003): *A history of corporate governance*, Amsterdam.

Frese, E. (2000): *Grundlagen der Organisation*, 8. Aufl., Wiesbaden.

Friedrichs, J. (1990): *Methoden empirischer Sozialforschung*, 14. Aufl., Opladen.

Frohn, J. (1995): *Grundausbildung in Ökonometrie*, 2. Aufl., Berlin et al.

Früh, W. (1998): *Inhaltsanalyse: Theorie und Praxis*, 4. Aufl., Konstanz.

Funkhouser, G. R./Parker, E. B. (1968): Analyzing coding reliability: The random-systematic-error coefficient. In: *Public Opinion Quarterly*, 32(1), S. 122-128.

Furubotn, E. G./Pejovich, S. (1972): Property rights and economic theory: A survey of recent literature. In: *Journal of Economic Literature*, 10(4), S. 1137-1162.

Gatignon, H. (2003): *Statistical analysis of management data*, Norwell/MA.

Gazes, J./Meakin, R./Chambers, D./Ridehalgh, N./Fernandes, F. (2002): *Communicating value: A survey of transparency in external reporting in the telecommunications industry*, New York.

Geerings J./Bollen, L. H. H./Hassink, H. F. D. (2003): Investor relations on the internet: a survey of the Euronext zone. In: *European Accounting Review*, 12(3), S. 567-579.

Gehrig, T. (2005): Koreferat zu Beiner, S./Drobetz, W./Schmid, M./Zimmermann, H.: Corporate Governance, Unternehmensbewertung und Wettbewerb. Eine Untersuchung für die Schweiz. In: Franz, W./Ramser, H. J./Stadler, M. (Hrsg.): *Funktionsfähigkeit und Stabilität von Finanzmärkten*, Tübingen, S. 55-59.

Gelhausen, H. F. (1997): Reform der externen Rechnungslegung und ihrer Prüfung durch den Wirtschaftsprüfer. In: *Die Aktiengesellschaft*, 42, S. 73-82.

George, K. D./Joll, C./Lynk, E. L. (1992): *Industrial organisation*, 4. Aufl., London, New York.

Gerke, W. (2005): Kapitalmärkte - Funktionsweisen, Grenzen, Versagen. In: Hungenberg, H./ Meffert, J. (Hrsg.): *Handbuch Strategisches Management*, 2. Aufl., Wiesbaden, S. 255-272.

Gerke, W./Arneth, S./Fleischer, J. (2001): Kursgewinne bei Aufnahmen in den DAX 100, Verluste bei Entnahmen: Indexeffekt am deutschen Kapitalmarkt. In: *Zeitschrift für Betriebswirtschaft*, 71(1), S. 45-66.

Gerke, W./Fleischer, J. (2003): Kurseffekte bei Veränderungen in der Zusammensetzung des MDAX. In: *Die Betriebswirtschaft*, 63(6), S. 655-671.

Gläser, J./Laudel, G. (2006): *Experteninterviews und qualitative Inhaltsanalyse als Instrumente rekonstruierender Untersuchungen*, 2. Aufl., Wiesbaden.

Glaum, M./Thomaschewski, D./Weber, S. (2006): *Auswirkungen des Sarbanes-Oxley Acts auf deutsche Unternehmen: Kosten, Nutzen, Folgen für die US-Börsennotierungen*, Studien des Deutschen Aktieninstituts, 33, Frankfurt a. M.

Götz, H. (1995): Die Überwachung der Aktiengesellschaft im Lichte jüngerer Unternehmenskrisen. In: *Die Aktiengesellschaft*, 40(8), S. 337-353.

Gohlke, F./Schiereck, D./Tunder, R. (2006): *Durch Finanzanalysten wahrgenommene Qualität des Investor Relations deutscher Unternehmen*, European Business School, Forschungsgruppe Finanzkommunikation, Working Paper Series, Nr. 4-2006.

Gompers, P. A./Ishii, J. L./Metrick, A. (2003): Corporate governance and equity prices. In: *Quarterly Journal of Economics*, 118(1), S. 107-155.

Goncharov, I./Werner J. R./Zimmermann, J. (2006): Does compliance with the German Corporate Governance Code have an impact on stock valuation? An empirical analysis. In: *Corporate Governance: An International Review*, 14(5), S. 432-445.

Gorton, G./Kahl, M. (2008): Blockholder scarcity, takeovers, and ownership structures. In: *Journal of Financial and Quantitative Economics*, 43(4), S. 937-974.

Gorton, G./Schmid, F. A. (2004): Capital, labor, and the firm: A study of German codetermination. In: *Journal of the European Economic Association*, 2(5), S. 863-905.

Governance Metrics International (2008): *Products and services - overview*, New York.

Graf, A./Stiglbauer, M. (2007): Deutscher Corporate Governance Kodex: Eine Analyse der Qualitätssicherungs- und erweiterten Kommunikationsfunktion. In: *Zeitschrift für Planung & Unternehmenssteuerung*, 18(3), S. 279-300.

Graf, A./Stiglbauer, M. (2008a): Corporate Governance und Erwartungsmanagement: Eine Untersuchung in DAX, TecDAX, MDAX und SDAX. In: *Betriebswirtschaftliche Forschung und Praxis*, 60(6), S. 598-619.

Graf, A./Stiglbauer, M. (2008b): Das Corporate-Governance-Offenlegungsverhalten deutscher und österreichischer Unternehmen im Prime Market - Erhöhte Transparenzanforderungen: Ergebnisse einer empirischen Untersuchung. In: *Zeitschrift für Corporate Governance*, 3(6), S. 268-274.

Graf, A./Stiglbauer, M. (2008c): Measuring corporate governance in Germany: An integrated framework on compliance and transparency & disclosure. In: *Corporate Ownership & Control*, 6(2), S. 456-466.

Graf, A./Stiglbauer, M. (2009): Board size and firm operating performance: Evidence from Germany. In: *Corporate Board: Role, Duties & Composition*, 5(1), S. 37-46.

Grant, R. M./Jammine, A. P./Thomas, H. (1988): Diversity, diversification, and profitability among British manufacturing companies 1972-84. In: *Academy of Management Journal*, 31 (4), S. 771-801.

Grant, R. M./Nippa, M. (2006): *Strategisches Management*, 5. Aufl., München et al.

Greene, W. H. (1993): *Econometric analysis*, 2. Aufl., Englewood Cliffs/NJ.

Greene, W. H. (2000): *Econometric analysis*, 4. Aufl., Upper Saddle River.

Gregory, H. J./Simmelkjaer, R. T. (2002): *Comparative study of corporate governance codes relevant to the European Union and its member states*, New York.

Groß, K. (2007): *Equity ownership and performance*, Heidelberg.

Grossman, S. J. (1981): The informational role of warranties and private disclosure about product quality. In: *Journal of Law and Economics*, 24(3), S. 461-483.

Grossman, S. J./Hart, O. D. (1983): An analysis of the principal-agent problem. In: *Econometrica*, 51(1), S. 7-45.

Grossman, S. J./Hart, O. D. (1988): One share-one vote and the market for corporate control. In: *Journal of Financial Economics*, 20(1-2), S. 175-202.

Grundei, J. (2008): Are managers agents or stewards of their principals? In: *Journal für Betriebswirtschaft*, 58(3), S. 141-166.

Grundei, J./Talaulicar, T. (2009): Corporate compliance. In: *Wirtschaftswissenschaftliches Studium*, 38(2), S. 73-77.

Guest, P. M. (2009): The impact of board size on firm performance: evidence from the UK. In: *European Journal of Finance*, 15(4), S. 385-404.

Gugler, K./Mueller, D. C./Yurtoglu, B. B. (2004): Marginal q, Tobin's q, cash flow, and investment. In: *Southern Economic Journal*, 70(3), S. 512-531.

Gujarati, D. N. (2003): *Basic econometrics*, 4. Aufl., Boston et al.

Gupta, S. D. (2002): Transparency critical for insurers. In: *Property & Casualty Risk & Benefits Management*, 106(30), S. 34.

Guthrie, J./Petty, R./Yongvanich, K./Ricceri, F. (2004): Using content analysis as a research method to inquire into intellectual capital reporting. In: *Journal of Intellectual Capital*, 5(2), S. 282-293.

Gwet, K. (2001): *Handbook of inter-rater reliability*, Gaithersburg.

Haakonsson, S. J. (2009): The changing governance structures of the global pharmaceutical value chain. In: *Competition & Change*, 13(1), S. 75-95.

Haat, M. H. C./Rahman, R. A./Mahenthiran, S. (2008): Corporate governance, transparency and performance of Malaysian companies. In: *Managerial Auditing Journal*, 23(8), S. 744-778.

Haber, G. (2000): *AMOD1: Ein makroökonometrisches Modell für Österreich*, Wien.

Haberer, T. (2003): *Corporate Governance*, Wien.

Habib, A. (2008): Corporate transparency, financial development and the allocation of capital: Empirical evidence. In: *Abacus*, 44(1), S. 1-21.

Hackbarth, D./Morellec, E. (2008): Stock returns in mergers and acquisitions. In: *Journal of Finance*, 63(3), S. 1213-1252.

Hackethal, A./Schmidt, R. H./Tyrell, M. (2005): Banks and German corporate governance: on the way to a capital market-based system? In: *Corporate Governance: An International Review*, 13(3), S. 397-407.

Hackl, P. (2005): *Einführung in die Ökonometrie*, München.

Hadfield, G. K. (1990): Problematic relations: Franchising and the law and incomplete contracts. In: *Stanford Law Review*, 42(4), S. S. 927-992.

Härle, D. (1961): *Finanzierungsregeln und ihre Problematik*, Wiesbaden.

Hafner, R./Wallmeier, M. (2008): Optimal investments in volatility. In: *Financial Markets and Portfolio Management*, 22(2), S. 147-167.

Haller, A. (1998): Immaterielle Vermögenswerte - Wesentliche Herausforderung für die Zukunft der Unternehmensrechnung. In: Möller, H. P./Schmidt, F. (Hrsg.): *Rechnungswesen als Instrument für Führungsentscheidungen, Festschrift für Professor Dr. Dr. h.c. Adolf G. Coenenberg zum 60. Geburtstag*, Stuttgart, S. 561-596.

Hansen, G. S./Hill, C. W. L. (1991): Are institutional investors myopic? A time-series study of four technology-driven industries. In: *Strategic Management Journal*, 12(1), S. 1-16.

Haque, F./Arun, T./Kirkpatrick, C. (2008): Corporate governance and capital markets: A conceptual framework. In: *Corporate Ownership & Control*, 5(2), S. 264-276.

Harris, K. L. (1996): Content analysis in negotiation research: A review and guide. In: *Behavior Research Methods, Instruments & Computers*, 28(3), S. 458-467.

Hart, H. (1932): The reliability of two indexes of newspaper behavior. In: *Social Forces*, 10 (3), S. 358-363.

Hart, O. (1995a): *Firms, contracts and financial structure*, Oxford.

Hart, O. (1995b): Corporate governance: Some theory and implications. In: *Economic Journal*, 105(430), S. 678-689.

Hartmann, H. K. (1968): *Die große Publikumsgesellschaft und ihre investor relations*, Berlin.

Harris, K. L. (1996): Content analysis in negotiation research: A review and guide. In: *Behavior Research Methods, Instruments, & Computers*, 28(3), S. 458-467.

Harris, M./Raviv, A. (1988): Corporate control contests and capital structure. In: *Journal of Financial Economics*, 20(1-2), S. 55-86.

Hausman, J. A. (1978): Specification tests in econometrics. In: *Econometrica*, 46(6), S. 1251-1271.

Hayashi, F. (1982): Tobin's marginal q and average q: A neoclassical interpretation. In: *Econometrica*, 50(1), S. 213-224.

Hays, W. L. (1981): *Statistics for the social sciences*, 3. Aufl., New York.

Healy, P. M./Hutton, A. P./Palepu, K. G. (1999): Stock performance and intermediation changes surrounding sustained increases in disclosure. In: *Contemporary Accounting Research*, 16(3), S. 485-520.

Healy, P. M./Palepu, K. G. (2001): Information asymmetry, corporate governance disclosure, and the capital markets: A review of the empirical disclosure literature. In: *Journal of Accounting and Economics*, 31(1-3), S. 405-440.

Heck, J. L. (1977): A pedagogic note: Comparison of OLS, 2SLS and 3SLS estimation methods. In: *Studies in Economics and Finance*, 77(1), S. 28-33.

Heckman, J. J. (1979): Sample selection bias as a specification error. In: *Econometrica*, 47(1), S. 153-161.

Hellwig, M. (1997): Unternehmensfinanzierung, Unternehmenskontrolle und Ressourcenallokation: Was leistet das Finanzsystem? In: Gahlen, B./Hesse, H./Ramser, H. J. (Hrsg.): *Finanzmärkte*, Tübingen, S. 211-243.

Hellwig, M. (2000): On the economics and politics of corporate finance and corporate control. In: Vives, X. (Hrsg.): *Corporate Governance*, Cambridge, S. 95-134.

Helmis, S. (2002): *Corporate Governance in Deutschland - Eigentums- und Kontrollstrukturen und rechtliche Rahmenbedingungen in der "Deutschland AG"*, Universität Witten-Herdecke, Arbeitsberichte aus dem Institute for Mergers & Acquisitions, IMA-Arbeitsbericht Nr. 03/02.

Hermalin, B. E./Weisbach, M. S. (1998): Endogenously chosen boards of directors and their monitoring of the CEO. In: *American Economic Review*, 88(1), S. 96-118.

Hermalin, B. E./Weisbach, M. S. (2003): Boards of directors as an endogenously determined institution: A survey of the economic literature. In: *Economic Policy Review*, 9(1), S. 7-26.

Hermalin, B. E./Weisbach, M. S. (2007): *Transparency and corporate governance*, NBER Working Paper Series, No. 12875.

Hermalin, B. E./Weisbach, M. S. (2008): *Information disclosure and corporate governance*, Charles A. Dice Center Working Paper No. 2008-17.

Herrmann, R. (1996): *Funktion, Kontrolle und Haftung der Leitungsorgane von Aktiengesellschaften in Deutschland, der Schweiz, Australien und den USA*, Frankfurt a. M. et al.

Heshmati, A./Lööf, H. (2008): Investment and performance of firms: correlation or causality? In: *Corporate Ownership & Control*, 6(2), S. 268-282.

Hilb, M. (2005a): *New corporate governance*, Berlin, Heidelberg.

Hilb, M. (2005b): New corporate governance: from good guidelines to great practice. In: *Corporate Governance: An International Review*, 13(5), S. 569-581.

Hill, C. W. L./Snell, S. A. (1989): Effects of ownership structure and control on corporate productivity. In: *Academy of Management Journal*, 32(1), S. 25-46.

Hill, J. (2008): Evolving 'rules of the game' in corporate governance reform. In: *International Journal of Corporate Governance*, 1(1), S. 28-48.

Hillier, D./McColgan, P. (2008): An analysis of majority owner-managed companies in the UK. In: *Accounting & Finance*, 48(4), S. 603-623.

Himmelberg, C. P./Hubbard, R. G./Love, I. (2004): *Investor protection, ownership, and the cost of capital*, World Bank Policy Research Working Paper No. 2834.

Himmelberg, C. P./Hubbard, R. G./Palia, D. (1999): Understanding the determinants of managerial ownership and the link between ownership and performance. In: *Journal of Financial Economics*, 53(3), S. 353-384.

Hirth, H./Callsen-Bracker, H.-M. (2008): Unsichere Informationssuche im Kapitalmarktgleichgewicht: Zur Ineffizienz mittlerer Transparenz. In: *Betriebswirtschaftliche Forschung und Praxis*, 60(6), S. 521-537.

Ho, P. L./Tower, G./Barako, D. (2008): Improving governance leads to improved corporate communication. In: *Corporate Ownership & Control*, 5(4), S. 26-33.

Höpner, M./Jackson, G. (2001): Entsteht ein Markt für Unternehmenskontrolle? Der Fall Mannesmann. In: *Leviathan - Zeitschrift für Sozialwissenschaft*, 29(4), S. 544-563.

Hoffmann, D. (1994): *Der Aufsichtrat,* 3. Aufl., München.

Hofmann, R./Hofmann, I. (1998): *Corporate Governance - Überwachungseffizienz und Führungskompetenz in Kapitalgesellschaften*, München, Wien.

Holbert, R. L./Stephenson, M. T. (2002): Structural equation modeling in the communication sciences, 1995-2000. In: *Human Communication Research*, 28(4), S. 531-551.

Holderness, C. G./Sheehan, D. P. (1991): Monitoring an owner: the case of Turner Broadcasting. In: *Journal of Financial Economics*, 30(2), S. 325-346.

Holler, M. J./Illing, G. (2006): *Einführung in die Spieltheorie*, 6. Aufl., Berlin et al.

Holmes, T. J./Schmitz, J. A. (1990): A theory of entrepreneurship and its application to the study of business transfers. In: *Journal of Political Economy*, 98(2), S. 265-294.

Holmström, B./Tirole, J. (1993): Market liquidity and performance monitoring. In: *Journal of Political Economy*, 101(4), S. 678-709.

Holsti, O. R. (1963): The quantitative analysis of content. In: North, R. C./Holsti, O. R./Zaninovich, G. M./Zinnes, D. A. (Hrsg.): *Content analysis*, Evanston/Ill., S. 37-53.

Holsti, O. R. (1969): *Content analysis for the social sciences and humanities*, Reading et al.

Homburg, C./Baumgartner, H. (1995): Beurteilung von Kausalmodellen. In: *Marketing - Zeitschrift für Forschung und Praxis*, 17(3), S. 162-176.

Homburg, C./Schilke, O./Reimann, M. (2009): Triangulation von Umfragedaten in der Marketing- und Managementforschung. In: *Die Betriebswirtschaft*, 69(2), S. 173-193.

Hommelhoff, P./Schwab, M. (2003): Regelungsquellen und Regelungsebenen der Corporate Governance: Gesetz, Satzung, Codices, unternehmensinterne Grundsätze. In: Hommelhoff, P./Hopt, K. J./Werder, A. von (Hrsg.): *Handbuch Corporate Governance*, Köln, Stuttgart, S. 51-86.

Howard, S. (1998): *Corporate image management: A marketing discipline for the 21st century*, Singapore.

Hoyle, R. H./Panter, A. T. (1995): Writing about structural equation models. In: Hoyle, R. H. (Hrsg.): *Structural equation modeling: Comments, issues, and applications*, Thousand Oaks/CA, S. 56-77.

Hu, L./Bentler, P. M. (1995): Evaluating model fit. In: Hoyle, R. H. (Hrsg.): *Structural equation modeling*, Thousand Oaks/CA, S. 76-99.

Hübler, O. (2005): *Einführung in die empirische Wirtschaftsforschung*, München, Wien.

Hütten, C. (2002): Unternehmenseigener Corporate-Governance-Kodex - Zulässigkeit und Sinnhaftigkeit in Zeiten von TransPuG und Deutschem Kodex. In: *Betriebs-Berater*, 57(34), S. 1740-1742.

Hughes, M. A./Garrett, D. E. (1990): Intercoder reliability estimation approaches in marketing: A generalizability theory framework for quantitative data. In: *Journal of Marketing Research*, 27(2), S. 185-195.

Hull, J. C. (2003): *Options, futures, & other derivatives*, 5. Aufl., Upper Saddle River/NJ.

Hull, R. M. (1999): Leverage ratios, industry norms, and stock price reaction: An empirical investigation of stock-for-debt transactions. In: *Financial Management*, 28(2), S. 32-45.

ICRA (2004): *ICRA's corporate governance rating methodology*, New Delhi.

Ihrig, H.-C./Wagner, J. (2002): Die Reform geht weiter: Das Transparenz- und Publizitätsgesetz kommt. In: *Betriebs-Berater*, 57(16), S. 789-797.

Ingley, C. B./Walt, N. T. van der (2004): Corporate governance, institutional investors and conflicts of interest. In: *Corporate Governance: An International Review*, 12(4), S. 534-551.

Institutional Shareholder Services (2005): *Better governance results in higher profits and lower risk*, Rockville.

Iskander, M. R./Chamlou, N. (2000): *Corporate governance: A framework for implementation*, Washington/DC.

Jackson, G. (1995): Stakeholders under pressure: corporate governance and labour management in Germany and Japan. In: *Corporate Governance: An International Review*, 13(3), S. 419-428.

Janis, I. L./Fadner, R. H./Janowitz, M. (1943): The reliability of a content analysis technique. In: *Public Opinion Quarterly*, 7(2), S. 293-296.

Jansen, A. (2006): *3D-Diversifikation und Unternehmenserfolg*, Wiesbaden.

Janssen, J./Laatz, W. (2007): *Statistische Datenanalyse mit SPSS für Windows*, 6. Aufl., Berlin, Heidelberg.

Januszewski, S. I./Köke, J./Winter, J. K. (2002): Product market competition, corporate governance and firm performance: An empirical analysis for Germany. In: *Research in Economics*, 56(3), S. 299-332.

Jensen, M. C. (1986): Agency costs of free cash flow, corporate finance, and takeovers. In: *American Economic Review*, 76(2), S. 323-329.

Jensen, M. C. (1993): The modern industrial revolution, exit and the failure of internal control systems. In: *Journal of Finance*, 48(3), S. 831-880.

Jensen, M. C./Meckling, W. H. (1976): Theory of the firm: Managerial behavior, agency costs and ownership structure. In: *Journal of Financial Economics*, 3(4), S. 305-360.

Jensen, M. C./Ruback, R. S. (1983): The market for corporate control: The scientific evidence. In: *Journal of Financial Economics*, 11(1), S. 5-50.

Jiang, Y./Raghupathi, V./Raghupathi, W. (2009): Content and design of corporate governance web sites. In: *Information Systems Management*, 26(1), S. 13-27.

Jin, L./Myers, S. C. (2006): R^2 around the world: New theory and new tests. In: *Journal of Financial Economics*, 79(2), S. 257-292.

Jöreskog, K. G. (1969): A general approach to confirmatory maximum likelihood factor analysis. In: *Psychometrika*, 34(2), S. 183-202.

John, K./Senbet, L. W. (1998): Corporate governance and board effectiveness. In: *Journal of Banking & Finance*, 22(4), S. 371-403.

Judge, G. G. (1980): *The theory and practice of econometrics*, 1. Aufl., New York et al.

Junarso, T. (2006): *Comprehensive approach to corporate governance*, New York et al.

Kallmeyer, H. (1993): Pflichten des Vorstandes der Aktiengesellschaft zur Unternehmensplanung. In: *Zeitschrift für Unternehmens- und Gesellschaftsrecht*, 22(1), S. 104-113.

Kalyta, P. (2009): Compensation transparency and managerial opportunism: A study of supplemental retirement plans. In: *Strategic Management Journal*, 30(4), S. 405-423.

Kames, C. (2000): *Unternehmensbewertung durch Finanzanalysten als Ausgangspunkt eines Value Based Measurement*, Frankfurt a. M. et al.

Kann, J. van/Just, C. (2006): Offenlegung der Vorstandsgehälter und kein Ende? In: *Der Aufsichtsrat*, 3(11), S. 1.

Karuna, C. (2007): Industry product market competition and managerial incentives. In: *Journal of Accounting and Economics*, 43(2-3), S. 275-297.

Kassarjian, H. H. (1977): Content analysis in consumer research. In: *Journal of Consumer Research*, 4(1), S. 8-18.

Keaveney, S. M. (1995): Customer switching behavior in service industries: An exploratory study. In: *Journal of Marketing*, 59(2), S. 71-82.

Keim, D. B. (1986): The CAPM and equity return regularities. In: *Financial Analysts Journal*, 42(3), S. 19-34.

Kelton, A./Yang, Y. (2008): The impact of corporate governance on internet financial reporting. In: *Journal of Accounting and Public Policy*, 27(1), S. 62-87.

Kennedy, P. (2008): *A guide to econometrics*, 6. Aufl., Malden/MA.

Kiener, S. (1990): *Die Principal-Agent-Theorie aus informationsökonomischer Sicht*, Heidelberg.

Kirchner, C. (2002): Regulierung durch Unternehmensführungskodizes (Codes of Corporate Governance). In: *Zeitschrift für betriebswirtschaftliche Forschung*, 54, Sonderheft 48, S. 93-120.

Klein, A. (1998): Firm performance and board committee structure. In: *Journal of Law and Economics*, 41(1), S. 275-303.

Kley, C. R. (2004): Einfluss von Banken-Credit-Ratings auf deren Börsenwerte. In: Everling, O./Goedeckemeyer, K.-H. (Hrsg.): *Bankenrating*, 1. Aufl., Wiesbaden, S. 271-289.

Kloster, U. (1988): *Kapitalkosten und Investitionsentscheidungen*, Frankfurt a. M.

Knyphausen-Aufsess, D. zu (1995): *Theorie der strategischen Unternehmensführung*, 1. Aufl., Wiesbaden.

Koch, J. (2005): *Rechnungswesenbasierte Verfahren der Aktienbewertung*, Wiesbaden.

Koehn, D./Ueng, J. (2007): Corporate governance ratings: General concerns and specific problems in the European context. In: *Corporate Ownership & Control*, 5(1), S. 58-65.

Kohl, N. (2009): *Corporate governance and market valuation of publicly traded real estate companies*, Köln.

Königs, A./Schiereck, D. (2006): Controlling der Finanzkommunikation in deutschen Großunternehmen. In: *Zeitschrift für Controlling und Management*, 50(6), S. 376-380.

Kötzle, A./Niggemann, M. (2001): Value Reporting. In: Achleitner, A.-K./Bassen, A. (Hrsg.): *Investor Relations am Neuen Markt*, Stuttgart, S. 633-651.

Kolb, S. (2004): Verlässlichkeit von Inhaltsanalysedaten. In: *Medien & Kommunikationswissenschaft*, 52(3), S. 335-354.

Kolbe, R. H./Burnett, M. S. (1991): Content-analysis research: An examination of applications with directives for improving research reliability and objectivity. In: *Journal of Consumer Research*, 18(2), S. 243-250.

Kreitmeier, F. (2001): *Corporate Governance: Aufsichtsgremien und Unternehmensstrategien*, Herrsching.

Krippendorff, K. (1980): *Content analysis*, Beverly Hills.

Krippendorff, K. (2004): Reliability in content analysis: Some common misconceptions and recommendations. In: *Human Communication Research*, 30(3), S. 411-433.

Kühne, E./Fuss, J. (2003): Corporate governance in Germany. In: *Business Law Review*, 24 (10), S. 226-232.

Küting, K./Reuter, M. (2007): Unterschiedliche Erfolgs- und Gewinngrößen in der internationalen Rechnungslegung: Was sollen diese Kennzahlen aussagen? In: *Der Betrieb*, 60(47), S. 2549-2557.

Labelle, R. (2002): *The Statement of Corporate Governance Practices (SCGP): A voluntary disclosure and corporate governance perspective*, HEC Montreal Working Paper.

Laidroo, L. (2009): Association between ownership structure and public announcements' disclosures. In: *Corporate Governance: An International Review*, 17(1), S. 13-34.

Laksmana, I. (2008): Corporate board governance and voluntary disclosure of executive compensation practices. In: *Contemporary Accounting Research*, 25(4), S. 1147-1182.

Lambert, R. A./Leuz, C./Verrecchia, R. E. (2008): *Information asymmetry, information precision, and the cost of capital*, Wharton Financial Institutions Center Working Paper No. 06-21.

Lamnek, S. (1980): *Sozialwissenschaftliche Arbeitsmethoden*, Weinheim.

Lamnek, S. (2005): *Qualitative Sozialforschung*, 4. Aufl., Weinheim, Basel.

Landis, J. R./Koch, G. G. (1977): The measurement of observer agreement for categorical data. In: *Biometrics*, 33(1), S. 159-174.

Lang, A. J. (1993): Indices für den deutschen Aktienmarkt. In: *Die Bank*, 1993(11), S. 648-650.

Lang, M./Lundholm, R. (1993): Cross-sectional determinants of analyst ratings of corporate disclosures. In: *Journal of Accounting Research*, 31(2), S. 246-271.

Lang, M./Lundholm R. (2000): Voluntary disclosure and equity offerings: Reducing information uncertainty or hyping the stock. In: *Contemporary Accounting Research* 17(4), S. 623-662.

Lang, L. H. P./Stulz, R. M./Walking, R. A. (1989): Managerial performance, Tobin's Q, and the gains from successful tender offers. In: *Journal of Financial Economics*, 24(1), S. 137-154.

Langberg, N./Sivaramakrishnan, K. (2008): Voluntary disclosures and information production by analysts. In: *Journal of Accounting and Economics*, 46(1), S. 78-100.

La Porta, R./Lopez-de-Silanes, F./Shleifer, A./Vishny, R. W. (2000): Investor protection and corporate governance. In: *Journal of Financial Economics*, 58(1-2), S. 3-27.

La Porta, R./Lopez-de-Silanes, F./Shleifer, A./Vishny, R. W. (2002): Investor protection and corporate valuation. In: *Journal of Finance*, 57(3), S. 1147-1170.

Larcker, D. F./Richardson, S./Tuna A. İ. (2005): *How important is corporate governance?* Working Paper, University of Pennsylvania.

Larcker, D. F./Richardson, S./Tuna, A. İ. (2007): Corporate governance, accounting outcomes, and organizational performance. In: *Accounting Review*, 82(4), S. 963-1008.

Lasswell, H. D. (1942): The politically significant content of the press: Coding procedures. In: *Journalism Quarterly*, 19(1), S. 12-23.

Lattemann, C. (1997): *Zum Zusammenhang zwischen der Kursentwicklung der Aktien am Kapitalmarkt und der Geldpolitik der Deutschen Bundesbank*, Bremen.

Lattemann, C. (2007): Internationale Ausrichtung der Corporate Governance deutscher multinational agierender Unternehmen. In: Oesterle, M.-J. (Hrsg.): *Internationales Management im Umbruch*, 1. Aufl., Wiesbaden, S. 85-111.

Laufer, W. S. (2006): Illusions of compliance and governance. In: *Corporate Governance: International Journal of Business in Society*, 6(3), S. 239-249.

Laux, H. (2006): *Wertorientierte Unternehmenssteuerung und Kapitalmarkt*, Berlin et al.

Lehmann, E. L./Romano, J. P. (2005): *Testing statistical hypotheses*, 3. Aufl., New York.

Lehmann, E./Weigand, J. (2000): Does the governed corporation perform better? Governance structures and corporate performance in Germany. In: *European Finance Review*, 4(2), S. 157-195.

Lehn, K./Patro, S./Zhao, M. (2007): Governance indexes and valuation: Which causes which? In: *Journal of Corporate Finance*, 13(5), S. 907-928.

Letza, S./Sun, X./Kirkbride, J. (2004): Shareholding versus stakeholding: a critical review of corporate governance. In: *Corporate Governance: An International Review*, 12(3), S. 242-262.

Leventis, S./Weetman, P. (2004): Impression management: dual language reporting and voluntary disclosure. In: *Accounting Forum*, 28(3), S. 307-328.

Lewicki, R. J./Tomlinson, E. C./Gillespie, N. (2006): Models of interpersonal trust development: Theoretical approaches, empirical evidence, and future directions. In: *Journal of Management*, 32(6), S. 991-1022.

Li, H./Qi, A. (2008): Impact of corporate governance on voluntary disclosure in Chinese listed companies. In: *Corporate Ownership & Control*, 5(2), S. 360-366.

Lindenberg, E. B./Ross, S. A. (1981): Tobin's q ratio and industrial organization. In: *Journal of Business*, 54(1), S. 1-32.

Lipton, M./Lorsch, J. W. (1992): A modest proposal for improved corporate governance. In: *Business Lawyer*, 48(1), S. 59-77.

Lisch, R./Kriz, J. (1978): *Grundlagen und Modelle der Inhaltsanalyse. Bestandsaufnahme und Kritik*, Reinbek.

Loderer, C./Martin, K. (1997): Executive stock ownership and performance. Tracking faint traces. In: *Journal of Financial Economics*, 45(2), S. 223-255.

Loderer, C./Peyer, U. (2002): Board overlap, seat accumulation and share prices. In: *European Financial Management*, 8(2), S. 165-192.

Lohse, A. (2005): *Unternehmerisches Ermessen: Zu den Aufgaben und Pflichten von Vorstand und Aufsichtsrat*, Tübingen.

Lombard, M./Snyder-Duch, J./Campanella Bracken, C. (2002): Content analysis in mass communication: Assessment and reporting of intercoder reliability. In: *Human Communication Research*, 28(4), S. 587-604.

Lopez, T./Rees, L. (2002): The effect of beating and missing analysts' forecasts on the information content of unexpected earnings. In: *Journal of Accounting, Auditing and Finance*, 17 (2), S. 155-184.

Luo, Y. (2007): *Global dimensions of corporate governance*, Malden/MA et al.

Lutter, M. (1994): Der Aufsichtsrat: Konstruktionsfehler, Inkompetenz seiner Mitglieder oder normales Risiko? In: *Die Aktiengesellschaft*, 39(4), S. 176-177.

Lutter, M./Krieger, G. (2002): *Rechte und Pflichten des Aufsichtsrates*, 4. Aufl., Köln.

Machuga, S./Teitel, K. (2007): The effects of the Mexican corporate governance code on quality of earnings and its components. In: *Journal of International Accounting Research*, 6(1), S. 37-55.

MacKinlay, A. C. (1997): Event studies in economics and finance. In: *Journal of Economic Literature*, 35(1), S. 13-39.

MacNeil, I./Li, X. (2006): "Comply or explain": market discipline and non-compliance with the Combined Code. In: *Corporate Governance: An International Review*, 14(5), S. 486-496.

Main, B. G. M./Jackson, C./Pymm, J./Wright, V. (2008): The remuneration committee and strategic human resource management. In: *Corporate Governance: An International Review*, 16(3), S. 225-238.

Maingot, M./Zeghal, D. (2008): An analysis of corporate governance information disclosure by Canadian banks. In: *Corporate Ownership & Control*, 5(2), S. 225-236.

Maksimovic, V./Zechner, J. (1991): Debt, agency costs, and industry equilibrium. In: *Journal of Finance*, 46(5), S. 1619-1643.

Mallin, C. A. (2004): *Corporate Governance*, Oxford.

Mallin, C. A. (2007): *Corporate Governance*, 2. Aufl., Oxford.

Mani, G. V. (2004): Insight in risks - better corporate governance pays. In: *Crisil Ratings*, 2 (9), S. 1-7.

Maronna, R. A./Yohai, V. J. (1997): Robust estimation in simultaneous equations models. In: *Journal of Statistical Planning and Inference*, 57(2), S. 233-244.

Martens, K. (2000): *Managementüberwachung durch den Aufsichtsrat*, Lohmar, Köln.

Martin, A./Schulz, E. (2005): *Corporate governance survey 2005*, Köln, Frankfurt a. M.

Mathesius, J. (2004): *Wertmanagement durch die Börseneinführung von Tochterunternehmen*, Hamburg.

Matheson, D./Reynolds, E. (2004): Web site posting of SEC and corporate governance materials: Required postings and practical advice. In: *Computer & Internet Lawyer*, 21(6), S. 12-16.

Maxwell, S. E./Delaney, H. D. (2004): *Designing experiments and analyzing data*, 2. Aufl., Mahwah/NJ.

May, A. (1991): Zum Stand der empirischen Forschung über Informationsverarbeitung am Aktienmarkt - Ein Überblick. In: *Zeitschrift für betriebswirtschaftliche Forschung*, 43(4), S. 313-335.

May, A./Schweder-Weber, S. (1990): *Informationsverarbeitung am Aktienmarkt: Ein kritischer Überblick über den Stand der Forschung*, Manuskripte aus dem Institut für Betriebswirtschaftslehre der Universität Kiel, Nr. 251.

Mayring, P. (2002): *Einführung in die qualitative Sozialforschung*, Weinheim, Basel.

Mayring, P. (2003): *Qualitative Inhaltsanalyse*, 8. Aufl., Weinheim, Basel.

Mayring, P. (2005): Neue Entwicklungen in der qualitativen Forschung und der Qualitativen Inhaltsanalyse. In: Mayring, P./Gläser-Zikuda, M. (Hrsg.): *Die Praxis der Qualitativen Inhaltsanalyse*, Weinheim, Basel, S. 7-19.

McConnell, J. J./Servaes, H. (1990): Additional evidence on equity ownership and corporate value. In: *Journal of Financial Economics*, 27(2), S. 595-612.

McConnell, J. J./Servaes, H. (1995): Equity ownership and the two faces of debt. In: *Journal of Financial Economics*, 39(1), S. 131-157.

McEvily, B./Perrone, V./Zaheer, A. (2003): Trust as an organizing principle. In: *Organization Science*, 14(1), S. 91-103.

McGuinness, P. B./Ferguson, M. J. (2005): The ownership structure of listed Chinese state-owned enterprises and its relation to corporate performance. In: *Applied Financial Economics*, 15(4), S. 231-246.

Meckel, M./Fieseler, C./Mohr, K./Vater, H. (2008): Unternehmenskommunikation und Corporate Governance als qualitative Erfolgsfaktoren in der Kapitalmarktpraxis. In: *Zeitschrift für Corporate Governance*, 3(2), S. 59-64.

Menz, K.-M./Nelles, M. (2006): Corporate Governance und Credit Spreads. In: *Finanz Betrieb*, 8(10), S. 628-636.

Menz, K.-M./Nelles, M. (2009): Corporate Governance und Credit Spreads - Korrelation, Kausalität oder weder noch? In: *Finanz Betrieb*, 11(3), S. 128-136.

Menzies, C./Tüllner, J./Martin, A. (2008): Compliance Management. In: *Zeitschrift Führung + Organisation*, 77(3), S. 136-142.

Merten, K. (1995): *Inhaltsanalyse*, 2. Aufl., Opladen.

Mikhed, V./Zemčík, P. (2009): Do house prices reflect fundamentals? Aggregate and panel data evidence. In: *Journal of Housing Economics*, 18(2), S. 140-149.

Miles, M. B./Huberman, A. M. (1994): *Qualitative data analysis*, 2. Aufl., Thousand Oaks et al.

Milgrom, P. (1981): Good news and bad news: Representation theorems and applications. In: *Bell Journal of Economics*, 12(2), S. 380-391.

Mills, J. A./Prasad, K. (1992): A comparison of model selection criteria. In: *Econometric Reviews*, 11(2), S. 201-234.

Millstein, I. M./Gregory, H. J./Grapsas, R. C. (2007): Seven things shareholders want directors to understand in 2007. In: *Corporate Governance Advisor*, 15(2), S. 11-13.

Millstein, I. M./MacAvoy, P. W. (1998): The active board of directors and performance of the large publicly traded corporation. In: *Columbia Law Review*, 98(5), S. 1283-1322.

Milne, M. J./Adler, R. W. (1999): Exploring the reliability of social and environmental disclosures content analysis. In: *Accounting, Auditing & Accountability Journal*, 12(2), S. 237-256.

Mintz, S. M. (2005): Corporate governance in an international context: legal systems, financing patterns and cultural variables. In: *Corporate Governance: An International Review*, 13 (5), S. 582-597.

Mohiyeddini, C./John, O./Gross, J. J. (2008): Der „Berkeley Expressivity Questionnaire". In: *Diagnostica*, 54(3), S. 117-128.

Monopolkommission (2006): *Mehr Wettbewerb auch im Dienstleistungssektor!*, Sechzehntes Hauptgutachten der Monopolkommission gemäß § 44 Abs. 1 Satz 1 GWB -2004/2005-, Bonn.

Morck, R./Shleifer A./Vishny, R. W. (1988): Management ownership and market valuation: An empirical analysis. In: *Journal of Financial Economics*, 20(1-2), S. 293-315.

Morck, R./Yeung, B./Yu, W. (2000): The information content of stock markets: Why do emerging markets have synchronous price movements? In: *Journal of Financial Economics*, 58(1-2), S. 215-260.

Morey, M./Gottesman, A./Baker, E./Godridge, B. (2009): Does better corporate governance result in higher valuations in emerging markets? Another examination using a new data set. In: *Journal of Banking & Finance*, 33(2), S. 254-262.

Mühlemann, L. (1995): Wertsteigerungskonzepte zur Performance-Beurteilung des Managements. In: *Der Schweizer Treuhänder*, 69(12), S. 1047-1050.

Müller, S. (2008): Die Modernisierung des Bilanzrechts und Auswirkungen auf die CG. In: *Zeitschrift für Corporate Governance*, 3(1), S. 36-44.

Mura, R. (2007): Firm performance: Do non-executive directors have minds of their own? Evidence from UK panel data. In: *Financial Management*, 36(3), S. 81-112.

Myers, S. C. (1977): Determinants of corporate borrowing. In: *Journal of Financial Economics*, 5(2), S. 147-175.

Myers, S. C. (1984): The capital structure puzzle. In: *Journal of Finance*, 39(3), S. 575-592.

Nassauer, F. (2000): *Corporate Governance und die Internationalisierung von Unternehmungen*, Frankfurt a. M. et al.

Netter, J./Poulsen, A./Stegemoller, M. (2009): The rise of corporate governance in corporate control research. In: *Journal of Corporate Finance*, 15(1), S. 1-9.

Neuendorf, K. A. (2002): *The content analysis guidebook*, Thousand Oaks et al.

Newell, R./Wilson, G. (2002): A premium for good governance. In: *McKinsey Quarterly*, 2002(3), S. 20-23.

Nickell, S./Nicolitsas, D./Dryden, N. (1997): What makes firms perform well? In: *European Economic Review*, 41(3-5), S. 783-796.

Nöth, M. (2009): Interaktive Portfoliowahl: Informationsnachfrage und -darstellung. In: *Die Betriebswirtschaft*, 69(1), S. 45-67.

Nowak, E./Rott, R./Mahr, T. G. (2004): Rating börsennotierter Unternehmen auf Basis des Deutschen Corporate Governance Kodex. In: *Die Wirtschaftsprüfung*, 57(18), S. 998-1010.

Nowak, E./Rott, R./Mahr, T. G. (2005): Wer den Kodex nicht einhält den bestraft der Kapitalmarkt? In: *Zeitschrift für Unternehmens- und Gesellschaftsrecht*, 34(2), S. 252-279.

Nowak, K. (2000): *Marktorientierte Unternehmensbewertung*, Wiesbaden.

Nowland, J. (2008): The effect of national governance codes on firm disclosure practices: Evidence from analyst earnings forecasts. In: *Corporate Governance: An International Review*, 16(6), S. 475-491.

OECD (1998): *Corporate governance: improving competitiveness and access to capital in global markets*, Paris.

OECD (1999): *OECD Grundsätze der Corporate Governance*, deutsche Fassung, Paris.

Oelerich, A. (2005): *Robuste Ratingverfahren*, Wiesbaden.

Ohlson, J. A./Juettner-Nauroth, B. E. (2005): Expected EPS and EPS growth as determinants of value. In: *Review of Accounting Studies*, 10(2-3), S. 349-365.

Ohnesorge, D. (2004): Coding: A challenge for researchers. In: Buber, R./Gadner, J./Richards, L. (Hrsg.): *Applying qualitative methods to marketing management research*, Houndmills et al., S. 123-138.

Olson, M. (1965): *The logic of collective action - public goods and the theory of groups*, Cambridge/MA.

O'Mahoney, M./Vecchi, M. (2009): R&D, knowledge spillovers and company productivity performance. In: *Research Policy*, 38(1), S. 35-44.

O'Shea, N. (2005): Corporate governance - How we've got where we are and what's next. In: *Accountancy Ireland*, 37(6), S. 33.

Oser, P./Bloß, A. (2005): Umsetzung der Empfehlungen des DCGK in der Praxis. In: Pfitzer, N./Oser, P./Orth, C. (Hrsg.): *Deutscher Corporate Governance Kodex. Ein Handbuch für Entscheidungsträger*, 2. Aufl., Stuttgart.

Oser, P./Orth, C./Wader, D. (2003): Die Umsetzung des Deutschen Corporate Governance Kodex in der Praxis. In: *Der Betrieb*, 56(25), S. 1337-1341.

Oser, P./Orth, C./Wader, D. (2004): Beachtung der Empfehlungen des Deutschen Corporate Governance Kodex. In: *Betriebs-Berater*, 59(21), S. 1121-1126.

Paetzmann, K. (2009): Das neue Corporate-Governance-Statement nach § 289a HGB. In: *Zeitschrift für Corporate Governance*, 4(2), S. 64-66.

Papadogonas, T. A. (2007): The financial performance of large and small firms: evidence from Greece. In: *International Journal of Financial Services Management*, 2(1/2), S. 14-20.

Park, Y. W./Shin, H.-H. (2004): Board composition and earnings management in Canada. In: *Journal of Corporate Finance*, 10(3), S. 431-457.

Parum, E. (2005): Does disclosure on corporate governance lead to openness and transparency in how companies are managed? In: *Corporate Governance: An International Review*, 13 (5), S. 702-709.

Peasnell, K. V./Pope, P. F./Young, S. (2003): Managerial equity ownership and the demand for outside directors. In: *European Financial Management*, 9(2), S. 231-250.

Pedersen, T./Thomsen, S. (1998): Industry and ownership structure. In: *International Review of Law and Economics*, 18(4), S. 385-402.

Peltzer, M. (2002): Handlungsbedarf in Sachen Corporate Governance. In: *Neue Zeitschrift für Gesellschaftsrecht*, 5(13), S. 593-599.

Perkins, D. S. (1979): What the CEO and board expect of each other. In: *Harvard Business Review*, 57(2), S. 24-32.

Perotti, E. C./Thadden, E.-L. von (2003): Strategic transparency and informed trading: Will capital market integration force convergence of corporate governance? In: *Journal of Financial and Quantitative Analysis*, 38(1), S. 61-85.

Petersen, C./Plenborg, T. (2006): Voluntary disclosure and information asymmetry in Denmark. In: *Journal of International Accounting, Auditing & Taxation*, 15(2), S. 127-149.

Pfannschmidt, A. (1993): *Personelle Verflechtung über Aufsichtsräte*, Wiesbaden.

Pfitzer, N./Oser, P./Orth, C. (2005): *Deutscher Corporate Governance Kodex*, Stuttgart.

Phlips, L. (1998): *Applied industrial economics*, 1. Aufl., Cambridge et al.

Picot, A./Dietl, H./Franck, E. (1999): *Organisation - eine ökonomische Perspektive*, Stuttgart.

Picot, A./Neuburger, R. (1995): Agency Theorie und Führung. In: Kieser, A./Reber, G./Wunderer, R. (Hrsg.): *Handwörterbuch der Führung*, 2. Aufl., Stuttgart, Sp. 14-21.

Picot, A./Schuller, S. (2001): Corporate Governance. In: Jost, P.-J. (Hrsg.): *Der Transaktionskostenansatz in der Betriebswirtschaft*, Stuttgart, S. 79-105.

Pindyck, R. S. (1984): Risk, inflation and the stock market. In: *American Economic Review*, 74(3), S. 335-351.

Piotroski, J. D./Roulstone, D. T. (2004): The influence of analysts, institutional investors, and insiders on the incorporation of market, industry, and firm-specific information into stock prices. In: *Accounting Review*, 79(4), S. 1119-1151.

Pöllath, R. (2005): How to manage management incentives. In: *International Financial Law Review*, 24, S. 57-83.

Pogue, G. A./Solnik, B. H. (1974): The market model applied to European common stocks: Some empirical results. In: *Journal of Financial and Quantitative Analysis*, 9(6), S. 917-944.

Popping, R. (1988): On agreement indices for nominal data. In: Saris, W. E./Gallhofer, I. N. (Hrsg.): *Sociometric research, Vol. 1: Data collection and scaling*, Basingstoke et al.

Porter, M. E. (1979): The structure within industries and companies' performance. In: *Review of Economics and Statistics*, 61(2), S. 214-227.

Pownall, G./Waymire, G. (1989): Voluntary disclosure credibility and securities prices: Evidence from management earnings forecasts, 1969-73. In: *Journal of Accounting Research*, 27(2), S. 227-245.

Portisch, W. (1997): *Überwachung und Berichterstattung des Aufsichtsrates im Stakeholder-Agency-Modell*, Frankfurt a. M.

Premeaux, S. (2009): The link between management behavior and ethical philosophy in the wake of the Enron convictions. In: *Journal of Business Ethics*, 85(1), S. 13-25.

Prengel, M. (2003): *Die Auswirkungen des Deutschen Corporate Governance Kodex auf die Investor Relations Arbeit - insbesondere im Internet*, Wolfratshausen.

QSC AG (2005): *Geschäftsbericht 2005*, Köln.

Quick, R./Knocinski, M. (2006): Nachhaltigkeitsberichterstattung - Empirische Befunde zur Berichterstattungspraxis von HDAX-Unternehmen. In: *Zeitschrift für Betriebswirtschaft*, 76 (6), S. 615-650.

Rappaport, A. (1981): Selecting strategies that create shareholder value. In: *Harvard Business Review*, 59(3), S. 139-149.

Rappaport, A. (1986): *Creating shareholder value*, New York.

Rechkemmer, K. (2003): *Corporate Governance*, München.

Reenen, J. van (1997): Why has Britain had slower R&D growth? In: *Research Policy*, 26(4-5), S. 493-507.

Reinganum, M. R. (1981): Misspecification of capital asset pricing: Empirical anomalies based on earnings' yields and market values. In: *Journal of Financial Economics*, 9(1), S. 19-46.

Reschreiter, A. (2009): Extreme equity valuation ratios and stock market investments. In: *Applied Financial Economics*, 19(6), S. 433-438.

Richter, R./Furubotn, E. G. (2003): *Neue Institutionenökonomik*, 3. Aufl., Tübingen.

Riffe, D./Lacy, S./Fico, F. G. (2005): *Analyzing media messages*, 2. Aufl., Mahwah/NJ, London.

Robins, J./Wiersema, M. F. (1995): A resource-based approach to the multibusiness firm: Empirical analysis of portfolio interrelationships and corporate financial performance. In: *Strategic Management Journal*, 16(4), S. 277-299.

Roe, M. J. (1991): The political theory of American corporate finance. In: *Columbia Law Review*, 91(1), S. 10-67.

Roe, M. J. (2000): Political preconditions to separating ownership from corporate control. In: *Stanford Law Review*, 53(3), S. 539-606.

Röder, K. (2000): Die Informationswirkung von Ad hoc-Meldungen. In: *Zeitschrift für Betriebswirtschaft*, 70(5), S. 567-593.

Rojahn, J./Elschen, R. (2009): Liquidität und Anteilsbesitzkonzentration. In: *Finanz Betrieb*, 11(2), S. 88-93.

Romeike, F./Brink, G. J. van der (2005): *Corporate Governance und Risikomanagement im Finanzdienstleistungsbereich*, Stuttgart.

Rose, P. (2007): The corporate governance industry. In: *Journal of Corporation Law*, 32(4), S. 887-926.

Ross, S. A. (1973): The economic theory of agency: The principal's problem. In: *American Economic Review*, 63(2), S. 134-139.

Roth, G. H./Büchele, M. (2006): Corporate Governance: Gesetz und Selbstverpflichtung. In: Büchele, M./Mildner, T./Murschitz, K./Roth, G. H./Wörle, U. (Hrsg.): *Corporate Governance in Deutschland und Österreich*, Wien, Münster, S. 1-16.

Rucht, D. (2007): Der Deutsche Corporate Governance Kodex: Erfolgreiche Selbstregulierung? In: Imbusch, P./Rucht, D. (Hrsg.): *Profit oder Gemeinwohl?*, Wiesbaden, S. 131-160.

Ruda, W./Pfeffer, M. (2003): *Investor Relations und Going Public*, Wolfratshausen.

Ruess, A. (2004): Gespielte Offenheit? In: *Wirtschaftswoche*, 58(25), S. 80-83.

Ruhwedel, F. (2003): *Eigentümerstruktur und Unternehmenserfolg*, Frankfurt a. M.

Ruiz-Mallorquí, M. V./Santana-Martín, D. J. (2009): Ultimate institutional owner and takeover defenses in the controlling versus minority shareholders context. In: *Corporate Governance: An International Review*, 17(2), S. 238-254.

Rumelt, R. P. (1991): How much does industry matter? In: *Strategic Management Journal*, 12 (3), S. 167-185.

Rust, R./Cooil, B. (1994): Reliability measures for qualitative data: Theory and implications. In: *Journal of Marketing Research*, 31(1), S. 1-14.

Ryan, G. W./Bernard, H. R. (2003): Data management and analysis methods. In: Denzin, N./ Lincoln, Y. S. (Hrsg.): *Collecting and interpreting qualitative materials*, 2. Aufl., Thousand Oaks et al., S. 259-309.

Sabherval, S./Smith, S. D. (2008): Concentrated shareholders as substitutes for outside analysts. In: *Corporate Governance: An International Review*, 16(6), S. 562-577.

Sachs, L. (1999): *Angewandte Statistik*, 9. Aufl, Berlin et al.

Sachs, L./Hedderich, J. (2006): *Angewandte Statistik*, 12. Aufl., Berlin, Heidelberg.

Salancik, G. R./Pfeffer, J. (1980): The effects of ownership and performance on executive tenure in U.S. corporations. In: *Academy of Management Journal*, 23(4), S. 653-664.

Salo, J. (2008): Corporate governance and environmental performance: Industry and country effects. In: *Competition & Change*, 12(4), S. 328-354.

Schachel, I./Vögtle, M. (2006): Wirkungen von Investor Relations-Arbeit am deutschen Aktienmarkt. In: *Finanz Betrieb*, 8(9), S. 580-589.

Scheffler, E. (1995a): Aufsichtsrat und Abschlussprüfer als Überwachungsorgane der Aktiengesellschaft. In: Lanfermann, J. (Hrsg.): *Internationale Wirtschaftsprüfung: Festschrift zum 65. Geburtstag von Hans Havermann*, Düsseldorf, S. 651-680.

Scheffler, E. (1995b): Die Überwachungsaufgabe der Geschäftsführung. In: Scheffler, E. (Hrsg.): *Corporate Governance*, Schriften zur Unternehmensführung, Band 56, Wiesbaden, S. 79-101.

Schilling, F. (2001): Corporate governance in Germany. The move to shareholder value. In: *Corporate Governance. An International Review*, 9(3), S. 148-151.

Schlichthorst, M. (2007): Mehrgleichungsmodelle: Schätzmethoden und Anwendungsperspektiven. In: Albers, S. (Hrsg.): *Methodik der empirischen Forschung*, 2. Aufl., Wiesbaden, S. 215-230.

Schmidt, P. (1976): *Econometrics*, New York.

Schmidt, D./Ziemer, F. (2008): Kursreaktionen bei Änderung der MDAX-Zusammensetzung. In: *Finanz Betrieb*, 10(10), S. 681-691.

Schmidt, M./Grigoleit, J./Nippa, M. (2009): *Die Auswirkungen der Unternehmenstransparenz auf den Erfolg börsennotierter Kapitalgesellschaften in Deutschland - Eine Darstellung des aktuellen Forschungsstands*, Freiberger Arbeitspapier der Technischen Universität Bergakademie Freiberg, 01/2009.

Schmidt, R. H./Weiß, M. (2003): Shareholder vs. Stakeholder: Ökonomische Fragestellungen. In: Hommelhoff, P./Hopt, K. J./Werder, A. von (Hrsg.): *Handbuch Corporate Governance*, Köln, Stuttgart, S. 107-127.

Schmidt, S. M. (2001): *Corporate Governance in deutschen und amerikanischen Aktiengesellschaften*, Frankfurt a. M. et al.

Schnell, R./Hill, P. B./Esser, E. (2008): *Methoden der Empirischen Sozialforschung*, 8. Aufl., München et al.

Schöneck, N. M./Voß, W. (2005): *Das Forschungsprojekt*, 1. Aufl., Wiesbaden.

Schredelseker, K. (2008): Jahresabschluss und Marktinformation. In: *Die Betriebswirtschaft*, 68(2), S. 159-184.

Schreib, H. P. (1996): Reform des Aufsichtsrats aus der Sicht der Aktionäre. In: *Betriebswirtschaftliche Forschung und Praxis*, 48(3), S. 285-291.

Schreier, M. (2007): Qualitative Stichprobenkonzepte. In: Naderer, G./Balzer, E. (Hrsg.): *Qualitative Marktforschung in Theorie und Praxis*, Wiesbaden, S. 233-245.

Schüle, F. M. (1992): *Diversifikation und Unternehmenserfolg*, Wiesbaden.

Schüppen, M. (2002a): Der Kodex - Chancen für den Deutschen Kapitalmarkt! In: *Der Betrieb*, 55(22), S. 1117-1119.

Schüppen, M. (2002b): To comply or not to comply - that's the question! In: *Zeitschrift für Wirtschaftsrecht*, 23(29), S. 1269-1279.

Schumpeter, J. A. (1908): *Das Wesen und Hauptinhalt der theoretischen Nationalökonomie*, München.

Schwark, E. (2004): Der Vorstand nach deutschem Aktienrecht. In: Xujun, G. (Hrsg.): *Corporate Governance in internationaler Perspektive*, Konstanz, S. 31-41.

Schwarz, G. (1978): Estimating the dimension of a model. In: *Annals of Statistics*, 6(2), S. 461-464.

Scott, W. A. (1955): Reliability of content analysis: The case of nominal scale coding. In: *Public Opinion Quarterly*, 19(3), S. 321-325.

Segler, G./Wald, A./Weibler, J. (2007): Corporate Governance im internationalen Wettbewerb: Bewertung des deutschen Governance-Systems aus der Sicht institutioneller Anleger. In: *Betriebswirtschaftliche Forschung und Praxis*, 59(4), S. 400-417.

Seibt, C. H. (2002): Deutscher Corporate Governance Kodex und Entsprechens-Erklärung (§ 161 AktG-E). In: *Die Aktiengesellschaft*, 47(5), S. 249-259.

Serfling, K./Großkopff, A./Röder, M. (1998): Investor Relations in der Unternehmenspraxis. In: *Die Aktiengesellschaft*, 43(6), S. 272-280.

Sheridan, K./Jones, E./Marston, C. (2006): Corporate governance codes and the supply of corporate information in the UK. In: *Corporate Governance: An International Review*, 14(5), S. 497-503.

Shivdasani, A./Yermack, D. (1999): CEO involvement in the selection of new board members: An empirical analysis. In: *Journal of Finance*, 54(5), S. 1829-1853.

Shleifer, A./Vishny, R. W. (1986): Large shareholders and corporate control. In: *Journal of Political Economy*, 94(3), S. 461-488.

Shleifer, A./Vishny, R. W. (1997): A survey of corporate governance. In: *Journal of Finance*, 52(2), S. 737-783.

Short, H./Keasey, K. (1999): Managerial ownership and the performance of firms: Evidence from the UK. In: *Journal of Corporate Finance*, 5(1), S. 79-101.

Sidhu, K. (2008): Die Regelung zur Compliance im Corporate Governance Kodex. In: *Zeitschrift für Corporate Governance*, 3(1), S. 13-16.

Singh, A./Whittington, G. (1968): *Growth, profitability and valuation*, Cambridge et al.

Singletary, M. W. (1993): *Mass communication research*, Boston.

Smend, A. (2008): Aktive Aktionäre. In: *Zeitschrift für Corporate Governance*, 3(2), S. 53-58.

Smith, R. C./Walter I. (2006): *Governing the modern corporation*, New York.

Smith jr., C. W./Watts, R. L. (1992): The investment opportunity set and corporate financing, dividend, and compensation policies. In: *Journal of Financial Economics*, 32(3), S. 263-292.

Sonnenfeld, J. (2004): Good governance and the misleading myths of bad metrics. In: *Academy of Management Executive*, 18(1), S. 108-113.

Spence, M. (1973): Job market signaling. In: *Quarterly Journal of Economics*, 87(3), S. 355-374.

Spence, M. (2002): Signaling in retrospect and the informational structure of markets. In: *American Economic Review*, 92(3), S. 434-459.

Spindler, G. (1998): Deregulierung des Aktienrechts? In: *Die Aktiengesellschaft*, 43(2), S. 53-74.

Spremann, K. (1987): Agent und Prinzipal. In: Bamberg, G./Spremann, K. (Hrsg.): *Agency-Theorie, Information, and Incentives*, Berlin, S. 3-37.

Spremann, K. (1990): Asymmetrische Information. In: *Zeitschrift für Betriebswirtschaft*, 60 (5/6), S. 561-586.

Sönnichsen, C. (2007): Versicherungsrating. In: Büschgen, H. E./Everling, O. (Hrsg.): *Handbuch Rating*, Wiesbaden, S. 317-345.

Srnka, K. J./Koeszegi, S. T. (2007): From words to numbers: How to transform qualitative data into meaningful quantitative results. In: *Schmalenbach Business Review*, 59(1), S. 29-57.

Standard & Poors's (2004): *Standard & Poors's corporate governance scores and evaluations: Criteria, methodology and definitions*, New York.

Steiner, M./Heinke, V. G. (1997): Preis- und Volumeneffekte bei Einführung des MDAX. In: *Finanzmarkt und Portfolio-Management*, 11(4), S. 432-459.

Steiner, M./Kleeberg, J. (1991): Zum Problem der Indexauswahl im Rahmen der wissenschaftlich-empirischen Anwendung des Capital Asset Pricing Model. In: *Die Betriebswirtschaft*, 51(2), S. 171-182.

Stewart, J. (1991): *Econometrics*, New York et al.

Stiglitz, J. E. (1985): Credit markets and the control of capital. In: *Journal of Money, Credit and Banking*, 17(2), S. 133-152.

Stiglitz, J. E. (2002): Information and the change in the paradigm in economics. In: *American Economic Review*, 92(3), S. 460-501.

Stiles, P./Taylor, B. (2001): *Boards at work: How directors view their roles and responsibilities*, Oxford.

Stößlein, M./Mertens, P. (2008): Situierte und rollenorientierte Anspruchsgruppenkommunikation im Netz. In: *Zeitschrift Führung + Organisation*, 77(4), S. 200-207.

Streeck, W./Höpner, M. (2003): Alle Macht dem Markt? In: Streeck, W./Höpner, M. (Hrsg.): *Alle Macht dem Markt?*, Frankfurt a. M., S. 11-59.

Strenger, C. (2001): Corporate Governance für Neue-Markt-Unternehmen. In: Achleitner, A.-K./Bassen, A. (Hrsg.): *Investor Relations am Neuen Markt*, Stuttgart, S. 625-631.

Strenger, C. (2003): Corporate Governance und Anteilseigner, insbesondere institutionelle Anleger. In: Hommelhoff, P./Hopt, K. J./Werder, A. von (Hrsg.): *Handbuch Corporate Governance*, Köln, Stuttgart, S. 697-713.

Studenmund, A. H. (2001): *Using econometrics: a practical guide*, 4. Aufl., Boston et al.

Stulz, R. M. (1988): Managerial control of voting rights: Financing policies and the market for corporate control. In: *Journal of Financial Economics*, 20(1-2), S. 3-24.

Stulz, R. M. (1999): Globalization, corporate finance, and cost of capital. In: *Journal of Applied Corporate Finance*, 12(3), S. 8-25.

Sundaramurthy, C./Lewis, M. (2003): Control and collaboration: Paradoxes of governance. In: *Academy of Management Review*, 28(3), S. 397-415.

Suter, R. (2000): *Corporate governance & management compensation*, Zürich.

Swoboda, P. (1994): *Betriebliche Finanzierung*, Heidelberg.

Szeless, G. (2001): *Diversifikation und Unternehmenserfolg*, St. Gallen.

Täubert, A. (1998): *Unternehmenspublizität und Investor Relations*, Münster et al.

Talaulicar, T./Werder, A. von (2008): Patterns of compliance with the German Corporate Governance Code. In: *Corporate Governance: An International Review*, 16(4), S. 255-273.

Tashakkori, A./Teddlie, C. (2008): Introduction to mixed method and mixed model studies in the social and behavioral sciences. In: Plano Clark, V. L./Creswell, J. W. (Hrsg.): *The mixed methods reader*, Thousand Oaks et al., S. 7-26.

Theisen, M. R. (1987): *Überwachung der Unternehmungsführung*, Stuttgart.

Theisen, M. R./Raßhofer, M. (2007): Wie gut ist „Gute Corporate Governance"? - Ein aktueller Praxistest. In: *Der Betrieb*, 60(24), S. 1317-1321.

Thompson, J. D. (1967): *Organizations in action*, New York.

Thomsen, S. (2006): The hidden meaning of codes: Corporate governance and investor rent seeking. In: *European Business Organization Law Review*, 7(4), S. 845-861.

Thomsen, S. (2008): A minimum theory of boards. In: *International Journal of Corporate Governance*, 1(1), S. 73-96.

Tinsley, H. E./Weiss, D. J. (1975): Interrater reliability and agreement of subjective judgments. In: *Journal of Counseling Psychology*, 22(4), S. 358-376.

Tobin, J. (1969): A general equilibrium approach to monetary theory. In: *Journal of Money, Credit and Banking*, 1(1), S. 15-29.

Toksal, A. (2004): *The impact of corporate governance on shareholder value*, Köln.

Tricker, B. (2009): *Corporate governance*, Oxford et al.

Turnbull, S. (1997): Corporate governance: Its scope, concerns and theories. In: *Corporate Governance: An International Review*, 5(4), S. 180-205.

Uhde, O. V. (2000): Structure follows shareholder value? In: *Zeitschrift für Betriebswirtschaft*, 70(3), S. 331-358.

Ulmer, P. (2002): Der Deutsche Corporate Governance Kodex - ein neues Regulierungsinstrument für börsennotierte Aktiengesellschaften. In: *Zeitschrift für das gesamte Handelsrecht und Wirtschaftsrecht*, 166(2), S. 150-181.

Uzun, H./Szewczyk, S. H./Varma, R. (2004): Board composition and corporate fraud. In: *Financial Analysts Journal*, 60(3), S. 33-43.

Valcárcel, S. (2002): *Theorie der Unternehmung und Corporate Governance - eine vertrags- und ressourcenbezogene Betrachtung*, Wiesbaden.

Vater, H./Meckel, M./Hoffmann, C./Fieseler, C. (2008): Zur Bedeutung qualitativer Erfolgsfaktoren der Kapitalmarktkommunikation für die Unternehmensbewertung und deren Auswirkungen. In: *Der Betrieb*, 61(48), S. 2605-2611.

Veen, K. van/Elbertsen, J. (2008): Governance regimes and nationality diversity in corporate boards: A comparative study of Germany, the Netherlands and the United Kingdom. In: *Corporate Governance: An International Review*, 16(5), S. 386-399.

Velthuis, L. J. (2004): *Anreizkompatible Erfolgsteilung und Erfolgsrechnung*, Wiesbaden.

Ven, A. H. van de (1989): Nothing is quite so practical as a good theory. In: *Academy of Management Review*, 14(4), S. 486-489.

Verrecchia, R. E. (1983): Discretionary disclosure. In: *Journal of Accounting & Economics*, 5, S. 179-194.

Verrecchia, R. E. (1990): Information quality and discretionary disclosure. In: *Journal of Accounting & Economics*, 12(4), S. 365-380.

Verrecchia, R. E. (2001): Essays on disclosure. In: *Journal of Accounting and Economics*, 32 (1-3), S. 97-180.

Verschoor, C. C. (2007): Siemens AG is the latest fallen ethics idol. In: *Strategic Finance*, 89 (5), S. 11-61.

Vinten, G. (2001): Shareholder versus stakeholder - is there a governance dilemma? In: *Corporate Governance: An International Review*, 9(1), S. 36-47.

Volmerg, U. (1983): Validität im interpretativen Paradigma. In: Zedler, P./Moser, H. (Hrsg.): *Aspekte qualitativer Sozialforschung*, Opladen, S. 124-143.

Volpin, P. F. (2002): Governance with poor investor protection. In: *Journal of Financial Economics*, 64(1), S. 61-90.

Wade, J. B./Porac, J. F./Pollock, T. G. (1997): Worth, words, and the justification of executive pay. In: *Journal of Organizational Behavior*, 18(S1), S. 641-664.

Wagenhofer, A./Ewert, R. (2003): *Externe Unternehmensrechnung*, Berlin et al.

Wallmeier, M. (2009): Kapitalmarktwirkungen der Berichterstattung zu Unternehmensleistung. In: *Zeitschrift für betriebswirtschaftliche Forschung*, 61(3), S. 212-224.

Warsame, H./Neu, D./Simmons, C. V. (2002): Responding to "discrediting" events: Annual report disclosure responses to environmental fines. In: *Accounting and the Public Interest*, 2, S. 22-40.

Weber, S./Lentfer, T./Köster, M. (2007): Einfluss der Corporate Governance auf die Kapitalkosten eines Unternehmens. In: *Zeitschrift für Corporate Governance*, 2(2), S. 53-61.

Wehlte, S. (2007): DCGK 2007: Anmerkungen zur jüngsten Revision der Standards. In: *Zeitschrift für Corporate Governance*, 2(4), S. 157-160.

Weill, L. (2008): Leverage and corporate performance: Does institutional environment matter? In: *Small Business Economics*, 30(3), S. 251-265.

Weimer, J./Pape, J. C. (1999): A taxanomy of systems of corporate governance. In: *Corporate Governance: An International Review*, 7(2), S. 152-166.

Weisbach, M. S. (1988): Outside directors and CEO turnover. In: *Journal of Financial Economics*, 20(1-2), S. 431-460.

Weller, S. C./Romney, A. K. (1990): *Metric scaling: Correspondence analysis*, Newbury Park/CA.

Wentges, P. (2002): *Corporate Governance und Stakeholder-Ansatz*, Wiesbaden.

Werder, A. von (2002): Der Deutsche Corporate Governance Kodex - Grundlagen und Einzelbestimmungen. In: *Der Betrieb*, 55(16), S. 801-810.

Werder, A. von (2003): Ökonomische Grundfragen der Corporate Governance. In: Hommelhoff, P./Hopt, K. J./Werder, A. von (Hrsg.): *Handbuch Corporate Governance*, Köln, Stuttgart, S. 3-27.

Werder, A. von (2008): *Führungsorganisation*, 2. Aufl., Wiesbaden.

Werder, A. von/Grundei, J. (2003): Evaluation der Corporate Governance. In: Hommelhoff, P./Hopt, K. J./Werder, A. von (Hrsg.): *Handbuch Corporate Governance*, Köln, Stuttgart, S. 675-695.

Werder, A. von/Maly, W./Pohle, K./Wolff, G. (1998): Grundsätze ordnungsgemäßer Unternehmensleitung (GoU) im Urteil der Praxis. In: *Der Betrieb*, 51(24), S. 1193-1198.

Werder, A. von/Talaulicar, T. (2003a): *Zu den Regulierungswirkungen des Deutschen Corporate Governance Kodex*, Diskussionspapier Technische Universität Berlin.

Werder, A. von/Talaulicar, T. (2003b): Der Deutsche Corporate Governance Kodex: Konzeption und Konsequenzprognosen. In: *Zeitschrift für betriebswirtschaftliche Forschung*, 55, Sonderheft 50, S. 15-36.

Werder, A. von/Talaulicar, T. (2005): Kodex Report 2005: Die Akzeptanz der Empfehlungen und Anregungen des Deutschen Corporate Governance Kodex. In: *Der Betrieb*, 58(16), S. 841-846.

Werder, A. von/Talaulicar, T. (2006): Kodex Report 2006: Die Akzeptanz der Empfehlungen und Anregungen des Deutschen Corporate Governance Kodex. In: *Der Betrieb*, 59(16), S. 849-855.

Werder, A. von/Talaulicar, T. (2007): Kodex Report 2007: Die Akzeptanz der Empfehlungen und Anregungen des Deutschen Corporate Governance Kodex. In: *Der Betrieb*, 60(16), S. 869-875.

Werder, A. von/Talaulicar, T. (2008): Kodex Report 2008: Die Akzeptanz der Empfehlungen und Anregungen des Deutschen Corporate Governance Kodex. In: *Der Betrieb*, 61(16), S. 825-832.

Werder, A. von/Talaulicar, T. (2009): Kodex Report 2009: Die Akzeptanz der Empfehlungen und Anregungen des Deutschen Corporate Governance Kodex. In: *Der Betrieb*, 62(14), S. 689-696.

Werder, A. von/Talaulicar, T./Kolat, G. L. (2003): Kodex Report 2003: Die Akzeptanz der Empfehlungen des Deutschen Corporate Governance Kodex. In: *Der Betrieb*, 56(35), S. 1857-1863.

Werner, J. R./Zimmermann, J. (2009): Internationaler Vergleich von Rechnungslegungssystemen. In: *Die Betriebswirtschaft*, 69(1), S. 85-106.

Westerfelhaus, H. (1998): Stärkere Kooperation von Aufsichtsrat und Abschlussprüfer. In: *Der Betrieb*, 51(42), S. 2078-2079.

Westphal, J. D./Zajac, E. J. (1998): The symbolic management of stockholders: Corporate governance reforms and shareholder reactions. In: *Administrative Science Quarterly*, 43(1), S. 127-153.

White, H. (1980): A hetereskedasticity-consistent covariance matrix estimator and a direct test for heteroskedasticity. In: *Econometrica*, 48(4), S. 817-838.

Wieland, J. (2005): *Normativität und Governance*, Marburg.

Wilhelm, M. (2009): *Kooperation und Wettbewerb in Automobilzuliefernetzwerken*, Marburg.

Williamson, O. E. (1975): *Markets and hierarchies: Analysis and anti-trust implications*, New York.

Williamson, O. E. (1990): *Die ökonomischen Institutionen des Kapitalismus. Unternehmen, Märkte, Kooperationen*, Tübingen.

Wirth, W. (2001): Der Codierprozeß als gelenkte Rezeption. Bausteine für eine Theorie des Codierens. In: Wirth, W./Lauf, E. (Hrsg.): *Inhaltsanalyse: Perspektiven, Probleme, Potentiale*, Köln, S. 157-182.

Wirtz, M. A./Caspar, F. (2002): *Beurteilerübereinstimmung und Beurteilerreliabilität*, Göttingen et al.

Wirtz, M. A./Nachtigall, C. (2004): *Deskriptive Statistik*, 3. Aufl., Weinheim, München.

Woodruff, R. B./Cadotte, E. R./Jenkins, R. L. (1983): Modeling consumer satisfaction processes using experience-based norms. In: *Journal of Marketing Research*, 20(3), S. 296-304.

Wooldridge, J. M. (2009): *Introductory econometrics*, 4. Aufl., Mason/OH.

Wrona, T. (2006): Fortschritts- und Gütekriterien im Rahmen qualitativer Sozialforschung. In: Zelewski, S. (Hrsg.): *Fortschritt in den Wirtschaftswissenschaften*, Wiesbaden, S. 189-216.

Wu, M.-L. (2006): Corporate social performance, corporate financial performance, and firm size: A meta-analysis. In: *Journal of American Academy of Business, Cambridge*, 8(1), S. 163-171.

Wurgler, J. (2000): Financial markets and the allocation of capital. In: *Journal of Financial Economics*, 58(1-2), S. 187-214.

Wymeersch, E. (2003): Corporate Governance Regeln in ausgewählten Rechtssystemen. In: Hommelhoff, P./Hopt, K. J./Werder, A. von (Hrsg.): *Handbuch Corporate Governance*, Köln, Stuttgart, S. 87-104.

Xiao, Z./Jones, M. J./Lymer, A. (2002): Immediate trends in internet reporting. In: *European Accounting Review*, 11(2), S. 245-275.

Yabing, J./Raghupathi, V./Raghupathi, W. (2009): Content and design of corporate governance web sites. In: *Information Systems Management*, 26(1), S. 13-27.

Yermack, D. (1996a): Do corporations award CEO stock options effectively? In: *Journal of Financial Economics*, 39(2-3), S. 237-269.

Yermack, D. (1996b): Higher market valuation of companies with a small board of directors. In: *Journal of Financial Economics*, 40(2), S. 185-211.

Yin, R. K. (2003): *Case study research*, 3. Aufl., Thousand Oaks et al.

Young, B. (2007): From compliance to risk: The evolution of corporate governance. In: *Corporate Governance Advisor*, 15(3), S. 12-13.

Yoshikawa, T./Rasheed, A. A. (2009): Convergence of corporate governance: Critical review and future directions. In: *Corporate Governance: An International Review*, 17(3), S. 388-404.

Zechmeister, K./Druckman, D. (1973): Determinants of resolving a conflict of interest: A simulation of political decision-making. In: *Journal of Conflict Resolution*, 17(1), S. 63-88.

Zingales, L. (1997): *Corporate governance*, Massachusetts.

Zöllner, C. (2007): *Interne Corporate Governance*, Wiesbaden.

Zwick, R. (1988): Another look at interrater agreement. In: *Psychological Bulletin*, 103(3), S. 374-378.

SPRINGER NATURE

GPSR Compliance

The European Union's (EU) General Product Safety Regulation (GPSR) is a set of rules that requires consumer products to be safe and our obligations to ensure this.

If you have any concerns about our products, you can contact us on ProductSafety@springernature.com

In case Publisher is established outside the EU, the EU authorized representative is:

Springer Nature Customer Service Center GmbH
Europaplatz 3
69115 Heidelberg, Germany

FSC
www.fsc.org
MIX
Papier | Fördert
gute Waldnutzung
FSC® C083411

Kolibri 360 GmbH
Ferdinand-Jühlke-Straße 7
99095 Erfurt, Deutschland
produktsicherheit@kolibri360.de